Chartularium Studii bononiensis. Documenti per la storia dell'Università di Bologna dalle origini fino al secolo 15 Volume 1

Bologna. Istituto per la storia dell'Università di Bologna

*Cominciato a pubblicarsi il XII Giugno MDCCCCVII, commemorandosi
solennemente dalla Città e dall' Università di Bologna il terzo cen
tenario dalla morte di Ulisse Aldrovandi, uscito il XII Giugno
MDCCCCIX, nel 50° anniversario della liberazione di Bologna*

CHARTULARIUM

STUDII BONONIENSIS

DOCUMENTI

PER LA STORIA DELL'UNIVERSITÀ DI BOLOGNA

DALLE ORIGINI FINO AL SECOLO XV

PUBBLICATI PER OPERA

DELLA

COMMISSIONE PER LA STORIA DELL'UNIVERSITÀ

DI BOLOGNA

Volume I

BOLOGNA

PRESSO LA COMMISSIONE

PER LA STORIA DELL'UNIVERSITÀ DI BOLOGNA

—

1909

IMOLA, 1909   COOPERATIVA TIPOGRAFICO EDITRICE PAOLO GALEATI

COMMISSIONE PER LA STORIA DELL'UNIVERSITÀ DI BOLOGNA

PRESIDENTI ONORARI

On March GIUSEPPE TANARI
Dep al Parlam - Pro-Sindaco di Bologna

Prof VITTORIO PUNTONI
Rettore della Università di Bologna

PRESIDENTE

Prof. GIOVANNI CAPELLINI
Senatore del Regno

VICE-PRESIDENTI

COSTA Prof EMILIO

FALLETTI Prof PIO CARLO

SEGRETARIO

SORBELLI Dott ALBANO

MEMBRI

ROVERSI Avv GIOVANNI
Assessore per la Pubblica Istruzione

BERTOLINI Prof FRANCESCO
Preside della Facolta di Lettere e Filosofia

BOSDARI Conte Dott FILIPPO
Assessore per la Pubblica Istruzione

MANTOVANI-ORSETTI Prof DOM
Preside della Facolta di Giurisprudenza

POGGI Prof ALFONSO
Preside della Facolta
di Medicina e Chirurgia

PINCHERLE Prof SALVATORE
Preside della Facolta
di Scienze matematiche fisiche e naturali

BRANDILEONE prof FRANCESCO

BRINI prof GIUSEPPE

BRUGI prof BIAGIO

CIAMICIAN prof GIACOMO

EMERY prof CARLO

FAVARO prof ANTONIO

FRATI dott LODOVICO

GAUDENZI prof AUGUSTO

GHIGI prof. ALESSANDRO

LIVI cav GIOVANNI

MAIOCCHI prof DOMENICO

MALAGOLA prof CARLO

MALVEZZI conte dott sen ALBRIO

MERIANI dott ADOLFO

MORINI prof FAUSTO

NARDI dott LUIGI

ORIOLI dott EMILIO

RICCI dott CORRADO

RIGHI prof sen AUGUSTO

RUBBIANI cav ALFONSO

SIGHINOLFI dott LINO

TAMASSIA prof NINO

MASETTI avv NAPOLEONE economo

AVVERTENZA

Se la storia delle Università italiane è ancora poco curata
e mal nota, quella della Università di Bologna che è da tutti
riconosciuta la prima d'Europa in ordine di tempo e che
alla civiltà moderna diede la risurrezione del diritto romano,
versa in condizioni anche peggiori

Per una narrazione avente un carattere generale dobbiamo
ancora riferirci al *De claris Archig Bon professoribus* di Mauro
Sarti, mal continuato dal Fattorini, opera che se ci dà un
notevole cumulo di notizie sulla vita dei singoli maestri
limitatamente ai secoli XII e XIII, non ci fa in nessun modo
conoscere la vita, l'organismo della celebre istituzione, op-
pure dobbiamo citare il *Repertorio* del Mazzetti che continuando
l'idea del Sarti (ma con la riduzione ai minimi termini) for-
nisce chiare ma brevissime notizie di tutti i lettori dello Studio
bolognese dalle origini alla metà del secolo XIX E non molte
sono le parziali monografie e non sempre notevoli, se si
tolgono gli eccellenti contributi del Carducci, del Gaudenzi,
del Malagola, del Costa, del Ricci, del Favaro, dell'Albicini,
del Friedlaender, del Frati e di pochi altri

Fu accolto perciò col più grande favore nel 1907, dal Comitato per le onoranze ad Ulisse Aldrovandi nel terzo centenario dalla sua morte, l'idea messa innanzi dal prof Costa
di costituire una Commissione per la storia dell'Università
di Bologna che ponesse ogni sua cura nel rievocare i fasti
gloriosi dell'istituto, nel seguirne il cammino traverso i secoli, nello studiare il nascere il formarsi delle varie cattedre
e discipline

La proposta fatta sua dal Comitato ebbe la migliore accoglienza dall'on. Sindaco di Bologna, che ben sapeva come allo Studio debbasi la vita gloriosa della città, e dal Rettore dell'Università il quale nulla tralascia d'operare affinchè l'istituto conservi la sua grandezza. Ambedue furono larghi non solo d'incoraggiamento, di lode e d'appoggio, ma di contributi finanziari che permetteranno alla Commissione di tradurre in atto lo spirito generoso di scienza, di studio, di affetto alla città, che la anima.

Due, come è stato detto, sono le forme di pubblicazioni con le quali si intrapresero gli studi intorno alla nostra Università: la prima intitolata *Studi e Memorie per la storia dell'Università di Bologna* destinata, come diceva il Costa, « a promuovere e a raccogliere scritture monografiche rivolte liberamente dai singoli ricercatori e studiosi, secondo le diverse preparazioni e disposizioni, sopra qualunque elemento della vita dello Studio, e a procacciare l'elaborazione di materie attinenti la storia di questo ne' suoi vari aspetti e momenti » (1); la seconda costituita dal *Chartularium Studii Bononiensis* di cui viene ora alla luce il primo volume.

Alcune Università italiane, ad esempio Padova, Torino, Pisa e con corredo più largo Pavia, hanno già pubblicate raccolte di documenti riflettenti la loro vita nei primi secoli dalla fondazione; ma nella maggior parte dei casi ci troviamo dinanzi ad una raccolta che è ben lungi dal rappresentare tutto quanto si trovi negli archivi e nelle pubbliche biblioteche riguardante il soggetto. Noi volemmo fare qualcosa di più largo, di più compiuto (almeno come impostazione di lavoro, giacchè la riuscita che ne sarà per venire potrà vedersi e giudicarsi tra molti anni ancora); e pensammo che fosse necessario spogliare sistematicamente gli archivi e le biblioteche o le raccolte di documenti in qualunque luogo si trovassero, cominciando, s'intende, da quelle collezioni che sono più cospicue e dovevano essere perciò più ricche di frutto. Non dunque la cultura, la conoscenza, lo sforzo di

---

(1) Avvertenza premessa al I vol. degli *Studi e Memorie etc.* (Bologna, 1909), pp. VIII-IX.

uno solo vogliamo mettere a profitto, e, per quanto si riferisce al materiale, quei documenti solo pubblicare che abbiano un carattere ufficiale o stabiliscano un diretto rapporto collo Studio, ma è nostro divisamento chiamare a raccolta quanti studiosi intendano dare il contributo del loro intelletto e della loro opera al nobile intento e offrire poi raccolte in volumi tutte le attestazioni documentali di qualunque natura siano, anche se assolutamente private, anche se solo incidentalmente vi si contenga un accenno allo Studio

Per ciò che si riferisce al disegno generale dell'opera due erano le vie che potevansi seguire quella indicataci da Henri Denifle e da Louis Chatelain nel *Chartularium Universitatis Parisiensis* (1), di fare prima le ricerche in tutti gli archivi e biblioteche, vagliare il materiale, sceglierlo, ordinarlo cronologicamente e pubblicarlo, e l'altra di dar fuori per le stampe in tanti volumi i documenti riguardanti l'Università via via che erasi raccolta ordinata e studiata la materia di un volume

Noi che partimmo, come accennavo, da un piano amplissimo di documentazione, non potemmo non seguire la seconda delle vie indicate. Il Denifle e lo Chatelain si limitarono, in fondo, alla pubblicazione dei documenti più importanti e la scelta fu determinata in gran parte dal loro criterio soggettivo e in confini più angusti da noi il lavoro ha un campo così ampio che un uomo solo non potrebbe in un'intera vita veder la fine sia pure delle ricerche preliminari Di qui la necessità della collaborazione di molti, per la qual ragione mancando un criterio assolutamente unico ne vien la conseguenza dell'opportunità di pubblicare via via il materiale che dai singoli componenti la Commissione sia di mano in mano elaborato

La mancanza dell'ordine generale cronologico, unico danno prodotto dal disegno nostro di pubblicazione, è compensata

---

(1) *Chartularium Universitatis Parisiensis, sub auspiciis consilii generalis facultatum Parisiensium ex diversis bibliothecis tabulariisque collegit et cum authenticis chartis contulit Henricus Denifle* Tomus I (aa 1200-1286) Paris Delalain Freres, 1890, II (aa 1286-1350), 1891, III (aa 1350 1394), 1894, IV (aa 1394 1492), 1897

da ben altri benefici 1.° l'inizio immediato della pubblicazione e perciò un utilità per gli studiosi, che possono avere
subito una parte del materiale sott'occhio; 2.° un procedimento più sistematico che permette di esaminare con maggiore
accuratezza i singoli fondi 3.° la compiutezza stessa del lavoro, 4.° l'evitare che si fa di appendici e di riprese nello
stesso ordine cronologico, mentre queste si rendono indispen-
sabili quando si abbia un unico ordine generale per lo sco-
prirsi di nuovi documenti o per l'uso divenuto pubblico di
particolari archivi

Aggiungasi poi che l'ordine cronologico dei documenti
non verrà a mancare alla nostra impresa, perchè quando sa-
rem giunti alla fine dell'opera, un volume la chiuderà con
tutti quegli indici cronologici, sistematici e reali, che si mo-
streranno opportuni e che sostituiranno assai bene quell'ordine cronologico dei documenti che mancò nel corso della
pubblicazione

La nostra pubblicazione non mancherà tuttavia di un suo
ordine, e non pubblicherà i documenti alla rinfusa bensì li
distribuirà per fondi, e per ogni fondo, innanzi di iniziare
la stampa, sarà in tutto compiuto lo spoglio, cosicchè i documenti di ciascuna provenienza o fondo saranno pubblicati
in un preciso ordine cronologico Notisi infine che ogni volume sarà arricchito di un indice contenente una esatta ed
unica distribuzione cronologica dei documenti stessi

I confini di tempo furono stabiliti dalle origini dello Studio
insino a tutto il secolo XV e precisamente all'anno 1500 Per
i secoli che seguono la copia dei documenti è così grande
che il pubblicarli o riassumerli o anche solo accennarli tutti,
sarebbe stata impresa quasi impossibile senza pensare che
piccolo sarebbe stato in ogni modo il giovamento per gli
studiosi, giacchè e la ricerca e la lettura di tale documenti
si presenta assai facile anche a coloro che sono quasi del
tutto sforniti di cognizioni archivistiche e paleografiche

La pubblicazione dei documenti è fatta, per alcuni integralmente e per altri in forma di regesto S'è seguita la
prima via per tutti i documenti anteriori all'anno 1200, e
anche per quelli posteriori, se toccavano direttamente la vita

o le azioni dei dottori e dei discepoli, o si riferivano agli ordini dello Studio, o avevano in qualsiasi modo cospicua rilevanza per la storia di questo. Gli altri documenti posteriori al 1200, nei quali i lettori o gli scolari o lo Studio non intervengano in modo diretto, ma semplicemente in via incidentale, nei quali ad esempio un lettore od uno scolaro sian ricordati quali testimoni o quali confinanti in un appezzamento di terreno alienato, furono dati per regesto, avendosi tuttavia cura che tutta risultasse la contenenza e la struttura dell'atto, anche se di tutt'altro si occupava che dello Studio.

In ogni regesto pertanto debbon figurare nella forma originale le parti iniziali e finali del documento e cioè il protocollo e l'escatocollo, con la datazione l'*actum* i testimoni e la rogazione, ed moltre sarà riportato integralmente il passo che contiene l'accenno indiretto allo Studio o sue dipendenze qualora tale accenno non si riscontri nelle parti innanzi accennate.

Ogni documento, o pubblicato per intero o per regesto, è preceduto dalla descrizione del codice o libro o registro o pergamena o carta che lo contiene, dall'indicazione sommaria e in italiano della contenenza del documento stesso, dalla data espressa in quest'ordine luogo ove il documento è stato redatto, anno, giorno e mese, ed è seguito in calce da schiarimenti bibliografici, quando siano necessari, e dall'indicazione se il documento fu stampato e dove.

La trascrizione è fatta fedelmente sopra gli originali, seguendo quelle norme paleografiche nè troppo crudamente rigide, nè rilassate d'altra parte, che ci vengono offerte dalle migliori pubblicazioni del genere.

I documenti sono legati da un numero romano progressivo. Dato il fine e tenuto conto del maggior comodo di citazione, non sembrò opportuno di ricorrere ad una sotto numerazione per i singoli fondi, i quali alcune volte hanno un carattere del tutto accidentale. In fine ad ogni volume figurano tre indici il primo contenente l'elenco cronologico dei documenti come sopra accennammo, col rimando al numero progressivo e alla pagina; il secondo l'elenco dei notai e il terzo, assai particolareggiato, i nomi e le cose riferentisi allo Studio.

Per quanto riguarda l'ordine seguito nello spoglio dei fondi, parve opportuno cominciare dai Registri *Grosso* e *Nuovo* che furono come le raccolte ufficiali degli atti del glorioso Comune bolognese, anche se come realmente avvenne, molti dei documenti raccolti da noi, erano stati prima da altri pubblicati A quelli facemmo e faremo seguire altri fondi pure assai noti e assai importanti, quasi tutti dell'Archivio di Stato di Bologna, il quale, come ben si comprende, costituisce la ovvia e precipua fonte dell'opera nostra

Non abbiam la pretesa di compiere opera perfetta Di alcune mende già ci accorgemmo come di certe differenze nell'impiego delle lettere maiuscole e minuscole in alcuni nomi propri, dell'ommissione di certe parti in taluni regesti del protocollo e dell'escatocollo, di certa disuguale estensione del riassunto del documento nel regesto stesso, infine di quelle inevitabili quantunque piccole differenze che si hanno tra i singoli collaboratori anche quando essi partano, come nel caso nostro dagli stessi principii assai minutamente indicati

Ma dinanzi alla nobiltà del fine alle difficoltà del lavoro, alla scarsa sovvenzione pecuniaria in rapporto all'opera immane, lo studioso vorrà perdonarci queste mende la maggior parte delle quali sono troppo connaturate coll'indole e coll'ampiezza della nostra impresa

Per la Commissione   ·

Dott Albano Sorbelli

REGISTRO GROSSO

PER CURA

DEI DOTTORI LUIGI NARDI ED EMILIO ORIOLI

Grosso cod pergam in folio, della misura di mm 322 × 180, di cc 533 num di mano posteriore, tutte scritte, eccettuate le 128ᵃ, 288ᵃ che sono perfettamente bianche Scrittura della prima metà del sec XIII Legatura recente in sostituzione dell antica sfasciata, in cuoio e assi sul piatto interiore leggesi (trascritto probabilmente da più antica dicitura) LIBER PRIMUS | REGISTRI | GROSSI

La 1ᵃ carta, strappata in due luoghi contiene il principio di un laudo del 1233 di fra Giovanni da Schio la continuazione è a cc 514 e 515 r, la 2ᵃ porta una convenzione del 1218 tra Bologna e Imola, le c 3-10 contengono un indice del codice fatto nel 1288

A c 11 comincia veramente il registro, destinato a contenere gli atti ufficiali e più importanti del comune di Bologna Il Registro grosso è diviso in due parti comprese rispettivamente dalle cc 11 153 e 151 533, delle quali la prima contiene la serie cronologica dei documenti comunali dal 1116 al 1223 e l' altra una raccolta disordinata di atti e deliberazioni sino al 1288

La scrittura è di varie mani, notevole la prima, del celebre maestro di ars notaria Raniero da Perugia, che continua sino a c 127 e che ritorna nell'ultimo quinterno della prima parte (cc 150 153), seguono poi parecchi altri notai sotto la direzione come è evidente di Raniero

Le copie dei doc molto accurate sono tratte da atti che erano nell'archivio del comune e probabilmente da un altro registro di minor mole che aveva pure la funzione di raccogliere i documenti ufficiali

I.

c. 58 b.

Lotario cremonese giura di non leggere che a Bologna.

Bologna, 1189, 1 dicembre.

Millesimo centesimo lxxx. viiij. kalendis decembris, indictione
vij. Consules Bonnonie, scilicet, dominus Gerardus Rolandini, Jacobus Bernardi, Cazaninicus, Boccadernneo, Rambertus de Albaro,
et Jacobus Alberti de Urso, voluntate et consensu totius consilii promiserunt domino Lothario cremonensi, quod neque ipsi
neque aliquis successor eorum cogent predictum Lotharium aliquod
sacramentum facere per quod magis sit districtus communi, neque
eum prohibebunt vel cogent regere studium in civitate Bonnonie:
et tunc incontinenti juravit predictus Lotharius secundum tenorem
infra scriptum: Juro ego dominus Lotherius quod ab hoc die in antea non regam scolas legum in aliquo loco nisi Bonnonie: nec ero in
consilio ut studium huius civitatis minuatur, et si scivero aliquem
ipsum minuere velle, consulibus vel potestati qui pro tempore erunt,
quam citius potero nuntiabo et bona fide destruam: consulibus vel
potestati, qui pro tempore erunt, bona fide consilium et adiutorium
dabo de omnibus que a me petierint, et credentiam eis tenebo.

Ego Guido Frederici imperatoris, et nunc communis Bonnonie notarius, iussu et voluntate predictorum consulum et totius consilii
scripsi.

Presbiter Griffus, Ugolinus de Vado, Henrigettus Bonazunte, S. al
et Baruncinus de Pillano ad legendam et ascultandam hanc presentem
novam cartam cum veteri interfuerunt, et huius rei testes rogati
fuerunt.

(L. S.) Ego Wilielmus sacri palatii et nunc communis Bonnonie
notarius, secundum quod vidi scriptum per manum Guidonis notarii
comunis Bonnonie, scripsi et exemplavi nec aliquid in fraudem addidi

vel diminui, anno Domini M C nonagesimo octavo XII kalendas
augusti, indictione prima

Pubblicato in SAVIOLI, *Annali Bolognesi*, Bassano 1784-95 Vol II Part II
p 165 e in SARTI *De claris Archigymnasii Bononiensis Professoribus* 2ª ediz
Bologna 1888-96 T II p 25

II

c 63 a

*I revisori dei conti del Comune di Bologna non approvano la spesa a
favore di un Enrico scolare e di un altro scolare morto in battaglia*

Bologna 1195

In nomine patris et filii et spiritus sancti Nos cognitores rationis
communis Bononie, scilicet, Guidoctus Azonis, Ramisinus, Albertus
Calvi, Geremia de Ubertis, Tebaldinus, et Guido Tantidenarius electi
a domino Guidone de Vicomercato potestate Bononie, habita dili
genti inquisitione, in primis invenimus inter dicta rusticorum et expen
sas que non videntur nobis bene facte, pervenisse apud Lambertum
tempore sue massarie XXXI libras imp et VIII sol imp et IIII
den que in utilitatem communis Bononie non processerunt

Item quod consules due fecerunt a massario scilicet, Engegnerio
Verone XLVII sol imp et pro dispendio eius VII sol imp Enrico
scolari, qui portavit appellationem coram domino Episcopo, XXXIII
sol et IIII den imp Item pro Engegnerio XXV sol imp et Ri
baldo qui ivit Romam XX sol imp, et pro quodam scolari mortuo
in prelio XX sol imp que omnia improbamus, et in uttilitatem com
munis non processisse dicimus

Pubblicato in SAVIOLI *Annali* etc Vol II Part II p 186

III

c 66 b.

*I consoli e gli uomini di Montereglio si sottomettono al Comune di Bo
logna*

Bologna, 1198 18 luglio

In nomine sancte et individue trinitatis Anno Domini millesimo
centesimo nonagesimo octavo quintadecima kal augusti, indict I

Nos Consules Montisbellii, scilicet Petrocinus olim Petri de Monte bellio filius, ac Heuregettus de Pennola auctoritate et voluntate communis Consilii Montisbellii et nominatim Girardetti, Sinibaldi, Ioculi, Alberti domine Elie, Guidotti Tigrimutii, Portunarii, Guidonis Rainaldini et Gerardini de Trullone, confitemur totum Castrum et districtum seu jurisdictionem Montisbellii et Cucherle ac Montis Maurelli ab antiquo fuisse detenta et exercitata pro communi Bononie. Nos quoque omne jus sive proprietatis sive emphiteosis sive cujuslibet alterius jurisdictionis sive districti nobis in ipsis montibus et Cucherla ac curte competens jure ipsius communis vel jure singulorum nostrum, vobis domino Uberto Vicecomiti Placentie, Bononie potestati, recipienti nomine communis Bononie tuorumque successorum pro communi Bon. donamus, concedimus atque transferimus in perpetuum et constituimus nos possessores predictorum omnium pro communi Bon., et insuper promittimus nomine communis jam dicti loci et nostro, omnia predicta per nos nostrosque successores, perpetuo firma servare et in nullo contravenire, et predictum castrum cum toto monte et Cucherla pro communi Bon. et ad honorem et utilitatem communis Bon. perpetuo tenere et salvare atque custodire contra omnem hominem. Et homines Bononie eorumque res ac bona in ipso castro et tota ejus curia salvare atque defendere et adiuvare contra omnem hominem; nec aliquem hominem contra honorem communis Bononie in eo castro aut ejus curia recipere vel retinere. Ipsum etiam castrum et ejus Cucherlam predicte potestati, aliisque rectoribus Bon. qui pro tempore fuerint aut eorum nuntiis non vetare nec prohibere pro guerra vel pace suo arbitrio facienda cum guarnimento et sine guarnimento. Et non erimus in facto nec consilio, nec ullo alio ingenio consentiemus per nos nec per alios quod commune Bononie perdat predictum castrum vel Cucherlam vel ejus honorem aut ei diminuatur. Et si commune Bononie aliquo in tempore perdiderit prefatum castrum vel Cucherlam, bona fide, sine fraude cum Bononiensibus et sine Bononiensibus omnimodo pro posse recuperare studebimus, et predicto modo retinebimus. Et pro his omnibus a nobis et nostris successoribus observandis perpetuo penam mille marcharum argenti vobis domino Uberto Vicecomiti Placentie, Bon. pot. pro communi Bononie recipienti, tuisque succesoribus in regimine Bononie promittimus, et omnes nostras possessiones proprietates et jura, vobis obligamus ut si contrafaceremus nos vel nostri successores vestra auctoritate, remota omni occasione juris, occupare possitis: et nihilominus pena soluta, omnia predicta in suo robore permaneant. Que omnia supradicta sine omni dolo et fraude perpetuo inviolabiliter servari promittimus et corporaliter attendere juramus. Promiserunt, ut predictum est, et corporaliter juraverunt servare per se suosque successores perpetuo Petrocinus de Montebellio et Heuregettus Consules

Montisbelli Guidoctus Tigrimutii, Gerardettus Portonarius, Albertus domine Itibe Jocolus de Unzola, Guido Rainaldini et Gerardinus de Trullone, domino Uberto Vicecomiti Placentie Bononie potestati recipienti nomine communis Bononie

Actum in domo quondam domini Bulgari ubi moratur prefata potestas presentibus domino Rogerio de Sartmiano domino Martino Aioli, domino Landulfo domino Giberto et domino Alamanno judicibus communis, domino Docto domino Ramisino, domino Uberto de Barsio et Marsilotto consulibus justitie, Sellario Massario, Johanne not pot Guilhelmo not communis, domino Guidone Lambertini, domino Oderico legum doctore, domino Azone et domino Ugone juris professoribus, Oderico Galitiani, Petro Guidonis Romaneu Ugolino domini Guilhelmi, Michaele de Calcagnile, Ramberto de Albaro, Guidone Buvalelli, Buvalello Lambertino ejus filius, Zacharo causidico, Ramerio Spulane Ramberto Bazaleru, Bonavolta Jacobo judice, Girnario, Johanne Paulo Guilhelmi, Ugolino de Prunario, Baruffaldo, Corvolino de Castello, Alberto de Olzano, Barnabau, Ildebrando Henrici Schelfe, Jacobo Martini de Caleina, Rodulfo Guidonis Corvolini, Zambonino Zanzarello Cambio Tancredi, Guidone de Alborio Canonico Arardi, Ventura not , Garxonio, Feliciano, Bolnisio eius fratre, Ubaldo de Scanello, Zacharia, Rambaldo ejus filio, Victorio Petri de Vite, Angelino Guastafascolo et Lambertucio Fafforum ad hec specialiter rogatis

Ego Tettacapra olim F[riderici] Imp auctoritate not rogatus intertui et scripsi, subscripsi

Pubblicato in SAVIOLI Annali etc T II Part II p 209 c in SARTI De claris etc II, p 23

IV

(67)

Il podestà di Bologna, Uberto Visconti, prende possesso del castello di Montecchio e di Cucherla in nome del Comune di Bologna

Bologna 1198, 16 agosto

In nomine sancte et individue trinitatis Anno domini nostri Jesu Christi millesimo centesimo nonagesimo octavo tempore domini Innocentii Pape, nullo Imperatore imperante XVII kal septembris indict I Dominus Ubertus Vicecomes de Placentia, tunc potestas Bononie, intravit in tenutam castri de Montevelho et in tenutam Cucherle procuratorio nomine pro communi Bononie id sonum cam pane voluntate et consensu omnium hominum jam dicti castri et

Cucherle et fecit jam dictus dominus Ubertus tunc pot Bon omnes portas predicti castri firmari et aperiri nomine communis Bononie, et dedit claves ipsius castri Petracino consuli ipsius castri ut eas teneret pro communi Bononie

Dominus Guido Lambertini et dominus Egidus Preitonis et Portonarius de Montevellio et Jacobus filius eius et dominus Girardus de Gislero et dominus Scogozapresbiter et Micael massarius tunc communis Bon et Ribaldinus de burgo Pmigilis et Arditio expenditor potestatis et Bernardus et Iohannes de Savigno et Martinus de Crespellano et Ugo doctor et alii multi interfuerunt et rogati sunt testes (L S) Ego Agnellus quondam Imp Henrici tabellio interfui et rogatus s s

Pubblicato in Savioli Annali, etc T II Part II, p 210

V

c 67 a c b

Gli uomini di Montereglio promettono al podestà di Bologna di osservare i patti giurati.

Bologna 1198 16 agosto

In nomine sancte et individue trinitatis Anno domini nostri Ihesu Christi millesimo centesimo nonagesimo octavo tempore domini Innocentii Pape, nullo Imperatore imperante, XVII kal sept indict prima In presentia testium ad hec rogatis et vocatis, scilicet domini Guidonis de Lambertino et Egidii de Preitone et Girardi de Gislerio et Iohannis de Casale et Iohannis de Savigno et Ranuerii de Gaiatho et Girardi de Monzoizo et Alberti Santi Apollinarii et Ugolini de Crespellano et Ugonis doctoris et Mamellini et aliorum multorum Hii omnes qui inferius sunt scripti, promiserunt per stipulationem sine omni exceptione et sacrosancta Dei Evangelia corporaliter juraverunt domino Uberto Vicecomiti de Placentia tunc pot Bon recipienti procuratorio nomine pro communi Bonn firma et rata in perpetuum tenere per se eorumque heredes omnia que sunt acta et promissa inter Bononienses et homines de Montevellio de concord inter eos tacta sicut in instrumento publico manu Tettacarie not confecto continetur Nomina quorum promittentium et jurantium sunt hec Galegus, Ubertinus Bom, Guizzardinus de Volta Montanarius Henricus de Marano, Cabonus, Gaitholfus Gallus, Johnnes Smeti Michaelis, Guido Amii Lanzus, Egidus, Girardus filius eius Bernardus Gozani, Lanfranchinus Savn, Paganellus, Fantozzus Petrezolus

Arator, Negusans, Guizardinus, Iohannes Cavazzi, Tezanus Socco sal, Bulgarellus, Ugolinus Gisolfi Petrus Silvani, Guardus Cavazza Bernardus Magister, Guardus Ugniciones, Petrus Frisonus, Bel tramus ferrator Pycconus, Gerardinus Lanfranchini, Pasqualis, Al bertinus Anni, Petrus Baccarellus, Cortese, Johannesbonus Guilhelmi, Gudoctus de Gozano, Guardellus Granaroli, Azo Rondenelli, Guido Anni, Lazarinus, Michelettus, Albertinus Pizoli, Ramerius Chmenti Johannes de Argo, Daniel, Landultus de Armo, Tibertus, Guardus de Bonettis, Guarnerius, Albertus Guiduci Spadacinta, Magagnolus, Ca pinetus, Dosms, Rolandus Perolandi, Tancredus, Guidonus Marani Ugucio Monzenani, Aldradellus Johannes Guitonis, Guittonus de Podio, Fortinus, Chmentinus, Petrus de Paravio Gandultinus de Bonettis, Albertus de Gozano, Johannes de Volta, Mascarellus, Ardi tio de Gozano, Ugucio de Chimolo, Albertinus de Porta, Gerardinus de Fandone Guardinus Capelle, Guardus Gallus, Bernardus arator, Parisius, Gibertinus de Panzano, Guardus Mongenani Guillelmus Pennule Amicus Granaroli, Mattinins, Guido Guittonis, Petrezanus Adamolus Gudolmus Gallus, Rolandus de Volta, Petrocinus de Ri vero, Petrus de Orto, Ugolinus Ardecioms, Stevanus de Brayti, Jacobus Boeti, Rolandinus de Perathe Petrus de Galverde, Bonen segna, Sinibottus Johanellus de Bonettis, Bellondus, Nascugnena, Johannes Ollarus Cictus Frater Albertus, Petrocinus de Lovarolo Albertus Sabbatinus Guardus Lupus, Jacobus Portonari, Cazinini cus, Rolandinus Armanetti, Accarsius Bellinkinus, Ramerius Petri ain, Guardinus, Ugitio Monzenani

Actum in castro Montisveln in claustro ecclesie, indict predicta (L S) Ego Agnellus tabellio omnibus predictis interfui et roga tus scribere scripsi

Pubblicato in Savioli Annali etc I II Part II p 211

VI

(68 a

Giovannino dottore di leggi giura in pieno consiglio del popolo di Bo logna di non leggere in altre città

Bologna 1198 31 ottobre

Anno Domini M C nonagesimo octavo, indictione prima, pridie kal novembris In Bononia, in pontili hospitii domini Uberti Bo none potestatis, coram domino Ugolino de Gosio iudice, Petro de

Romancio, Rodaldo Rubeo, Palmerio causidicis et aliis multis, dominus Johanninus preceptor tactis sacrosanctis evangeliis iuravit quod de cetero in aliquam aliam terram non leget scentiam legum scolaribus nisi in Bononia, et quod non dabit operam nec consilium nec adiutorium quod scolares in aliam civitatem debeant morari, nec studium de Bononia legum debeat diminui et consilium potestati et iudicibus de communi, vel rectoribus qui pro tempore fuerint bona fide dabit cum ab eo petierint

(L S) Ego Johannes Pileti notarius communis et domini Ubalti potestatis Bononie interfui et scripsi

Pubblicato in SAVIOLI Annali ecc. T. II. Part. II. p. 212 e in SARTI De claris ecc. T. II. p. 26.

VII

c 68 b

Bandino Famigliato giura di osservare ciò che con giuramento promise Lotario dottore di leggi

Bologna 1198 30 dicembre

Anno Domini MCXCVIII tertio kalendas ianuarii, inditione prima, presentibus testibus domino Blanco videlicet et domino Bandino Gaettani filio, domino Lamberto quondam Galli, domino Rolando Soavis filio, domino Ugolino Giotti filio presentibus domino Lothario legum perito, domino Rogerio de Sarmano, domino Guidone Grasso Mutino Arolli berto de Barsio, Marsihotto, Guidone Accarisii Henregetto de Cornachino consulibus institie, Alberto Gerardi Gisle et Sellario massario communis Bononie, dominus Bandinus Familiatus eodem modo et eodem tenore iuravit observare quemadmodum dominus Lotharius doctor legum observare iuravit excepto quod non iuravit coram hominibus consilii coadunati ad sonum campane, vel ad campanam sonatam

(L S) Ego Wuilhelmus sacri palatii et nunc communis Bononie notarius huic sacramento interfui, et ut supra legitur rogatus scripsi

Pubblicato in SARTI De claris ecc. T. II, p. 27

VIII

c 75 b

Guglielmo da Porta di Piacenza Cazzardlano e Raffino giurano di non leggere che a Bologna

Bologna 1199 11-12 ottobre

Anno Domini millesimo centesimo nonagesimo nono, inditione secunda, die lune XI mensis octubris In Bononia, in pontili quondam domini Bulgari, coram domino Uberto Vicecomite Bononie potestate, domino Rogerio eius iudice, Rinaldo Ferrario, Lanfrancho et Johanne servientibus potestatis, dominus Guilhelmus de Porta placentinus ad sancta Dei evangelia corporaliter iuravit, quod in aliam terram scientiam legum non leget scolaribus nisi in Bononia de cetero, et quod non dabit operam nec consilium nec adiutorium quod scolares in aliam civitatem debeant morari, nec studium de Bononia legum debeat minui, et consilium potestati et iudicibus de communi vel rectoribus qui pro tempore fuerint, bona fide dabit cum ab eo petierint

Sequenti die in supradicta domo, coram predictis potestate et suo iudice, Pasciporero Gerardo Capoano, Rodaldo Rubeo, Ugolino Simonis et aliis, dominus Cazavillanus iuris doctor eodem modo iuravit in totum

Eodem die et loco, coram potestate, Rogerio eius iudice, Jacobo Lucensi paduano, Lanfranco, Johanne et Andrea servientibus potestatis, dominus Rufinus de Porta placentinus, iuravit eodem modo ut dominus Cazavillanus in totum tactis sacrosanctis evangeliis

(L S) Ego Johannes Pileti notarius communis et domini Uberti Vicecomitis Bononie potestatis interfui et scripsi

Pubblicato in SAVIOLI Annali etc I II, Part II p 215

IX

c 108 b

Concordia tra Bologna e Ferrara

Galhera 1203 21 maggio

Guglhelmo Pustella podestà di Bologna e Salinguerra podestà di Ferrara addivengono ad un trattato nell'interesse dei comuni rispettivamente rappresentati, confermando altro trattato precedentemente conchiuso tra i comuni stessi, al tempo di Guaido Gisla podesta di Bologna, e arrecandovi delle aggiunte Detto trattato risguarda le relazioni tra i cittadini dei due comuni e precisamente la cattura e restituzione dei « servi et masnate » fuggitivi, e la definizione di diverse contestazioni fra cittadini dei due comuni

Actum in Galeria in ecclesia Sancti Andree communi voluntate utriusque potestatis Anno Domini millesimo CCIII, die mercurii XI exeunte mense madii indictione sexta, presentibus ad hoc et rogatis testibus, domino Azone legum doctore et domino Mercatante legum doctore, domino Ramberto de Albaro, domino Guardo Rolandini domino Buvalello Guidonis Buvalelli et domino Henrigitto Cornachini, Bonobonomo Aiardi et Gerardo Teni, et de Ferraria domino Iacobo de Trocta, domino Guilhelmo Zogoli, Rubeo Mixotti, Petro Albari, Pelegrino tabellione et Griffo et aliis

(L. S.) Ego Ventura quondam regis Henrici notarius, omnibus gestis apud Galeriam super nova concordia Ferrariensium et Bononiensium facta inter dominum Guilhelmum de Postola potestatem Bononie nomine eiusdem civitatis, et dominum Sallinguerram potestatem Ferrarie nomine eiusdem civitatis secundum quod supra legitur interfui et de mandato utriusque potestatis qualiter antiquam et novam concordiam Ferrariensium et Bononiensium et interpretationes inter Bononienses et Ferrarienses factas, sacramentis et promissionibus firmaverunt inter se pro comuni utriusque civitatis, ut superius legitur scripsi et subscripsi.

Pubblicato in Savioli *Annali* etc. I, II, Part. II p. 233

X

c. 122 b.

Concordia tra Firenze e Bologna

Firenze, 1203, 13 settembre

I rappresentanti del comune di Firenze e quelli del comune di Bologna statuiscono circa la chiamata in giudizio dei rispettivi cittadini per quanto riguarda i contratti conclusi tra essi

In Dei nomine anno dominice incarnationis millesimo ducentesimo tertio, idus septembris inditione sexta feliciter. Nos Davizus quondam Melhorelli de Tusa, Donatus Tholomei, Octavianus Gerardini, Brunus index, Grimnbellus Tedaldini, Accibus Falleronis, Sinibaldus Scolii, Gianni Soldanerii, Cavalcante Daini et Brunelhnus consules communis Florentie, ex parte communis Florentie et pro communi Florentie, promittimus vobis domino Guidoni Tantidenarii et Bonavolte et domino Ugolino legum doctori et domino Guidoni Doxii consuli negociatorum recipientibus ex parte et nomine communis Bononie

Acta sunt hec omnia in civitate Florentie, in ecclesia Sancti Martini de Episcopo Presentibus et rogatis testibus. Catalano consule militum, Melhore Abbatis consule mercatorum Florentie Timolo Lamberti, Jacobo Ramonis consule cambiatorum Mamutto Andicole Bononistorio Karelli prioribus Florentie, et Gondo camerario communis Florentie

(L S) Ego Henricus domini imperatoris Henrici iudex et notarius et tunc communis Florentie cancellarius hec omnia me presente acta logitus scripsi et in publicam formam redegi

Pubblicato in Santini *Annali* etc I II Part II p 218

XI

c 127 a

L'abbate di S Bartolomeo di Musiano concede in enfiteusi un appezzamento di terra al Comune di Bologna

Bologna 1203, 2 dicembre

Ramondo abbate del Monastero di San Bartolomeo di Musiano concede in enfiteusi a Giacomo di Alberto de Urso e Lambertino procuratori del comune di Bologna, che nell'interesse del comune stesso accettano 16 tornature di terra, che il detto monastero possedeva « in circla Sancti Petri »

In nomine sancte et individue trinitatis anno Domini millesimo ducentesimo III, IIII nonas decembris indictione sexta

Actum in palatio communis Bonome indictione predicta, prefato abbate suisque fratribus scribere mandantibus

Interfuerunt dominus Ugo legum doctor et Albertus Cattanus et Albertus de Rustigans et Rolandinus notarius huius rei rogati sunt testes

(L S) Ego Jacobus felicis memorie domini Henrici imperatoris tabellio interim, et ut supra legitur rogatus scripsi

XII

c 132 b

Compromesso tra Bologna e Modena sulla questione dei confini

Bologna 1204 9 maggio

Il comune di Modena, rappresentato dal suo podesta Amerigo Dodono, e quello di Bologna, rappresentato da Dotto de' Carbonesi e Guido Tantidenari suoi procuratori, rimettono ad Uberto Visconti podesta di Bologna da essi scelto quale arbitro, di dirimere le controversie tra loro vertenti, in ordine alla giurisdizione su diversi luoghi posti superiormente ed inferiormente alla strada che da Bologna mette a Modena, obbligandosi ciascuna delle parti compromettenti a pagare in caso di contravvenzione cinque mila marche di argento. In relazione al fatto compromesso, il nominato Uberto giudica spettare alla giurisdizione del comune di Bologna i luoghi posti inferiormente, a quello di Modena quelli posti superiormente alla strada in ragione della vicinanza all'una o all'altra città.

Actum est hoc anno domini nostri Ihesu Christi millesimo ducentesimo quarto indictione septima, Bononie in plena contione Bononie curia palatii communis ad campanam cohadunata, die dominico nono mensis madii coram dominis Azone et Ugolino Presbiteri doctoribus legum

(L. S.) Ego Johannes Pileti notarius specialis domini Uberti vicecomitis potestatis Bononie his omnibus interfui, et iussu eiusdem hanc cartam inde scripsi

Pubblicato in SAVIOLI, *Annali* etc. I. II. Part. II. p. 255

XIII

c. 171 *b*

Pietro Bosio da Imola promette di non alienare i beni di Iolittina sua pupilla

Bologna, 1206 12 settembre

Pietro Bosio da Imola promette a Talamacio giudice del podestà Isacco di Doara, accettante nell'interesse del comune di Bologna che non venderà, donerà, concederà in enfiteusi, ne permetterà siano in alcun modo vincolati i beni, che Iolittina figlia del fu Guarino di Ferrara possiede in Medicina e ciò sino a che la stessa non abbia compiuto il 25° anno di età. Ahdosio ed Alterio molesi, Rainerio da Monzuno e Zaprone da Bologna si costituiscono solidali fideiussori per l'operato del detto Pietro Bosio

In nomine sancte et individue trinitatis Anno domini nostri Ihesu Christi millesimo CCVI, nullo romanorum imperatore existente, die lune XII intrante septembri, indictione VIIII in presentia domni Guilielmi de Malavolta et domni Thome de Macagnans et domni Uberti Alberti de Armanno et domni Bonandini militum iustice et domni Alberti de Fracta extimatoris communis Bononie, et domni Johannis de Tebaldis et domni Azolini de Aiolo et domni Guidonis Rainerii de Guarino et domni Fulchi iudicum communis Bononie et domni Ugolini legum doctoris

Actum in palatio communis Bononie indictione predicta VIIII

(L S) Ego Bernardus imperatoris quondam Henrici notarius et nunc communis Bononie interfui, redegi et scripsi et subscripsi

XIV

« 178 a

Concordia tra il Comune di Bologna e gli interessati nel ramo o canale di Reno

Bologna 1208 30 maggio

Guido Pruovano podesta, Bonavolta e Gualchero procuratori del comune di Bologna, nell'interesse di questo e gli aventi diritti sulle acque del fiume Reno « ramixani . qui in ramo Reni habent partem » tra i quali Pietro di Guido Romanzi ed Azzone dottore di leggi, stipulano convenzioni diverse in rapporto all'uso delle acque stesse, alle opere di difesa alle gualchere e molini esistenti ed a quelli che eventualmente avessero a costruirsi in progresso di tempo

Anno dominice nativitatis millesimo ducentesimo octavo, die veneris secundo ante kalendas iunii, indictione undecima, in pallatio communis Bononie in publico conscilio Concordia talis est inter dominum Guidonem de Pruovano potestatem Bononie et dominum Bonavoltam et dominum Gualcherium procuratores communis Bononie nomine ex parte communis Bononie et pro ipso communi ex una parte et ramixanos ex alia videlicet Petrum Guidonis Romanci, dominum Azonem legum doctorem

(L S) Ego Johannes de Canova notarius domini Henrici imperatoris et nunc communis Bononie interfui et rogatus scripsi

XV

« 181 a e b

Il podesta di Bologna rimette al re Ottone il possesso di Medicina e di altri luoghi nel territorio d'Imola occupati dopo la morte dell'imperatore Enrico

Bologna 1209 30 maggio

Guido di Lambertino per mandato di Giliolo da Sesso podesta di Bologna, in seguito a richiesta del Patriarca canciario dell'imperatore Ottone, dichiara che le terre già possedute dall'imperatore Enrico, e dopo la morte di lui occupate dal comune di Bologna, sono Medicina, parte di Argelato ed il contado di Imola. Ed il possesso di queste, fatta riserva degli eventuali diritti del comune per concessioni o privilegi ottenuti, a lui restituisce e trasmette.

Exemplar cuiusdam instrumenti sic incipientis. In nomine Domini millesimo CCVIIII die secundo exeunte mense madii, indictione duodecima. In presentia domini Ugolini legum doctoris, domini Bandini legum doctoris, domini Arpineli et domini Ugolini Pizoli procuratorum comunis Bononie.

Actum Bonome in pallatio domini episcopi.

Ego Dominicus sacri pallatii notarius et nunc domini Giboli potestatis Bononie, interfui, audivi, vidi et iussu domini Patriarche scripsi.

(L. S.) Ego Petrus Pizolus Bolognoh domini Ottonis imperatoris et comunis Bonome notarius, sicut scriptum vidi per manum Dominici domini Giboli de Sesso notarii, ita scripsi et exemplavi nec addens vel minuens nisi signum quod non tea

Pubblicato in SAVIOLI, *Annali* etc. T. II. Part II p. 297 con SARTI *De claris* etc. T. II. p. 29

XVI

(187 a

Gli ambasciatori bolognesi fanno istanza al Legato del Papa perché voglia astenersi dall'entrare in Bologna per evitare discordie

Modena, 1211 20 maggio

Azzone dottore di leggi, Rambertino di Guido Buvalelli ed altri quali ambasciatori del comune di Bologna, per incarico del podestà Guglielmo Pusterla supplicano « domino G. Albanensi electo ac domini pape legato » perché si compiaccia di non entrare nella città di Bologna, allegando che l'ingresso di lui sarebbe, in quel momento, causa di perturbazioni e di civili discordie, essendo gli animi dei cittadini divisi circa il doversi dare o meno aiuto ad Ugo de Guarmasio od altri per riprendere la città di Ferrara e lo consigliano a rimandare ad altra epoca la sua visita a Bologna, dove sarebbe ricevuto con ogni onore e riverenza.

In Christi nomine, anno eiusdem millesimo CCXI die veneris XII madio exeunte, indictione XIIII, presentibus domino Episcopo ere

monensi et magistro Gratia decretorum doctore, et domino Prenestino
de Sesso de Regio   et aliis multis, in camera domini episcopi mu
tinensis Dominus Azzo legum doctor et dominus Rambertinus Gui
donis Buvalelli et dominus Ubertinus iudex et dominus Guido Alberti
de Scannabiccis comuns Bonome ambaxatores

(L S) Ego Oradinus de Burgonovo Dei gratia imperiali auctoritate notarius interfui, et dominorum ambaxatorum iussu scripsi

Pubblicato in Savioli *Annali* etc T II Part II p 311 e in Sarti, *De
claris* etc T II p 30

XVII

(203 a

*Guido di Boncambio Giacomo di Balduino bolognesi Oddo da Lan
driano milanese, Bonintende bolognese e Ponzio Catellano tutti dot
tori di leggi si obbligano a favore dello Studio di Bologna*

bologna, 1213, 23 e 28 ottobre e 1° novembre

In nomine Domini millesimo CCXIII, indictione I, die VIIII exeunte
octubri Coram domino Armanno iudice et domino Alberto Rubeo
iudice et Blanco notario et Orabono notario et Martinello notario et
dns Dominus Guido Boncambi et dominus Iacobus Balduini cives
Bonome et dominus Oddo de Landriano mediolanensis, omnes legum
doctores, ante dominum Guazonem iudicem domini Mathei Bonome
potestatis, iuraverunt ad sancta Dei evangelia quod de cetero in
aliquam terram non legent scolaribus scientiam legum, nisi in Bononia
et quod non dabunt operam ut scolares in alia civitate debeant com
morari, nec in hoc consilium vel adiutorium prestabunt, immo cura
bunt bona fide quod Studium in hac civitate augeatur et quod ipsi
dabunt consilium potestati et iudicibus de comuni, et rectoribus Bo
nome qui pro tempore fuerint, bona fide si ab eis petierint

Actum in pallatio comunis Bononie
Item Quarto die exeunte octubri in pallatio comunis Bonome
Coram domino Armanno iudice, et domino Ambroxio iudice et Cora
dino iudice et Arpinello et Bulgarino procuratoribus, dominus Benin
tendi legum doctor civis Bonome, ante prefatum dominum Guazonem
iudicem domini Mathei de Corrigia Bonome potestatis iuravit eodem
modo ut dicti domini

Item In pallatio comunis Bonome, primo die intrante novem
bri Coram Simone de Maccagnanis, et Bulgarino Guidonis Guizardi

et Lamberto de Baccellerio, et Hdebrandino notario et alus, dominus
Pontius Catellanus legum doctor, ante dominum Matheum de Corrigia
potestatem Bononie iuravit eodem modo ut prediciti domini

(L S) Ego Symon Sacii pallatii et nunc communis Bononie nota
rius, ommbus predictis iuramentis interfui et mandato dictorum do
minorum Guazonis et domini Mathei potestatis, predicta iuramenta
scripsi

Pubblicato in SAVIOLI, *Annale* I II, Part II p 313 e in SARTI *De claris*
etc I II, p 31

XVIII

(209 b

*Ugo di Lucca medico si obbliga di dimorare in Bologna ad esercitare la
medicina*

Bologna 1214, 5 ottobre

In nomine sancte et individue trinitatis Anno Domini millesimo
ducentesimo quartodecimo, die dominico quinto intrante octubri, indictione secunda Pactum recordationis ad memoriam retinendam fa
ctum ad id, de quo fit in eo mentio firmitatis Cum propter habita
tionem et moram proborum virorum urbes et loca augmententur et
honoris suscipiunt incrementum, accessit dominus Ugo de Lucca, me
dicus, ante dominum Rodolfum Guidonis Bergognonis comitem, pote
statem Bononie, et dominum Albertum Gerardi de Gisla procuratorem communis Bononie, nunc suam vicem gerentem et domini Gradam
Ferenensium, ejus socii, cupiens effici civis civitatis Bononie, et pro
citadantia hec infrascripta sibi a communi Bononie fieri postulabit in
hunc modum « Petit dominus Ugo, lucensis, medicus, a communi Bononie, ut sibi et suis heredibus commune Bononie concedat in feudum
sexcentas libras bononinorum Ipse autem in hunc modum pro his vult
servire communi Bononie annuatim sex menses continue vult habitare cum
sua familia in civitate Bononie, et ultra per duos menses arbitrio potestatis qui pro tempore fuerit Si autem aliquo casu esset extra civitatem
eo tempore quo tenetur stare in civitate, tunc teneatur venire suis
expensis, si necesse fuerit, et omnes bononenses jurantes sequuntur
et eorum familias in civitate habitantes et omnes comitatinos vulneratos
et ruptos ruptos, scilicet, intelligatur de caltretis et contritis et de
carne contrita, jacentes se deferri ad civitatem, medicare et curare, exceptis habentibus crepaturam interius, unde sequitur eriia tempore pro-
cedente, et non vult quod aliquis predictorum ei astringatur pacto
sibi salarium dare, exceptis comitatinis, a quibus liceat eis in hunc

3

modum percipere· scilicet a pauperibus nichil, a mediastinis vero ad
unum plaustrum lignorum, a divitibus vel XX soldos vel plaustrum
feni et hoc fiat in arbitrio dictorum comitatinorum, utrum voluerint
sibi dare fenum, vel viginti soldos bononiorum et hoc si graviter
fuerit vulneratus, vel habuerit hos fractum vel delocatum, scilicet
quod liceat petere ex pacto de istis infirmitatibus a comitatinis De
illis supradictis infirmitatibus teneatur ut civibus Si autem civitas
guerram haberet, vel si cives inter se guerram haberent, quod Deus
advertat, toto tempore guerre vult habitare in civitate Si autem extra
civitatem esset illo tempore, vel illis mensibus quibus liceret ei habi
tare extra, et aliquis bononiensis vel comitatinus vulneratus esset
vel ruptus, vel haberet hos ruptum vel delocatum, vult teneri ad ve
niendum ad eum medicandum, dum tamen ab eo percipiat usque ad
octo libras bononiorum et non ultra pro suo viatico veniendi et re
deundi, nisi egritudo sui fratris vel sororis, vel filii fratris, vel fratris
uxoris eum impediret Et in omni exercitu Bononie vult esse suis
expensis et medicare et curare omnes qui essent in exercitu, in ser
vitio comunis Bononie scilicet forenses durante exercitu Si vero non
haberet aliquem heredem, qui medicando sciret deservire tendum
comuni, tunc revertantur ad comune ducentas libras de predictis Pos
sessiones empte de residuis CCCC librarum remaneant in feudum filiis
suis, vel descentibus masculis legitimis, qui teneantur servire comuni
Bononie, ut alii vasalli tenentur servire dominis suis· et vult quod
tota jam dicta pecunia ponatur in emptionibus predictorum in com
tatu vel civitate Bononie decenter sine predictis sexcentis libris et
debet comparare vel habere propriam domum in civitate Bononie ab
anno novo proximo ad unum annum. Peccunia autem debetur sibi
dari a comuni Bononie hinc ad kalendas junii proximi, et compara
possessionum debet dicto termino fieri Et si compara possessionum
non posset fieri comode termino jam dicto, debeat fieri a termino ka
lendas junii jam dicto ad unum annum. Si tamen peccunia dicta
debeat dari interim quibusdam de civitate Bononie, qui retineant
eam pro comuni et pro eo et ipse magister Ugo habeat utilitatem
denariorum, tamdiu et in eo termino teneatur emere De qua emptione
comune Bononie unum instrumentum habeat, et magister Ugo aliud »
Que omnia suprascripta, ut in suprascripto instrumento continentur,
dictus magister Ugo juravit et promisit per se suosque heredes atten
dere et servare et non contravenire, sub pena dupli totius suprascripte
peccunie et obligatione suorum bonorum, stipulantibus domino Redolfo
Gaidonis Bergognonis comitis, potestate Bononie et domino Alberto
Gerardi de Gisla procuratori comunis Bononie, gerente nunc sui vicem
et domini Graidani Jeremiensium, ejus socii absentis recipientibus
nomine comunis Bononie, promissa pena soluta, nichillominus per

se suosque heredes teneatur observare predicta. Renuntians in hoc
facto toti privilegio et omni alii legum auxilio, quod sibi in hoc facto
in presenti vel in futuro posset prodesse. Et dominus Rodolfus comes, Bononie potestas, et dictus Albertus Gerardi de Gisla, procurator comunis pro se et eius socio, nomine et vice comunis Bononie
promiserunt eidem magistro Ugoni stipulanti, adtendere et observare
per se et pro comuni Bononie omnia que in suprascripto instrumento
continentur, et solvere pecuniam ad terminum et ad terminos supra-
ordinatos, sicut in suprascripto instrumento continetur, sub iam dicta
pena dupli totius suprascripte pecunie, stipulatione eidem magistro
Ugoni e potestate et procuratore predicto, nomine et vice comunis Bononie promissa, penaque soluta, nichilominus comune teneatur observare predicta. Que omnia, facta sunt et stabilita, voluntate consilii
in palatio comunis ad sonum campane eadem die coadunati.

Actum in palatio comunis Bononie inductione predicti prefato
domino Rodolfo Guidonis Bergognonis comitis, potestate Bononie et
procuratore et dicto magistro Ugone scribere mandantibus.

Interfuerunt dominus Ricomus iudex domini Rodolfi Guidonis
Bergognonis comitis potestatis Bononie, dominus Grimaldus, dominus Ugolinus Marsili, dominus Ramaldus, dominus Odericus Galitian
omnes iudices comunis Bononie, et dominus Marsihottus, dominus
Nicholaus Ugolini Lauh, dominus Tucinimus domine Ostie, dominus
Prendipars Landolfi, dominus Albertus Catanius dominus Ugolinus
Rubeus, omnes milites iustitie comunis Bononie et Tedericus de Saragoza et Pascalis et Carbo notarii comunis Bononie et omnes suprascriptorum testes sunt rogati.

(L. S.) Ego Petrus, domini Octonis Imperatoris et comunis Bononie notarius, omnibus suprascriptis interfui, et mandato Potestatis
et procuratoris nec non et dicti domini magistri Ugonis scripsi.

Pubblicato in Savioli, Annali ecc. I II, Part II p 357 e in Sarti De
claris ecc. t. II, p 211

XIX

c 3 e 4 a

Stipendio di Ugo da Lucca medico

Bologna 1211

In nomine Domini amen

Hoc est memoriale eorum que spectare videntur comuni et populo Bononie scripto in maiori registro comunis.

De feudo medici de Luca

Item in eodem § in V folio XXVI quatenus continetur qualiter dominus Ugo lucensis medicus habuit in feudum a comuni Bonome DC libras bononinorum et pro his promisit per se et suos heredes servire comuni Bonome secundum in instrumento inde facto continetur, et omnia iuravit et promisit attendere

XX

c 218 a

Ugo da Lucca medico conferma le promesse precedentemente fatte al Comune di Bologna

Bologna 1216, 15 ottobre

Anno Domini millesimo ducentesimo sextodecimo, inditione quarta, die quintodecimo mensis octobris In palatio comunis Bonome, coram Terisendo de Roncoveteri, Petrizolo Manfredini, Iacobo Arienti, Bonacosa de Tebaldis, Bonoromeo filio Mezecolons, Rodolfo iudice de Blatexis, dominus Vicecomes Bonome potestas, Guallandinus et Bonindinus procuratores comunis Bonome, de voluntate consilii civitatis eiusdem eligerunt menses aprilis, madii, iunii, iulii, augusti, setembris in quibus Ugo medicus de Luca morari debet et servire in civitate Bonome, secundum quod in istrumento concordie inter commune et ipsum Ugonem facte continetur, quod scripsit Petrus notarius, reservato sibi arbitrio et electione aliorum duorum mensium, quibus similiter servire debet idem medicus et morari in civitate Bonome ultra predictos sex menses, secundum quod in predicta concordia continetur Quibus omnibus idem Ugo medicus de Luca presens, consensit et ratum habere promisit in totum

Item, statim coram eisdem testibus, idem Ugo medicus promisit eidem domino Vicecomiti Bonome potestati et intrascriptis procuratoribus stipulantibus nomine comunis Bonome, quod usque ad diem festum sancti Petri proxime de residuo D C librarum bon quas nomine feudi a comuni tenet, faciet emptionem secundum quod in predicto instrumento concordie continetur, nisi remanserit para bola potestatis Bonome que pro tempore fuerit, alioquin penam dupli de ipso residuo dare promisit, rato manente pacto, unde obligavit eis pignore omnia sua bona salvis existentibus tenore et pactis et conventionibus et obligationibus intrascripti instrumenti et ipse potestas et procuratores de voluntate consilii, terminum ipsius emptionis faciende prorogaverunt eidem Ugoni usque ad diem festum sancti Petri proxime Et continuo Oxellettus Isnardi, renuntiando omni legum et exceptionis auxilio et maxime auxilio legis dicentis quod principalis debitor prius conveniri debet quam fideiussor ut principalis debitor, promisit eisdem potestati et procuratoribus quod faciet et curabit ipsum Ugonem predicta omnia adtendere et facere et complere ut supra legitur, in pena dupli, rato manente pacto unde obligavit eis pignore omnia sua bona, unde plura instrumenta eiusdem tenoris scripta sunt

(L S) Ego Gerardus Spalla notarius eiusdem potestatis huic in terfui et eius mandato hec scripsi

XXI

c 219

Guizzardino da Bologna giura a favore dello Studio di Bologna e di non leggere che a Bologna

Bologna 1216, 30 ottobre

Anno Domini millesimo ducentesimo sextodecimo, indictione quarta tertio die kalendas novembris, in quadam sala palatii comunis Bonome Coram domino Azone legum doctore, domino Rufino Sicamblca, Terisendo de Roncovoteri, dominus Guizardinus Bonome civis indicante domino Viccecomite Viccecomitum Bonome potestate, tactis sacrosantis evangeliis corporaliter, iuravit quod de cetero in aliquam aliam terram non leget scolaribus scentiam legum nisi in Bononia, et quod non dabit operam ut scolares in aliam civitatem debeant morari, nec in hoc consilium vel adiutorium prestabit, immo curabit bona fide, quod Studium in hac civitate augeatur, et quod consilium dabit bona fide, et sine fraude potestati et iudicibus de comuni Bonome, et rectoribus qui pro tempore fuerint, si ab eo petierint Sic Deus eum adiuvet eiusque sancta evangelia

(L S) Ego Gerardus Spalla notarius eiusdem potestatis huic in terfui et eius mandato hec scripsi

Pubblicato in Sarti *De claris* etc. T II p 31

XXII

c 222 b

Ugolino, Rainerio e Guglielmino Gisleri vendono alla loro madre l'acqua di un molino

Bologna 1217, 15 ottobre

Ugolino, Rainerio e Guglielmino figli del fu Gerardo Gisleri, cedono e vendono a Gislina loro madre « totum aquaticum unius molen-

dim quod habebant in posta Veole » gia di spettanza del comune loro
genitore, e cio a tacitazione della dote dalla stessa Gislina portata
ammontante a L 60 imperiali, e di altre L 20 imperiali a favore di
lei disposte a titolo di legato dal defunto marito il nominato Ge
rardo

In nomine sancte trinitatis Anno Domini millesimo ducentesimo
septimo decimo, indictione quinta, idus octubris In infrascriptorum
testium presentia, Ugolinus, Rainerius et Guilhelmmus olim filii do
mini Gerardi Gislerii .

Actum ad domum supradicti Guilhelmini. Dominus Guizardinus do
ctor legum, dominus Albertinellus de Arriosto, dominus Albergettus
de Arriosto, Albertus de Pizola, Rolandinus de Ulzano et Zacharias
eius socius, ad hoc rogati testes interfuerunt

Ego Donatus auctoritate imperiali notarius his omnibus interfui
et dictorum fratrum rogatus, scripsi

Ego belieranus quondam Henrici imperatoris notarius, secundum
quod vidi in autentico instrumento scripto per manum Doniti nota
rii, ita manu mea scripsi et exemplavi

XXIII.

e 229 a e b.

I Forlivesi promettono di ottemperare al lodo da pronunciarsi sulle liti
tra loro ed i Faentini

Forlì, 1218 4 giugno

Giacomo Naso podestà di Forlì, in unione all intiero consiglio della
citta stessa, promette e si obbliga di ottemperare al lodo e comando
di Albergitto Pandemilio podestà di Bologna circa le liti, questioni
e divergenze tra essi ed i Faentini, sotto pena di 2000 marche d'ar
gento in caso di contravvenzione

Anno Domini millesimo ducentesimo octavo decimo, indictione
sexta, die martis quarto intrante iunio, presentia domini Guidonis
Boncambii, domini Jacobi de Balduino doctorum legum, domini Boni
latii Guidonis Guizardi, Ramberti de Bazaleno, domini Munsarelli,
Ramberti de Gisleno, domini Basilii iudicis de Padua, domini Bonifatii
de Pno de Tarvisio et aliorum. . . . .

Actum in pallatio comunis Forlivii

Ego Gerardus sacri pallatii notarius interfui et scripsi

Pubblicato in SAVIOLI, Annali etc. I II Part II, p 38*

XXIV

c 229 b

I Faentini promettono di ottemperare al lodo da pronunciarsi sulle liti fra loro ed i Forlivesi

Faenza, 1218, 6 giugno

Talamasio podesta di Faenza ed i componenti il Consiglio della stessa città promettono e si obbligano di stare il lodo e comando di Albergitto Pandemilio podesta di Bologna circa le liti, questioni e controversie tra essi ed i Forlivesi, sotto pena di 2000 marche d'argento ove da essi si contravenisse

Anno Domini millesimo ducentesimo octavo decimo, indictione sexta die mercurii sexto intrante iunio; presentia domini Guidonis Boncambii, domini Jacobi de Balduino doctorum legum, domini Bonifacii Guidonis Guizardi Ramberti de Bazalerio, domini Munsarelli, Ramberti de Gislerio, domini Basilii iudicis de Padua, domini Bonifacii de Piro et aliorum

Actum in pallatio comunis Faventie
Ego Gerardus sacri pallatii notarius interfui et scripsi.

Pubblicato in SAVIOLI, *Annali* etc I II, Part II p 385

XXV

c 231 a e b

Maestro Bene da Firenze giura a farore dello Studio di Bologna e di non leggere grammatica che a Bologna

Bologna, 1218 1º ottobre

Exemplar eiusdam instrumenti scripti per Juhannim Leonardi notarium qui est cum domino Cancelario sic incipientis Juramentum factum a Magistro Bene florentino Anno Domini millesimo CCXVIII indictione sexta, die primo intrante octubri Coram examine domini Albergiti Pandemillo potestatis Bononie, in presentia domini Waltredi sui iudicis, domini Laurentii Romani, domini Widonis Tantidinari domini Jacobi Parvi, domini Malatigne domini Alberti Guidonis Grassi, domini Ugolini Primidier et aliorum multorum de curia tam militum quam iudicum et notariorum, in hunc modum iuro ego magister Bene non dare operam ullo modo quod Studium civitatis Bononie aliquo tempore alibi transferatur. Et si scivero aliquem dantem operam ad hoc ut Studium Bononie alibi transferatur, bona fide prohibebo atque vetabo, et si cum effectu vetare vel prohibere non possem, potestati Bononie quam cicius potero manifestabo; et alibi ullo tempore in gramatica facultate non regam, nec scolas habebo, salvo tamen quod si promotus essem ad offitium clericale in civitate Florentie, ut liceat mihi legere clericis illius ecclesie tamen in qua essem ad ordinem clericalem promotus.

Factum fuit hoc iuramentum in sala pallacii comunis Bononie.

Ego Julianus Leonardi imperialis aule index atque nunc comunis Bononie notarius huic iuramento interfui, et ut supra legitur, scripsi.

(L. S.) Ego Petrus Pizolus Bolognoli domini Octonis imperatoris et comunis Bononie notarius, sicut scriptum vidi per manum Juliani notarii, ita scripsi nec addens vel minuens nisi signum quod non feci.

Pubblicato in SAVIOLI, *Annali* etc. T. II. Part. II. p. 390: e in SARTI, *De claris*, etc. T. II. p. 240.

XXVI.

c. 238 *a* e *b*.

Adriano ed Ugolino Cessabò promettono di custodire il denaro pei crociati dato dal Comune di Bologna.

Bologna, 1219, 18 febbraio.

Adriano per sè ed Ugolino Cessabò, eletti da tutti i crociati della città e distretto di Bologna a ricevere da Enrico Conte podestà di Bologna il denaro che lo stesso a nome del comune è tenuto a dare a norma della promessa de' suoi antecessori, quale è menzionata nel giuramento che si suol prestare dal podestà e nel giuramento del popolo, promette di ben custodire il denaro che a tale titolo sarà loro dato, e di spenderlo nell'interesse dei crociati a norma dei loro deliberati. Promette inoltre, per effetto del pagamento della somma stessa, di tener sollevato ed indenne il podestà e comune di Bologna dall'obbligo derivante dal giuramento prestato all'Arcivescovo di Ravenna. Il tutto sotto obbligazione de' suoi beni presenti e futuri, pena il doppio della somma che sarà pagata in caso di contravvenzione. Diversi altri cittadini si obbligano a garantire il podestà e comune pel buon esito del pagamento.

In nomine Christi amen, millesimo CCXVIIII die XI exeunte februario, indictione VII. In palatio comunis Bononie, dominus Adria-

mus pro se et Ugolino de Cessaboe prius electi a cunctis cruce signatis
de civitate Bononie et districtu

Presentibus domino Uberto iudice potestatis et domino Gualiuolo
milite domini Henrici potestatis Bononie et domino Frederico Pase
pauperis et domino Ursolino de Ursis et domino Rolando de Goto
fredis et aliorum quam plurium

(L S) Ego Bonusiohannes quondam comunis Bononie notarius
interfui et iussu dicte potestatis scripsi

Pubblicato dal Savioli, *Annali etc.* T II, Part II p 397

XXVII

C 269 a

*Graziolo fabbro vende al Comune di Bologna un appezzamento di ter
reno tra l'Aposa e il borgo di Galliera*

Bologna, 1219 18 giugno

Graziolo fabbro vende a Manfredo de Burelli e Zacaria de Ro
daldi, procuratori del comune di Bologna che nell'interesse dello
stesso accettano, « V clusos terre et dimidium et XX pedes et di
midium » posti tra l'Aposa ed il borgo di Galeria, con tutte le azioni
ad essi inerenti, pel prezzo pagato di lire quattro, soldi dieci e de
nari quattro, pena il doppio di tal prezzo in caso di evizione

(L S) In nomine sancte et individue trinitatis, anno domini
nostri Ihesu Christi, millesimo CCXVIIII tertiodecimo die exeunte
iunio, indictione VII Actum in pallatio comunis prefatus venditor
scribere mandavit Dominus Guizardinus legum doctor, dominus Ode
ricus Galiciani, dominus Tomismus index huius rei rogati fuerunt
testes

Ego Bonuscambius Cesuis aule notarius interfui et rogatus scri
bere scripsi

XXVIII

C 271 a

*Buvalello di Pietro dell'Aposa vende al Comune di Bologna un appez
zamento di terreno tra l'Aposa ed il borgo di Galliera*

Bologna 1219 18 giugno

Buvalello di Pietro dell'Aposa vende a Manfredo de Burelli e
Zaccaria de Rodaldi procuratori del comune di Bologna, che nell'in-

teresse di questo accettano « X clusos terre minus XVIIII pedibus »
posti tra l'Aposa ed il borgo di Galeria con tutte le azioni e ragioni
relative pel prezzo di lire otto di bolognini meno 25 denari, già
pagatogli. Si sottopone alla pena del doppio di tale prezzo pel caso
di evizione

In nomine sancte et individue trinitatis, anno domini nostri
Jhesu Christi, millesimo CCXVIIII tertio decimo die exeunte iunio
indictione VII

Actum in pallatio comunis· prefatus venditor scribere mandavit
dominus Guizardinus legum doctor· dominus Odericus Galicani, do
minus Tomasinus index, huius rei rogati fuerunt testes

Ego Bonuscambius Cesaris aule notarius interfui et rogatus scri
bere scripsi.

XXIX

(285 b e 286 a

Giacomo Zamboni da Imola vende al Comune di Bologna un appez
zamento di terreno tra l'Aposa e il borgo di Galliera

Bologna, 1219, 18 giugno

Giacomo Zamboni da Imola vende al comune di Bologna, pel
quale accettano Manfredo de Burello e Zaccaria Rodaldi suoi procuratori, « XXV clusos terre et XIIII pedes positos inter Avosam et
Burgum Galerie » con tutte le pertinenze, azioni e ragioni relative
per il prezzo pagato di lire 18 di bolognini e soldi 8 meno denari 3.
con ogni garanzia e sotto pena del doppio valore della cosa venduta
se mancasse ai patti del contratto Sotto obbligo della stessa pena
si costituisce fideiussore del venditore, a favore del comune, Jacobino
di Rolando « de Leo ».

In nomine sancte et individue trinitatis, anno Domini millesimo
CCXVIIII, die tertio decimo exeunte iunio, indictione VII

Actum in pallatio comunis prefatus venditor et fideiussor scribere
mandaverunt
Dominus Poncius index comunis, dominus Federicus de Pacepo-
vero, dominus Tomasinus index. huius rei rogati fuerunt testes
Ego Bonus Cambius Cesaris aule notarius interfui et rogatus
scribere scripsi

XXX

c 291 a

Il Comune di Bologna concede facoltà ai suoi procuratori di fare gli istrumenti e dare acquista agli uomini delle arti d Bologna per le compere di terreno fatte tra l'Aposa e la strada di Galliera

Bologna, 1219, 15 luglio

Il Consiglio generale della città e del comune di Bologna, convocato secondo il costume al suono della campana, aderendo alla richiesta di Ponzio giudice e vicario di Enrico Conte podestà di Bologna, concede al podestà, a Caccianemico figlio del fu Giacomo di Alberto dell'Orso ed a Geremia di Mattone procuratori del comune di Bologna, gli opportuni poteri per addivenire a regolare e legale atto a favore degli uomini delle arti di Bologna, circa il terreno del mercato venduto dal comune e posto tra l'Aposa e la strada che conduce a Galliera

In nomine domini nostri Jhesu Christi Anno Domini millesimo CCXVIIII die XV intrante mense iulii, indictione VII in palatio communis Bononie presentibus domino Rolandino domini Armundi et domino Arverio Carbonensium, et domino Matheo de Rodaldis iudicibus curie, et domino Jacobo Rustici et domino Ungarello de Cessabo, et domino Pelegrino Manfredini Lugarelli, et domino Bianca leone domini Andalo militibus iustitie et Bonomartino, et Garxone, et Beltrame, et Guidone Faba et Domnico de Ferraria, et Juliano Leonardi, et Tonso Zaniti notario communis Bononie testibus ad intrascripta vocatis et rogatis

Ego Petrus filius quondam Bonbologni et nunc communis et dicto rum procuratorum communis Bononie notarius predictis omnibus interfui et rogatus scribere scripsi

XXXI

c 394 a e b

Concordia tra Bologna e Pistoia

Viterbo, 1219 16 ottobre

Ugo Vescovo di Ostia e Velletri, con sua sentenza, ordina ai Bolognesi e Pistoiesi di cessare da ogni guerra e discordia pel pos

sesso vicendevolmente contrastato di terre, e di addivenire tra loro
a sincera e duratura pace, nello stesso tempo ingiunge agli amba
sciatori e procuratori di Bologna di consegnare in piena libertà alla
Chiesa e il Vescovo di Pistoia la terra di Sambuca, perchè ad essi
spettante a norma degli antichi privilegi dei Romani Pontefici, e di
consegnare al comune di Pistoia diverse terre « scilicet Fossatum
Tribum, Turrim, Monticellum » e loro pertinenze, salvi i diritti della
Chiesa Romana e dell'impero, del Vescovo di Bologna per la giurisdi
zione spirituale, di quello di Pistoia per la temporale, nonchè i diritti
dei terzi. Per contro, agli ambasciatori e procuratori del comune di
Pistoia, ingiunge di rilasciare ai Bolognesi, in piena ed assoluta
libertà, i castelli e le terre da Pistoia tenuti nel contado di Bologna,
riservati sempre i diritti della Chiesa Romana e dell'impero, della
Chiesa di Bologna, di Pistoia e dei terzi.

Ingiunge ancora agli ambasciatori dell'uno e dell'altro comune
di far giurare ai successori dei podestà o consoli dei luoghi rispettivi
il mantenimento dell'avvenuta concordia, nonche l'osservanza degli
ordini di esso Ugo, e di più di far trascrivere tutto ciò negli statuti
delle due città.

In nomine sancte et individue trinitatis... hoc est exemplum sen
tentie sive precepti prolati inter Bononienses ex una parte ac Pisto
rienses ex alia, sic incipientis.

Aperta, recitata, promulgata atque plubicata sunt supradicta pre
cepta et mandata domini Ostiensis, Viterbii in ecclesia sancti Laurentii
eiusdem civitatis coram me subscripto notario et coram parte populi
Viterbiensis et subscriptis testibus, anno eiusdem nativitatis millêsimo
CCXVIIII, temporibus domini Honorii III pape, die sesto decimo
octubris, indictione VII...

Ego Bonaventura Sancte Romane Ecclesie notarius supradicta
precepta sive mandata, mandato dictorum dominorum Alberti domini
Pape capellani et magistri Roffredi domini Pape notarii plubicavi.

(L. S.) Ego Iustinianus notarius secundum quod per manum Bo
naventure Sancte Romane Ecclesie notarii scriptum vidi, ita scripsi
et exemplavi, et suprascripte sentente, cum lata fuit et plubicata et
recitata per dominum Roffredum notarium domini Pape in ecclesia
suprascripta, interfui et ipsam recitari audivi et intellexi, procura
toribus ad hoc comunis Bononie apud Viterbium existentibus et apud
ecclesiam supradictam, domino Rambertino Guidonis Ramberti et
domino Azzulino Petriconum et ambaxatore cum eis domino Baga
rotto legum doctore, et ego Iustinianus notarius ob hoc negotium
iveram tunc cum eis, et quod procuratores essent predicti reperitur

scriptum in sequenti exemplo, cuius autenticum scriptum fuit manu
Guidonis Fabe notarii.

Pubblicato in SAVIOLI *Annali* etc I II Put II, p 111 e cit in SARTI,
De claris etc Vol I p 122

XXXII

c 317 *a* e *b*

*Oliviero di Castel San Paolo vende al Comune di Bologna un appezza
mento di terreno nella curia di Castel San Paolo*

bologna 1219, 20 dicembre

Oliviero di Castel S. Paolo vende a Giacomo di Alberto dell Orso
e Geremia di Mattone procuratori del comune di Bologna che nel-
l'interesse dello stesso accettano, una pezza di terra della superficie
di circa quattro tornature posta in « curia dicti castri Sancti Pauli »
con tutte le azioni e i diritti mercanti e relativi per il prezzo di L 4
di bolognini, sotto pena del doppio valore della cosa venduta in
caso di evizione

In nomine sancte et individue trinitatis anno Domini millesimo
CC XVIIII, die XII exeunte mense decembri, indictione VII In
pallatio comunis Bononie, presentibus domino Guidone Boncambii
legum doctore et domino Zacharia de Rodaldis et domino Gualandino
de Codicella et Novellone notario testibus ad infrascripta rogatis

Ego Petrus filius quondam Bombolugni et nunc comunis et dicto
rum procuratorum comunis Bononie notarius, hoc venditionis instrumentum et omnia que in eo continentur ut supra legitur, rogatus
scripsi

XXXIII

c 4 *a*

Stipendio di Ugo da Lucca medico

bologna 1219

De medico de Luca

Item in millesimo ducentesimo decimonono in VIII° folio dicti
quaterni continetur qualiter magister Ugo lucensis qui confessus
fuit et contentus quod de pecunia illa que emptionem facere tenetur
pro ut inter comune et ipsum est conventum CCCCLVII librarum et
promisit facere emptiones de pecunia que restabit

XXXIV

c 331 a

*Lambertino di Azzone di Gardino promette con giuramento di non
leggere che a Bologna*

Bologna 1220 5 febbraio

Millesimo ducentesimo vigesimo, die quinto intrante februario
indictione octava. In sala palatii comunis in qua potestas consuevit
cum curia convenire, presentibus domino Beccaro et domino Ildiebandino Prendipartis et aliis pluribus, dominus Lambertinus Azzonis
Gardini ad sancta Dei evangelia iuravit, secundum formam statuti,
quod non leget de legibus extra Bononiam vel eius districtum, et
quod non erit in conscilio vel adintorio ut Studium Bononie auferatur
vel diminuatur.

(L S) Ego Zacharias de strata maiori imperialis aule et nunc
comunis Bononie notarius predicta publice scripsi

Pubblicato in Savii *De claris etc.* I II p. 52

XXXV

c 334 a e b

*Gli ambasciatori Bolognesi chiedono al Comune di Pistoia che restituisca
i beni confiscati agli uomini di Sambuca che parteggiarono pei Bolognesi*

Pistoia, 1220 7 aprile

Bagarotto dottor di leggi e Tucimanno ambasciatori del comune
di Bologna chiedono ad Ugolino de Porio podestà di Pistoia che
siano restituiti agli uomini di Sambuca, che al tempo della guerra
tra Pistoiesi e Bolognesi parteggiarono per questi ed uscirono da
Sambuca, tutte le proprietà e i beni in genere loro confiscati, e che
siano mantenuti nel quieto e pacifico possesso degli stessi, a norma
della sentenza pronunciata dal vescovo di Ostia. Alla quale domanda
il podestà di Pistoia dichiara che risponderà dopo d'essersi consi-
gliato. Nel giorno seguente ritrovatisi nel palazzo del comune di
Pistoia presenti diversi cittadini pistoiesi e tra questi Suffredo dottore di leggi i predetti ambasciatori di Bologna non dichiarandosi
soddisfatti della risposta loro data, insistono nella domanda già

proposta, ed il podestà di Pistoia, dopo qualche discussione si assi
cura d'essere pronto a restituire i loro beni a quelli che in Sambuca
ritornassero, e rimetterli nel possesso dei beni stessi

In nomine Domini Millesimo ducentesimo vigesimo, die septimo
intrante aprili, indictione octava In consilio congregato ad cam
pane sonitum, in palatio domini episcopi pistoriensis et coram ipso
domino episcopo, dominus Bagarottus legum doctor et dominus Tuci
mannus ambaxatores comunis Bononie

Sequenti vero die in presentia et testimonio domini Suffredi legum
doctoris et aliorum multorum pistoriensis civitatis civium in palatio
comunis Pistorii

(L S) Ego Justinianus quondam Anselmi notarius omnibus supra
scriptis interfui, et mandato ambaxatorum Bononie ut supra legitur
scripsi

Pubblicato in SAVIOLI, *Annali* ec I II Part II p 426

XXXVI

‹ 343 a

Il podestà nomina Domenico da Ferrara a sindaco di Bologna

Bologna, 1220 15 luglio

Guglielmo Pusterla podesta di Bologna, radunato il consiglio di
credenza per provvedere alla nomina di un sindaco del comune, avuto
il parere degli intervenuti circa il doversi o meno procedere alla
nomina stessa, in unione ad Angeletto dall'Orso e Alberto Panzone
procuratori del comune, nomina a sindaco Domenico da Ferrara
notaio questi presta quindi giuramento Fra gli intervenuti al con
siglio favorevoli alla nomina del sindaco, figurano in un primo elenco
Bagarotto e Giacomo di Balduino dottori di leggi, ed in un succes
sivo Guizardino pure dottore di leggi ed altri

In Christi nomine amen, anno Domini millesimo ducentesimo vi
gesimo, die quintodecimo intrante julio, indictione octava In palatio
comunis Bononie in consilio credentie per campanam coadunato,
mandato domini Guilhelmi de Pusterla potestatis Bononie, pro sin
dico costituendo pro comuni Bononie, dominus Guilhelmus de Po
sterla predictus Bononie potestas in predicto consilio de consensu
et voluntate hominum consilii infrascriptorum in consilio existentium
per infrascriptos notarios comunis, mandato predicti domini Guilhelmi

potestatis Bononie, singulariter inquisitorum qui dixerunt se velle quod potestas pro comuni sindicum faceret pro ut ipse voluerit et sibi videbitur et qui contradixerunt ne sindicus fieret, sunt similiter intrascripti existentes in conscilio, pro ut interius legitur, per infra scriptos notarios requisiti, et presentibus hominibus curie intrascriptis et volentibus, pro ut interius declaratur

Presentibus, domino Albertono Saporito iudice dicti domini Guil-helmi de Pusterla potestatis Bononie, domino Petro de Parabiago eius notario, domino Nicholao Nascimpacis iudice comunis domino Ugolino Ugonis Aldrebandi et domino Ariverio de Guarinis consulibus iustitie, Iuliano Leonardi et Ugone de Imola notario supradictorum procura-torum comunis et aliis pluribus

Isti sunt qui volunt ut sindicus constituatur a potestate pro comuni, secundum quod potestas dixerit et sibi placuerit

dominus Bagarottus legum doctor
dominus Iacobus Baldum legum doctor

(L S) Ego Zacharias de strata maiori imperialis aule et nunc comunis Bononie notarius constitutioni prefati sindici et iuramento prefato prestito a randicto sindico presens interfui, et dicta supradicto rum de conscilio prefatis domino Nicholao Nascimpace et domino Al berto Panzone deputatis ad inquirendas predictorum voluntates in predictis, audivi et intelexi et iussu prefati potestatis et procura to-rum ut superius legitur publice scripsi

Isti sunt qui volunt quod sindicus constituatur a potestate pro comuni secundum quod potestas dixerit et sibi placuerit

dominus Petrus Guidonis Romanci
dominus Federicus Pascipoveri
dominus Guizardinus legum doctor

(L S) Ego Pascalis de Saragoza sacri palatii et nunc comunis Bononie notarius predicti nomina hominum in conscilio existentium et eorum voluntates secundum quod dixerunt se velle vel nolle, ut supra legitur scripsi

Isti sunt qui volunt quod sindicus constituatur a potestate pro comuni, secundum quod potestas dixerit et sibi placuerit   dominus Ugolinus legum doctor

Isti sunt qui volunt quod sindicus constituatur a potestate pro comuni secundum quod potestas dixerit et sibi placuerit   dominus Azzo doctor legum

Anno Domini millesimo ducentesimo vigesimo, die mercurii quinto decima intrante iulio indictione octava Nomina predictorum et eorum voluntates scripsi mandato domini Guilhelmi de Pusterla potestatis Bononie, presentibus domino Arrivello de Gnarinis milite iusticie, et domino Mercadante Migarani iudice comunis et Ugolino Agrestoli notario comunis

(L S) Ego Martinus de Urbino imperiali auctoritate notarius et nunc comunis Bononie supradictas voluntates et nomina scripsi

Pubblicato in SAVIOLI *Annali* etc T I, Part II, p 135

XXXVII

c 351 a

Bonifacio di Bonconsiglio giura di osservare gli statuti relativi allo Studio

Bologna, 1220 23 settembre

Anno Domini millesimo ducentesimo vigesimo, indictione octava die octavo exeunte septembri In palatio comunis Bononie, in presentia testium rogatorum et vocatorum videlicet domini Jacobi Pizoli, domini Juliani de Odderico Boniconscilii, domini Jacobi de Henrigitto, Ianni de Alberto Soro iudice nunc comunis Bononie, Angelello notario de Carboncello et aliorum, in quorum presentia venit dominus Bonelatius quondam filius domini Odderici Boniconscilii ante dominum Frassum iudicem domini Guilhelmi de Pusterla volens regere Studium legum, corporaliter iuravit coram predicto domino Frasso iudice potestatis, ita observare et facere, ut in statuto de dominis legum continetur

Prenominatus dominus Frassus predicta scribere mandavit

Ego Ugolinus ymolensis Dei gratia imperialis aule notarius interfui predictis et scripsi

Pubblicato in SARTI *De claris* etc T II, p 32

XXXVIII

c 377 b e 378 a

Il Comune di Bologna ottiene dal Vescovo la liberazione dalla scomunica avuta per lesione d'immunità ecclesiastica

Bologna 1220 24 dicembre

Millesimo ducentesimo vigesimo, die iovis octavo exeunte decembre, indictione octava Congregato consilio credentie solito more ad sonum campane mandato potestatis, scilicet, domini Guilhelmi de

Pusterla, retulit dominus Guizardinus legum doctor iterum transmis
sus cum undecim sapientibus ad dominum episcopum, quod dominus
episcopus sic eis respondit quod homicida restitui debeat in domo
sua propria, ea tamen conditione quod quicquid super eo negotio
factum est ex parte comunis et pro comuni, et ex parte domini episcopi
et pro domino episcopo, nullum faciat preiudicium vel ius acquirat
sive acquisitum habeat comuni vel episcopo, et idem de [re]stitutione
et relaxatione homicide predicti, etiam quod potestas nullum requirat
deinceps laicum vel clericum et contra requisitos non procedat pro
dicto negotio vel occasione huius negotii, et dominus episcopus
liberabit et absolvet omnes personas que, occasione ipsius hominis,
anathematis vinculo sunt astricti

Que supradicta sic facta, sic maneant quousque aliter concorda
verint dominus episcopus et comune. Quibus ita relatis consulit
potestas consuli quod super his sit comuni Bononie et sibi faciendum
In quo consilio surgens dominus Guido Tantidenari consuluit facien
dum esse secundum quod supra retulit dominus Guizardinus, cuius
dicto, universum consilium acquievit, approbante eodem consilio
universo, ita quod nullus qui contradiceret quod potestas faciat pro
comuni ut supra consuluit dominus Guido, et si quid contradiceret in
hoc potestati, prorsus ipsum absolvit consilium universum, item placuit
eidem consilio universo una voce clamanti quod non tamen per potesta
tem fieri possint predicta, verum etiam per quemcumque vel quoscum
que, quem quosve ad hoc faciendum duxerit potestas mittendos Predicto
vero consilio separato modicum post separationem consilii in pallatio
comunis, presentibus domino Ugolino Presbiteri, domino Jacobo Bal
dini, domino Bagarotto et domino Guizardino legum doctoribus, do
mino Federico Pascipoveri, domino Gerardo Rolandini, domino Ramberto
Bazalerii et pluribus aliis predictus Guilhelmus de Pusterla potestas
commisit et precepit domino Ysnardo Ugolini Alberti Pelliparii iudici
comunis et domino Ioseph de Savigno extimatori comunis, ut pre
dicta perficere debeant et perficiant pro comuni Bononie vice sui

Eodem die in ecclesia beati Petri episcopatus Bononie post altare
Beati Petri, presentibus domino Hemigitto Guardi Taudischi, domino
Ildiebandino Prendipartis, domino Ubertino iudice, domino Juano
Scozapresbiteri, domino Simone Zenzani et aliis pluribus, lecta forma
prefati consilii, et his omnibus lectis que supra in prefato consilio
sunt tractata et tacta coram domino Bononie episcopo et dominis
Ysnardo et Ioseph prefatis ibi a potestate transmissis, concordes
fuerunt dominus episcopus pro se et Ecclesia Bononiensi et dominus
Ysnardus et dominus Ioseph pro comuni Bononie, quod in omnibus
sic fieri et esse debeat ut supra dictum est, affirmantes et approbantes
in omnibus ut dictum est, et pacto ut dictum est in omnibus con

veneie Referentes et confitentes ad invicem dominus episcopus predictus et dominus Ysnardus et dominus Ioseph quod predictus homicida habitator erat Baulim et vocatus Rogerius filius Naselli interfectus vero ab eo vocabatur Gerardinus filius Bellondi de eodem loco Baulim

(L S) Ego Zacharias de strata maiori, imperialis aule et nunc comunis Bononie notarius, predictis omnibus interfui presens et rogatu partium, ut supra legitur publice scripsi

Pubblicato in SAVIOLI Annali etc. T II Part II p 155 e in SARTI De claris etc T II p 32

XXXIX

(304 b)

Benedetto beneventano dottore di leggi giura di osservare gli statuti relativi allo Studio di Bologna

Bologna, 1221 8 ottobre

In nomine domini nostri Jhesu Christi, anno Domini millesimo ducentesimo vigesimo primo die sabati octavo intrante mense octubris, indictione nona In sala palatii comunis Bononie, presentibus domino Ubaldino de Castro Britonum iudice et domino Americo de Portanova iudice, et Petro Pizolo notario, et Matheo filio quondam Rolandini de Vado notario, et Arardo filio quondam Albertoni Beccarii notario et aliis quam pluribus testibus ad infrascripta vocatis, in quorum et aliorum quam plurium presentia

Dominus Benedictus, qui fuit de Benevento legum doctor ad sancta Dei evangelia corporaliter iuravit bona fide, sine omni fraude, attendere et observare ea omnia que potestas Bononie, silicet dominus Giuffredus de Pnovalo tenebatur eum facere iurare, sicut in statuto comunis Bononie continetur, de dominis legum qui incipiunt de novo legere studium legale in Bononia Presente domino Johanne de Canova iudice dicte potestatis, et ei sacramentum ordinante

Ego Petrus filius quondam Bonibologni et nunc comunis et dicte potestatis Bononie notarius, predictis omnibus interfui et de mandato dicti domini Johannis de Canova iudicis dicte potestatis scripsi

Pubblicato in SARTI, *De claris* etc T II p 33

XL

c 500 a

*Castellano Storlitti promette al Comune di Bologna di pagare lire 300
di bolognini entro sei mesi*

Bologna, 1230 23 agosto

Castellano, in seguito dell'ottenuta emancipazione, promette a Bo
nildo ed Angelerio, che stipulano ed accettano nell'interesse del
comune di Bologna di pagare entro sei mesi lire 300 di bolognini
residuo di maggior debito sotto pena del doppio di detta somma in
caso di contravvenzione

Anno Domini millesimo ducentesimo tricesimo, die nona exeunte
agusto indictione tercia In pallatio comuns Bononie presentibus
domino Bonifacio legum doctore, domino Acursio legum doctore, do
mino Bonifacio Guidonis Guizardi, domino Bulgarino Guidonis Gui
zardi, domino Jacobino Mazaburdone et domino Lodorico et aliis

(L S) Ego Bologninus de strata maiori imperialis aule et nunc
comunis Bononie ad discum dicte potestatis notarius, predicta man
dato predictorum publice scripsi

Cit in Sarti, *De claris etc* T I p 116

XLI

c 500 b

*Gerardo arciprete di Pitigliano cede al Comune di Bologna i diritti
giurisdizionali sopra Castel Leone*

Bologna 1230, 11 novembre

Gerardo Arciprete di Pitigliano per sè, i suoi successori e contra
telli, in presenza di Enrico vescovo di Bologna cede a Pagano
Pietrasanta podestà di Bologna, che a nome e nell'interesse di questa
stipula ed accetta, ogni diritto di giurisdizione e dominio a lui ed
alla pieve sua spettante in « castrum leone » per ragione di pleba
nato gli trasmette pure ogni eventuale diritto di juspatronato, con
facoltà di erigere detta terra in plebanato

Anno Domini millesimo ducentesimo tricesimo die undecima in
trante novembri, indictione tertia In pallatio domini episcopi pre

sentibus dominis Bonifacio legum doctore, Bonifacio Guidonis Guizardi

(L S) Ego Bolognitus de stricta maiori imperialis aule et nunc communis Bononie ad discum dicte potestatis notarius predicta publice scripsi

XLII

c 516 a e b

L'abate della Chiesa di S Maria di Ambiliano concede in enfiteusi al Comune di Bologna dei terreno nelle vicinanze di Castelfranco

Modena, 1233, 8 maggio

Benedetto abate della Chiesa di Santa Maria « de Ambiliano » in unione al sindaco ed al capitolo della chiesa stessa dà e concede in enfiteusi al comune di Bologna pel quale stipulano ed accettano Zaccaria Gualenghi dottore di leggi e Bolognetto da Ignano suoi procuratori, quarantadue biolche di terra situate nelle vicinanze di Castelfranco unitamente all'acqua corrente al molino posto vicino alla chiesa predetta di S ta Maria « de Ambiliano », i quali beni, sono di poco reddito per la Chiesa stessa Al contratto è apposto il termine di 500 anni L'abate Benedetto ed il sindaco della chiesa confessano aver ricevuto il prezzo di L 575 di bolognini e dichiarano che sarà rivolto ad utilità della predetta chiesa, e precisamente a dimettere diverse passività I concedenti si obbligano alla difesa e manutenzione dei beni ceduti in enfiteusi vincolando all'uopo tutto il patrimonio del monastero, pena il doppio valore dei beni stessi in caso di inosservanza dei patti A favore dei concedenti e per ciascun anno della durata del contratto, è convenuta una pensione di un « veronese ». cinquecento dei quali, a saldo dei primi 500 anni di durata del contratto, sono pagati a mani dei più volte nominati abate e sindaco che ne rilasciano ricevuta Viene stabilito che, scorsi 500 anni il contratto sarà rinnovato e così fino a due mila anni, pagandosi a titolo di rinnovazione 20 soldi di bolognini Si conviene pure che il comune di Bologna non incorrerà nella decadenza dal contratto non pagando la pattuita pensione di un veronese il monastero ma solo la facoltà di obbligarlo al pagamento Da ultimo i concedenti promettono di non fare alcun mulino in alcuna parte delle loro terre che possa nuocere o portare diminuzione all'acqua come sopra data in enfiteusi

(L S) In nomine patris et filii et spiritus sancti amen Anno Domini millesimo ducentesimo tricesimo tertio, indictione sexta die octavo intrante madio, in civitate Mutine

dompnus Benedictus monachus et abbas predicte ecclesie et dompnus Johannes monachus et syndicus dicte ecclesie cum universo capitulo

concesserunt et dederunt per se eorumque successores, dominis Zacharie de Gualengis legum doctore et Bolognito Petri de Ignano sindicis et procuratoribus comunis Bononie

Hec acta fuerunt in civitate Mutine, in claustro suprascripti mona sterii, presentibus Ugolino Beroardi, magistro Pultimerio de Bazano, magistro Gurino de Como Petio filio Santis de Vignola, Petio Brusatello, Bonagratie de Fantello

(L S) Ego Jacobinus Michielis Meroline imperiali auctoritate notarius, predictis interfui, et ut supia legitur scripsi

Cit dal Saiti, *De claris etc* I I, p 174

XLIII.

c *517 b*

Matteo di Pietro del Rosso da Naini scolaro rinuncia a qualunque rescritto papale in suo favore

Bologna 1233 1° novembre

Matteo di Pietro del Rosso da Naini, scolaio dimorante in Bologna nella casa di « Jolitte » del fu Lambeitino del Mercato di mezzo, di sua spontanea volontà, a stipulazione ed accettazione di Pagano Bagaiotto giudice di Uberto Visconti podestà di Bologna, dichiara di rinunciare a qualsiasi lettera o rescritto già impetrato o che potesse impetrare dal Papa, per ingiurie o molestie subite in seguito al ritrovamento di monete false nella camera di sua abitazione, dichiara pure che non intentera al riguardo lite alcuna né avanti la curia romana ne altrove

In nomine domini nostri Ihesu Christi amen. Anno Domini millesimo ducentesimo trigesimo tertio, die dominica tertia decima intrante mense novembris, indictione sexta, presentibus domino Boncambio Carnelvarii, et domino Guidone Bonfantini, et Petrizolo suo fratre, et Allamanno notario, et Drutolo notario de Sixum, et Philipo nuntio comunis de Porta Castelli testibus ad hoc rogatis

prenominatus Matheus et dominus Paganus dicta omnia, ut dicta sunt, scribere mandaverunt

Actum in palatio comunis Bononie.

(L S) Ego Ricius de Allisindis imperiali auctoritate notarius et nunc comunis Bononie, predictis interfui et mandato dicti domini Pagani etiam Mattei scripsi, subscripsi, signavi

XLIV

(502 a

*Il Comune di Bologna dà in appalto a Guidotto da Vignola il dazio
sul vino*

Bologna, 1259, 8 maggio

Giacomino Rangoni podestà di Bologna e Antonio di Mercadante
da Migarano procuratore del comune di Bologna, nel nome e nell'interesse del comune e dietro autorizzazione del consiglio speciale e
generale, danno in appalto a Guidotto da Vignola tabernario, che
accetta per se ed altri tabernari il dazio sulla vendita del vino al
minuto in ragione di 12 denari di bolognini per ogni corba che sarà
venduta nella città e nel distretto di Bologna, per la durata di un anno
contro il corrispettivo di 2000 lire di bolognini da pagarsi entro otto
giorni dalla stipulazione dell'atto, od in quell'altro termine che piacerà al potestà di fissare

In nomine Domini amen, anno eiusdem millesimo ducentesimo
quinquagesimo nono, indictione secunda, die iovis octavo intrante maio
Dominus Jacopinus Rangonus honorabilis potestas Bononie et
dominus Anthonius domini Mercatantis de Migarano procuratore comunis Bononie, nomine et vice dicti comunis, de voluntate et licentia
consilii specialis et generalis in pallatio comunis Bononie ad sonum
campanarum more solito congregato
Que omnia et singula supradicta iurata fuerunt in consilio predicto
super animas omnium de consilio actendenda et observanda usque
ad terminum predictum per Jacobum Cavotum bannitorem comunis
Presentibus, domino Aiardo de Pretis legum doctore, domino Ni
cholao de Tencararis, domino Zanbono de Zenzanis, domino Ribaldo
de Fuscardis, domino Bolognito de Becapane notario domino Bonin-
segna notario et domino Bonaventura Homoboni notario
Ego Rolandus quondam Johannis Gatti nunc notarius comunis ad
exemplandum acta notarii potestatis et comunis Bononie, scripsi ut
inveni scriptum manu Bonimartini Lenzi notarii et lectum per eum
me presente, in dicto consilio

XLV

c 503 a

*Il Comune di Cervia vende a quello di Bologna cinquantamila corbe
di sale*

Bologna 1259, 23 giugno

Martino Diucoli da Cervia specialmente deputato dal comune di
Cervia, ed Antonio da Migarano procuratore del comune di Bologna

convengono circa la vendita a questo per parte di quello di Cervia di cinquantamila corbe di sal bianco al prezzo di trenta soldi di bolognini per ogni cento corbe. Questa convenzione venne approvata dai sapienti a ciò deputati dal podestà a norma degli Statuti.

In nomine Domini amen. Anno eiusdem millesimo ducentesimo quinquagesimo nono, indictione secunda, die octavo excunte iunio

. . .

Quod pactum approbatum fuit per dominum Francischum doctorem legum,

dominum Ugolinum domini Zanboni doctorem legum,

dominum Palmerium de Taratogolis,

dominum Albertum domini Henregipti Vitelle et

dominum Nicholaum de Tencararis notarium.

In consilio speciali et generali comunis Bononie more solito congregato, presentibus domino Araldo de Preitis legum doctore domino Iacobo quondam domini Cazanimici, domino Guidone domini Tuemi.... mi, domino Ugolino domini Zanboni legum doctore domino Mercadante de Migarano, domino Zanbono de Zenzanis et domino Bolognito Botrigario notario.

(L. S.) Ego Rolandus quondam Johannis Gatti, nunc notarius comunis ad exemplandum acta notarii potestatis et comunis Bononie, ut inveni scriptum manu Nicholay de Butrio notarii procuratorum, scripsi.

XLVI

(186 b

Il Comune di Bologna dà in appalto il dazio del sale a Donideo ed altri

Bologna, 1259

Giacomino Rangoni podestà di Bologna in unione ad Aldiovandino de Malacatis e Pietro Diappieri, a nome e per mandato del consiglio generale e speciale di Bologna, cedono in appalto a diversi il dazio del sale per la città e distretto di Bologna in ragione di due soldi per corba, cioè a far tempo dal giorno otto novembre fino al giorno di S. Pietro del mese di giugno, pel corrispettivo di 3015 lire di bolognini.

Lectum et aprobatum fuit dictum pactum et vissum per dominum Thomaxinum Ugheti, dominum Bonecuperum de Soro doctorem legum, dominum Allexandrinum de Mallacatis, dominum Pa serpauperum domini Castellani et dominum Rolandum condam domini Usepi de Tuschis secundum formam statuti, sapientes super dicto pacto videndo ellectos

(487 a

Gli stessi convengono circa lavori di riattamento ad un ramo del Savena pel quale debba passare l'acqua per venire in città. A lire 18 di bolognini viene fissato il corrispettivo.

lectum vissum et aprobatum fuit dictum pactum per dominum Thomaxium de Carariis legum doctorem, dominum Pascipauperum dominum Gandulphinum et dominum Novellum ellectos ad probandum dictum pactum

(487 b

Bologna, 1259, 8 Dicembre

I tre anzidetti, di consenso e per volontà del consiglio generale e speciale di Bologna, danno incarico ad Ugolino Max ed a maestro « Ugheto » di fare immediatamente una « ruptam » nel ramo di Reno « extra et insta circlam burgi Sancti Felicis super navigio » ben solida con pali di rovere ovvero di castagno, con ottime chiavi di ferro per tutta la sua lunghezza, di modo che sia tenuta ben ferma, ciò pel prezzo di 125 lire di bolognini.

Lectum et vissum et aprobatum fuit dictum pactum per dominum Thomaxium de Carariis legum doctorem, dominum Pascipaverum dominum Gandulfium et dominum Novellonem ellectos ad aprobandum dictum pactum.

Die VIII intrante decembris, lectum et pubricatum fuit dictum pactum in consilio speciali et generali communis Bononie presentibus domino Gerardo Pellato, domino Gandino et domino Gualterino de Macagnanis et domino Buvalielo Richadone testibus.

Ego Ugutio Lambertini de Bambagiolis nunc notarius ad exemplandum acta notarii potestatis ut in libro Marchisini de Musigliano notarii procuratorum, exemplavi et scripsi secundum formam statuti communis Bononie et subscripsi.

XLVII

(484 a

Il Comune di Bologna si sottomette al Papa

Viterbo, 1278 29 luglio

Antolino da Manzolino dottore di leggi e Lazzarino de Lazzari procuratori del podestà, del capitano del popolo, del consiglio e co-

mune di Bologna, comparsi davanti al Papa Nicolo III assistito dai
cardinali vescovi di Tuscolo ed Albano, da cardinali dell'ordine pre
sbiterale e diaconale, dichiarano di sottomettere al beato Pietro « celestis
Regni clavigerum », ad esso Papa Nicolo III, ai romani pontefici
suoi successori ed alla Chiesa Romana, la città, il territorio e distretto
di Bologna, salvi e riservati i diritti e privilegi legittimamente ac
quisiti

In nomine Domini amen Anno Domini millesimo ducentesimo septuagesimo octavo, indictione sexta, die veneris quarto kalendas augusti, pontificatus domini Nicolai pape tertii, anno primo Pateat universis
per hoc publicum instrumentum, quod providi viri Antholinus de
Manzolino doctor legum et Liazarinus de Liazarinis sindici...

Actum Viterbii, in episcopali palacio in camara domini Pape eo
ram his testibus, silicet, venerabilibus patribus domino Orlando episcopo Narinensi, domino Ganfrido episcopo Taurinensi, domino Orlando
episcopo Massanensi, domino Ugone episcopo Troianensi, domino Fi-
desnudo episcopo Fanensi, domino Philipo electo Mantuano honora
bilibus viris, magistro Petro de Mediolano Sancte Ecclesie Romane
vizecancellario, magistro Benedicto de Anagnia notario domini Pape,
fratre Ugucione et fratre Iacobo Pocapalea cubicularis domini Pape,
Rolando de Romanziis, Tomaxino Guidonis de Baldini et Pace de
Pacibus miis civilis professoribus, Galaoto de Lambertinis, Guidone
de Calbulo, Thoma de Gisleriis, et Nicolao de Lastignano nunciis
et ambaxatoribus comunis bononiensis

Ego Paulus de Reate apostolica auctoritate, et nunc camare
domini Pape notarius, predictis interfui et ut supra legitur rogatus
scripsi, publicavi et signum feci

Ego Bernardinus Ugucionis de Bambagiolis imperiali auctoritate
notarius, ut in autentico dicti Pauli inveni, ita bona fide exemplavi
et scripsi

Pubblicato in SARTI *De claris* etc. T. II, p. 63

_____

REGISTRO NOVO

PER CURA

DEI DOTTORI LUIGI NARDI ED EMILIO ORIOLI

Grosso cod. pergam. di cc. 510 mm. di mano del sec. XVIII, delle quali 28, a vario intervallo, sono completamente bianche della misura di mm. 310 × 470, scrittura del sec. XIII-XV. Legatura moderna in cuoio ed essi rifatti ad imitazione di altra antica dalla quale furon forse tratte le parole che leggonsi sul piatto interiore: P. 1329 | PrecisTum | Novvm il titolo è ripetuto nel *recto* della prima carta di riguardo nella forma: REGISTRO NUOVO.

Il cod. può dividersi in due parti: la prima originaria scritta nel sec. XIII (a 1258), che arriva insino alla c. 368 e comprende le trascrizioni di atti ufficiali o per altro modo importanti del comune bolognese, disposti non cronologicamente ma di regola per distribuzione di territorio; la seconda composta delle aggiunte dei secoli XIII XIV e XV, che va dalla c. 369 insino alla fine. Questi ultimi atti non hanno, rispetto alla contenenza, ordine alcuno. Col Registro grosso costituisce una delle più cospicue e famose raccolte di documenti del comune bolognese.

XLVIII

c 236 a

Vendita di casa al Comune di Bologna

Bologna, 1203 17 settembre

Alberto da Corticella vende a Giacomo di Alberto dall'Orso e a Lambertino di Guido Buvalello procuratori del comune di Bologna pel quale accettano, una casa di sua proprietà situata dietro il palazzo del comune con tutte le sue pertinenze, pel prezzo già pagato di 24 lire di bolognini sotto pena del doppio valore di stima della casa venduta e la rifazione dei danni a carico del venditore e suoi in caso di evizione

In nomine sancte et individue trinitatis Anno domini nostri Jhesu Christi MCCIII, romano vacante imperio, XIV die exeunte septembri, indictione VI Constat me quidem Albertum de Corticella tradere . quandam meam domum positam post palatium de subtus cum suo solo et curte quam retro se habet

Actum Bononie in porta nova in curia comunis

Felicianus et Rodultus Petribon, de Guttihedis et Montanarius Romanci de Porta Steri et Bonacosa de Tebaldis index et Guido Grassus similiter index et dominus Ugolinus Presbiteri legum doctor huius rei rogati sunt testes

Ego Rolandinus notarius prenominatis procuratoribus mihi mandantibus et predicto Alberto similiter, omnia secundum quod supra legitur scripsi et firmavi

XLIX

c 236 b

Vendita di casa al Comune di Bologna

Bologna 1203 20 Novembre

Giacomo di Raimondino notaro vende al comune di Bologna pel quale accettano i suoi procuratori Giacomo di Alberto dall'Orso e

Lambertino di Guido Buvalello, una sua casa sita in « rivo muzo »
pel prezzo, che dichiara d' aver già ricevuto, di lire 216 di bolognini.
Pel caso di evizione viene stipulata la pena del doppio valore della
casa venduta, a carico del venditore e suoi.

Anno Domini millesimo ducentesimo tertio, nullo imperatore in
romano imperio in concordia regnante, et tempore domini Guilielmi
de Pustarla Bononie potestatis, XII kalendas decembris, indictione VI.

Ego quidem Jacobus de Raimondino notarius iure proprio vendo,
trado vobis .... domum unam que est posita in rivo muzo intra palla
trium comunis Bononie, cum solo et hedificio toto super solum
hedificato .

Actum sub porticu predicte domus indictione predicta.

Testes rogati interfuerunt: dominus Ugolinus legum doctor, Ugo
linus Atticontis, et Johannes Panipesce et Bolognitus de Lacedda
et Benintendi piscator, et Cymnus et Guardinus Rubens.

Ego Ricardus notarius a communi Bononie constitutus, rogatus, ut
supra legitur scripsi.

L

c 31 a

Gli ambasciatori di Bologna fanno diverse richieste al Comune di Modena

Modena 1211 19 settembre

Ursolino giudice e Tomasino di Rodaldo Rubeo ambasciatori di
Bologna domandano a Pietro Torsello giudice e vicario di Frugerio
podestà di Modena, che a nome di questo comune dia ad essi ambasciatori in pieno consiglio una risposta chiara e soddisfacente in
ordine alle seguenti richieste, e cioè:

Che Ubertino da Stagno, Grisinero ed Enrighetto loro figli
consanguinei ed amici, insorti contro il comune di Bologna, si debbano
di Modena considerare come nemici, e però non sia loro consentito
dimorare ne nella città, ne nel distretto di Modena e nessun aiuto sia
loro prestato; che sia permesso agli amici di Bologna di stare e
transitare liberamente pel territorio Modenese; che i nemici di Bologna
siano riguardati anche quali nemici di Modena e considerati invece
siccome amici i Pistoresi amici di Bologna; che sia in fine permesso ai
Bolognesi di negoziare in armi e cavalli nel Modenese. Alle quali
richieste, il nominato Torsello vicario, adducendo l' assenza del podestà
Frugerio e di buona parte dei componenti il consiglio cittadino
dichiara non potere momentaneamente dare una risposta.

In Christi nomine Anno eiusdem millesimo ducentesimo XI die
lune XII septembris exeunte, indictione XIIII, presentibus domino
Oderico de Savignano, et domino Rolandino domini Guidotti, et domino
Alberto papiensi legum doctore, et domino Thomasio et domino Jacobo
domine Dotte legum doctoribus et domino Bernardino domini Pii filii
Manfredi et domino Ranucino indice et multis aliis de consilio Mu
tine In pallatio comunis Mutine in pleno consilio ad campane sonitum
facto et coadunato ad postulationem domini Ursolini judicis et domini
Thomasini Rodaldi Rubei ambaxatorum comunis Bononie....

Ego Oradinus de Burgo Novo dei gratia imperiali auctoritate
notarius, predictis omnibus interfui, et ut supra dictorum ambaxato
rum jussu scripsi

Pubblicata in SAVIOLI, *Annali* et Vol II Part II p 319

LI

(169 *a*

*Nomina di procuratori per udire la pronuncia del lodo arbitrale tra
Pistoiesi e Bolognesi*

Bologna, 1219 26 settembre

Enrico Conte podestà di Bologna, per volontà del consiglio citta
dino appositamente congregato, nomina a procuratori speciali del
comune Rambertino di Guido Ramberti ed Azzolino Patricone,
perchè presenzino alla pronuncia della sentenza che sarà per emanare
il cardinale Ugo vescovo di Ostia e Velletri legato apostolico, eletto
quale arbitro per la definizione delle controversie tra Pistoiesi e Bolognesi

In nomine domini nostri Jhesu Christi amen Anno Domini mille
simo ducentesimo nono decimo, die quinto exeunte mense septembri
tempore Honorii pape, indictione VII
ad audiendam sententiam domini Ugonis miseratione divina Hostiensis
et Velletrensis Episcopi et Apostolice Sedis legati secundum formam
et tenorem et tractatum habitum inter ipsum dominum Cardinalem
et dominum Bagarottum iuris professorem et dominum Guidonem
Albrici nomine comunis Bononie

Actum in civitate Bononie in pallatio comunis Bononie, indictione
predicta

Ego Justinianus notarius, secundum quod per manum Guidonis
Fabe notarii scriptum ita vidi ita scripsi et exemplavi

LII.

c. 354 a.

Compromesso fatto tra il Vescovo ed il Comune di Bologna.

Bologna, 1233, 19 aprile

All'intento di ovviare alle liti e controversie vertenti, e che potessero nascere in futuro tra il comune di Bologna da una parte, ed il vescovo e la mensa vescovile pure di Bologna dall'altra, in ordine a vantati diritti giurisdizionali su certe terre, e cioè: S. Giovanni in Persiceto, Unzola, Duliolo, Masummatico, Olzano, Fiesso ed altre ancora, Enrico vescovo di Bologna ed Aimerico procuratore del comune medesimo, si rimettono a frate Giovanni quale arbitro ed amichevole compositore, e gli accordano in proposito le più late facoltà; promettono pure di stare scrupolosamente al lodo che sarà da lui pronunciato, sotto pena di 2 mila marche d'argento in caso di inosservanza.

In nomine domini nostri Jhesu Christi amen.

Cum litis et controversie et questiones plures actenus extitissent.... compromiserunt ambe partes.... in dominum fratrem Johannem tamquam in arbitratorem.....

Acta sunt hec in generali consilio civitatis Bononie congregato more solito....

Facta fuerunt predicta in dicto consilio super pallatio comunis Bononie congregato, in anno Domini millesimo ducentesimo tricesimo tertio, die martis duodecima exeunte aprili, indictione sesta, predictis, fuerunt presentes dominus: frater Moneta, dominus Odericus, dominus Paganus indices domini Oberti Vicecomitis potestatis Bononie, dominus Jacobus Baldnini legum doctor....

Ego Bolognitus de strata maiori imperialis aule notarius, predictis interfui, et ut supra legitur rogatus, publice scripsi.

Pubblicato in SAVIOLI, *Annali* etc. Vol. III, Part. II, p. 123.

LIII.

c. 178 a.

Sentenza di immunità a favore del Comune di Olireto.

Bologna, 1211, 13 aprile

Essendosi il comune di Oliveto rifiutato di sottostare a certe collette a favore di Bologna, accampando antichi privilegi, a norma dei quali esso era tenuto unicamente alla prestazione delle imposte incombenti ai cittadini di Bologna, il podestà di questa, radunato il consiglio cittadino, fa procedere alla elezione di sei sapienti che abbiano a pronunciarsi in merito ai diritti avanzati dal suddetto comune di Oliveto. I sapienti così nominati opinano che quei di Oliveto, in forza degli indubitabili loro privilegi, abbiano ad essere trattati come i cittadini di Bologna.

In nomine Domini amen.

pro iudicibus fuerunt electi : scilicet, dominus Oldohedus legum doctor, dominus Rolandus de Gisso legum doctor, dominus Tantidinari de Radice, dominus Zenzanome domini Zenzanominis domini Pipini legum doctor, dominus Zacharias Allerani, dominus Guarinus de Olzano. Qui iudices . . consuluerunt quod comune Oliveti habeat privilegium indubitabile de collectis solvendis sicut cives, et non teneantur solvere sicut alie terre civitatis Bononie que non habent privilegium indubitabile, set in collectis solvendis sicut cives servetur ei statutum quod incipit « in terris vero episcopatus Bononie »

Quam quidem sententiam sive consilium supradictorum sapientum dominus Philippus de Ugonibus potestas Bononie in consilio speciali et generali, campanarum sonitu more solito congregato, pronuntiavit, diffinivit.

Interfuerunt testes, dominus Arpinellus de Scanabicis et dominus Rolandinus Gerardi Gisle, dominus Teuzus iudex, dominus Bonaventura de Savignano legum doctor, et Martinus Prosperosus notarius et Multobonus notarius et plures alii testes.

In anno Domini millesimo ducentesimo quadragesimo quarto, in dictione tertia die terciodecimo intrante aprili

Ego Guido de Varegnana nunc comunis Bononie notarius, mandato dicte potestatis publicavi et scripsi

LIV

c 178 b e 179 a

Delle terre che hanno il privilegio indubitabile circa il pagamento delle «collette» e di quelle che non l'hanno

bologna 1245 13 aprile

I sapienti delegati alla definizione dei diritti del comune di Bologna in rapporto alle diverse terre da esso dipendenti alleganti il privilegio indubitabile circa il pagamento delle collette, dichiarano

4

che diverse terre, e cioè Baratino, Altedo, Rocca di Vigo il Castello d'Oliveto e Cisto hanno il privilegio indubitabile, e però non sono tenute al pagamento delle collette, mentre non hanno tale privilegio le terre di Succida, Stagno, Barci, Piderla, Castelleone etc.

Consilium dominorum Rolandi de Gisso Smenonimis, Tantidenari, Zacharie de Lerano, Guarini de Olzano, Oldofredi, est tale quod terra Baratini et homines dicte terre habeant privilegium indubitabile ut non teneantur solvere collectas, nec alias publicas factiones facere nisi secundum formam statuti comunis Bononie quod est sub rubrica « de hominibus venientibus ad habitandum de alieno districtu »

(Seguono i pareri relativi alle altre terre dianzi specificate)

Quas quidem sententias sive consilia dominus Philippus de Ugombus potestas Bononie, in consilio speciali et generali campanarum sonitu more solito congregato, pronuntiavit et sententiavit, precepit mihi notario infrascripto ut predictas sententias sive consilia debeam publicare ad perpetuam rei memoriam Sub anno Domini millesimo ducentesimo quadragesimo quinto, indictione tertia, die tertio decimo intrante aprili, presentibus domino Arpinello de Scanabieris, domino Rolandino Alberti Gerardi Gisle, domino Bonaventura de Savignano doctore legum, Martino Prospeloso notario, Moltobono notario et aliis pluribus testibus

Ego Guido de Varegnana auctoritate imperiali et nunc notarius cum indice potestatis ad discum denariorum recuperandorum, predictis interfui, et mandato dicte potestatis publice scripsi

LV

(140 b

Patti tra il Comune di Bologna ed il conte Alessandro da Mangone

Bologna 1218 16 febbraio

Il Conte Alessandro da Mangone dichiara di mettere a perpetuo servizio del comune di Bologna la persona sua le sue forze, le terre e castella da lui possedute, e cioè Mangone, Monteadito e Brusco e si obbliga a muovere guerre e concludere paci a volontà ed arbitrio di Bologna. Promette altresì di difendere Bologna contro i nemici di lei, di riguardare siccome amici o nemici suoi gli amici ed avversari di Bologna, e di consentire pacifica permanenza e libero transito per le sue terre ai cittadini di Bologna e del suo distretto In special modo poi si obbliga a non far pace, concludere tregue o

comunque venire a patti col già imperatore Federico, i figli di lui e
gli altri nemici di Bologna.

A sua volta il comune di Bologna concede al conte Alessandro
ed agli uomini delle terre di lui la facoltà di stare e transitare per
la città e il distretto di Bologna, gli promette di provvedere, nella
guisa e nei casi che esso comune terrà opportuni alla difesa di lui e
delle sue terre, di rappacificarlo coi comuni nemici, qualora il Comune
addivenga con essi a pace, e di adoperarsi eziandio pel rappacifica-
mento di lui colla Chiesa. In fine dichiara di permettere agli uomini
della montagna di condurre vettovaglie nelle terre del detto Conte
Alessandro.

Ambe le parti si obbligano alla perpetua osservanza delle suespo-
ste convenzioni, sotto pena di 1000 marche d'argento in caso di
contravvenzione.

Exemplum conventionis facte inter comune Bononie et comitis
Allexandri de Mangone, exemplatum de rogationibus quondam Antonii
Amadoris de Valdelavesa notarii.

In nomine patris et filii et spiritus sancti amen. Millesimo ducentesimo quadragesimo octavo, indictione sexta, die lune tertiodecimo
exeunte febrnario.

Dominus Bonifacius de Cario, potestas Bononie, fecit speciale et
generale consilium in pallacio veteri ad sonum campanarum comunis
Bononie more solito congregari, in quo quidem consilio, voluntate
tocius consilii talis patio et conventio inita est inter dominum Bonifacium de Cario potestatem Bononie et dominum Albertum domini
Guidoclerii et dominum Albertum de Scanabicis procuratores comunis
Bononie, nomine ipsius comunis et ipsum comune ex una parte, et
dominum Allexandrum comitem filium illustris comitis Alberti de
Mangone ex alia.

et dictus potestas et consilium totum, dederunt mihi Antonio Amadoris Ardicionis notario licentiam et liberam potestatem faciendi
unum instrumentum et plura eiusdem tenoris si necesse fuerit.

Actum publice in ipso consilio, presentibus domino Rolando de
Gisso legum doctore, domino Merchadante Migarani, domino Gnardo
Filicam, domino Rugerio Capone indice et assessore potestatis predicte, domino Guilhelmo et domino Rugerio militibus potestatis
eiusdem et Ugolino Rugaci notario, et Bolognitto Atti notario
domino Matheo Ardicionis et Dominico Guidonis Gosberti notario.

LVI

(35)

Trattato di pace fra Bologna e Modena sotto gli auspici di Ottaviano diacono Cardinale di Santa Maria in Via Lata

Bologna, 1249, 15 dicembre

I rappresentanti di Modena e Bologna convenuti in Bologna alla presenza di Ottaviano diacono Cardinale legato della Santa Sede stipulano un trattato di pace e di amicizia, a norma del quale si conviene quanto segue

Il comune di Modena terrà per amici gli amici del comune di Bologna per nemici i nemici ed avversari del comune stesso, e si in pace si in guerra, il comune e gli uomini di Modena aiuteranno in tutto e per tutto il Cardinale Ottaviano ed il comune di Bologna

Il comune di Modena non contrarrà alleanza o lega con alcun altro comune luogo o terra, senza l'espresso consenso del detto Cardinale se presente, e dei reggitori pro tempore del comune di Bologna

I luoghi dell'episcopato o distretto di Modena posti al di qua della Scoltenna ossia Panaro verso Bologna siano essi integri o siano stati distrutti, si manterranno quali sono e potranno anche essere distrutti a volontà ed arbitrio del Cardinale e reggitori di Bologna e gli uomini dei detti luoghi potranno abitarvi e farvi case senza fortilizi, eccetto ove erano i castelli

Se Federico imperatore od il Marchese Lancia o Ezzelino da Romano od alcun altro partigiano di Federico, ovverosia i Cremonesi od i Pavesi s'accostassero a Reggio od altro luogo e si potesse temere tentassero di ricuperare Modena, dovranno gli uomini di Modena, sia di parte « Grasulforum » sia di parte « Aygonum », venire in Bologna o suo distretto e non in altro luogo, e starvi a spese del comune di Modena, per quel tempo che al Cardinale o ai reggitori di Bologna parrà, scorsi però otto giorni da che sarà cessato il timore di tale scolenna potranno liberamente ritornare in Modena Sarà obbligato il comune di Modena « extraere et cancellare de banno sive de bannis » tutti quegli uomini di Bazzano e quegli altri che si trovavano in questa terra allorchè fu assoggettata a Bologna, e ciò senza pena e con restituzione agli stessi dei beni loro confiscati Avrà il comune di Bologna facoltà di condurre pel territorio Modenese un canale d'acqua a chiuse, inferiormente a Spilamberto o superiormente, ove riescirà più comodo, purchè al disotto della chiusa di Vignola, e nello stesso posto potrà impiantare molini « de duabus macenaturis »

Il podestà di Modena sarà della città di Bologna e verrà eletto « de voluntate et consilio » del Cardinale e dei reggitori di Bologna

La guardia messa dal Cardinale e dai reggitori di Bologna a custodia e difesa dei fortilizi e delle porte della città di Modena sarà mantenuta a spese di Modena, e detti fortilizi e porte saranno dati in piena libertà alla guardia stessa

Tutti i cavalieri e fanti e le altre persone della parte « Aygonum seu partis Ecclesie » che sono fuori di Modena, potranno ritornare in città e nelle sue pertinenze, ed ivi risiedere tranquilli e sicuri, e saranno rimessi in possesso dei beni loro confiscati per ragione di parte, di più verranno cancellati senza alcuna pena dai libri delle condanne nei quali per la ragione stessa vennero iscritti

Da ultimo, si farà pace generale tra la parte « Grasulforum » e la parte « Aygonum » e gli uomini dell'una e dell'altra « ad sensum et arbitrium » del Cardinale e dei reggitori di Bologna i quali provvederanno case nelle città di Modena perche i partigiani « Aygonum » vi possano stare comodamente quel tempo che essi, ovvero il Cardinale reputeranno sufficiente

Da parte del comune di Bologna si conviene e promette quanto segue

Promette di conservare in buono stato il comune e la città di Modena, di aiutarlo contro qualunque luogo o terra o persona, salvi i patti e giuramenti speciali e generali fatti tra il comune di Bologna e le città e le altre persone della Lega Lombarda, per modo pero che gli uomini « Aygonum » non si reputino esclusi, e salvo il caso che alcuno offenda il comune di Modena senza colpa di questi nel qual caso Bologna sarà tenuta a difenderlo

Il comune di Bologna si adoprera perche le parti « Grasulforum et Aygonum » rimangano entrambe in Modena e nel suo distretto e l'una non possa espellere l'altra, e nel caso che una parte venisse espulsa, darà mano perchè vi sia riammessa e a che, nelle singole terre e nei luoghi che sono al di qua della Scoltenna, ossia Panaio, verso Bologna, gli uomini di Modena possano possedere e raccogliere i frutti, ed il comune di Modena v'eserciti giurisdizione, e possano moltre i Modenesi fabbricarsi case ed abitarvi senza costrurre fortilizi, e fatta eccezione delle località ove erano castelli e fortilizi

Nonantola sarà del comune di Modena, come lo era avanti passasse alle dipendenze di Bologna, potranno quindi i Modenesi possedersi e percepirvi i frutti, non sara pero lecito recar nocumento alcuno al comune e agli uomini di Nonantola pel fatto che s'assoggettarono a Bologna

Il podestà e i reggitori pro tempore di Bologna si adopreranno in buona fede a che non sia mossa questione o lite alcuna a Giovanni « Colono », agli eredi « domini Magratelle » ed a qualunque altro della città o del distretto di Modena per occasione di frutti, redditi o decime di provenienza delle possessioni di monasteri o persone laiche ed ecclesiastiche di Modena per concessioni fatte da Re Enzo o di Federico imperatore padre di lui.

Essi daranno opera altresì a che siano mantenuti nel possesso dei rispettivi diritti feudali, enfiteotici, di decime od altro relativi a beni posti nella città, nel distretto od episcopato di Modena, quei possessori che li ebbero dall'imperatore Federico e che ne furono dichiarati decaduti e privati per sentenza del Sommo Pontefice Innocenzo; e medesimamente a che tutte le prebende e i benefici ecclesiastici che erano degli ecclesiastici di Modena e suo distretto, e dei quali erano stati privati per sentenza del Sommo Pontefice siano agli stessi restituiti o nuovamente concessi.

Si adopreranno inoltre perchè il podestà e comune di Mantova cancellino e facciano cancellare senza alcuna pena o pagamento di somma Roberto de Pizo e Prendiparte nipote di lui « de bannis in quibus eos posuerunt occasione equorum eis impositorum tempore guerre ».

Il comune di Bologna si obbliga infine di rilasciare i Ferraresi e quei Modenesi detenuti nelle carceri di Bologna che furono fatti prigionieri durante la guerra tra il comune di Bologna, re Enzo ed il comune di Modena, tosto che saranno stati rilasciati diversi prigionieri Bolognesi, ed a condizione, fra l'altro, che i Ferraresi giurino di non far guerra al comune di Bologna e ai suoi amici.

Il comune di Parma giurerà e confermerà la pace e concordia fatta tra Modena e Bologna e tra i due partiti di Modena.

I patti sovra stabiliti saranno altresì confermati e sanzionati dal Sommo Pontefice.

Le parti contraenti si obbligano vicendevolmente all'esatta osservanza dei patti tutti anzi menzionati, sotto pena di 10 mila marche d'argento.

Hec est concordia facta ad honorem Dei et beate Virginis et beati Petri apostoli, et Sanctorum Jeminiani et Dominici confessorum et ad honorem Ecclesie Romane et Summi Pontificis et venerabilis domini Octaviani Cardinalis, et ad conservandum in perpetuum bonum statum civitatis Bononie et civitatis Mutine, et civitatum societatis Lumbardie et Romaniole, tractata, et ad effectum perducta per venerabilem patrem dominum Octavianum Sancte Marie in via lata diaconum Cardinalem et nobilem militem dominum Philippum de

Ugonibus potestatem Bononie, et dominum Arzuftum de Casalolto
judicem et assessorem potestatis prefate, et per dominum Paspoverum
doctorem utriusque iuris canonici et civilis, et Oldofredum doctorem
legum, et Rambertinum judicem de Thebaldis, et per Magistrum
Salatielem doctorem artis notarie   pro comuni Bononie ex una parte
et per dominos Ubertum de Romana, Johannem de Nonantula judices
Albertonum de Fredo, Ardoinum de Pissapontis Antonium de Solarii
et Johannem Coronum pro comuni Mutine ex altera
et predicta omnia et singula, inter predictos sindicos iurata et promissa
fuerunt in publica contione, in platea comunis Bononie, et firmata
osculo pacis interveniente

In presentia venerabilis patris domini Ottaviani sancte Marie in
Via Lata diaconi Cardinalis, Apostolice Sedis legati, et reverendorum
episcoporum Jacobi de Castro Arquato episcopi Mantue, et fratris
Jacobi episcopi Bononie, et fratris Trovati prioris sancti Michaelis
de Bosco, et ambaxatorum comunis Parme silicet, dominorum Ugonis
de Sancto Vitale, Gerardi Arcillis, Egidii de Furis et Coharli de
Bonergis, et ambaxatorum comunis Mutine, silicet, dominorum Uberti
de Romana Johannis de Nonantula judicum, Albertoni de Fredo,
Ardioni de Passapontis, Antonii de Solaria, Johannis Coroni et Tho
maxini de Gorzano et dominorum Alberti Grego, Arzufii de Casalolto
judicum et assessorum domini Philippi de Ugonibus potestatis Bononie,
et dominorum Oldofredi doctoris legum et Paspoveri utriusque iuris
[doctoris]

Actum in platea comunis Bononie, in contione predicta, die
mercurii quinto decimo intrante mense decembris ad sonum campa
narum et trumbarum more solito congregata, sub anno Domini mille
simo ducentesimo quadragesimo nono, indictione septima

Ego Zilottus de Asula notarius domini Philippi de Ugonibus
potestatis Bononie, predictis intertui presens, et una cum Gerardo
de Codagnello notario, rogatus fui facere publicum instrumentum a
sindicis comunis Bononie et comunis Mutine utriusque partis, silicet,
Grasulforum et Avgonum, et de auctoritate et mandato dicti domini
Ottaviani sancte Marie in Via Lata diaconi Cardinalis Apostolice
Sedis legati, dicti potestatis Bononie et dictorum syndicorum scripsi
et me subscripsi

Pubblicato in SAVIOLI Annali etc Vol III Part II, p 251

LVII

c 40 b

Concordia fra Bologna e i Frignanesi

1249, 16 dicembre

Gli ambasciatori di Parma convenuti in Bologna davanti al Cardinale Ottaviano legato della Santa Sede ed al podesta, gli anziani e consoli dei mercanti e cambiatori, promettono di curare che, a norma della pace conclusa tra Bologna e Modena, Sestola col suo territorio rimanga soggetta a Bologna, ed invece le restanti terre del Frignano passino sotto la giurisdizione di Modena a seconda degli antichi patti garantiscono poi che il comune di Parma si adopera a che nessuna offesa sia recata da Modena ai Frignanesi

In nomine Christi amen, die jovis sestadecimo infrante mense decembris

Actum in palatio episcopi Bononie, sub anno Domini millesimo ducentesimo quadragesimo nono, indictione septima, presentibus dominis Arzufo de Casalolto judice et assessore dicti potestatis, Johannes de Clariis, Passipovero doctore utriusque juris, Odofredo doctore legum et Rambertino de Tebaldis judice testes rog

Ego Gihotus de Asola notarius domini Philipi de Ugonibus potestatis Bononie, predictis interfui presens et rogatus fui tacere publicum instrumentum, et auctoritate et mandato dicti domini Cardinalis, dicte potestatis et dictorum ambaxatorum Parme scripsi et me subscripsi

LVIII

c 41 b

Compromesso tra Bologna e Modena circa le terre del Frignano

Bologna 1249 20 dicembre

I procuratori del comune di Bologna da una parte, quelli del comune di Modena dall'altra, rimettono ad Ugo di San Vitale Gerardo Arcollo, Egidio de Furis e Colecolo Borlengi ambasciatori e procuratori di Parma, di decidere sopra le reciproche pretese sulle terre del Frignano Contemporaneamente dichiarano di considerare i nominati ambasciatori siccome amichevoli compositori e di sotto stare alla pena di mille marche d'argento in caso di inosservanza del lodo pronunciando

In nomine Christi amen, die lune duodecimo exeunte mense decembris

Actum fuit hoc sollempniter in pallatio infrascripti domini episcopi, in presentia domini Octaviani venerabilis Cardinalis Apostolice Sedis legati, domini fratris Jacobi episcopi bononiensis, fratris Corsini de ordine fratium minorum, magistri Martini capellani domini Pape domini Philippi de Ugombus potestatis Bonome, domini Comitis de Prendipartibus, Magistri Salatielis, Bartholomei fratris Melonis ancianorum populi, domini Zuliani de Golzadinis et Jacomini Recorgitti consulum mercatorum et campsorum testes rog sub anno Domini millesimo ducentesimo quadragesimo nono, indictione septima

Ego Zilottus de Asula notarius dicti domini Philippi de Ugombus potestatis Bonome, predictis interfui presens, et rogatus fui facere publicum instrumentum a dictis syndicis memoratis et de ipsorum rogatione subscripsi et me subscripsi

LIX

c 120 a

Trattato di pace ed amicizia fra Bologna e Ravenna

Ravenna 1253, 11 giugno

Il mandatario del comune di Bologna e quello del comune e dell'Arcivescovo di Ravenna dichiarano che eterna pace sarà tra Bologna e Ravenna che i cittadini di Bologna e suo distretto saranno considerati in tutto il territorio Ravennate e di Argenta quali cittadini di Ravenna, e però esonerati da qualsiasi dazio, peso o contribuzione, eguale trattamento avranno nel territorio di Bologna i cittadini Ravennati ed Argentani Promette il procuratore di Bologna che il suo comune farà recuperare e manterrà alla Chiesa di Ravenna i diritti alla stessa spettanti in Cervia, e che, richiesto dall'Arcivescovo o rettore pro tempore di Ravenna sarà sempre pronto ad accorrere in aiuto e difesa della stessa, giusta le proprie forze ed a tutte sue spese Altrettanto si promette dal procuratore di Ravenna Garantisce il procuratore del comune di Bologna di conservare la pace e la tranquilità in Ravenna e suo distretto tra i Ravennati, e di recuperare da quelli che li avessero usurpati, e quindi di mantenere i diritti, le ragioni e gli usi competenti ai Ravennati nella terra di Cervia, sia per concessione dell'Arcivescovo di Ravenna, sia per patti intercorsi tra i Ravennati e gli uomini e il comune di Cervia.

Si obbliga il procuratore di Bologna di mandare militi, fanti, balestreri e birri, in quella quantità che sarà stimata necessaria alla sicurezza di Ravenna, e di mantenerveli fino a tanto che piacerà all'arcivescovo di Ravenna o suo rettore; purchè a ciascun milite sia dato un equo salario giornaliero in misura da concordarsi dai due comuni. Identici obblighi assume il procuratore di Ravenna nei riguardi di Bologna. Dichiara il procuratore di Bologna che il suo comune, qualora si rendesse necessaria l'erezione di forti per la difesa e manutenzione dei porti e delle acque che servono al transito delle mercanzie, e si incontrassero opposizioni, si adoprerà con tutte le sue forze a rimuoverle, e sopporterà per metà la spesa occorrente alla custodia e manutenzione delle fortezze stesse. Si assicurano la vicendevole difesa dei rispettivi territori, segnatamente per quanto riguarda il contado di Argenta, e convengono circa il dazio del sale. Dispongono altresì che tutto quanto sopra è stabilito sarà scritto negli statuti delle rispettive città, ed annualmente confermato con giuramento « tempore quo sequimenta iurantur » Promettonsi reciprocamente di far rappacificare Alberto Caccianemici, Bartolomeo e gli altri famigliari di Alberto ed il comune di Ravenna; e perchè le avvenute pattuizioni meglio sortano il desiderato effetto, i due comuni dichiarano di assolvere e cancellare dai bandi i cittadini rispettivamente dell'altro comune che vi fossero iscritti per qualsivoglia titolo.

Promettono da ultimo la perpetua osservanza dei patti tutti sovra convenuti, sotto pena di 2 mila marche d'argento e della rifazione dei danni.

In nomine Domini amen. Anno eiusdem millesimo ducentesimo quinquagesimo tertio, indictione undecima, die undecimo intrante iunio, tempore domini Innocentii pape quarti.

. . . .

Hec est forma concordie, pacis et societatis inite et facte inter Peppum Ugonis notarium civem Ravenne syndicum venerabilis patris domini Philippi Dei et apostolica gratia Sancte Ecclesie Ravenatis electi, nomine suo et ecclesie sue et nomine civitatis et communis Ravenne, cuius est pater ex una parte, et Albertum merzarium civem Bononie syndicum comunis et civitatis Bononie ex altera....

Actum in civitate Ravenne, in capella domini Archiepiscopi Ravennatis, presentibus: domino Oddofredo legum doctore, et domino Albrico de Scanabichis legum professore, domino Bazalerio domini Lamberti Bazallerii, domino Gabriele de Grogno, domino Guillielmo de Malpighis, Matinolo bannitore comunis Bononie civibus Bononie, et domino Alidosio, domino Oddone iudicibus, domino Lanzo de Rovere, domino Ugone Sassi, Benvignuto Citadini civibus Ravenne, domino Benamino iudice de Argenta pluribus aliis testibus

Ego Petrizolus condam Rainerii de Feriaria auctoritate imperiali aule notarius, ut supra legitur dictam pacem, concordiam et societatem de mandato venerabilis patris domini Philippi Dei et apostolica gratia Sancte Ecclesie Ravennatis electi et domini Allamanni de Turre potestatis Bononie et syndicorum utriusque comunis ad hoc specialiter constitutorum, cum signo mee manus roborando, in publicam formam redegi et scripsi et fideliter publicavi

LX

c 91 b

Il Comune di Faenza nomina un procuratore per rimettere alcune controversie alla decisione del Capitano del Popolo di Bologna

Faenza 1256 6 aprile

Il comune di Faenza nomina il giureperito Beltale a suo procuratore speciale, perche elegga quale arbitro ed amichevole compositore Bonacursio da Soresina capitano del Popolo di Bologna per giudicare in merito alle controversie tra Faenza, i Manfredi e loro seguaci da una parte, e Accarisio e Guglielmo Gozo gia podestà di Faenza e suoi partigiani dall'altra, e promette di osservare e scrupolosamente eseguire la decisione dell'arbitro stesso

In Christi nomine, anno a nativitate Domini millesimo ducentesimo quinquagesimo sexto, tempore domini Allexandri pape, die iovis sexto aprilis, indictione quatuordecima Faventie in domo heredum Thomasii Lombardi ubi consilia communis Faventie fiunt

dominus Rogerius Dei gratia comes Tuscie palatinus nunc Faventie potestas, de voluntate dicti consilii generalis, et idem consilium et omnes in dicto consilio existentes fecerunt constituerunt et ordinaverunt dominum Beltalem quondam domini Beltalis iuris peritum civem Faventie syndicum, procuratorem, actorem et nuntium specialem

Acta sunt hec presentibus testibus silicet, domino Buccolo de Ravenna et domino Jacobo de Aricio iudicibus et assessoribus domini Rogerii comitis in Tuscia pallatini, Faventie potestatis domino Aldevandino milite dicte potestatis Petro de Gibba notario dicte

potestatis, domino Mainardo iudice comunis Faventie, Gualtirolo Fa
raldo procuratore comunis predicti, et Bulgarutio massario dicti co
munis, et me Benencasa Amatoli de Faventia imperiali auctoritate
notario, qui predicta omnia et singula dicte potestatis mandato, vo
luntate dicti consilii generalis scripsi et publicavi.

LXI.

c. 90 b.

*Conferma di riformagione circa l'arbitrato deferito dai Faentini al Ca-
pitano del Popolo di Bologna.*

Bologna, 1256, 8 aprile.

Avendo Beltale giureperito procuratore di Faenza dichiarato di
nominare ad arbitro della città e degli uomini di Faenza il capitano del Popolo di Bologna, gli anziani, consoli e consiglieri appositamente convocati d' ordine dello stesso capitano, deliberano di dare a
lui piena facoltà circa la scelta e lo stipendio di quelli che lo debbano
accompagnare a Faenza, e circa la chiamata dei Faentini che si trovano fuori di Faenza e quelli di Bagnacavallo, non ostante diverse
disposizioni di statuti. Vogliono pure che a causa dell'esercizio di
queste facoltà sia esente da sindacato.

Suprascripto anno et indictione (1256, indictione XIV), secunda
die sabbati octavo mensis aprilis.

In eodem loco (palatio comunis Bononie) ancianis et consulibus
et consciliariis.... per sonum campane more solito congregatis de mandato ipsius domini capitanei et dictorum ancianorum et etiam eorum
parvi conscilii voluntate, cum dominus Beltalis quondam domini Beltalis iuris peritus syndicus et procurator comunis Faentie....

Interfuerunt ad hoc testes, Petruzollus notarius ancianorum Populi
et Bonacursius banditore Populi Bononie.

Ego Vitalianus filius quondam Chunradi iudicis de Vicomercato
notarius dicti domini capitanei ad propuxitiones et reformationes
consciliorum populi Bononie et dicta consulentium constitutus, interfui
et predicta in libris consciliorum populi scripsi, hanc scripturam
mandato ipsius domini capitanei manu propria publicavi.

LXII

c 93 a

*Il procuratore di Faenza elegge in arbitro il Capitano del Popolo di
Bologna*

Bologna 1256, 8 aprile

Beltale giureperito, in relazione al mandato ricevuto dal podestà
e dal comune di Faenza in pieno consiglio nell' adunanza del 6 aprile
1256, nomina ad arbitro ed amichevole compositore il Capitano del
Popolo di Bologna, per decidere in ordine alle controversie tra Faenza
i Manfredi e loro amici che la detengono da una parte, e Accarisio gli
amici e partigiani di lui Guglielmo Gosio già podestà di Faenza, suoi
militi, giudici e famigliari dall'altra, e promette con giuramento di
stare all'esatta osservanza del lodo che sarà pronunciato, sotto pena
di 2 mila marche d'argento, qualora vi si contravvenisse

In nomine Domini amen, anno a nativitate domini nostri Jhesu
Christi millesimo ducentesimo quinquagesimo sexto, die sabbati octavo
die aprilis, inductione quatuordecima in civitate Bononie in cami
nata domini capitanei Dominus Beltalis quondam domini Beltalis
mius peritus syndicus et procurator comunis Faventie   nomine et
vice comunis Faventie et pro ipso comuni, promisit et compromisit
se in dominum Bonacursium de Surxina capitaneum Populi Bononie
Ad hec fuerunt ibi presentes Bonvilanus Jacobi Bonvillani, Bo
nacorsus de Pustrino   et dominus Yzelinus vicecomes domini mar
chionis Extensis et dominus Jacobus Gratacelum index dicti domini
capitanei, testes ad hoc ibi rogati
Ego Vitalianus filius quondam Chunradi iudicis de Vicomercato
civis Mediolani notarius rogatus, parabola et mandato ipsorum do
mini capitanei et Beltalis, ut supra tradidi et scripsi

Pubblicato in SAVIOLI, *Annali* ecc T III Part II p 329

LXIII

c 96 b

*I delegati faentini fuorusciti si rimettono al giudizio del Capitano del
Popolo di Bologna*

Bologna 1256 14 aprile

Paolo e Gihotto giudici e giureperiti procuratori speciali di Ac
carisio da Faenza e suoi partigiani, a norma dell'incarico loro de-

mandato, nominano ad arbitro ed amichevole compositore Bonacursio da Soresina capitano del Popolo di Bologna perche decida in merito alle controversie esistenti tra Accarisio, Guglielmo Rengardi e Guglielmo Gosio e loro fautori da una parte, i Manfredi e loro partigiani attualmente padroni di Faenza, nonche Azzone conte di Bagnacavallo e suoi, fuorusciti da Bagnacavallo, dall'altra parte Dichiarano e giurano i sunnominati Paolo e Giliotto a nome dei loro mandanti, di sottomettersi pienamente alle decisioni dell'arbitro con rinuncia a qualsiasi eccezione, obbligando all'uopo tutti i beni dei mandanti stessi, sotto pena altresi di 2 mila marche d'argento in caso di inosservanza

Die veneris quatuordecimo die aprilis, indictione XIV et anno suprascripto (1256) in pallatio comunis Faventie

Dominus Paulus et Zilliottus judices iuris periti, syndici et procuratores dominorum Accarisii de Faventia et Gulielmi Rengarde et eorum amicorum et partis sue, que est extra Faventiam promiserunt et compromiserunt se in dominum Bonacursium de Surisana capitaneum populi Bononie

Interfuerunt ad hec testes dominus Jacobinus Graciadei, et Jacobinus Desiderii, Ugolinus de Labbantis judices et cives Bononie et Johannes Allamannus miles et socius dicti domini capitanei civis mediolanensis, et dominus Beltalis judex et Benencasa Amatoli notarius cives Faventie, et Bonaventura Bagnarola, et Bonacursius Ugolini tubatores populi Bononie

Ego Vitalianus filius quondam Chimnati de Vicomercato civis mediolanensis notarius, interfui et rogatus tradidi et scripsi

Pubblicato in SAVIOLI, Annali etc. T. III, Part. II, p. 240

LXIV

(361 b)

I possessori di servi ed il Comune di Bologna eleggono quali arbitri il Podesta ed il Capitano del Popolo di Bologna

Bologna 1256 4 luglio

Essendo il comune di Bologna venuto nella determinazione di concedere la libertà a tutti i servi ed uomini di masnada viventi sul suo territorio, per salvaguardare i diritti dei possessori si convenne che questi ne facessero vendita al comune, a norma di cio, Gaudino di Giacomo Guarini in proprio e quale procuratore speciale di numerosissimi cittadini di Bologna e del suo distretto possessori di servi e di uomini reputati di masnada da una parte, e Nicolo Tencarari procuratore del comune di Bologna dall'altra, nominano quali arbitri Manfredi da Marengo podestà e Bonacursio da Soresina capitano del Popolo di Bologna, e danno loro i più ampi poteri per decidere intorno alla vendita e l'acquisto dei servi e degli uomini reputati di masnada, nonchè alla determinazione del prezzo di ogni singolo servo. Promettono infine di osservare scrupolosamente il pronunciato degli arbitri pena 1000 line di bolognini per ciascuno dei loro mandanti in caso di contravvenzione.

In nomine patris et filii et spiritus sancti amen. Anno eiusdem millesimo ducentesimo quinquagesimo sexto, indictione quarta decima die quarto intrante julio

Dominus Gaudinus Jacobi Quarini suo nomine et procuratorio nomine

et dominus Nicholaus de Tenchararus syndicus comunis Bonome promiserunt et compromiserunt se in predictum dominum Manfredum de Maringo potestatem Bonome et dominum Bonacursium de Surisina capitaneum populi Bonome

Actum in camera dicte potestatis, presentibus, domino Albrico de Scanabicis legum doctore, domino Francisco domini Acursii legum doctore, domino Jacobino Giacadei legum doctore, domino Palmerio de Teratogulis, domino Jacobino de Lobia et presentibus infrascriptis anzianis populi Bonome, videlicet Canbio Cabrielis notario, Bonaventura Bonaiunte notario, Ugolino draperio, Multobono notario, Aldrevandino Bruni domino Jacobino domini Jacobini de Lobia, et in presentia multorum aliorum testium ibidem vocatorum et rogatorum

Bologna, 1256, 28 agosto

Item predictus dominus Gaudinus procurator omnium infrascriptorum, procuratorio nomine pro eis, promisit et compromisit se in dictos potestatem et capitaneum ut supra contineta, sub anno Domini MCCLVI indictione quarta decima die veneris VII exeunte augusto

domini Ugolini domini Zanboni legum doctoris nomine uxoris sue domine Berte

domini Viviani domini Useppi legum doctoris

Actum in pallatio veteri communis Bononie in consilio speciali et generali communis Bononie

LXV

c 103 b

Sentenza arbitrale di Bonacursio da Soresina circa i rapporti tra Faenza e Bologna

Bologna 1257, 17 febbraio

Bonacursio di Soresina già capitano del Popolo ed ora podestà di Bologna, in relazione alle facoltà conferiteghi nella sua nomina ad arbitro ed amichevole compositore, dichiara e sentenzia

Che i cittadini di Faenza e suo distretto a qualsiasi partito ascritti debbano aver tra loro perpetua pace e nessuna offesa od ingiuria s'arrechino vicendevolmente, e per l'avanti curino il buono stato di Bologna e Faenza

Richiedano annualmente i Faentini il comune di Bologna perchè loro dia il podestà col solito stipendio, e se vorranno avere anche il capitano del Popolo esso pure domandino al comune di Bologna

Debbano i Faentini avere per amici o nemici rispettivamente gli amici od avversari di Bologna, e siano sempre pronti a seguire Bologna nelle guerre che la stessa credesse muovere contro chiunque, città luogo o particolare persona e levare truppe e cavalli ogni qual volta a Bologna paia conveniente

Debbano riempire i fossati di Faenza, e così tenerli in perpetuo nè possano mai riescavarli senza licenza del comune, consiglio e popolo di Bologna

Possano i cittadini di Bologna esportare dal territorio faentino vettovaglie e mercanzie qualsiansi senza onere di dazio alcuno per converso non possano i Faentini esportare vettovaglie senza licenza del comune di Bologna eccetto si tratti di portarle in Bologna stessa

Le monete aventi corso in Bologna debbano averlo pure in Faenza In fine debbansi le disposizioni sopra mentovate sempre osservare sotto pena della multa accennata nel compromesso e debbansi riscrivere negli statuti di Faenza

In nomine domini nostri Ihesu Christi amen Nos Bonacursius de Surixina .... laudamus, pronuntiamus arbitramur et precipimus

Pronuntiatum fuit hoc laudum per dictum Bonacursium de Sursina potestatem Bonome, in pallatio veteri comunis Bonome, congregato consilio generali et speciali comunis Bonome per sonum campanarum more solito sub anno Domini millesimo ducentesimo quinquagesimo septimo, indictione quinta decima, die duodecimo exeunte febraio Presentibus, domino Martino de Burgo domino Bonaventura de Savignano legum doctore, domino Raynerio de Liazariis, domino Lambertino Guidonis Buvalelli, domino Armondo de Romancis et domino Rodulfo de Giardano, et domino Gunizello domini Magnani, et domino Jacobino Botatio, et domino Bono Jacobo Squarconis et pluribus aliis testes rogati et vocati

Ego Jacobinus filius Ribaldini imperiali auctoritate notarius et tunc notarius anzianorum et consulum et populi Bonome, ut supra legitur, de mandato dicte potestatis hoc laudum scripsi et publicavi et subscripsi

Pubblicato in SAVIOLI Annali etc. T III, Part II p 243 e in SARTI De claris etc. T II, p 51

LXVI.

(385 a

Sentenza del Capitano del Popolo di Bologna

Bologna 1287 19 novembre

Il capitano del popolo di Bologna, sentito il consiglio di diversi sapienti, tra i quali Pace de Pacibus dottore di leggi, sentenzia che il terreno sito in Bologna « iuxta seralium porte strate Sancti « Vitalis infra hos confines iuxta murum civitatis ab uno latere et « iuxta viam publicam a duobus lateribus » e di spettanza del comune, e che invece la casa sopra costruttavi deve ritenersi di proprieta di Monso de Salatini

In Christi nomine amen Infrascripta est quedam sententia lata et pronuntiata per magnificum militem dominum Bertholinum de Madiis honorabilem capitaneum comunis et populi Bonome sub anno currente millesimo CCLXXXVII, indictione XV consilium dominorum Pacis de Pacibus legum doctoris et Jacobi de Baldoinis, Pasipoveri domini Castelani et mei Bonagracie Armani est tale quod dictum terrenum sit et esse debeat comunis Bonome, et ad comune Bonome pertineat, edifficium vero sit ipsius domini Monsi et ad eum pertineat, quod edificium dictus dominus Monsus tolat et removeat, aut pro dicto terreno pensionem prestet comuni Bononie, si ei locata fuerit per dictum dominum capitaneum, cui dictus dominus capitaneus possit et debeat locare dictum terrenum vel allii volenti plus offere quam dictus dominus Monsus.

Lectum publicatum et sic confirmatum fuit predictum consilium sive sententia per dictum dominum capitaneum die XVIIII novembris in pallatio novo popnlli comunis Bononie in consilio et masse popnlli ad sonum campane.....

(L. S.) Ego Tomasinus filius condam domini Ottonelli de Yseo notarius et scripba proprius dieti domini capitanei predictam sententiam scripsi et de mandato dicti domini capitanei et iudicis predicta legistrando publicavi.

LXVII.

c. 398 a.

Revoca d'interdetto.

Dovadola, 1292, 24 ottobre.

Ildebrandino vescovo di Arezzo, deputato dalla Chiesa Romana al governo delle Romagne, annuendo alle preghiere rivoltegli da Aymelghino procuratore del podestà, del capitano e degli anziani di Bologna, e ritenuto che la dimostrazione militare fatta da Bologna verso Imola non debba considerarsi quale atto di ribellione contro la Santa Sede, come fatta a scopo di difesa, con sua sentenza revoca l'interdetto, nel quale il comune e gli uomini di Bologna erano incorsi.

Hoc est exemplum cuiusdam sententie revocationis interdicti scripte manu Bartholomei magistri Petri notarii venerabilis patris domini Ildebrandini Dei et Apostolice Sedis gratia episcopi Aretinensis, provincie Romaniole comitis et rectoris, tenor cuius talis est . . . .
In nomine Domini amen, anno eiusdem millesimo ducentesimo nonagesimo secundo, indictione quinta, die vigesimo quarto octubris. Hoc exemplum per me Rigntium subscriptum notarium ex autentico scripto manu Bartholomei magistri Petri notarii predicti sumptum, domino Jacobino domini Jacobi legum doctori judici et assessori domini Celli de Spoleto potestatis Bononie insinuatum fuit, et in eius presentia per me ipsum notarium subscriptum et alios supscriptos notarios diligenter cum autentico ascultatum, et cum ipse index illud invenerit cum dicto autentico per ordinem concordare, ut adhibeatur eidem exemplo de cetero plena fides, suam et comunis Bononie auctoritatem interposuit et decretum.

LXVIII

c 442 e segg

Benedetto XII modifica alcuni patti della pace fatta con Bologna nel 1338 e toglie l' interdetto

Avignone 1340, 14 giugno

Benedetto XII, in seguito alle preghiere rivoltegli ed alle trattative intavolate coi procuratori speciali della città e del comune di Bologna, che a nome di questa riconoscevano la sovranità della Chiesa, e s'obbligavano fra l'altro alla prestazione di un annuo censo di 8000 fiorini d'oro di Firenze da farsi nella festa di S Pietro colla Bolla « ad perpetuam rei memoriam » datata da Avignone il 12 ottobre del 1338, toglieva l'interdetto che da otto mesi gravava sopra lo Studio ed il comune di Bologna purché, tutti i patti e capitoli della pace intesa venissero approvati e ratificati dal maggior consiglio della città non oltre la mezza quaresima del successivo 1339 pena la ricaduta nell'interdetto in caso contrario Accertatisi però che il Pontefice aveva fatto delle aggiunte a tutto scapito di Bologna agli articoli della pace giurati dal procuratore del comune, i Bolognesi rifiutarono sdegnosi di accettare simili aggiunte, per il che scaduto il termine fissato dal Pontefice un nuovo interdetto fu lanciato contro la città Ad ovviare i mali che da tale condizione di cose derivavano al comune, decise Bologna di inviare nuovi procuratori al Papa per tentare un accomodamento e specialmente per indurlo a modificare quei patti aggiunti che essi ritenevano insopportabili ed inaccettabili A questo scopo nel dì 4 aprile 1340 il consiglio generale si adunava nel palazzo nuovo del comune col concorso di numerosi membri, fra i quali Johannes Caldarinus doctor decretorum, Johannes de Gusbertis legum doctor, Laurentius domini Jacobi de Butrigariis legum doctor, dominus Petrus de Baxacomatribus legum doctor dominus Philippus de Fuschararis legum doctor, dominus Paulus de Liazariis decretorum doctor e nominava a suoi procuratori Pietro de Bompetri e Bonaventura di Giacomo, i quali riuscirono a far modificare dal pontefice i patti ritenuti inaccettabili ed a far togliere l'interdetto

Benedictus epischopus servus servorum Dei ad perpetuam rei memoriam

Dudum accedentibus ad Appostolicam Sedem magistris Paulo de Liazariis decretorum, Machagnano de Azoguidis, Petro de Bompetris legum doctoribus ambassiatoribus

Demum vero universitas, populus et comune prefati eundem magistrum Petrum de Bonipetris, nec non magistrum Bonaventuram Iacobini civem Bononie procuratores et syndicos eorundem ad nostram presentiam destinaverunt.... Nulli ergo omnino hominum liceat hanc paginam nostrarum declarationum, immoderactionum, informationum, supplectionum, intentionum, suspensionum et voluntatis infringere, vel ei ausu temerario contraire, si quis autem hoc atemptare presumpserit, indignationem omnipotentis Dei et beatorum Petri et Pauli appostollorum eius se noverit incursurum.

Datum Avinioni decimo octavo kalendas iullii, pontificatus nostri anno sexto.

LXIX.

c. 452 e seg.ti.

Pace fra Bologna e Gregorio XI.

Anagni, 1377, 1 luglio.

Gli ambasciatori di Bologna appositamente delegati fin dal 9 maggio dal generale consiglio al quale partecipò pure « dominus Nicollaus de Zappolino legum doctor » altro degli anziani, comparsi avanti al Pontefice Gregorio XI e diversi cardinali, dichiarano anzitutto di sottomettersi alla ubbidienza della Santa Sede, riconoscono che il comune e gli uomini di Bologna recarono offesa alla Santa Sede ed al Sommo Pontefice ribellandosi all'autorità di lui, patteggiando co' nemici suoi e violando i diritti della Chiesa e delle persone ecclesiastiche, e però con animo umile e contrito domandano grazia ed assoluzione dalle sentenze di scomunica incorse e dagli interdetti ecclesiastici. e giurano di sottoporsi a quelle pene che al Pontefice parrà di imporre. Riconoscono formalmente spettare alla Santa Sede il dominio utile e diretto di Bologna, suo contado e distretto. e doversi considerare i Bolognesi siccome sudditi della Chiesa Romana e prestano giuramento di fedeltà ed obbedienza, obbligandosi a ricevere coi dovuti onori ed ubbidire i legati, vicarii ed officiali del papa. Si obbligano pure a non fare dimostrazioni militari od incursioni nelle terre fedeli alla Chiesa, o ad essa mediatamente od immediatamente sottoposte, a sterminare gli eretici ed a difendere con ogni loro forza le chiese, le persone e proprietà ecclesiastiche, e non imporre ad esse alcuna gravezza sì diretta, sì indiretta per qualsiasi motivo.

Promettono di restituire al vicario o commissario del Papa il possesso della città, del contado e del distretto di Bologna, mediante

consegna delle chiavi delle porte della città e delle castella del terri
torio perchè vi possa esercitare ogni giurisdizione sì temporale che
spirituale e ricevere il giuramento di fedeltà ed ubbidienza da tutti
i pubblici ufficiali nella forma in cui sono soliti prestarlo alla Chiesa
Concede il Pontefice annuendo all'istanza degli ambasciatori che il
suo vicario dopo quel tempo che a lui parrà conveniente commetta
l'amministrazione della città del contado e del distretto agli anziani
eppero conceda loro la nomina dei pubblici ufficiali il mero e misto
imperio ed ogni giurisdizione e la facoltà eziandio di esigere am-
ministrare ed erogare qualsiasi provento senz'obbligo di rendiconto
alla Santa Sede

Quanto si farà dagli anziani od altro ufficiale si riterrà fatto a
nome e a vece del Papa e della Chiesa e siffatta delegazione avrà la
durata di cinque anni continui decorrendi dalla prossima Madonna
di Settembre scorsi i quali tutti i poteri ritorneranno alla Chiesa
il conoscere però del reato di lesa maestà resta di competenza esclusiva
del Papa o del suo delegato

In Bologna anche durante la suddetta delegazione di poteri
risiederà un vicario del Papa cui spetterà ricevere i giuramenti
degli anziani confalonieri podestà capitano del popolo giudici delle
appellazioni e sindacatori degli ufficiali alla loro entrata in carica
gli spetterà pure l'approvazione della nomina del podestà e capitano
del popolo approvazione che dovrà dare quante volte l'eletto sia
di terra soggetta al Pontefice od almeno in comunione colla Chiesa
e non sia persona sospetta al Papa Al vicario sarà assegnata una
decorosa sede nel palazzo nuovo od una congrua pensione qualora
si scegliesse altra abitazione dovrà essere persona grata a Bologna
e zelante dell'interesse della Chiesa mensilmente gli sarà corrisposto
un adeguato stipendio il necessario al vitto e vestiario di lui e del
suo seguito sarà esente da dazi e nessun ufficiale avrà giurisdizione
su di lui nei rapporti invece del suo seguito sia per la chiamata in
giudizio sia per le eventuali punizioni si osserverà quanto solevasi
fare pel seguito dei cardinali legati

Guerreggiando la Santa Sede in Italia Bologna dovrà dare
40 lancie per quattro mesi all'anno scorso però un triennio sarà in
arbitrio del Papa richiederne un numero maggiore o minore in pro
porzione ai mezzi della città

Nella festa di San Pietro d'ogni anno il comune di Bologna
pagherà alla curia romana per l'amministrazione delegatagli 10 mila
fiorini « de camara » nel caso ritardasse il pagamento oltre un mese
incorrerà in una multa d'altri 10 mila fiorini e ove cessasse dal
pagare per un biennio si riterrà decaduto dalla fattagli commissione
Concede il Pontefice che siano cassate le pene e sentenze ecclesia

stiche pronunciate contro il comune, la città, singole persone, lo
Studio e qualsiasi addetto allo Studio non fiorentino, per causa di
ribellione contro la Chiesa, eccettuati gli autori e partecipi di tali
ribellioni che dal Papa o suo delegato saranno nominati Promettono
gli ambasciatori che si annulleranno tutte le sentenze pronunciate
in occasione delle sommosse del settembre del 1376 contro cittadini,
ai quali saranno restituiti i beni confiscati, essi potranno al pari degli
altri conseguire onori ed uffici, e verranno riammessi in città quelli
che ne furono espulsi, o che volontariamente se ne assentarono per
servire la Chiesa. Si restituiranno alle chiese ed agli ecclesiastici i beni
di loro spettanza che siano stati occupati od invasi, e ciò sollecita-
mente « sola facti veritate inspecta » Promettono di far togliere
l'arma del comune di Firenze e di mettere invece sui pubblici palazzi
e sulle porte della città le chiavi della Chiesa e l'arma del Pontefice
e di preporre nei pubblici istrumenti « post laudem et gloriam dei »
il nome del Pontefice

Dichiarano che tutti i patti sovra intervenuti saranno approvati
e ratificati nel consiglio generale da convocarsi appositamente entro
15 giorni dal loro ritorno in Bologna e tale ratifica faranno risul-
tare da pubblico istrumento da trasmettersi al Papa Promettono in
fine l'esatta osservanza degli obblighi tutti assunti pena 25 mila
marche d'argento ove si contravvenisse

Exemplum In nomine Domini amen Noverint universi presentes
pariter et futuri huiusmodi instrumentum publicum inspecturi, quod
die quarta mensis iulii anno a nativitate Domini millesimo trecen
teximo septuagesimo septimo, indictione quintadecima, pontificatus
sanctissimi in Christo patris et domini nostri domini Gregorii digna
dei providencia pape undecimi, anno septimo Coram ipsius domini
nostri pape sanctitate in civitate Anagnina et infra pallacium apo
stolicum, assistentibus ibi personaliter constituti honorabilles et
sapientes viri domini Johannes condam domini Contis de Lignano
mediolanensis diocesis utriusque iuris doctor, Ugolinus de Gallucis
miles Sanctus condam domini Andree de Daynixis legum doctor et
Francischus condam domini Simonis de Foscharariis campsor cives
Bononie ambaxiatores

Acta fuerunt hec, anno die, loco, mense, indictione ac pontifi-
catu quibus supra, coram sanctissimo in Christo patre domino nostro
papa et cardinalibus antedictis, in presencia reverendissimorum in
Christo patrum et dominorum dominorum miseratione divina Petri
Arelatensis camerarii dicti domini nostri pape, Johannis Narbonensis,
Nicollay Consentinensis archiepiscoporum Petri Carpentoracensis
Helie Chatanensis episcoporum, Guilhelmi electi Mirapiscensis ac

magnifici et potentis, venerabilliumque virorum Gometii de Alber-
nacio senatoris alme urbis, Johannis de Barro subdiaconi, Martini
de Salva decretorum doctoris refferendarii prefati domini nostri pape,
Philippi de Carafis archidiaconi bononiensis ac plurium alliorum
testium ad premissa vocatorum specialiter rogatorum.

Et ego Jacobus de Solegiis clericus thollosinus publicus apostolica auctoritate notarius, qui una cum testibus supra et notariis
infrascriptis supplicationibus, promissionibus, renunpciationibus, stipulationibus, juramentorum prestationibus, submissionibus, obligationibus, concessionibus, remissionibus ac alliis omnibus et singulis
supradictis, ut capitulatim et serioxe in presenti instrumento continentur una cum dictis infrascriptis notariis presens recepi in publicum
instrumentum, cui allia manu propter occupationes allias in quatuor
pellibus pargumeni simul conglutinatis scripto, et cum scriptore
eiusdem ac predictis notariis facta dilligenti collactione manu mea
propria me subscripsi, et signum meum appoxui consuetum in fidem
et testimonium omnium premissorum, vocatus, rogatus et requixitus....

Pubblicato in F. Bosdari, *Giovanni da Legnano canonista e uomo politico del 1300*,
Atti e Mem. della R. Dep. di Storia patria per le Romagne. Serie III, Vol. XIX,
pag. 102.

LXX.

c. 416 a.

*Contratto livellario tra il Comune di Bologna ed il Monastero di Santa
Maria in Cosmedin di Ravenna.*

Bologna, 1378, 19 luglio.

L'abate del Monastero di Santa Maria in Cosmedin di Ravenna
col consenso dell'Arcivescovo di Ravenna, allo scopo di dimettere
diverse passività, concede a titolo livellario al comune di Bologna,
che accetta, diversi beni posti in contado di Imola, già a questo
comune conceduti nel 1299, e poscia rivendicati per essersi Imola
ribellata alla Santa Sede e non aver pagato canoni scaduti. Tali beni
consistono in « totam et integram massam Sancti Pauli cum ipsius
« pertinentiis et fundis omnibus in ea pertinentibus, excepto et salvo
« inre quod comites de Bagnachavalo habent a dicto monasterio
« Sancte Marie in Gosmedin in fundis pizacese et meletulo sitis iuxta
« dictam massam . . . .
« que massa posita est in territorio et comitatu Imole et faventino
« in diversis plebatibus, scilicet, in plebatu plebis Aque Vie et plebatu
« sancte Agate et plebatu sancti Martini in Saldussi infra suos

« limites, latera et confines, hinc ad terminum viginti novem annorum
« proxime venturorum, et eis finitis ad renovandum . . . .

In correspettivo di questa concessione il comune di Bologna paga
in atto 100 lire di bolognini in tanti ducati d'oro, e si obbliga pagare
per ogni anno nella festa di tutti i santi altre lire 100 di bolognini,
nonchè a pagare ugual somma a titolo di ricognizione ad ogni 29 anni
allorchè si rinnoverà il contratto. Le parti promettono solennemente
di osservare tutti i patti convenuti, pena 3000 fiorini d'oro al contravventore.

In Christi nomine amen, eiusdem nativitatis anno millesimo trecenteximo septuageximo octavo, indictione prima, die decimonono
mensis jullii, pontificatus sanctissimi in Christo patris et domini domini Urbani divina providentia pape sexti....

Idem prenominatus venerabilis dominus frater Antonius abas suprascripti monasterii . . . .
nomine pacti dedit, cessit, concessit, largitus fuit et innovavit . . .
Actum Bononie in palacio residentie et in audientia secreta prefatorum magnificorum dominorum antianorum comunis et populi Bononie.
presentibus: domino Gerardino de Robertis archipresbitero ecclesie
bononiensis, qui dixit et asseruit se dictas partes cognoscere, domino
Santo de Daynesiis legum doctore, domino Laurentio de Pinu decretorum doctore, domino Stephano domini Tholomei iurisperito, Nicolao
quondam Ricardi de Fantuciis et Benvenuto Bolognini de Ripoli
notario, omnibus testibus ad predicta adhibitis, vocatis et rogatis.
(L. S.) Ego Franciscus ser Jacobi Henrigipti civis Bononie,
publicus imperiali et comunis Bononie auctoritate notarius, et nunc
notarius dictorum defensorum averis et jurium comunis Bononie,
predictis omnibus interfui et rogatus predicta publice scribere, ea
omnia publice scripsi, subscripsi, signavi.

LXXI.

c. 389 a.

Permuta fra il Comune di Bologna e la società dei notai.

1378, 13 settembre.

Pietro del fu Enoch notaio, procuratore speciale della società dei
notai di Bologna, coll'assistenza del correttore e dei consoli della
società stessa, cede a titolo di permuta, alla presenza degli anziani
e del vessillifero di giustizia del comune, fra i quali Bartolomeo da
Saliceto dottore di leggi, al comune di Bologna rappresentato dai

difensori dell'*Arere*, costituiti procuratori *ad hoc*, diverse case vicine colle loro pertinenze e diritti attivi e passivi di spettanza della predetta società dei notai, le quali case sono in Bologna, in parte sopra e lunghesso la piazza del comune nella cappella di S Croce, in parte nella cappella di S Maria de Rustiganis

A sua volta, il comune di Bologna cede alla società dei notai una casa posta nella cappella di S Croce nelle adiacenze delle case della società dei notai, due grandi case site nella cappella di S Benedetto di Porta Nova, ed un'altra casa posta nella cappella di S Maria de' Bulgari, con tutte le loro pertinenze, diritti attivi e passivi così come sono possedute dal comune Si garantiscono reciprocamente le parti contraenti il pacifico possesso e godimento delle singole case permutate, sotto pena del doppio valore di stima delle stesse in caso di evizione

Promettono altresì la piena osservanza degli obblighi tutti assunti in contratto, pena 1000 ducati d'oro al contravventore Espressamente e ripetutamente dichiarano i procuratori delle parti contraenti di non assumere per se o propri eredi responsabilità alcuna in dipendenza dell'avvenuto negozio

In Christi nomine amen, eiusdem nativitatis anno domini millesimo trecentesimo septuagesimo octavo, indictione prima, die tertio decimo mensis septembris, pontificatus domini domini Urbani pape VI

Honorabilis et circumspectus vir ser Petrus condam magistri Enoch notarius sindicus procurator societatis universitatis et hominum notariorum civitatis Bononie dedit, tradidit et permutavit in presentia magnificorum dominorum dominorum anciano rium, consulum et vexilliferi justicie comunis et populi civitatis Bononie presentis mensis septembris, quorum nomina sunt hec dominus Benvenutus de Ripoli vexillifer justicie, et dominus Bertolomeus de Saliceto legum doctor, et dominus Paulus de Castrofrancho, dominus Jacobus de Garsendinis

Actum Bononie in palatio residentie predictorum magnificorum dominorum virorum ancianorum et consulum et vexilliferi justicie presentibus sapiente viro domino Laurentio de Pinu decretorum doctore et cive Bononie, nobile viro Jaciolo condam Masolini de Captaneis de castro Sancti Petri cive Bononie Nanino condam Zamboni scriptore et pluribus et pluribus aliis testibus ad hec vocatis et rogatis

(L. S) Ego Johannes Angelini olim Alberti Angelelli publicus imperiali et comunis Bononie auctoritate notarius Bononie, predictis omnibus interfui et rogatus scribere predicta publice scripsi, sub scripsi, signavi

LXXII

e 392 b

Transazione fra il Comune di Bologna e le monache di S. Francesco

1379 24 dicembre

Accampavano le monache del convento di San Francesco di Bologna diritti di proprietà sopra un mulino, esistente sul ramo del Savena che scorrendo lungo le possessioni del detto monastero viene in città. Essendo stato tale mulino distrutto dal comune, le monache in forza dei vantati diritti di proprietà domandavano il ripristino dello stesso a tutte spese del comune. Il comune a sua volta sosteneva essere il mulino di sua proprietà e però d'aver agito nella pienezza dei suoi diritti abbattendolo. All'intento di definire le controversie presenti e che in futuro potessero sorgere, le parti addivengono a transazione, per effetto della quale il comune si obbliga a pagare ogni anno, con assoluta esenzione da dazi o gabelle, al monastero 300 corbe di frumento e le monache dichiarano in corrispettivo di rinunziare ad ogni loro pretesa sul detto mulino. Si obbligano le parti alla piena osservanza del convenuto, pena 5000 lire di bolognini al contravventore.

In Christi nomine amen. Anno nativitatis eiusdem millesimo trecentessimo septuagesimo nono, indictione secunda, die vigessimo quinto mensis decembris, tempore pontificatus sanctissimi in Christo patris et domini domini Urbani divina providentia pape sexti. Cum hec questio et controversia verteretur . . . inter magnificum et potens comune civitatis Bonomie . . . ex una parte, et religiossas ac honestas dominas dominas sorores monasterii, capituli et conventus ecclesie sancti Francisci positi extra et prope portam civitatis Bonomie que vocatur porta seu encula striate sancti Stephani . . .

Actum Bonomie in palatio residentie et secreta audientia magnificorum dominorum dominorum antianorum comunis et populi Bononie . . . presentibus egregio decretorum doctore domino Laurentio de Pini et eximio legum doctore domino Antonio de Presbiteris ambobus sapientibus per prefactos dominos antianos asumptos ad dictandum et approbandum predictum contractum.

(L. S.) Ego Franciscus ser Jacobi Henrigipti publicus imperiali et comunis Bonomie auctoritate et nunc notarius defensorum averis et jurium populi et comunis Bonomie, predictis omnibus interfui et predicta una cum nota dicti Simonis et nota mei Francisci diligenter et fideliter ascultavi cum suprascripto Simone notario, quas invenimus esse eiusdem tenoris et continentie. Rogatusque predicta omnia publice scribere, publice scripsi et in signum premissorum me propria manu subscripsi signum meum consuetum apponendo.

LXXIII

(412)

Concessione di selve per parte del Comune di Bologna

Bologna, 1380, 7 maggio

Per ovviare alla penuria di legname si da fuoco si da opera lamentata in Bologna e nel contado, il comune di Bologna concede a titolo di locazione per un decennio a Gerardo di Enrichetto Lambertini, Andrea de Platisi, Segurano del fu Giovanni Caccianemici ed altri diversi « omnes et singulas sylvas et nemora comunis Bononie « sitas et sita in comitatu Bononie et districtu Bononie, iuxta Darsagnam, iuxta prata de chanali a multis lateribus, iuxta rimu de « Valuta et iuxta alios suos confines, loca et latera ubi et in quibus « in dictis contratis, ducte silve et nemora sint et esse reperirentur « et ius, posibilitatem, potestatem, arbitrium et bayliam incidendi vel « incidi faciendi lignamina et arbores »

Concede facoltà a costoro di condurre « trabes, assides et banchones ad civitatem et comitatum Bononie per terram vel per aquam » come ad essi parra più conveniente, rimosso qualsiasi ostacolo per parte dei pubblici officiali, e con esenzione da qualunque dazio o pedaggio. Accorda loro eziandio la facoltà di costruire in « campo fori civitatis Bononie » una casa per raccogliere e conservare tutto il legname che vi sarà condotto e di rimuovere tutti quegli ostacoli, che per via d'acqua o di terra si opponessero alla sollecita conduttura del legname stesso, con che, apportandosi guasti alle chiuse od alle proprietà altrui, dovranno i concessionari rimettere le chiuse in pristino e rifare i danni a dettame di arbitri da eleggersi dalle parti. Garantisce il comune ai suddetti concessionari l'esclusiva facoltà di abbattere ed estrarre il legname dai boschi e dalle selve sopra indicate, ed all'uopo diverse penalità sono comminate ai contravventori. È fatto obbligo ai concessionari di cedere il legname al comune od a qualunque singolare persona per un determinato prezzo come pure d'introdurre in città per ogni anno della durata della concessione un determinato quantitativo minimo, con facoltà a chiunque ove questo minimo non fosse raggiunto d'introdurne liberamente per

conto proprio Ad evitare il pericolo di innondazioni pel territorio
e città di Bologna non potranno i concessionari immettere con tagli
le acque della Dardagna o di altri fiumi nel Reno Inoltre gli edi
fici tutti che i concessionari avranno costrutto sui fiumi, acque, vie
e passi pel trasporto o custodia del legname cadranno, a concessione
terminata, in proprietà del comune le segherie invece rimarranno
in concessioni a meno che il comune non preferisca averle, nel quale
caso saranno pagate a giusto prezzo di stima Promettono infine le
parti l'esatta osservanza dei patti tutti convenuti, sotto pena al con
travventore di 5000 fiorini d'oro

In Christi nomine amen eiusdem nativitatis anno millesimo tre
centesimo octuagesimo, indictione tertia, die septimo mensis maii,
pontificatus sanctissimi in Christo patris et domini domini Urbani
pape sexti .

Actum Bononie in palatio residentie magnificorum dominorum
ancianorum comunis et populi Bononie antedicti in sala camini seu
epicastori dicti palatii, presentibus domino Andrea condam domini
Jacobi de Bobus et domino Antonio de Presbiteris ambobus legum
doctoribus, sapientibus per prefatos dominos ancianos assumptis ad
dictandum et approbandum predictum seu presentem contractum et
instrumentum et pacta contenta in eo seu eis de quo quidem con
tractu facta fuerunt et sunt due note eiusdem tenoris, scripta una
manu mei Francisci notarii infrascripti et nunc notarius officio di
ctorum defensorum et altera manu Andree Bentii notarii, et nunc
unus ex notariis qui presunt ad camaram actorum comunis Bononie,
et lectum per me Franciscum notarium infrascriptum et ascultatum
per dictum Andream notarium suprascriptum, et in quo contractu
et instrumento et contentis in eo, servata fuerunt et sunt in omnibus
et per omnia ea que requirebantur et requiruntur secundum formam
statutorum comunis Bononie Qui sapientes et legum doctores di
tarunt et approbaverunt presentem contractum et instrumentum ac
contenta in eo secundum formam dictorum statutorum et presen
tibus Morando Manfredini capelle Sancti Georgii de Pozale qui dixit
et asseruit se dictas partes cognoscere, Bonafide Fatii capelle San
cte Cristine de Fundacia, Laurentio Turini capelle Sancti Ysaie et
Jacobo Tailati capelle Sancti Georgi omnibus testibus ad predicta
adhibitis, vocatis et rogatis

(L S) Ego Franciscus ser Jacobi Hemigipti publicus imperiali
et comunis Bononie auctoritate notarius, et nunc notarius dictorum
defensorum jurium et averis comunis Bononie, predictis omnibus in
terfui et rogatus predicta pubblice scribere, ea omnia pubblice scripsi
subscripsi, signavi.

LXXIV

c 413 b

Appalto dei lavori dell' Idice

Bologna, 1380 11 maggio

Il fiume Idice, per la quantità e l'impeto delle acque in esso correnti, e sovente causa di gravi danni ai possessori delle terre vicine e di torti dispendi al comune di Bologna Per ovviare a tale inconveniente si decise di riparare il letto del fiume non che di scavare un altro canale Codesti lavori da compiersi entro un anno, vengono appaltati a Zordino de Bianchi ed altri contro il corrispettivo di 5 mila lire di bolognini da pagarsi parte da Bologna, parte dai possessori interessati Il tutto sotto l'osservanza di diversi patti e sotto pena di 2 mila fiorini d'oro al contravventore.

In Christi nomine amen, eiusdem nativitatis anno millesimo trecenteximo octuageximo, indictione tertia, die undecimo mensis may, pontificatus sanctissimi in Christo patris et domini domini Urbani pape sexti

Actum Bononie in palacio residentie dictorum dominorum ancianorum, in sala superiori ubi cellebratur missa et se congregantur dicta collegia, presentibus domino Anthonio de Presbiteris legum doctore sapiente assumpto per dictos dominos ancianos ad dictandum et aprobandum presentem contractum et instrumentum et contenta in eo, per quem ditatum et approbatum fuit dictum instrumentum seu contractum et contenta in eo, de quo facte fuerunt due note eiusdem tenoris una manu mei Francisci notarii intrascripti, et alia manu Symonis Perini Gini notarii ad camaram actorum comunis Bononie et lectum per me Franciscum notarium intrascriptum, ascultatum per dictum Symonem et presentibus, Nicolao quondam Bazaleni de Bazalenis capelle Sancti Fabiani qui dixit et asseruit se dictas partes cognoscere Georgio Petri de Feio capelle Sancti Bartoli porte Ravenatis, Johanne quondam Bartolomei de Bambaghollis capelle Sancti Fabiani, Bartolomeo Mini nuncio collegiorum et Francisco quondam Berti de Parixiis, omnibus testibus ad predicta adhibitis vocatis et rogatis

(L S) Ego Franciscus ser Jacobi Hemigipti publicus imperiali et comunis Bononie auctoritate notarius et nunc notarius dictorum detensorum jurium et averis comunis Bononie, predictis omnibus interfui et rogatus predicta publice scribere, ea omnia publice scripsi, subscripsi, signavi.

LXXV.

c. 453 b.

Ratifica di concessioni fatte al Conte Alberto in ordine all'acquisto del castello di Bruscolo.

Bologna, 1380, 15 giugno.

Convocato il consiglio generale dei quattrocento a cura degli anziani, consoli e vessillifero di giustizia di Bologna, Giovanni Fantuzzi dottore d'ambe le leggi, altro degli anziani, dopo aver ricordato che i reggitori di Bologna avevano deputato Andrea del fu Manfredi de Tomasi a trattare col conte Alberto l'acquisto del castello di Bruscolo, nonchè l'acquisto di altre terre e ville di spettanza di lui, dandogli le più late facoltà circa la pattuizione del corrispettivo, propone che nell'interesse e pel decoro del comune, tenuto presente che il detto castello è già in possesso di questo, siano ratificate tutte quelle concessioni che, dietro domanda del conte Alberto, il nominato Andrea in unione a Nicola da Montecalvo, altro dei confalonieri mandato dal comune in Bruscolo, aveva stimato necessario ed opportuno accordargli per la sollecita e pronta definizione dell'acquisto convenuto.

Il consiglio, fatto partito, a grandissima maggioranza, approva la proposta dell'oratore ratificando le concessioni.

In Christi nomine amen, anno nativitatis eiusdem millesimo trecentesimo octuagesimo, indictione tercia, die quinto decimo mensis iunii, tempore pontificatus sanctissimi in Christo patris et domini domini Urbani divina providentia pape sexti.

.... Et in quo quidem consilio egregius utriusque iuris doctor dominus Johanes de Fantuciis unus ex predictis dominis antianis....

Acta fuerunt omnia predicta in civitate Bononie, in dicto consilio facto in sala magna superiori palatii residentie prefatorum dominorum antianorum....

Ego Bedore quondam Nicolai olim domini Thome Carnelvarii imperiali et communis Bononie auctoritate notarius, et nunc notarius dictorum dominorum antianorum et communis Bononie officio Reformationum, predictis omnibus dum sic agerentur et fierent presens fui. et rogatus scribere predicta publice scripsi, subscripsi, signavi.

LXXVI.

(435 a

Vendita del Castello di Bruscolo ed altri luoghi

Bologna 1380, 21 luglio

I conti Pietro e Matteo da Mangone ed Opizone dei Capitani di Montegarullo, ognuno per quanto lo riguarda, vendono al comune di Bologna che accetta « podium de Pisano positum in medio terre seu « ville Piglani comitatus comitum Albertorum de Mangono et duas « partes ex tribus partibus territorii curie et terre seu ville Piglani « predicti » con tutti i poderi, case, molini, acque e diritti inerenti Vendono pure la terza parte del castello e fortilizio di Bruscolo nel predetto contado, con tutte e singole le case possessioni boschi, prati, ed in genere tutti i diritti privilegi, onori e giurisdizioni loro spettanti Il prezzo di 2 mila lire di bolognini è pagato all'atto Promettono i venditori l'esatta osservanza del contratto, pena il doppio del prezzo sovra convenuto in caso di evizione.

Millesimo trecentesimo octuagesimo, indictione tertia, die vigesimo primo mensis iulii, pontificatus domini Urbani pape sexti

Actum Bononie in palatio residentie magnificorum dominorum ancianorum populi et comunis Bononie in camino magno dicti palatii, presentibus egregio et nobili milite domino Ugolino de Galucis, sapientibus viris domino Ieremia de Angelellis utriusque iuris doctore et domino Nicolao de Zapolino legum doctore, magistro Federico de Zambeccariis medico, Paulo Macari de Boniglis campsore, ser Lando quondam Baroni Campaen notario, Bedore quondam Nicolay Camelvarii notario, Andrea quondam Bertolini de Fagnano mercatore, ser Berto de Baxacomatribus, Philippo quondam Gerardini Guidotti campsore, Nicolao quondam Ricardi de Funtucis, Prendiparte quondam ser Johannis de Castagnollis notario, Nicolao quondam Federici de Lachataria omnibus civibus Bononie, et Gloto quondam Locti de Florentia becario qui dixit et asseruit se cognoscere contrahentes predictos, testibus ad predicta omnia vocatis et rogatis

Ego Azzo filius Nicolay Guilielmi de Buvalellis publicus imperiali et comunis Bononie auctoritate notarius Bononie predictis omnibus interfui et rogatus predicta scribere publice scripsi subscripsi

« 405 »

Locazione di Cento e Pieve al Comune di Bologna

Bologna 1381 14 febbraio

Filippo del titolo di S. Martino ai Monti prete cardinale, dalla Santa
Sede deputato all'amministrazione spirituale e temporale della Chiesa
e del Vescovato di Bologna, causa la tristizia dei tempi ed i mali che
travagliano l'Italia e specialmente Cento e la Pieve per le continue
scorrerie di soldatesche e bande armate, allo scopo di meglio tute
lare l'interesse della Chiesa a lui affidata, si determina di concedere al
comune di Bologna a titolo di locazione per anni due « castra et
« terras Centi et Plebis Ecclesie seu Episcopatus Bononiensis et in
« Bononiensi diocesi existencia et consistencia cum omni castro et
« cuiuslibet earum seu eorum honore, districtu, guardia, ac etiam cum
« omnibus et singulis domibus, edificiis terenis, agris   »

La corrisposta e di 3200 lire « bononinorum grossorum » per
ogni anno della durata del contratto, da pagarsi in due eguali rate
l'una nella festa dell'assunzione di Maria Santissima, l'altra la vi
gilia di Natale

A garanzia di tale corrisposta il comune obbliga a pegno ed ipo
teca il dazio e la gabella sui molini della città e del contado di Bologna

Promettonsi reciprocamente le parti l'esatta osservanza dei patti
convenuti, pena 2000 ducati d'oro al contravventore

In fine, il nominato cardinale Filippo per l'esercizio della giuri
sdizione temporale spettante al vescovo e vescovato di Bologna sulle
predette terre, nomina per la durata di due anni, a suoi vicari ge
nerali gli anziani consoli e il vessillifero di giustizia di Bologna dando
ad essi le opportune facoltà « et ea omnia et singula que ad iurisdi
ctionem temporalem, merum et mistum imperium pertinent, et ad
ipsum administratorem seu episcopatum bononiensem spectant et per
tinent de consuetudine vel de iure in dictis locis et personis... »

In Christi nomine amen eiusdem nativitatis anno Domini mille
simo trecentesimo octuagesimo primo indictione quarta, die quarto
decimo mensis februarii pontificatus domini Urbani pape sexti

Actum et acta fuerunt hec omnia supradicta in civitate Bononie
in palacio et domibus episcopatus Bononie in camera secreta audien

cie dicti reverendi patris et domini domini Cardinalis, presentibus
sapientibus dominis domino Laurentio de Pinu decretorum doctore do
mino Ugolino de Scapis legum doctore, domino Andrea de Simeno
licentiato in iure canonico, Nicolao quondam Johannis de Garsendinis
mercatore cive Bonomie, dompno Johanne rectore ecclesie Sancti Do
nati Bononie, qui omnes dixerunt se cognoscere partes supradictas, et
pluribus et pluribus aliis testibus ad predicta vocatis et rogatis.

(L. S.) Ego Johannes Angelini olim Alberti Angelelli publicus
imperiali et comunis Bononie auctoritate notarius Bononie, predictis
omnibus interfui et rogatus scribere, predicta publice scripsi, subscripsi, pariter rogatus ad predicta cum Peregrino quondam Johannis
de Zambeccariis notario Bononie et scripsi, subscripsi.

LXXVIII

c 460 a

Locazione di Cento e Pieve al Comune di Bologna

Bologna, 1383 22 febbraio

Il cardinale Filippo deputato dalla Santa Sede all'amministra
zione spirituale e temporale della Chiesa e del Vescovato di Bologna
concede Cento e Pieve al comune di Bologna a titolo di locazione,
con patti e condizioni tutte contenute nel precedente atto di loca
zione in data 14 febbrajo 1381 intervenuto fra le medesime parti.

In Christi nomine amen eiusdem nativitatis anno Domini mille
simo trecentesimo octuagessimo tertio, indictione sexta, die vigessimo
secundo mensis februarii, pontificatus domini Urbani Pape sexti.

Actum et acta fuerunt hec omnia supradicta in civitate Bonomie
in palatio et domibus episcopatus Bononie in camara secreta audientie
prefati reverendi patris et domini domini Cardinalis, presentibus
sapiente viro domino Laurentio de Pinu decretorum doctore cive
Bonomie, Parpaglia quondam magistri Anthonii domicello et familiare
dicti domini Laurentii, dompno Palmerio rectore ecclesie Sancte Te
cle de Lambertaciis Bononie, domino Nicolao quondam magistri Simo
nis de Tervisio scolare studente Bononie in iure canonico, et domino
fratre Johanne de Viqueria ordinis Sancti Johannis Yerosolimitani
qui omnes dixerunt se cognoscere partes et contrahentes predictos,
testibus ad predicta vocatis et rogatis.

(L. S.) Ego Iohannes Angelini olim Alberti Angeldli publicus
imperiali et communis Bononie auctoritate notarius Bononie predictis
omnibus interfui et rogatus scribere, predicta publice scripsi, sub
scripsi

LXXIX

c. 475 b

Transazione fra Bologna, Sassonegro e Sassoleone

Bologna, 138? 28 novembre

Bologna, Sassonegro e Sassoleone ciascuna per suo conto accampavano diritti di proprietà su una selva e terra posta in contado di
Bologna « in conliata seu locho de lo fagedo, iuxta cuiiam terre
Sasighonis et eorum bona, iuxta viam que dicitur la via dai due
comuni », allo scopo di dirimere le presenti e le future controversie
che al riguardo avessero a nascere, i procuratori delle tre comunità
convengono in Bologna per addivenire ad una transazione. Per effetto di questa si riconosce che il terreno in questione spetta al
comune di Bologna « iure directi dominii utilis vel quasi », eppero
i procuratori di Sassonegro e Sassoleone rinunciano a qualsiasi pretesa sullo stesso, ed il procuratore di Bologna a sua volta assolve
le dette comunità dall'obbligo di rendere i frutti dal ripetuto terreno per l'avanti percetti. Si obbligano i procuratori a far ratificare entro 15 giorni dalle rispettive comunità l'avvenuta transazione
e promettono l'esatta osservanza della stessa, pena 2 mila bolognini
d'oro al contravventore.

In Christi nomine amen. Anno nativitatis eiusdem millesimo trecentesimo octuagexino tercio, indictione sesta, die vigesimo octavo
mensis novembris, tempore pontificatus sanctissimi in Christo patris
et domini domini Urbani divina providentia pape sesti.

Actum Bononie in palatio residentie dictorum dominorum ancianorum in audientia secreta.

(L. S.) Ego Bartolomeus filius quondam ser Beldo olim magistri
Francisci de Panzachiis de Ronchastaldo publicus imperiali ac comm-
nis Bononie auctoritate notarius, predictum instrumentum pro ut in
rogationibus protocholis et scripturis dicti ser Beldo et secundum
modum, cursum et consuetudinem eiusdem ser Beldo patris mei inveni
vigore comissionis michi facte per sapientem et discretum virum
dominum Antonium Vanis de Rechaneto legum doctorem judicem

et vicharium nobilis et potentis militis domini Vanis de Chastelanis de Lancini honorabilis potestatis civitatis Bononie, scripte manu Chambri Alberti Cambri notarii, ita fideliter sumpsi, scripsi et exem plavi, subscripsi, signavi

LXXX

c 476 a e b

Sentenza dei Dieci di Balia di Bologna e degli ambasciatori delle città collegate contro Rizzardo degli Alidosi e suoi nepoti

Bologna, 1392 26 settembre

I Dieci di Balia del comune di Bologna, in unione agli ambasciatori di Firenze del marchese Estense, dei Carrara di Padova, dei Gonzaga di Mantova, dei da Polenta, dei Manfredi di Faenza, degli Ordelaffi di Forlì, dietro querela loro presentata dagli ambasciatori di Lodovico e Lippo fratelli Alidosi da Imola contro Rizzardo di Gentile Alidosi pure da Imola e i nipoti di lui Simone, Lodovico e Francesco, che incolpavano d'aver contravvenuto alla lega stipulata e fermata in Bologna nel mese d'Aprile del 1392 e d'aver attentato al pacifico e tranquillo stato dei querelanti danneggiandoli gravemente, dopo di aver udite le discolpe del querelato principale, di comune concordia, dichiarano colpevoli Rizzardo e i suoi nepoti, e però ordinano si debbano considerare nemici di tutti i collegati e come tali perseguitare di più li condannano a pagare entro il mese di ottobre la somma di 10 mila fiorini d'oro agli aderenti alla lega, nonchè a rifare i danni subiti dai signori d'Imola

In Christi nomine amen, anno Domini millesimo CCCLXXXXII indictione XV, tempore sanctissimi in Christo patris et domini domini Bonifacii divina providentia pape noni die XXVI mensis setembris

Coram magnificis dominis officialibus balie comunis Bononie videlicet, egregio legum doctore domino Karulo de Zambeccariis, Philippo de Guidottis, Francisco de Foscharariis, Nane de Gozadinis et Johanne de Orettis representantibus totum officium balie populi et comunis Bononie, et spectabile et egregio milite domino Palmerio de Altovitis ambasiatore magnifice comunitatis Florentie, egregio legum doctore domino Luca de Cattanea de Regio ambasiatore illustris et excelsi domini domini Alberti Marchionis Extensis, domino Henrico de Galettis de Padua ambasiatore magnifici et excelsi domini domini Francisci iunioris de Carraria domini Padue, egregio milite domino Lambertino de Canetulo ambasiatore magnifici et excelsi domini domini Francisci de Gonzaga domini Mantue, egregio legum doctore domino Siverio de Muratoribus de Ravenna et ser Nicholao de Tudurano ambasiatoribus magnificorum dominorum Bernardini et Hostaxii de Polenta, egregio legum doctore domino Johanne de Bazolinis ambasiatore magnifici domini Astorgii de Manfredis de Faventia, provido viro ser Baldo de Baldonibus ambassiatore magnificorum dominorum Cechi et Pini de Ordelaffis de Forlivio, ambasiatoribus, auditoribus et comissariis comitatum et dominorum predictorum ; nobiles et sapientes viri Orsattus de Cantagallo et dominus Jacobus de Carbonibus de Recaneto legum doctor ambasiatores, procuratores et nuncii speciales magnificorum dominorum domini Lodovici et Lippi fratrum de Alidosiis de Imola....

Actum Bononie in palatio magnificorum dominorum ancianorum in loco seu residentia in qua conveniunt et congregantur magnifici officiales baylie, presentibus: egregio legum doctore domino Francischo de Ramponibus, ser Drudo ser Steffani de Ravenna, ser Michaele ser Antonii Porcellini de Imola, et ser Christoforo Bolgarucii de Faventia testibus ad premissa vocatis, habitis et rogatis.

Ego Antonius quondam Vanncii de Sancto Georgio civis Bononie, publicus apostolica imperiali et comunis Bononie auctoritate notarius, hiis omnibus presens fui et rogatus scripsi, solitumque meum signum apposui.

LXXXI.

c. 479 e 480.

Il Comune di Bologna nomina Berto de Salaroli suo procuratore.

Bologna, 1403, 9 novembre.

Dietro ordine del podestà Francesco Atti da Sassoferrato essendosi convocato il consiglio generale dei seicento di Bologna nella gran sala « palatii veteris iuridici » Giuseppe de Testi dottore d'ambe le leggi, ritenuto esser necessario per la sollecita tutela dei diritti del comune la nomina di un procuratore, propone a tale ufficio Berto Salaroli notaio, persona da tutti stimata ; e suggerisce di conferire a lui pieni poteri per rappresentare il comune in tutte le cause promosse o da promuoversi ; di accordargli facoltà di transigere, di esigere crediti, di assolvere e quitanzare i debitori del comune ; di locare sì per breve sì per lungo termine i beni del comune, stabilendo le condizioni che crederà del caso ; di vendere ed alienare le case, possessioni ed in genere tutte le proprietà mobiliari ed immobiliari del comune in qualunque luogo situate per quei corrispettivi che crederà determinare, di costituirsi fideiussore nel nome del comune di assumere mutui per qualsivoglia somma, sotto l'osservanza dei patti e delle condizioni che a lui parranno utili ed opportune con facoltà in fine di sostituire a sè altro od altri procuratori Giovanni da Canetolo dottore di leggi ed altri dei consiglieri, pur dichiarando di accettare e convenire nella proposta avanzata, a lor volta consigliano una limitazione ai poteri del mandatario che sarà per eleggersi e dei suoi eventuali sostituti, nel senso che non possano vendere od alienare beni immobili del comune, transigere, costituirsi fideiussori e fare locazioni senza il parere favorevole degli anziani

Il Consiglio, fatto partito, approva a grande maggioranza la proposta di Giuseppe de Testi colla limitazione suggerita dal Canetoli

In Christi nomine amen, eiusdem nativitatis anno millesimo quadringentesimo tercio indictione undecima, die nono mensis novembris, tempore pontificatus sanctissimi in Christo patris et domini nostri domini Bonifatii divina providentia pape noni

intervenerunt ipse dominus potestas et capitaneus nec non domini antiani dicti populi et comunis Bononie quorum nomina sunt hec videlicet dominus Josep de Testis utriusque iuris doctor

Qua quidem posta proposita et per dictum dominum Josep de licentia mandato et voluntate quibus supra exposita, surexerunt dominus Johannes de Canetulo legum doctor

Presentibus fratre Jacobo de Cinquanta fratre Thoma de Sancto Johanne, fratre Augustino de Rotis fratre Petro de Alamannia omnibus fratribus heremitanis ordinis et conventus supra dicti Petro Johannis tubatore et Paulo de Parramis tubatore, Ventura Martini de Capraria macerio et Johanne de Livignano macerio comunis Bononie testibus ad predicta vocatis, adhibitis et rogatis

(L S) Ego Philippus quondam Angelini olim Philippi de Marsiliis publicus imperiali et comunis Bononie auctoritate notarius bononiensis nec non notarius dictorum dominorum antianorum predictis omnibus dum sic agerentur interfui et rogatus predicta scribere publice scripsi et signum meum consuetum apposui, subscripsi, signavi

LXXXII

c 481 a

Berto Salaroli nomina Bernardino da Muglio a suo procuratore e sostituto

Bologna, 1404, 25 gennaio

Berto Salaroli procuratore generale del comune di Bologna in relazione alla facoltà concessagli col rogito di sua nomina del 9 no vembre 1403 nomina, col consenso degli anziani, a suo procuratore e sostituto Bernardo del fu Pietro da Muglio notaio e cittadino di Bologna.

In Christi nomine amen. Eiusdem nativitatis anno millesimo quadringentesimo quarto, indictione duodecima, die vigesimo quinto mensis januarii, pontificatus domini Bonifacii pape noni.

. . . . .

Actum Bononie in palatio residentie reverendissimi patris et domini Baldassarre Cardinalis et legati apostolici et in Bononia viearii generalis pro Sancta Romana Ecclesia, in camino seu audiencia dicti domini legati, contigua studio dicti domini legati presentibus: sapiente viro domino Johanne de Canetulo legum doctore, domino Bartolomeo Bolognini de Seta milite, Petro filio Henrici de Filixinis campsore testibus ad predicta vocatis et rogatis, et aliis quam pluribus ibidem presentibus et astantibus.

Ego Philippus quondam Angelini olim Philippi de Marsiliis publicus imperiali et comunis Bononie auctoritate notarius Bononie, et nunc notarius dictorum dominorum ancianorum, predictis omnibus interfui et rogatus predicta scribere, publice scripsi, subscripsi, signavi.

LXXXIII.

c. 483 a.

Il Comune di Bologna vende il molino di Argile.

Bologna, 1411, 9 aprile.

Per procacciarsi il denaro necessario alla difesa del contado e territorio di Bologna, nonchè delle terre circostanti soggette alla Chiesa dalle incursioni e devastazioni dei nemici, Pasio Fantuzzi procuratore del comune di Bologna, col consenso ed in presenza del Cardinale legato, degli anziani e consoli della città, dei difensori dell'avere, e col consenso eziandio dei massari delle arti, vende a Giacomo de Caro cittadino bolognese, che accetta per sè e Giovanni suo fratello, il molino con case denominato « Lo Molino da Argela » di proprietà del comune di Bologna posto « extra et prope castrum Argelis ». Il prezzo di 1000 ducati d'oro è pagato al detto procuratore, e da questo ritirato con dichiarazione che verrà erogato dal tesoriere generale della camera del comune nel soddisfacimento delle paghe e stipendi della Chiesa in unione agli altri denari ed introiti del comune. Garantisce il procuratore il pacifico possesso delle cose vendute e promette che il Comune di Bologna non costruirà nè consentirà ad altri di costruire, per tutto il territorio di Argile alcun molino da biada, salvo si ottenga il consenso dei compratori o loro eredi, pena in caso di inosservanza degli obblighi assunti, il doppio del prezzo convenuto

In Christi nomine amen, anno nativitatis eiusdem millesimo qua dringentesimo undecimo indictione quarta, die nono mensis aprilis, tempore pontificatus sanctissimi in Christo patris et domini domini Johannis divina providentia Pape vigesimi tercii

Idcircho vir providus Pasius quondam Rodulfi de Fantucis existens in presencia infrascriptorum dominorum ancianorum et consulum civitatis Bononie videlicet egregii utriusque iuris doctoris domini Antonii de Albergatis, egregii artium et medicine doctoris magistri Francisci Arstotilis, egregii legum doctoris domini Andree de Lisis . spectabilium civium adhibito prius et ante omnia expresso consensu et deliberatione honorabilium virorum dominorum massariorum artium civitatis Bononie de et super infrascripta venditione facienda et hoc presenti contractu et instrumento, primo viso et approbato per sapientes et discretos viros dominum Jacobum de Saliceto legum doctorem et dominum Bernardinum de Zambeccariis utriusque iuris doctorem

Actum Bononie in palacio residentie dicti domini legati et vicari sito iuxta plateam comunis Bononie, in camera paramenti dicti domini legati presentibus ser Stephano ser Jacobi de Ghivilardis notario, Paulo Andrea Dachi chalchulatore rationum averis et introitum comunis Bononie, Matheo quondam Guiduen de Griffombus notario testibus omnibus ad predicta vocatis, adhibitis et rogatis

Ego Fabrinus ser Damiani Pacis notarius publicus imperiali et comunis Bononie auctoritate notarius, predictis omnibus interfui, et ea omnia una simul cum suprascriptis et infrascriptis Jacobo Scardovi de Schardois notario, et Bonigliolo quondam ser Maxolini de Lanceis notario camere actorum, rogatus scribere publice scripsi subscripsi

LXXXIV

c 187 e seg.ᵗⁱ

Transazione fra il Comune di Bologna e Pasio Magarotti

Bologna 1426, 28 ottobre

Giovanni del fu Magarotto de' Magarotti cittadino bolognese, trovandosi in Venezia rilasciò una lettera di cambio scritta di suo pugno a favore della commissaria del fu Pietro Benedin di Venezia colla quale si riconosceva debitore di mille ducati d'oro. Successivamente, nell'anno 1400, avanti il giudice delle mercanzie di Bologna a richiesta dei procuratori della detta commissaria ammise il suo debito e riconobbe l'autografia della lettera di cambio emessa, e però fu con sentenza condannato a pagare gli accennati 1000 ducati. Da tale sentenza il Magarotti appellò, ed in appello fu pronunciata sentenza contro la commissaria, e quest'ultima sentenza non fu impugnata. Morto Giovanni Magarotti, gli successe quale erede con benefìcio d'inventario Pasio quondam Dinarelli Magarotti, il quale dai procuratori della predetta commissaria fu convenuto per l'esecuzione della primitiva sentenza del giudice delle mercanzie: ed in relazione a ciò, la casa del defunto posta in Bologna nella cappella di S. Maria de' Carrari ed una tenuta di circa 60 tornature con casa e pozzo sita in Argile furono dati in possesso agli attori. Senonchè il nominato Pasio, nella sua qualità di creditore ereditario del ripetuto Giovanni in unione ai legatari della moglie del defunto, creditrice dello stesso della somma di 500 lire di bolognini portatagli in dote, si opposero alla esecuzione; ed il giudice adito, Giovanni da Montemagno dottore di leggi, revocò il possesso dato ai rappresentanti della commissaria, e giudicò dovere i diritti degli opponenti esser preferiti al credito della commissaria.

Malgrado queste sentenze, Venezia pretendeva il pagamento dei mille ducati ed asseriva doversi ritener validi sì la prima sentenza sì gli atti esecutivi incoati e, per diritto di rappresaglia, staggiva diverse merci di negozianti bolognesi. Per por fine alle rappresaglie nocive al regolare svolgimento dei commerci, il Cardinale legato di Bologna a nome e con denaro del comune pagava i ripetuti mille ducati; per il che il comune sottentrava nei diritti vantati dalla commissaria verso l'eredità del defunto Giovanni di Magarotto.

A definire le questioni pendenti decisero il comune da una parte e Pasio Magarotti dall'altra di addivenire a transazione; e per effetto di questa, Pasio paga al Cardinale legato in rappresentanza del comune lire 160 di bolognini in piena estinzione del debito dell'eredità del fu Giovanni Magarotti, ed a sua volta il Cardinale nel rilasciarne quietanza dichiara di rinunciare a qualsiasi pretesa sugli immobili oggetto dell'accennata esecuzione, con promessa reciproca di nulla più chiedersi al riguardo, pena 1000 ducati d'oro al contravventore.

In Christi nomine amen. Anno nativitatis eiusdem millesimo quadringentesimo vigesimo sexto, indictione quarta, die vigesimo octavo mensis octobris, tempore pontificatus sanctissimi in Christo patris et domini domini nostri domini Martini providentia divina pape quinti.

Hoc presenti instrumento et contractu primo viso per eximios dominum Florianum de Sancto Petro utriusque iuris et dominum Matheum de Gipso legum doctorem et cives Bononie fuit ad supplicationem ipsorum comissa causa revocationis dicte tenute egregio legum doctori domino Johanni de Montemagno tunc vicario domini potestatis Bononie

Actum Bononie in palatio residentie prefati reverendissimi domini nostri legati in capella magna dicti palatii, presentibus reverendo in Christo patre domino Aymone Zerbati episcopo Maurianensi, Simone de Aquila capitaneo palatii dicti domini legati, domino Romeo de Foschararus milite et legum doctore, domino Petro de Aldrovandis utriusque iuris doctore, domino Iohanne de Marsiliis licentiato in iure civili qui dixit et asseruit dictas partes cognoscere, ser Arpinello de Folea notario, ser Anthomo de Medicina notario Iohachino de Oxhobatis notario Anthomo de Argile notario, Jacobo de Ghixilardis notario, Barone de Avoleo notario, Bertolomeo de Flopa filio quondam Andree cive Bononie capelle sancti Ysaie et aliis, omnibus testibus ad predicta adhibitis, vocatis et rogatis

(L S) Ego Lodovicus filius magistri Johannis de Tamaratus civis Bononie, publicus imperiali et comunis Bononie auctoritate notarius, et nunc notarius officio camere actorum comunis Bononie predictis omnibus et singulis interfui, et de eis rogatus fui una pariter cum ser Bertolutio de Cavalnis notario et nunc not dominorum deffensorum averis comunis Bononie et Bertolomeo quondam Antonii de Castagnolis notario, ideo in fidem premissorum hic me subscripsi, et signum meum apposui consuetum et cum infrascriptis Bertolomeo et ser Bertolucio ascultavi secundum formam Statutorum comunis Bononie

LXXXV

c 503 a

Eugenio IV incorpora il collegio Avignonese al collegio Gregoriano

Bologna 1436 5 dicembre

Eugenius episcopus servus servorum Dei. Ad futuram rei memoriam Apostolice Sedis circumspecta benignitas indulta sibi desuper potestatis plenitudine sicut conspicit expedire viros literarum scientiis deditos ut in illis efficiuntur idonei congruo favore prosequitur ipsisque studentibus libenter ea concedit per que eorum statui et oportunitatibus favorabiliter consulitur Sane dudum sicut nonnullo

rum fidedigna relacione percepimus bone memorie Zoen episcopus
Avinionensis condens in eius voluntate ultima de bonis a Deo sibi
collatis testamentum inter alia, domus, possessiones, terras et bona
in villa et curia ac territorio Saliceti et Saviniani bononiensis diocesis ad eum legiptime tunc pertinentia, ecclesie avinionensi reliquit
et legavit, volens et ordinans inter cetera, quod episcopus avinionensis pro tempore existens, tres ex canonicis dicte ecclesie et duos de
civitate Avinionensi, ac duos de Castro Novarum avinionensis diocesis
nec non unum de aliis castris ad dictam ecclesiam spectantibus
clericos beneficium ecclesiasticum nullactenus obtinentes, qui ad
adipiscendum scientie margaritam habiles forent elligeret, illosque
ad civitatem nostram Bononiam ad studendum inibi destinaret, et
singulis eorum de fructibus, redditibus et proventibus domorum,
possessionum, terrarum ac bonorum huiusmodi vigintiquatuor libras
bononinorum annis singulis solveret et responderet seu solvi et
responderi faceret et sub certis aliis modis et conditionibus, pro ut
in instrumento desuper confecto plenius continetur. Cum autem sicut
eadem relatione cognovimus possessiones, terre et bona predicta propter guerrarum turbines, aliasque calamitates varias, que retroactis
temporibus, partes illas diucius aflixerunt, partim ruine subiaceant,
et partim ruinam minentur, ac defformata, colapsa et destituta plurimum existent, nec non terre huiusmodi pro maiori parte gerbide et
inculte remanserint, ac viginti quatuor libre huiusmodi pro conde-
centi substentatione unius scolaris modernis temporibus nullactenus
sufficiant, et si domus, possessiones, terre ac bona predicta collegio
Gregoriano in dicta civitate nostra Bononiensi consistenti cuius fructus,
redditus et proventus causantibus premissis guerris, et aliis sinistris
eventibus quam plurium tennes et exhiles efecti existunt perpetuo
unirentur, aneterentur et incorporarentur, ex hoc domus, possessiones,
terre et bona huiusmodi ad reparationem et culturam debitas redu-
cerentur, ac in predicto collegio plures scolares literarum studio
insistentes, decencius et comodius substentari possent. Nos igitur
cupientes tam domorum, possessionum, terrarum, bonorum et collegii fructuum, reddictuum et proventuum veros valores annuos nec
non ordinationis et voluntatis ac instrumenti huiusmodi tenoris nec
non domos, possessiones, terras et bona huiusmodi per eorum quali-
tates, quantitates, et confines presentibus pro sufficienter expressis
habentes, motu proprio non ad alicuius nobis super hoc oblate petitionis instantiam, domos, possessiones et terras ac bona predicta
cum omnibus iuribus et pertinentiis suis, quorum fructus, redditus
et proventus pro sufficienter expressis haberi volumus, prefacto collegio, auctoritate apostolica ex certa scientia, tenore presentium in
perpetuum unimus, anectimus et incorporamus. Itaque ex nunc liceat

dillectis filiis rectori et scolaribus dicti collegii qui pro tempore
erunt, corporalem possessionem domorum, possessionum, terrarum
bonorum jurumque et pertinentiarum predictorum, propria auctoritate
per se vel alios libere apprehendere et perpetuo licite retinere nec
non illorum fructus, redditus et proventus in suos et dicti collegii
usus convertere, diocesani loci et cuiusvis alterius licentia vel asensu
minime requisitis, non obstantibus constitutionibus et ordinationibus
apostolicis ac dicti episcopi voluntate et ordinatione et in prefato
instrumento premissis Nec non quibuscumque literis apostolicis per
Nos seu Sedem Apostolicam dillecto filio Jacobo Beitrandi de Provintia in dicta civitate Bononie studenti, vel quibusvis aliis in spetie
vel genere concessis ceterisque contrariis quibuscumque aut si apostolica vel alia quavis auctoritate de domibus, possessionibus, terris
et bonis predictis, collegium aliquod institutum seu fundatum existat,
et quibuslibet privilegiis, indulgentiis et literis apostolicis generalibus
vel specialibus quorumcumque tenor existant per que presentibus
non expressa vel totaliter non inserta effectus earum impedire valeant
quomodolibet vel differri et de quibus quorumcumque totis tenoribus
habenda sit in nostris literis mentio specialis Nos enim voluntatis
ordinationis et in dicto istrumento contentorum ac omnium inde
secutorum, nec non literarum predictarum plenam notitiam et illa
pro expressis hic habentes, ipsis et eorum singulis et sufficientibus
rationabilibus causis animum nostrum moventibus ex dicta scientia
derogamus, nec non literas super domibus, possessionibus, terris et
bonis ipsis seu dicto forsan fundato collegio dicto Jacobo vel quibusvis aliis ut prefertur concessas et inde secuta, ac collegium si
quod de premissis fundatum sit ut premittitur, motu scentia et
auctoritate similibus revocamus, cassamus, annullamus et penitus
extinguimus per presentes, et insuper ex nunc irritum decernimus
et inane, si secus super hiis a quoquam quavis auctoritate scienter
vel ignoranter contingerit attemptari Nulli ergo omnino hominum
liceat hanc paginam nostre unionis, annexionis, incorporationis,
habitionis, derogationis, revocationis, cassacionis, anullacionis, extin
tionis et constitutionis infringere, vel ei ausu temerario contrahire
si quis autem hoc attemptare presumpserit, indignationem omnipotentis Dei et beatorum Petri et Pauli apostolorum eius se noverit
incursurum Datum Bononie, anno incarnationis dominice millesimo
quadringentesimo trigesimo sexto, nonis decembris pontificatus nostri
anno sexto

Gratis de mandato domini nostri pape

M DE PISTORIA BIONDUS PALAVICINUS

LXXXVI

c 503 a

*Eugenio IV incorpora al collegio Gregoriano il patrimonio del col
legio fondato da Guglielmo da Brescia arcidiacono di Bologna*

Bologna, 1437, 4 aprile

Eugenius episcopus servus servorum Dei Ad perpetuam rei me
moriam Copiosus misericordia Dominus et in cunctis suis operibus
gloriosus ad hoc Nos ad sacram Petri sedem conscendere pia digna
tione disposuit ut pro singulorum fidelium nostre cure commissorum
et presertim illorum qui pro literarum apprehendenda doctrina la
bores et studia applicant incessanter statu et indempnitate aposto
licos ditundamus, jugiter cogitatus dudum siquidem felicis recordationis Bonifacio in sua obedientia de qua partes ille erant tunc
pape VIIII nuncupato pro parte dillectorum filiorum rectoris, prioris
nuncupati et scolarium collegii in civitate nostra Bononie per quon
dam Guilermum de Brisia archidiaconum bononiensem fundati ac
Nicolai de Zambechariis civis Bonome exposito Quod idem collegium
nonnulla bona immobilia in dicta civitate et diocesi Bonome consi-
stentia ex quorum fructibus redditibus seu proventibus quadraginta
florem auri annuatim per eosdem rectorem et scolares tantummodo
percipiebantur habere dinoscebantur, quodque idem civis alia bona
immobilia que rectori, scolaribus et collegio prefactis magis utilia
quam dicta eorum bona erant, cum rectore et scolaribus prefactis
desiderabat permutare et quod etiam rector et scolares predicti
pro utilitate et comodo dicti collegii, omnia et singula immobilia
inter que etiam habitationes pro ipso collegio et eius scolaribus de
putate computabantur ad illud spectantia bona, de quibus quadra
ginta florem similes in redditibus non percipiebantur annuatim, pre
facto civi affectabant in emphiteosim perpetuam concedere seu locare
pro certa pensione annua, dictis rectori et scolaribus per dictum Ni
colaum annis singulis persolvenda prefactus Bonifacius per diversas
suas litteras dillectis filiis sanctorum Nabonis et Felicis ac sancti
Proculi Bonome monasteriorum abbatibus dedit in mandatis ut de
premissis omnibus et singulis ac eorum circumstantiis universis, que
circa hec forent attendenda, se dilligenter informarent, et si per hu
iusmodi informationem invenerint bona que dictus civis pro permu
tatione bonorum collegii huiusmodi predictis rectori et scolaribus
tradere vellet, et cum effectu traderet meliora, nec non eisdem re

ctori, scolaribus et collegio magis utilia quam bona huiusmodi dicti
collegii, quodque concessio seu locatio huiusmodi si fieret in utili
tatem dicti collegii absque dubio ederet evidenter reperirent re
ctori et scolaribus predictis, permutationem nec non concessionem
seu locationem huiusmodi faciendam plenam et liberam licentiam
largirentur, pro ut in eisdem literis plenius continetur Post modum
vero sicut intelleximus, dicti abbates ad earundem literarum execu-
tionem procedentes, quia per dilligentes per eorum quemlibet de
super habitas informationes premissa veritate fulciri compererunt, re
ctori et scolaribus predictis licentiam huiusmodi concesserunt et
sicut etiam Nobis innotuit in dicto collegio propter illius tenuitatem
et proventuum exilitatem, nullus iam pluribus annis scolaris resi
det nec residere posset, eo quod habitationes pro dicto collegio
alias deputate in dicta locatione comprehentur set supradicta pensio
octo scolaribus seorsum et particulariter manentium in certis ter
minis assignari consuevit, et si pensio quam prefatus civis dicto
collegio annuatim solvit, deinceps collegio Gregoriano quod ad hoc
magis aptum est, plures scolares pro literarum insistendo studio ho-
nestius et decencius stare possent Cupientes igitur ipsius collegii
Gregoriani indempnitati in premissis opportune providere, ac literis
predictas nec non ea que per abbates prefatos in premissis et circa
ea quandocumque etiam post delegantis mortem gesta sunt, appostolica auctoritate approbantes et confirmantes, prefactam pensionem
quam dictus civis eidem collegio per dictum archidiaconum fundato
sive octo illius scolaribus solvere consuevit vel ad solvendum astrictus
est, motu proprio, non ad alicuius Nobis desuper oblate petitionis
instantiam, ad dictum collegium Gregorianum ac dillectos filios rectorem et scolares qui pro tempore erunt, apostolica auctoritate transferimus, volentes et eadem auctoritate statuentes, quod prefactus
civis dictam pensionem eisdem modo et forma, nec non in similibus
terminis quibus prefacto collegio per archidiaconum fundato seu
dictis octo scolaribus eandem solvere consuevit aut astrictus ad illam, collegio Gregoriano, nec non eius rectori et scolaribus ex tunc
in antea annis singulis solvere teneatur ipsumque civem ad solu
tionem pensionis huiusmodi dicto collegio per archidiaconum fundato
huiusmodi seu scolaribus predictis deinceps quomodolibet fienda, ea
dem auctoritate penitus absolvimus, quitamus ac etiam penitus li-
beramus Non obstantibus dicti Guilhelmi archidiaconi fundacione
ordinacione et institutione quarum plenam notitiam et hic pro ex
pressis habentes, ac ex causis sufficientibus animum nostrum moventibus illis, ex certa scientia derogamus, absque constitutionibus
et ordinationibus apostolicis ac etiam non obstantibus ceptieris con
trariis quibuscumque, aut si dicto civi a Sede Apostolica sit indultum

quod ad prestationem vel solutionem alicuius pensionis minime teneatur, et ad id compelli non possit per literas apostolicas non facientes plenam et expressam ac de verbo ad verbum de indulto huiusmodi mentionem, et qualibet alia dicte Sedis indulgentia generali vel speciali cuiuscumque tenoris existat, per quam presentibus non expressam vel totaliter non insertam effectus earum impediri valleat quomodolibet vel differri et de qua cuiusque toto tenore habenda sit in nostris literis mentio specialis. Nulli ergo omnino hominum liceat hanc paginam nostre approbationis, confirmationis, translationis, voluntatis, statuti, absolutionis, quitationis, liberationis et derogationis infringere, vel ei ausu temerario contrahire; si quis autem hoc atemptare presumpserit, indignationem omnipotentis Dei et beatorum Petri et Pauli apostolorum eius se noverit incursurum. Datum Bononie, anno incarnationis dominice millesimo quadringentesimo trigesimo septimo, pridie nonas aprilis, pontificatus nostri anno septimo.

Poggius gratis de mandato domini nostri pape   L. Therimda.

LXXXVII.

c. 504 a.

Papa Eugenio IV nomina Egidio di Guido da Carpi, amministratore del collegio Gregoriano e degli uniti collegi Bresciano ed Avignonese.

Ferrara, 1438, 1º aprile.

Eugenius episcopus servus servorum Dei. dilecto filio Egidio Guidonis artium doctori in collegio Gregoriano civitatis nostre Bononiensis commoranti familiari nostro salutem et apostolicam benedictionem. Sinceritas fidei et in agendis experientia de quibus apud Nos plurimum comendaris merito, promeretur ut te collegii Gregoriani predicti gubernatorem cum omnibus membris suis, videlicet, Brixiensi et Avinionensi collegiis, dudum cum Bononie essemus, eidem Gregoriano collegio per Nos initis, incorporatis et annexis, pro ut 'ex literis apostolicis super inde confectis clare apparere dinoscitur. quarum tenorem hic haberi volumus pro sufficienter expresso, nec non jurium et pertinentiarum eorundem exequendis negotiis deputemus. Hinc est quod Nos de tua probitate plurimum in Domino confidentes, tibi omnes et singulos fructus, introhitus, redditus et proventus prefacti collegii Gregoriani prefactorumque annexorum in quibuscumque rebus consistant, ab omnibus et singulis, nomine ipsius collegii Gregoriani petendi, exigendi et recipiendi, et de receptis quitandi, nec non domos, predia et alias possessiones locandi et affictandi nec non debitores ipsos ad dandum tibi fructus, redditus introitus et proventus huiusmodi etiam per innovationem brachii secularis cogendi et compellendi, ac per te recepta, in ipsius collegii et personarum in eo degentium utilitatem et substentationem convertendi, ita tamen quod de receptis et expensis per te tenearis Nobis vel per Nos deputandis reddere rationem, auctoritate apostolica facultatem et potestatem plenariam usque ad nostrum benplacitum concedimus per presentes, volentes ut nonnullas quantitates et summas pecuniarum, quas per aliquas venerabilis fratris nostri Ludovici Archiepiscopi Florentini literas, scolaribus in collegio Avinionensi predicto tunc comorantibus solvere tenebaris nonnullis ex causis racionabilibus nullatenus exolvas, sed pocius in ipsius collegii utilitatem convertas. Datum Ferarie, anno incarnationis dominice millesimo quadringentesimo trigesimo octavo, kalendis aprilis, pontificatus nostri anno octavo

A. DE FLORENTIA DE CURIA   N. DE CARBONIBUS

LXXXVIII

c 501 a

Nicolo Piccinino nomina Egidio da Carpi perpetuo rettore ed amministratore del collegio Gregoriano e degli annessi collegi Bresciano ed Avignonese

Dal campo presso Bologna 1438 28 maggio

Nicolaus Picceminus, vicecomes, marchio et comes etc ducalis locumtenens et capitaneus generalis. Tenore presentium, venerabilem virum dominum Egidium Guidonum de Carpo artium doctorem collegii Gregoriani et scolarium in eo studentium et annexorum ei Brisiensis et Avinionensis collegiorum, rectorem instituimus et deputamus, institutumque et deputatum perpetno decernimus et declaramus cum plena et generali regendi gubernandi et administrandi potestatem scolares et prefati collegii Gregoriani bona et collegiorum annexorum predictorum, hisque facultatem et plenariam potestatem omnes et singulos fructus, redditus et proventus predictorum collegiorum in quibuscumque rebus existunt exigendi, recipiendi, administrandi, locandi, affictandi, debitores ad solvendum compellendi, et de receptis quietandi concedimus. Presentes, eidem domino, Egidio

litteras nostras in premissorum testimonium sigilli nostri impressione
concedentes, omnes et singulas quarumcumque literas in contrarium
facientes cassantes et annullantes. Datum in campo nostro felici
prope Bononiam die XXVIII may anno domini MCCCCXXXVIII

LAMBERTINUS.

LXXXIX

« 504 »

*Sentenza del giudice delegato dagli anziani nella controversia tra il
rettore del collegio Gregoriano e degli annessi e Giovanni di Probo
studente di diritto*

Bologna 1438 15 novembre

Giovanni di Probo della diocesi di Liegi maestro d'arti e stu
dente di diritto accampava pretese sui redditi del collegio Avigno
nese in forza di lettere spedite a suo favore dall'Arcivescovo di
Firenze dall'altra parte la sua pretesa era scontessata da Egidio
da Carpi rettore del collegio Gregoriano che si basava sulle bolle
di Eugenio IV colle quali il collegio Avignonese era incorporato
al collegio Gregoriano, e si revocavano espressamente le lettere del
l'Arcivescovo fiorentino Il giudice delegato, accogliendo le difese
di Egidio da Carpi, e presa visione delle accennate bolle papali giu
dicò nessun diritto spettare sui proventi del già collegio Avigno
nese al ripetuto Giovanni Alla pronuncia della sentenza presenziano
le parti contendenti e dichiarano di accettarla pienamente

In Christi nomine amen Nos Johannes de Anania juris utrius
que doctor, comissarius et judex delegatus in hac parte magnificorum
dominorum incianorum cum a parte constet et clarum sit apud
M D V brem verti inter prestantem et doctissimum virum domi
num Egidium Guidonum de Carpo artium doctorem ac collegii Gre
goriani civitatis vestre Bononie gubernatorem ex una parte, et ma
gistrum Johannem Probi clericum leodiensis diocesis in jure scolarem
ex altera

Lecta lata et in hiis scriptis sententialiter pronumptiata et pro
mulgata fuit suprascripta sentencia et absolutio, declaratio et manda
tum suprascripta et omnia et singula in eo contenta per supradictum
dominum Johannem de Anania judicem et comissarium predictum pro
tribunali sedentem ut supra, in palatio juridico curie episcopalis Bo
nonie ad banchum juris locum electum et deputatum per nos pro
juridico ad hanc sentenciam per nos ferendam presentibus

Sub anno nativitatis domini nostri Jhesu Cristi millesimo quadrigentesimo trigesimo octavo, indictione prima, die quinto decimo mensis novembris, tempore pontificatus sanctissimi domini nostri domini Eugenii divina providentia pape quarti, anno octavo

Ego Franciscus ser Petri de Rolandis civis Bononie, publicus imperiali et comunis Bononie auctoritate notarius, et nunc notarius dicti domini Johannis de Anania comissarii predicti specialiter deputatus, predictis ommibus et singulis interfui, eaque rogatus sui here publice scripsi

XC

c 491 a

Restaurazione della tesoreria del Comune di Bologna

Bologna 1440, 18 marzo

I Sedici riformatori dello stato e libertà di Bologna, considerato che l'ufficio di tesoriere del comune, altre volte concesso al fu Raffaele Foscarari per se, suoi figli ed eredi, e vacante per la morte del detto Raffaele e per la revoca della accennata concessione fatta per giusti motivi, e tenuto presente che la camera abbisogna di molto denaro da provvedersi all'infuori dei redditi del comune per far fronte ad imminenti bisogni, col consenso e volontà di Giacomo Piccinino luogotenente del capitano Nicolo Piccinino, convengono di nominare e nominano a tesorieri diversi cittadini, che insieme mutuino gratuitamente alla camera del comune la somma di 12 mila bolognini. In corrispettivo concedono loro tutti quei vantaggi onori ed emolumenti che spettavano agli antichi tesorieri del comune, i quali emolumenti si divideranno tra i vari tesorieri alla fine d'ogni mese, in proporzione delle somme rispettivamente mutuate. Il tutto sotto l'osservanza di diversi patti e condizioni stabilite nell'apposito capitolato, pena 10 mila bolognini d'oro a chi contravvenisse.

In Christi nomine amen. Anno nativitatis eiusdem millesimo quadringentesimo quadragesimo, indictione tertia, die decimooctavo mensis martii, tempore pontificatus domini Eugenii pape quarti.

Magnifici domini sexdecim Reformatores status libertatis civitatis Bononie in sufficienti numero et sono campane ut moris est convocati, congregati et choadunati in palatio residentie magnificorum dominorum anzianorum et in quorum congregatione interfuerunt eximius utriusque iuris doctor dominus Florianus de Sancto Petro et nobilis et egregius legum doctor dominus Romeus quondam nobilis militis

domini Guidonis de Pepolis omnes de numero magnificorum do
minorum sexdecim

Actum Bonome in palatio residentie magnificorum dominorum
antianorum in camino ipsorum dominorum, presentibus Francisco
de Malchiavelis notario, Aldroandino Francisci de Fondatia Jacobo
de Capiania capelle Sancti Michaelis de leproseto, Valerio Johannis
capelle Sancti Vitalis qui omnes dixerunt et asseruerunt se dictas
partes et contrahentes predictos cognoscere, Rabusino Michaelis ca
pelle Sancti Proculi, Gulielmo quondam Gulielmi capelle Sancte
Lucie, Francisco Paineti capelle Sancti Martini de Aposa, Anthonio
Laurentii de Corselinis capelle Sancte Marie maioris, omnibus quin
que proxime nominatis macerns dictorum dominorum antianorum,
testibus omnibus ad predicta vocatis, adhibitis, rogatis

(L S) Ego Johannes quondam Andree de Papazonibus Bononie
civis publicus imperiali et comunis Bononie auctoritate notarius,
predictis omnibus et singulis dum sic agerentur una cum sei Bar
tholomeo de Trentaquatro et Johanne de Ostexanis notariis infra
scriptis pariter interfui, eaque rogatus scribere una pariter cum in
frascriptis, scripsi et in hanc publicam formam reddegi, signumque
meum apposui consuetum

XCI

c. 197 e 198

*Il Comune di Bologna vende il diritto di comperare dagli acquirenti
dei mulini già di sua spettanza, la farina di frumento al prezzo di
20 soldi di bolognini la corba*

Bologna, 1412, 2 maggio

I procuratori del comune di Bologna appositamente delegati da
Cervato Secco luogotenente di Nicolo Piccinino governatore di Bo
logna, e dai sedici informatori dello stato e libertà di Bologna ven
dono a Giovanni Griffoni, Lodovico Bentivoglio, Nicolo de' Poeti,
Giovanni Cartolaio, Giacomo Fantuzzi, Lodovico Caccialupi, Andrea
Battaglia, Giacomo Zambeccari, Pietro Bolognetti, Giacomo Ingrati,
Cristoforo Caccianemici, Cristoforo Albertazzi e Azzone da Quarto
speziale, il diritto di comperare, pel prezzo di 20 soldi di bolognini
alla corba il frumento macinato dai proprietari dei mulini posti
lungo il canale di Reno nella cappella di S Martino d'Aposa il quale
diritto, il comune già proprietario dei mulini stessi ed edifici rela
tivi si era riservato allorché ne fece vendita Gli acquirenti sopra
nominati avranno facoltà di fare o far fare colla farina che acqui-

steranno il pane, e questo pubblicamente vendere si al dettaglio si
all'ingrosso con esenzione da qualsiasi peso fiscale, e avranno pure facolta di vendere liberamente la farina. Il prezzo complessivo di 3000
fiorini d'oro è pagato in parte e per diverse quote dai singoli acquirenti. Promettono in fine i procuratori del comune la osservanza del
contratto, pena il doppio del prezzo stabilito ove si contravvenisse.

In Christi nomine amen. Anno nativitatis eisdem millesimo quadringentesimo quadriagesimo secundo, indictione quinta, die secundo
mensis may, tempore pontificatus sanctissimi in Christo patris et do
mini domini Eugenii divina providentia pape quarti

. et quorum officialium sindicorum et procuratorum constitutorum
nomina sunt infrascripta, videlicet, egregius legum doctor dominus Op
pizo de Martignanis et Johannes Galeaz quondam domini Francisci
de Galuzis ambo Bononie cives prius tamen presenti instrumento
et contractu viso dictato et approbato per eximios doctores dominum
Angelum de Gambionibus de Aretio et dominum Petrum Antonium
de Paxellis

Actum Bononie in palatio residentie dictorum magnificorum do
minorum antianorum in camera ressidentie domini vexilifer justitie,
presentibus: Baptista quondam Poete de Poetis capelle sancte Marie
porte Ravenatis qui dixit et asseruit se dictas partes et contrahentes
omnes in presenti instrumento nominatos cognoscere, domino Matheo
quondam domini Oppizonis de Garsandinis cive et notario Bononie
egregio legum doctore domino Petro quondam Georgii de Magnanis,
Gabrielle filio magistri Johannis olim Guilhelmi cartolari capelle
Sancti Blaxii et Ludovico quondam Poete de Poetis Bononie capelle
Sancte Marie porte Ravenatis, testibus omnibus ad predicta omnia
adhibitis, vocatis et rogatis

(L S) Ego Philippus quondam Francisci de Brunis civis Bononie
publicus imperiali et comunis Bononie auctoritate notarius predicts
omnibus et singulis dum sic agerentur et fierent interfui et rogatus
fui una simul et pariter cum ser Nicolao Bedoris notario et cancel-
lario dictorum magnificorum dominorum antianorum, ser Bartolomeo
quondam Francisci de Trentaquatro notario ad cameram actorum comunis Bononie, et Jacobo Petri Pighini de Massimaticho scribere,
publice scripsi et in fidem et testimonium omnium premissorum hic
me publice subscripsi signumque meumque nomen apposui consuetum

XCII

c. 499 a

Trattato di alleanza fra Venezia, Firenze e Bologna

Venezia, 1443, 6 luglio

Convenuti in Venezia i rappresentanti di Firenze, Bologna e Venezia dichiarano di unirsi in lega, e convengono che

Venezia e Firenze aiuteranno con tutte le loro forze Bologna a mantenersi libera ed indipendente, il castello di Galliera si riduria e conservera in potere di Bologna, ed a Bologna pure si daranno e consegneranno in pieno potere tutte quelle terre del suo territorio che saranno ricuperate da Venezia o da Firenze

Gli amici o nemici di qualsiasi delle città confederate saranno considerati amici o nemici da ciascuna delle altre

Durante il presente stato di cose dovrà Bologna mantenere a sue spese da 250 a 300 lance ed altrettanti fanti, e terminata la guerra e tornata la tranquillità, da 300 a 400 lance con egual numero di fanti a disposizione di Venezia e Firenze per le possibili evenienze, avuto riguardo alla sicurezza di Bologna

Nessuna delle città alleate potrà senza l'espresso consenso delle altre contrarre leghe, o confederarsi con altri stati o signori

Dovrà Bologna concedere il libero passaggio e dare ricetto, per tutto il suo territorio alle milizie di Venezia e di Firenze che per ragioni di stato occorresse alle dette città di farvi transitare

La presente lega avrà la durata di cinque anni, ed entro 20 giorni dalla conclusione dovrà essere in forma pubblica e solenne omologata e ratificata con pubblico istromento

Promettono infine l'esatta osservanza di tutti i patti pena 10 mila ducati d'oro al contravventore

In Christi nomine amen Anno nativitatis eiusdem millesimo quadringentesimo quadragesimo tertio inditione sexta, die sexto mensis julii Ad laudem et gloriam omnipotentis Dei eiusque gloriosissime matris virginis Marie, totius celestis curie triumfantis et ad bonum liberum pacificum et perpetuum statum et tranquilitatem partium infrascriptarum, omniumque benivolorum et amicorum suorum

ac spectabiles et egregi viri domunus Baptista de Sancto Petro iuris utriusque doctor filius quondam eximii iuris utriusque doctoris domini Floriani, Johannes quondam spectabilis militis domini Bontaeli de Gozadinis, ac Baldasar de Luporis quondam Venturini hono

randi cives Bononie, oratores, sindici et procuratores magnifice comu
nitatis Bononie nuper reducte ad popularem statum libertatis

Actum Venetiis in ducali palatio in sala Avium, presentibus spe-
ctabilibus egregiis ac prudentibus viris infrascriptis, videlicet, domino Petro Bragadino quondam domini Johannis, domino Thoma
Quirino quondam domini Guihelmi, Orsato Marnoceno quondam domini Victorii, honorabilibus civibus Venetiarum, domino Francisco
de Capitibus Liste cive padnano iuris utriusque doctore, Bertolomeo
quondam domini Johannis de Fusis de Florentia, Francisco quondam
domini Johannis de Guizardinis militis de Florentia, Jacobo quondam
ser Johannis de Dondis, Baptista quondam Francisci de Parixiis
ambobus de Bononia, Michaele quondam Francisci de Verona, Johanne de Regnardatis quondam ser Allesandri secretario, et Ludovico
de Ruosa quondam ser Lazari notario prefati Illmi Domini Venetia
rum et aliis testibus ad premissa adhibitis, vocatis et rogatis

Ego Antonius quondam ser Palmerii de Mazarellis civis Bononie
publicus imperiali et communis Bononie auctoritate notarius, predictis
omnibus et singulis dum sic agerentur interfui, eaque rogatus scribere simul cum infrascriptis Francischo de la Siega quondam domini
Laurentii et Antonio de Melazano cive et notario florentino publice
scripsi et in fidem omnium premissorum hic publice me subscripsi
signumque meum apposui consuetum

XCIII

‹ 507 b

Patti fra Bologna e Nicolò V

Roma 1447 24 agosto

Presentatisi a Nicolò V gli ambasciatori di Bologna, premesso
che intendono ritornare nel grembo della Chiesa e permanere nel-
l'obbedienza di essa, lo supplicano a togliere le pene e le censure
che colpiscono la città e le singole persone, ed a lui rassegnano la
giurisdizione ed il dominio di Bologna e del suo distretto. Giurano
e promettono fedeltà ed obbedienza a lui, a suoi successori ed alla
Chiesa Romana, e d'accordo convengono quanto appresso

Il popolo, il comune e tutte le singole persone di Bologna e del
suo distretto saranno assolte e liberate per quanto erano tenute a dare
alla camera della Chiesa Romana od il Pontefice, e tutti gli atti
e contratti fatti dal 20 maggio 1438 in avanti da qualsiasi pub

blico ufficiale, saranno validi e dovranno confermarsi eccetto quelli lesivi della libertà ecclesiastica.

Bologna col suo territorio continuerà ad essere retta e governata dagli anziani, vessillifero di giustizia, confalonieri del popolo e massari delle arti e dai sedici (riformatori) in unione al legato o governatore mandato dal pontefice.

Il legato provvederà alle cose necessarie in unione ai Sedici, e questi potranno liberamente mandare ambasciatori al Pontefice desiderando inviarne ad altre comunità dovranno riportare l'assenso del legato.

Tutti gli ufficiali cittadini che si debbono creare per la città, pel contado e distretto di Bologna, si estrarranno per l'avvenire dall'imbussolazione fatta secondo le norme e nel tempo consueti, giusta la provvisione appositamente emanata. Dalla Sede Apostolica si rispetteranno tutti i diritti competenti ai cittadini, comitatini, od a qualunque altra persona sopra certe comunità, e gli introiti ordinari o straordinari del comune, e si rispetteranno pure le assegnazioni fatte in occasione di crediti fino alla totale estinzione dei crediti stessi.

Spetterà al Pontefice designare, fra tre cavalieri o baroni, nominati dagli anziani e dal consiglio dei 120, il podestà che godrà degli onori e del salario stabiliti dagli statuti. Dalle sentenze di lui e da quelle degli altri ufficiali si dovrà appellare al legato che commetterà la causa ad uno dei quattro giudici delle appellazioni a norma degli statuti.

Il palazzo di Bologna sarà diviso, in una parte a sua scelta, risiederà il legato nell'altra staranno gli anziani i custodi delle porte della città e delle fortezze saranno confermati dal legato e presteranno nelle sue mani giuramento di fedeltà e d'obbedienza.

Gli introiti e redditi ordinari e straordinari del comune e le spese si regoleranno a norma dei bisogni, d'accordo tra il legato ed i sedici, la vendita però od altro contratto relativo ai dazi dovrà farsi colle norme sancite negli statuti e nelle provvigioni del comune. A titolo di stipendio saranno corrisposte al legato 500 lire di bolognini colle detrazioni consuete.

Potrà Bologna coi proventi e redditi ordinari della camera stipendiare per la sicurezza della città, del contado e distretto, cavalieri e fanti, i quali dovranno giurare fedeltà ed obbedienza nelle mani del legato.

L'officio dei tesorieri della camera resterà come è di presente ed è da oltre sei anni, potrà tuttavia il Papa delegarvi un tesoriere col salario di 300 fiorini l'anno con esclusione da tutti gli altri be-

nefici che si dichiarano riservati ai cittadini aventi diritti sulla tesoreria stessa

Gli anziani il vessillifero di giustizia, i confalonieri del popolo
i massari delle arti e tutti gli altri ufficiali del Comune presteranno
giuramento nelle mani del legato, e le lettere relative agli uffici si
faranno sotto il nome del legato o governatore per opera dei suoi
notai o cancellieri

Il Papa dovrà a richiesta di Bologna difenderla da chiunque le
movesse guerra o le recasse molestia

Capitula, postulationes et supplicationes ad sanctissimum in Christo
patrem et dominum nostrum dominum Nicolaum divina favente cle
mentia papam quintum
et quod scolares cuiuscumque gradus et conditionis existant in Studio
Bononie studentes, possint et debeant quam diu prefato Studio va
caverint gaudere fructibus benefitiorum suorum etiam prebendarum
et dignitatum (ac si presentes essent in loco dictorum benefitiorum),
et quod clerici possint audire jura civilia in dicto Studio Bononie
placet domino nostro de omnibus contentis in capitulo, cum hoc quod
non intelligatur de distributionibus quotidianis et prefati clerici au
dire possint jura civilia per quinquennium

Suprascripta quidem capitula, conventiones, concessiones et con-
clusiones sanctus dominus noster predictis oratoribus et mihi Petro
notario infrascripto coram testibus infrascriptis nomine suo, Romane
Ecclesie et camere appostolice ex una, et spectabiles ac nobiles
viri dominus Melchion de Vizano miles, dominus Guaspar de Arengheria legum doctor et Melchion de Malvitiis cives Bononie oratores predicti, sindici, procuratores et nunptii speciales nominibus
quibus supra partibus ex altera, omnibus modo, via, jure et forma
quibus melius devotius et efficatius potuerunt, merunt, fecerunt, firmaverunt et concluxerunt

Acta fuerunt hec Rome apud Sanctum Petrum in palatio appo-
stolico die XXIIII augusti MCCCCXLVII, pontificatus prefati S D
N domini Nicolay pape quinti anno primo, presentibus, venerabilibus
viris domino Jacobo de Cortonio appostolice camere clerico et domino
Judocho de Lovanio cubiculario secreto ac familiaribus continuis co-
mensalibus ipsius domini nostri testibus vocatis etc

Ego Petrus de Nosseto publicus appostolica et imperiali auctoritatibus notarius ac prefati S D N pape secretarius, supradictis capitulis presens fui, eaque de mandato S D N signavi et sub annulo
piscatoris sigillavi etc in fidem premissorum

PROCESSI E SENTENZE

PER CURA

DEI DOTTORI LUIGI NARDI ED EMILIO ORIOLI

Serie di atti in pergamena della curia del Podestà che cominciano dall'anno 1201, piccola parte dei quali in foglio, ma la maggior parte in fascicoli di vario formato o piccoli frammentari, dei quali tutti si farà speciale descrizione. Sono di mani diverse e appaiono scritti da diverse mani. Contengono sentenze e bandi in materia penale, fatta eccezione di poche sentenze in materia civile.

XCIV

Foglio in pergamena di m. 0 18 × 0,11

Sentenza contro maestro Ugolino

Bologna 1204, 18 agosto

Giovanni Paolo giudice del comune di Bologna, delegato da Uberto podestà di Bologna a conoscere dell'azione esperita da « domina Baldadiana » per ottenere da maestro Ugolino, suo marito la restituzione in doppio della dote di lire sessanta lucchesi che essa gli aveva consegnata da trentasette anni, « quod tempore dationis dotis pecunia que currebat eo tempore valet doplum eius pecunie que nunc currit », fondando la sua ragione sull'essersi essa sciolta « a vinculo debiti matrimonii quia uterque vovit castitatem perpetuam » condanna il predetto maestro Ugolino, « habito sapientum consilio », a pagare centoventi lire a sua moglie Baldadiana.

Data fuit hec sententia in Bononia in ecclesia sancti Apolenaris anno Domini MCCIIIJ, indictione VII, XV kal. septembris in presentia testium, scilicet domini Mercatoris doctoris legum et domini Alberti de Turclo et Petrini et Tuschi et Arpinelli nuntii comunis Bonome et Petri de Castagnoli

(L S) Ugo Grimaldus quondam Henrici imperatoris notarius hanc sententiam mandato supradicti iudicis, scilicet domini Johannis Pauli et ad eam legendam presens interfui et scripsi et emendavi V kal septembri

XCV

Fascicolo dell'anno 1235, in pergamena di cc. 6 di m. 0 38 × 0,24

c 1

Bando contro Oliviero da Treviso scolare e contro i suoi scolari

Bologna, 1235, 22 marzo

« Dominus Auliverius de Tarvisio scolaris
« Checcus
« Pizolitius servientes cum », che dimoravano nell'ospizio del fu Gandolfo da Gesso, accusati da Giacomo di Rinaldo di Rolandino di

Perugia di averlo aggredito nella sua abitazione con armi allo scopo di ucciderlo, furono condannati al bando con grida del 22 marzo 1235

XCVI

In, c 2 b

Bando contro Simone di Scozia scolaro

1235, 6 aprile

« Simon Scotus scolaris qui stat iuxta guazatorium in domo domine Matilde accusatus ab Ugone anglico scolari » di essere entrato i forza nella sua abitazione, accompagnato da altri e di avergli con minacce portato via tutte le sue cose, citato e scolparsi e non comparso fu con grida del 6 aprile condannato al bando

XCVII.

In, c 4

Bando contro Guglielmino da Lucca

Bologna, 1235 15 aprile

Guglielmino da Lucca, « qui moratur cum scolaribus in domo ec clesie beati Jacobi Carbonensium », accusato da maestro « Ventura de Cocolone » di averlo colpito alla testa ed al petto con pietre allo scopo di ucciderlo e parimenti accusato da « Gottifredo teotonico » di averlo colpito con un bastone sulla testa, fu citato a scolparsi, e non essendo comparso fu con grida del 15 aprile 1235 bandito

XCVIII

In, c 6

Bando contro Galiano figlio di Paolo notaro

Bologna, 1235, 21 giugno

Galiano di Arimano figlio del notaro Paolo fu accusato da « An tolino Bagaropto de Placentia scolari » che trovandosi questi a mensa coi suoi compagni, arrivò il detto Galiano che violentemente si prese dalla tavola un piatto di ceci e improverato perciò da lui, gli levò

contro il coltello tenendolo in una tempia Citato Galiano a comparire
per scolparsi fu condannato al bando in contumacia

XCIX

Foglio dell' anno 1205 autentico in pergamena di m 0 77 × 0,21

Sentenza del giudice Guinicello

Bologna, 1235, 29 ottobre

Guinicello giudice delegato per la distribuzione dei beni di Mat-
tiolo figlio del fu Alberto dai Libri fra i creditori di questo, e cioè
Diambra vedova di detto Alberto, Pietro Agli di Firenze Giacomino
Bacchello, Giacomino Parisi, Romeo Marzagoni, Bugolino di Domenico,
Giacomino di Boloncello, Rolando Cavaleno, Petrizolo Gmimundi e
Rodolfino Dentesalvi, assegna fra gli altri a Romeo Marzagoni una
casa « posita in curia sancti Ambrosii in qua legebat dominus Jacobus
Baldoini iuxta dominam Gisellam de Sala et iuxta Guidonem de
Mediolano extimata LXXX VIII lib bon. »

Testes dominus Misactus de Ursis et Conradinus Sclariti et Cam
bius Petri de Ibriaco et Rodaldus Guidolini sarti et Confortinus
Bonitatii et Albertinus Guastavillani et Bonaparte quondam Lanelli
et Filipus tricolus et Lambonus de strata sancti Stefani

Hec sententia lata fuit in pallatio comunis Bononie anno Domini
millesimo ducentesimo tricesimo quinto, die lune tertio exeunte octu
bri indictione octava

(L S) Ego Bonapressus Tuderti domini Octonis imperatoris tabellio interfui et rogatus et mandato dicti iudicis scripsi et suscripsi

C

Fasc dell anno 1249 segn Miscell Fragm Vol II n 10, membranaceo di
cc 20, il primo fasc e di m 0,32 × 0,24, gli altri di 0 38 × 0 25

« 13 *b*

Bando contro Andrea da Modena

Bologna 1249, 18 giugno

« Andreas qui fuit de Mutina serviens domini Giardi de Lucca
scolaris qui moratur in hospitio domini Jacobini de Alegialcore in
Portanova » citato a comparire dinnanzi al giudice del podestà per

che accusato di avere percosso Buongiovanni figlio di Bertolino del contado di Vercelli che dimorava nello ospizio di Largone dal Gesso non essendo comparso fu bandito

(13 b

Lectum fuit supradictum bannum in consilio generali et speciali die veneris tertiodecimo exeunte iunio et aprobatum

In presentia Mathei Alberti notarii et Dominici Guidonis Gosberti et Boni Ioannis de Saragozza

CI

In c 7

Responso dei dottori Bonaparte e Giovanni

Bologna 1250 28 febbraio

Anno Domini millesimo ducentesimo quinquagesimo, indictione octava, die ultimo februarii, presentibus domino Bonando de Crevalcore notario et Petrizolo Benedicti pistoris notario testibus Ego Iohanninus quondam Martini Christiani nunc comunis Bonome notarius ad acta comunis in primis sex mensibus regiminis domini Rizardi de Villa potestatis Bonome mandato domini Iacobi de Burago iudicis et assessoris dicte potestatis cancellavi de isto banno nomina infrascriptorum de terra Pillani, scilicet Dentacore, Fortini, Bonaveris, Iohannis, Ubaldini Bonifatii, Alberteschi, Huguicionis quondam Zagni, Fortis, Iohan niti, Gerardi Ricchi, Baldi Guidonis Huguicionis Nicholay Benevenne Venture, Rodulfini, Orlandi, Pilianelli Bomohannis Guidonis, Bernardini Bomohannis quondam Verdelle Brunitti, Bonnestori, Bomo hannis quondam Ramerii Gerardi eius fratris, Rustighelli et Malavagni eius filii, Pilliani Gerbini, Amadoris Gualgani quondam Aldrevandini, Bonefidei teutonici Amedei, Guidotti Amadoris quondam Bonefidei, Langelischi eius fratris, Dentesalvi Guidrici, Iohannis Magnani, Albertini Magnani, Vinclii quondam Barruzoli, Benvenuti quondam Zoli qua vidi contineri in istrumento publico scripto manu Iohan nis Alberti Gote notarii quod dominus Ariverius de Lambertacciis massarius comunis Bonome recepit sex libras et tres solidos bon a Iacobo Alberti de Florentia solvente pro comuni Bruscoli et comuni Pillani et pro ipsis hominibus scilicet pro quolibet tres solidos bon

eo quia passi fuerunt se poni; in banno et infrascriptos de terra Bruscoli cancellavi de isto banno, scilicet Iohannem fratrem quondam
Merchadantis, Forciam eius filium, Bonacursium Barncii, Benvenutum
quondam Martinelli, Donatum eius fratrem, Soperclum Pascalem Bel-
lundi, Bonamicum eius filium, Boninsegnam, Meliorellum et filios eius,
Doramanum, Tenzolum, Cuclam, Melanum, Benvenutum Bonacursii,
Martogonum et filios, Gontam Thomasini, Borgatum, Benvenutum
Marchese, Guertium, Albertum Adami, Gualandinum, Balducium, Laz-
zarum, Bonamicum Milanisii, Boninsegnam et Bonacursium eius filios,
Amigittum, Albertum eius fratrem, Bonsegnore Bonacose, Serraphy-
num, Iohannem eius fratrem, Bruseulum, Bencevenne eius filium,
Dulcebonum, Merchadantem, Albertum, Iohannem quondam Guidotti,
Symonittum pecorarium, Clavaturam, Ricchum, Lambertinum, Viutu-
ram de Vernio, Iohannittum pecorarium, Girardum, Rainerium eius
fratrem, Zeffolum, Adamolum, Bonafidem, Amus, Bonizum, Zanfigua-
num, Bonropanum de Vergno, Ressalitum eius generum, Nicolaum,
Cominum, Girardinum Gisolfi, et Iohannem fratrem eius. Quia vidi
contineri in publico instrumento scripto manu Albertini Guastavillani
notarii quod dominus Ariverius de Lambertaciis massarius comunis
Bononie recepit octo libras et XI solidos a Iacobo Alberti de Florentia solvente pro ipsis hominibus, scilicet tres solidos bon. pro quolibet eorum qui passi fuerunt se poni in banno pro accusatione domini Ugolini de Senno; et quia satisdatum fuit coram domino Gi-
lotto notario domini Philippi de Ugonibus potestatis Bononie pro
ipsis comunibus et hominibus iuxta tenorem sentencie late a domino
Alberto Groto iudice et assessore domini Phylippi de Ugonibus potestatis Bononie olim scriptam manu Albertucii Zamboni de Tabulis
notarii M.CC.xlviij, indictione VII, die v intrante novembri: exequendo ipsam sententiam cuius tenor talis est: In nomine patris et
filii et spiritus sancti amen. Consilium domini Bonapartis legum doctoris et mei Iohannis legum doctoris et decretorum est quod d.
Iacobus Alberti iudex procurator et syndicus hominum et communium
Bruscoli et Piglani admittantur ad defensionem illorum qui fuerunt
accusati per dominum Hugolinum de Senno, qui omnes sunt de Bru-
seolo et de Piglano et qui similiter admittantur ad defensionem comunis Bruscoli et Piglani et hoc non obstante banno dato predictis
comunibus et hominibus quia dicimus eos cancellandum et consulimus
cancellari, dum eo quia dictus dominus Iacobus obtulit se deffensioni
predictorum comitatum et hominum infra terminum datum eis in
banno. Terminus fuit x dierum ed ita d. Albertus Groti iudex et
assessor domini Phylippi de Ugonibus Bononie potestatis exequendo
formam predicti consilii pronuntiavit. Lata fuit hec sententia sub
anno Domini M.CC.XLVIIII, indictione VII, die iovis x intrante no-

vembit in pallatio veteri comunis Bononie, astantibus d. Foligno de Roncastaldi procuratore d. Hugolini de Senno et dicto domino Iacobo procuratore hominum et communium Birscoli et Piglani ad sententiam audiendam, presentibus domino Maregnano filio Meglorelli, Marsilio filio Vechi de Oddo de Flecxo notario et Peregrino notario testibus et Albertuenis Zamboni de Tabulis notarius dicte potestatis et iudicis scripsit.

CII

Fascicolo del 1250 segn. *Miscell. Fragm.* Vol. II, n. 2, 3 e 4, membranaceo di complessive carte 129; il n. 2 contiene bandi per debito, gli altri per malefizi misura m. 0,48 × 0,32, ma il fascicolo segnato n. 4 è più piccolo misurando m. 0,41 × 0,26.

c. 2 del XXVI q.

Bando contro Deutavena scolare

Bologna, 1250, 22 aprile

« Deutavena scolaris de comitatu senarum », accusato da Bona grazia scrittore di essersi appropriato un suo vestito che gli aveva dato per pignorarlo circa la metà del mese di marzo scorso, citato a comparire per rispondere di questo malefizio e non essendo comparso, fu bandito in contumacia da Bologna.

CIII

In, c. 6 del 26° q.

Responso di Viliano Papozzoni giudice e di Tommaso dottore

Bologna, 1250, 19 luglio

Millesimo ducentesimo quinquagesimo, die tertiodecimo exeunte iulio, indictione octava, presentibus Antonio Ferantis et domino Peregrimo notario et Iacobino Bencevennis Ego Iohannes quondam Gerardi Chazaceivi nunc comunis Bononie officio bannitorum notarius mandato domini Naximi de Papazonibus iudicis et domini Egidii Beldandi militis presidentium dicto officio bannitorum nomen infrascripti banniti scilicet Alliottus, cancellavi exequendo consilium dominorum Viliani de Papazonibus iudicis et domini Thomaxii legum doctoris datum super hoc quod tale est: Consilium domini Viliani de Papazonibus iudicis et mei Thomaxii legum doctoris super banno dato tempore domini Rizardi de Villa potestatis Bononie Alliotto nuntio comunis Bononie ad discum procuratorum quia non reperiantur notarii prestitisse securitatem coram illis procuratoribus est tale quod dictus Alliottus cancelletur de dicto banno sine aliqua pena, solvendo comuni Bononie tres solidos bon. quia passus fuit se cridari in banno et hoc cum secundum formam statutorum puniri Bon. non teneantur nuntii qui habeant in bonis xxv libras bon. vel amplius.

CIV.

Ivi, c. 8 b del 26.° q°.

Responso di Pietro di Giacomo Pizzoli e di Tommaso dottore di leggi.

Bologna, 1250, 1 ottobre.

Millesimo ducentesimo quinquagesimo, die primo intrante octubri, indictione octava. In pallatio veteri comunis Bononie, presentibus domino Bonaventura de Savignano doctore legum, Munso quondam domini Bonacose de Gozolis, Iacobino Bongerardi et Antonio Ferantis et Michaele de Pregatuli nuntio comunis Bononie. Ego Iohannes quondam Gerardi Chazacervi nunc comunis Bononie notarius officio bannitorum, de mandato dominorum Nasini de Papazonibus iudicis et Egidii Beldandi militis presidentium ad officium bannitorum, nomen et bannum infrascripti Branchaleoni banniti cancellavi et etiam de consilio quorundam sapientum, quod tale fuit: In nomine patris et filii et spiritus sancti amen. Consilium dominorum Petri Iacobi Pizoli et Thomaxii legum doctoris super banno dato Branchaleoni die vi exeunte madio anni presentis pro denuntiatione de eo facta ab Ariverio fratre suo et domina Ubertina uxore illius Ariverii est tale quod dictus Branchaleonus cancelletur de illo banno sine aliqua pena, cum bannum illud datum fuerit ei, non servata forma statutorum in eo quod testes coram quibus cridatio de eo facta fuit non erant de vicinis illius contrate sed de alia contrata ut legittime probatum est per testes. Et predicti dominus Nasinus et dominus Egidius exequentes dictum consilium ut in eo continetur ita pronuntiaverunt et sententiaverunt. Lata fuit hec sententia in pallatio veteri comunis Bononie presentibus supradictis testibus sub anno Domini millesimo ducentesimo quinquagesimo, die primo intrante octubri, indictione octava. Item quia placuit Ariverio et uxori eius domine Ubertine qui dictum Branchaleonem accusaverunt et denuntiaverunt ut constat per instrumentum scriptum per Antonium Ferantis

3

notarium, item quia solvit Antonio Terantis notario officio bannitorum meo socio pro isto banno tres solidos bon

CV

Iu, c 3 del 36° q°

Bando contro Grazia marchesano scolaro

Bologna 1250 17 novembre

« Gratia marchexanus scolaris Bononie » fu accusato e denunziato
da « Raynutio scolari de Vezano » perche, essendo stato accolto come
compagno di stanza dal detto Grazia, ne fu scacciato in malo modo
e derubato nello stesso tempo di un vestito « de stanforte », di una to
vaglia da mano, di un coltello e di un libro di Boezio Citato a difen
dersi e non essendo comparso, il suddetto Grazia fu condannato in
contumacia al bando ed alla multa di lire cento, nel giorno 17 novembre del detto anno

CVI

Iu, c 6 del 36° q°

Bando contro Giacomo di Polonia scolaro

Bologna, 1250, 28 dicembre

« Iacobus de Polloma qui moratur seu morari consuevit in hospitio sancti Barbatiani in Barbaria » fu accusato di avere nel giorno
di Natale ferito mortalmente un altro « Iacobum de Polloma eius
sotium scolarem Bononie de dicto hospitio » che morì la notte seguente

Iniziato il procedimento e citato a comparire per discolparsi e
non essendo comparso venne condannato in contumacia, il 28 dicem
bre del detto anno, alla multa di lire mille ed al bando

CVII

Iu c 6 del 36° q°

Responso di Alberico dottore di leggi e di Pietro di Giacomo Pizzoli

Bologna, 1251, 1 febbraio

Millesimo ducentesimo quinquagesimo primo, indictione nona die
primo mensis februarii In palatio veteri comunis Bononie, presentibus

domino Ugnizone de Arientis, Tencarario Petriboni Dactari, Guidone
Bonfantini notario, Iacobino Bongirardi et Martino Milanitti notario
testibus. Ego Conradinus Sclariti nunc comunis Bononie notarius
ad officium bannitorum de mandato potestatis et dominorum Doni
indicis, Zacharie Linzii presidentium dicto officio bannitorum bannum et nomen infrascripti Yxirini banniti cancellavi et hoc exequendo
dicti domini bannitorum consilium sapientum, tenor cuius consilii
talis est: In nomine patris et filii et spiritus sancti. Consilium dominorum Alberizi legum doctoris et Petri Iacobi Pizoli super banno
dato Yxirino de comitatu Brixie tempore domini Rizardi de Villa
potestatis pro accusatione Gerardi Gottoli de Castro Brittonum tale
est, quod dictus Yxirinus eximatur et cancelletur de banno predicto
sine pena, cum probatum sit per dationem banni ipsum Yxirinum
cridatum et positum fuisse in dicto banno non servata forma statutorum, ideo quod citatus et cridatus fuit in alia contrata quam ubi
habitabat vel habitare consueverat, scilicet in contrata Gallutiorum
et non in ea ubi habitabat et ubi probatum est ipsum semper habitasse postquam venit Bononiam, scilicet in Portanova. Quare domini Donus iudex et Zacharias Linzii presidentes officio bannitorum
secundum dictum consilium pronuntiaverunt et firmaverunt. Lata
fuit hec sententia in palatio comunis Bononie presente dicto Yxirino
et Gerardo Gottoli et sindicis comunis Bononie cytatis et non con-
tradicentibus ad sententiam audiendam et sic dicti domini mihi notario preceperunt dictum bannum cancellari presentibus testibus suprascriptis et quia solvit mihi Corradino notario tres solidos bon. pro
hoc banno.

CVIII.

Ivi, c. 3 del 26.º qª.

*Responso di Francesco dottore di leggi, di Napoleone Gozzadini, di Al-
berghetto di Ugo d'Alberico e di Pietro di Giacomo Pizzoli.*

Bologna, 1251, 24 febbraio.

Millesimo ducentesimo quinquagesimo primo, indictione nona, die
quinto exeunte februario. In palatio veteri comunis Bononie, presentibus domino Fabiano Octurini, domino Rolandino Carrario, domino
Iuliano de Gaficis, domino Bonfantino de Malpiglis, Bertholomeo
Pizolpassi, Antonio Petri Ruvixie, Guidone Bonfantini notario, Martino Milanitti, Talamacino notario et pluribus aliis testibus rogatis.
Ego Conradinus Sclariti nunc comunis Bononie ad officium banni-

torum notarius nomen et bannum intrascripti Bonaguide filii Petrizoli
banniti comunis cancellavi de mandato potestatis et domini Bonincontri sui iudicis et dominorum Doni iudicis et Zacharie Liuzii presidentium dicto officio banitorum et hoc exequendo consilium sapientum, tenor cuius consilii talis est. Consilium dominorum Francisci
legum doctoris, Napolionis de Gozadinis, Albergitti Ugonis, Alberici
et mei Petri Iacobi Pizoli super banno dato tempore domini Rizardi
de Villa potestatis Bonomie olim Bonaguide filio Petrizoli de strata
Castilionis pro accusatione de eo facta a Laurentio domini Perti
conis qui accusavit dictum Bonaguidam tractate et ordinate et animo
occidendi vulnerasse et occidisse Thomaxinum suum fratrem percu-
tiendo eum mortifere cum uno cultello in flanchis a latere sinistro
ex quo vulnere mortuus fuit, tale est, scilicet quod dictus Bona-
guida eximatur de dicto banno sine pena quia in cridatione eius non
fuit servata forma statuti in eo quod debuit fieri presentibus duobus
vicinis ipsius Bonaguide, et non fuit facta presentibus duobus vicinis ipsius contrate, sed fuit facta eius detensionis cridacio presente
Clarissimo quondam domini Lambertini qui tunc temporis habitabat in contrata sancti Andree de Ansaldis in domo domini Raui-
sini ut legittime probatum est et Caglone qui tunc temporis habitabat
in contrata domini Rodulfi Pacis ut legittime probatum est, et Gan-
dulfino de Ancognano de quo legitime probatum est nunquam habitasse
in contrata dicti Bonaguide et domino Alberto Petri Magri, qui ex
dictis testibus omnibus ipse dominus Albertus solus habitabat in contrata dicti Bonaguide tempore dicte cridationis. Item consuluerunt
dicti domini quod dictum bannum per dominos presidentes officio
bannitorum pronuntietur ipso iure nullum et annichiletur sicut petitum
est et hoc ex forma statuti quod incipit « Placet etc. » Quare dominus
Donus et Zacharias presidentes officio bannitorum secundum dictum
consilium pronuntiaverunt sententiaverunt et preceperunt eum de
dicto banno cancellari. Lata fuit hec sententia in palatio veteri comunis Bononie presentibus procuratore predicto et sindicis comunis
Bononie, scilicet domino Lamberto et domino Alexandro ad sententiam audiendam, anno et indictione predicta, die sexto exeunte februario
presentibus domino Thomaxino de Tebaldis, Modenese domini Blan-
colini, Vianese quondam domini Ubaldini Pascipauperis, domino Emil
gitto de Fracta Petrizolo Iohannis Liuzii Iacobo Aitmixii, Guidone
Bontantini et pluribus aliis testibus et quia solvit mihi Conradino
notario tres solidos bon. pro isto banno.

CIX.

Ivi, c. 4 del 36.° q°.

Responso di Accursio dottore di leggi, di Pietro di Giacomo Pizzoli, di Alberghetto di Odorico e di Alberico dottori di leggi.

Bologna, 1251, 9 marzo.

Millesimo ducentesimo quinquagesimo primo, indictione nona, die nona intrantis martii. In palatio veteri comunis Bononie, presentibus domino domino Uguizone de Arientis, Nicolao de Ponticlo, Guidone Bonfantini notario, Martino Milanitti notario, Alberto Azolini et Iacobino Bongirardi testibus. Ego Conradinus Sclariti nunc comunis Bononie ad officium bannitorum notarius nomina et banna infrascriptorum Guidonis Sichi et Paxiti Bomercati bannitorum comunis Bononie cancellavi de mandato domini Bonifatii de Sala potestatis Bononie et domini Bonincontri sui iudicis et de mandato dominorum Doni iudicis et Benricordati Liuzii loco d. Zacharie militis ad officium bannitorum et hoc exequendo consilium sapientum tenor cuius talis est: In Christi nomine amen. Consilium dominorum Accursii legum doctoris, Petri Iacobi Pizoli, Alberghitti domini Oderici Ugonis Albrici, et mei Alberici legum doctoris super petitione facta ab Oderico de Castro Brittorum procuratore Guidonis Sichi filii Alberti et Paxetti Bonmercati fratris Iohannis procuratorio nomine pro eis, qua petitione ipsum et quemlibet eorum eximi et cancellari sine pena de banno et libro bannitorum in quo scripti sunt et positi fuerunt tempore domini Rizardi de Villa potestatis Bononie pro morte et vulneribus Croxati filii quondam Zacharie calderarii et ipsum bannum petit pronuntiari nullum et ipso iure non tenere cum datum fuerit contra formam statutorum et ordinamenti comunis Bononie et specialiter statuti quod incipit: « Placet quod nullus ponatur in banno, nisi secundum hanc formam », in eo maxime quod alio se offerente ad defensionem eorum ipsi nihilominus fuerunt positi in banno, est tale quod predicti cancellentur de dicto banno et eximantur sine pena et pronuntietur ipso iure nullum, cum cridati fuerint die martis quintadecima intrante novembri et eadem die Rambertus Granarole obtulit se defensioni predictorum, ut plenius continetur in instrumento scripto manu Iohannis Bonmercati notarii facto sub anno Domini M. CC. quinquagesimo, indictione octava die quintodecimo intrante novembri. Quare dominus Donus iudex et Benricordatus Liuzii miles ad offitium bannitorum loco domini Zacharie secundum dictum consilium pronuntiaverunt et senten-

tiaverunt et ita preceperunt predictos de ipso banno cancellari Lata
fuit hec sententia in palatio comunis Bononie presentibus domino
Lamberto Bombelli et domino Alexandro sindicis comunis Bononie
et Oderico procuratore predictorum ad sententiam audiendam, sub
anno Domini predicto et indictione predicta, die nono intrante marcio,
presentibus domino Uguizone de Arrentis, domino Senzanome legum
doctoribus, domino Blancolino de Baxacomatribus, domino Nicholao de
Ponticlo, Guidone Bonfantino notario et pluribus aliis testibus et quia
soluerunt michi Conradino notario tres solidos bon pro isto banno

CX

Ivi, c. 4 del 36.º q.º

Responso di Francesco dottore di leggi, di Guinizello di Magnano di
Guarino da Ulgiano e di Napoleone Gozzadini

Bologna, 1251, 10 marzo

Millesimo ducentesimo quinquagesimo primo indictione nona, die
decimo intrante marcio In palatio veteri comunis Bononie, presentibus domino Uguiccione de Arrentis, domino Blanco de Baxacomatribus, domino Petro Asinelle, Rolando Cornacle Guidone Bonfantini
notario, Martino Milantti et Iacobino Bongiraldi testibus Ego Conradinus Selanti nunc comunis Bononie ad officium bannitorum notarius
nomina et banna infrascriptorum Corbellani de la Primarola et Benvegnuti Gerardi de Clavaturis, bannitorum comunis Bononie cancellavi
de mandato potestatis et domini Bonincontri sui iudicis et de mandato dominorum Doni iudicis et Bennicordati constituti loco domini
Zacharie militis ad officium bannitorum et hoc exequendo consilium
sapientum, tenor cuius talis est In Christi nomine amen, super eo
quod petunt Odericus de Castro Brittorum procurator Corbellani quondam Petri Primarole et Benvegnuti fratris Gerardi cancellari predictos
de banno in quo fuerunt positi tempore domini Rizardi de Villa
occasione rixe que fuit inter Paxittum calderarium ut tenor ipsius
banni manifeste declarat et quod bannum dicit dictus Odericus ipso
iure non valere, consilium dominorum Francisci legum professoris Guinizelli domini Magnani, Guarini de Olgiano et mei Napolionis de Gozadinis tale est, quod predicti cancellentur de ipso banno
sine pena, solutis primo a quolibet eorum III solidis bon., et hoc
ideo consulunt quia invenitur per publicum instrumentum quod Rambertus Primarole voluit eos defendere illa die qua cividati fuit eorum
detensio et quod instrumentum scriptum est manu Iohannis Bon-

mercati notarii. Quare dominus Domus iudex et Benricordatus Linzii constitutus loco d. Zacharie militis ad officium bannitorum secundum dictum consilium pronuntiaverunt firmaverunt et eos preceperunt de isto banno cancellari. Lata fuit in palatio veteri comunis Bononie presentibus domino Alexandro sindico comunis Bononie, et Oderico procuratore predictorum Corbellani et Benvegnuti ad sententiam audiendam, anno et indictione predicta, die decimo intrante martio, presentibus domino Useppo de Tuschis, domino Vesconte de Malatachis, d. Nicholao de Ponticlo, Guidone Bonfantini notario, Alberto Azolini, Martino Milanitti et Iacobino Bongirardi testibus rogatis et quia solvit mihi Conradino notario quilibet predictorum bannitorum tres solidos bon. pro isto banno.

CXI.

Ivi, c. 3 b del 26.º q°.

Responso di Francesco dottore di leggi e di Giuliano di Bongiovanni.

Bologna, 1251, 25 novembre.

Millesimo ducentesimo quinquagesimo primo indictione nona, die sexto exeunte novembri. In pallatio veteri, presentibus Multobono Guitofredi notario, Luchisino eius fratre, Nicolao Sclavina, Oddone domini Tibertini Zufoli, domino Alberto Guidonis Aygonis, Abello Zufoli et Aldrevandino de Francalossis testibus. Ego Graciolus Frontis notarius et nunc officio bannitorum, mandato domini Ariverii de Carbonensibus iudicis, Gregorii domini Azoguidi militis ad officium bannitorum nomina infrascriptorum Tomaxini et Luciane et bannum cancellavi exequendo consilium infrascriptorum sapientum, tenor cuius consilii talis est: Conscilium domini Francisci doctoris legum et mei Iuliani filii Boniohannis notarii super petitione facta a Iacobino Bougerardi notario procuratore Tomasini et Luciane eius uxoris super banno eis dato tempore domini Rizardi de Villa ad petitionem domini Usepi de Tuscis occasione quarumdam pallancarum quas idem dominus Usepus asserebat ab eis esse conbustas cum in eius domo manerent, tale (est) quod predicti, scilicet Thomasinus et Luciana, de banno debeant extrahi et cancellari cum predictum bannum contra formam statutorum datum fuerit pro eo quod dominus Usepus erat bannitus pro debito cum per legem municipallem non prohibeatur dare dampnum principaliter alicui bannito pro debito et precipue cum dominus Usepus huic peticioni contradicere noluerit.

Quare dominus Arivenus de Carbonensibus index et dominus Gregorius domini Azogudi milex officio bannitorum ita pronuntiaverunt et sententiaverunt dictum bannum cancellari, sicut preceptum fuit mihi Graciolo notario Lata et pronunciata fuit hec sententia in pallatio veteri comunis sub anno et mense et die et indictione predictis et presentibus dictis testibus et in presencia Iacobini Bonigeraldi procuratoris predictorum et domino Usepo citato et non contradicente ad sententiam predictam audiendam, et quia solverunt mihi notario tres solidos bon pro quolibet eorum bannitorum ideo cancellavi

CXII

Ivi c 2 del 12° q°

Responso del giudice Egidio dalla Tobbia e di Araldo dottore di leggi

Bologna, 1252, 10 febbraio

Millesimo ducentesimo quinquagesimo secundo, indictione x, die x intrante februarii Ego Iohanninus Rafacanis notarius ad bampnitos mandato dominorum Raineri de Scanabichis iudicis et Rolandini de sancto Iohanne in Persechero milite ad bampnitos infrascriptum Vicencium cancellavi, exequendo consilium domini Egidii de Lobia iudicis et domini Araldi legum doctoris super bampno dato Vicencio de sancto Marino et super petitione facta a Iacobo eius procuratore, quod tale est, scilicet quod cum dictum bampnum datum fuerit solummodo de voluntate et mandato duorum ex sindicis, Mini Ni cholai Atticontis et domini Petri Alberti Grassi et non de voluntate et mandato aliorum, cum plures alii essent sindici simul cum eis, quod dictum bampnum pronumptietur nullum cum in eo dando non fuerit servata forma iuris et etiam forma illius statuti « placet ete » scilicet in eo quod non est ibi in dicto bampno nomen dicti Vicencii et non fuerit datus terminus octo dierum secundum formam illius statuti consilium quorum tale est quod dictus Vicencius eximatur et cancelletur de libris bampnitorum sine pena, solvendo solummodo tres solidos pro cridatione, et pronuntiatum fuit dictum consilium a dictis dominis officio bampnitorum presidentibus, presentibus Iacobo notario procuratore Vicencii et Guidone Albertini notario, et Alberto Pellegrini notario et Rolandino Altredini notario die x intrante februario Et ego Iohannes Rafacanis notarius ad bampnitos scripsi, item quia solvit mihi notario pro bampno tres solidos bon ideoque cancellavi mandato dictorum dominorum, presentibus dictis testibus

CXIII.

Ici, c. 8 b del 35.° q°.

Responso di Accursio e di Arardo dottore di leggi e di altri.

Bologna, 1252, 16 marzo.

Millesimo ducentesimo quinquagesimo secundo indictione x die XVI exeunte martio. Ego Iohanninus Rafacanis notarius ad bampnitos infrascriptos dominum Guidonem de Perticonibus et dominum Prendipartem Attacomitis cancellavi mandato domini Rainerii de Scanabicchis iudicis ad bampnitos et domini Rodaldini de Sancto Iohanne militis ad bampnitos, quia cancellavi in exemplo de littera grossa et ibi soluit quilibet eorum tres solidos bon. pro bampno. Cancellati fuerunt ex conscilio dominorum Accursii legum doctoris, Rolandini Gerardi, Alberti Gisle, Palmerii de Tarofocolis et Gerardi domini Sarvilini et domini Arardi legum doctoris super petitionibus factis a Rollandino Alfredutii et Bonaventura Mathei Agoglarii procuratoribus domini Guidonis et Prendipartis occasione bampni eis dati occasione pene MM librarum bon. in quibus condempnati fuerunt pro fideinssione quam fecerunt cuidam domino Iuliano et quibusdam aliis professis, scilicet quod predicti domini Guido et Prendiparte eximantur et cancellentur de bampno predicto solvendo tres solidos bon. sine aliqua pena, et hoc ideo quia positi fuerunt in predicto banno pendente appellatione facta a domino Lotarincho Andalo et domino Thomaxino domini Bonifatii procuratoribus predictorum procuratorio nomine pro eis, ut constat per instrumentum scriptum manu Guidolini Guidonis Gisilberti notarii; quia dicta appellatio commissa fuit per dominum Rizardum de Villa potestatem Bononie in dominum Azolinum de Reate, ut constat per instrumentum scriptum manu Gerardi filii ser Ricardi de Ricardis notarii tunc dicti domini Rizardi: quia dictus dominus Azolinus pronuntiavit dictum dominum Lotarinchum et dominum Thomaxinum domini Bonifatii procuratores predictorum bene apellasse et male fuisse indicatum per dictum dominum Rizardum et eos non esse compellendos ad solutionem predietarum MM. librarum bon. et eos a predictis MM. libris absolutos, ut constat in instrumento scripto manu Danielis Frontis notarii et per instrumentum scriptum manu Michaelis filii Iacobini Fabri notarii.

CXIV

Iu, c 2 b del 35° q°

Responso del dottore Senzanome di Pipino

Bologna 1252, 16 luglio

Anno Domini millesimo ducentesimo quinquagesimo secundo, in dictione decima, die sextodecimo intrante iulio, presentibus Bonaventura Homobom, Michaele de Bancis, Iacobino Bongerardi, Cambio Guidoboni, Michaele Zangnifabri notariis testibus, in pallatio comunis Bononie Ego Petrizolus Iohannis Tuscani nunc officio bannitorum notarius nomen et bannum infiascripti Albertini cancellavi mandato dominorum Gerardi domini Karolini iudicis loco domini Ursolini, domini Plugheari et Thomaxii domini Alberti Ramisini militis officio bannitorum exequendo formam infra consilii, cuius tenor talis est Consilium mei Senzanome Pipini super petitione facta coram dominis bannitorum, sub anno Domini millesimo ducentesimo quinquagesimo primo die ultimo exeunte ianuario per Petrizolum de sancto Martino in Casola procuratorem Albertini calzolarii procuratorio nomine pro eo petente dicto Albertino (*sic*) cancellari et extrahi de banno in quo positus fuit tempore domini Rizardi de Villa occasione quia dicebatur fecisse insultum in Clarittum de Florentia et eum percusisse de una clava plumbata, et ideo petebat cancellari et eximi quia non fuerunt presentes duo testes ut debebant interesse cridationi secundum formam statutorum, tale est, quod viso per me legitime probatum quod unus ex testibus qui sunt scripti in banno non interfuit dicte cridationi eximatur et cancelletur dictus Albertinus sine pena et banno de dicto banno in quo est pro dicto Claritto Quod quidem consilium dominus Gerardus domini Karolini iudex loco domini Ursolini domini Plugheari et dominus Thomasinus domini Alberti Ramisini miles officio bannitorum secundum predictum modum pronuntiaverunt sententiaverunt et preceperunt presente dicto Petrizolo procuratore ad sententiam audiendam ut constat in instrumento procure a me viso facto sub anno Domini millesimo ducentesimo quinquagesimo primo indictione nona die octava exeunte ianuario scripto manu Cambii Guidoboni notarii et absente domino Capoano notario procuratore dicti Claritti ut constat in istrumento procure scripto manu Demundati quondam Bonifidei notarii quia de se noluit comparere Lata fuit hec sententia in pallatio comunis Bononie sub anno Domini millesimo ducentesimo quinquagesimo secundo in-

dictione decima, die quintodecimo intrante iulio, presentibus Bonaventura Homoboni notario, Michaele de Bancis, Iacobino Bonigerardi,
Cambio Guidoboni notario et Benvenuto de Sancta Maria in Donis
notario testibus in pallatio comunis Bononie etc. et solvit mihi notario tres solidos bon. pro dicto banno.

CXV.

Miscell. Fragm., Vol. V, n. 10

Vol. membranaceo di carte 129 contenente bandi per malefizi e per debiti, intitolato: *Liber bannitorum forensium pro malefitiis tempore primorum sex mensium
domini Ulberti de Ugene potestatis Bononie sub anno Domini millesimo ducentesimo quinquagesimo quinto, indictione duodecima.* Manca della fine, misura 0,45 × 0,30.

c. 35 b.

*Responso di Viviano di Iseppo dottore di leggi, di Filippo da Manzolino
e di Bonagrazia di Troiano.*

Bologna, 1254, 19 giugno.

Millesimo ducentesimo quinquagesimo quarto, indictione duodecima,
die duodecimo exeunte iunio. In pallacio veteri comunis Bononie,
presentibus Gillio notario, Iohanne Pascalis et Abello condam Ziffoli
notario testibus. Ego Vivianus de Burgo novo nunc comunis Bononie
offitio bannitorum notarius, de mandato dominorum Guillielmi de
Tarafogolis iudicis et Ugolini de Lolo militis ad bannitos nomina
infrascriptorum domini Benecvenis de Asinelliset Iacobini Thomaxii,
de infrascripto banno et accusatione infrascripta cancellavi, et etiam
de mandato domini Dalfini de Marnate iudicis et assessoris potestatis
Bononie exequendo consilium factum sub anno Domini millesimo
ducentesimo quinquagesimo quarto, indictione duodecima die sabati
duodecimo intrante iulio, scriptum manu Iacobini quondam Paulini
Fabri notarii tunc ad exemplandum scripturas notariorum potestatis,
et hoc quia Cambius filius dicti Petricini inquit sententiam quod
nomen eius esset preferendum in accusatione mortis Petricini sui
patris et bannum datum predictis ob dicta occaxione debere esse
vallidum tamtummodo pro eo, non autem pro accusatione domini
Bencivenis et Iacobini Thomaxii, exequendo sententiam dictam latam
a dicto iudice, tenor cuius talis est: Exemplum cuinsdam sentencie
super hoc late et sic incipientis: In nomine Domini amen: consilium
domini Viviani domini Useppi legum doctoris, domini Philippi de
Manzulino et mei Bonagratie domini Troiani super questione que
vertitur inter dominum Bencivenem de Asinellis et Iacobinum Thomaxii

ex una parte secundum accusationem et Cambium filium condam
Petricini Terizoli de Monterenzulli ex altera qui predicti dominus
Bencivene de Asinellis et Iacobinus Thomaxii dicunt Petrizinum
predictum fuisse servum suum, et ob hoc debere preferri in accusatione mortis ipsius Petricini et allegatur ex parte eorum quod ex
dicta eorum accusatione debent intelligi banniti infrascripti accusati
et banniti, et dictus Cambius filius dicti Petricini omni modo negat
patrem fuisse suum servum, et in accusatione pro sua parte allegatur
eum esse preferendum cum sit filius predicti Petricini, et bannum
datum ex ipsius accusatione de morte sui patris intelligi vallidum
esse tale est, scilicet quod accusatio dicti Cambii preferatur et ban
num datum infrascriptis teneat et sit vallidum ex ipsius tantum
modo accusatione non autem pro accusatione dicti domini Bencivenis
et Iacobini Thomaxii, nomina autem illorum qui sunt accusati et
banniti sunt hec sicut in prenominato banno apparet, scilicet, Ben-
cevene Ilenigipti, Benintendi eius frater, Palmiolus Ulivieri, Sarvedei
Bonacosa frater Deotecore Pronuntiatum fuit dictum consilium per
dictum Dalfinum de Marnate iudicem et assessorem domini Uberti
de Ugine potestatis Bononie, presentibus domino Bonoiohanne Minella
procuratore predictorum domini Bencevenis et Iacobini Thomaxii ex
una parte, et Cambio Petricini predicto, et domino Alberto de Nigris
ex allia ad dictum consilium audiendum et sub porticu pallacii novi
comunis Bononie presentibus domino Cambio Ottolini notario domino
Bonaventura Homoboni, Deutacora de Montasigo notario. . Gratia vito
domine Berte, domino Alberto domini Rolandini Gerardi Gisle et
Bratio nuntio comunis testibus. Actum sub anno Domini millesimo
ducentesimo quinquagesimo quarto indictione duodecima die ultimo
mihi Bolognittus nunc comunis Bononie notarius predicta sic
de mandato dicti domini Dalfini iudicis ut supra legitur scripsi,
subscripsi

CXVI

In c 40

Responso di Palmerio Tarafogli e di Odofredo dottore di leggi

Bologna 1254, 31 agosto

Millesimo ducentesimo quinquagesimo quarto indictione duodecima
die ultimo exeunte augusto In pallacio veteri comunis Bononie, pre
sentibus Egidio de Melegotis notario, Abello condam Zufloli notario,
domino Alberto domini Ugolini Berfacti Gemignano notario filio
Bonsaveris, domino Bolognito condam Iohannis de Castagnolo et
domino Bencivene de Variis notario testibus Ego Vivianus de Bui

gonovo nunc comunis Bononie officio bannitorum notarius, de mandato dominorum Guilielmi de Tarafogolis iudicis et Ugolini de Lolo
militis presidentium officio bannitorum nomen et bannum Johannis
Petricini banniti comunis Bononie cancellavi et etiam de consilio
sapientum, tenor cuius talis est: In Dei nomine amen, consilium domini
Palmerii de Tarafogolis et mei Oddofredi doctoris legum super peticione Henrici Rainucini medici procuratoris Zagni Petricini, cuius
petitionis tenor talis est: petit Henricus Rainucini de Asalto procurator Iohannis Petricini sive Zagni Petricini, etc. est tale, quod
dictus Iohannes sive Zagni debeat eximi et cancellari de banno sine
pena in quo positus invenitur pro morte Bartolomei Fuge de Montese
tempore domini Uberti de Ugine potestatis Bononie, cum plene reperiatur probatum dictum Iohannem sive Zagne predictum habitare et
consuevisse habitare et esse de terra Asalti, que est iuris comunis
Fregnani tempore citationis et cridationis et in banno continetur cum
semper citatum in terra Montisii, et quia reperitur per acta petitionem cancellationis factam infra mensem a tempore banni dati; quare
domini Guillielmus de Tarafogolis index et Ugolinus de Lolo miles
presidentes offitio bannitorum secundum consilium dictorum sapientum et etiam hostensum dictum consilium domino Dalfino iudice
potestatis et de eius licentia et voluntate pronuntiatum et supradictum consilium pronuntiaverunt sententiaverunt, et dictum Iohannem
de dicto banno cancellare preceperunt mihi Viviano notario. Lata
fuit hec sententia seu pronuntiatio in pallatio veteri comunis Bononie,
anno et indictione suprascriptis, et supradictis testibus et dicto
procuratore et altera parte legitime citata ad sentenciam; item quia
dictus procurator solvit mihi notario pro isto banno tres solidos bon.

CXVII.

Miscell. Fragm., Vol. II, n. 2, 3 e 4.

Vol. membranaceo di cc. 132 di vario formato fra un massimo di m. 0,46 $\times$ 0,38
e un minimo di m. 0,35 $\times$ 0,26, intitolato *Liber bannitorum forensium pro debito in
ultimis sex mensibus domini Rizardi de Villa potestatis Bononie sub anno Domini millesimo ducentesimo quinquagesimo, indictione octava.*

c. 5 *b.* del 35 q.

*Responso di Arimondo professore di leggi, di Guido Boattieri e di Uguc-
cione Arienti.*

Bologna, 1254, 16 dicembre.

Millesimo ducentesimo quinquagesimo quarto, indictione duodecima
die sestodecimo intrante decembri. In pallatio veteri comunis Bononie,

presenti domino Dalfino de Marnate indice et assessore domino Uberti de Ugonibus potestatis Bononie et de eius licentia et mandato et presentibus domino Federicho de Pascipaupeiis et Vicinio suo fratre, Lambertino domini Petrizoli fabri, Capoano notario Iohanne Pascalis notario et Abello Zufoli notario testibus Ego Egidius de Miligotis notarius nunc comunis Bononie officio bannitorum de mandato dominorum Guilhelmi de Taratogolis indicis et Ugolini de Lolo militis presidentium officio bannitorum nomen et bannum infrascripti Bartholomei sive Bastardus cancellavi etiam de consilio sapientum tenor cuius consilii talis est Consilium domini Arimundi legum professoris et d Guidonis d Boateri et Ugutionis de Arientis super peticione facta per Bonsignorem Paeivaldi procuratorem Bertolomei qui dicitur Bastardus seu Bargelinus procuratorio nomine pro eo, qua petit eum eximi sine pena de bannis in quibus scriptus reperitur tempore domini Rizardi de Villa quondam potestatis Bononie in ultimis sex mensibus sui regiminis quia dictum fuit eum fuisse culpabilem vulneris facti in persona Iacobine et Archagnani, qui dicitur Bonvisinus, eius amaxii quem etiam dicitur occisse est tale quod dictus Bargelinus eximatur de dictis bannis sine pena et quod illa banna pronuncientur nulla cum probatum sit testibus ipsum tempore bannorum datorum alibi habitare quam ubi cytatus et eridatus fuit solvendo comuni Bononie tres solidos bon pro quolibet banno cum quo pasus fuit se clamari in dictis bannis Quare d Guilhelmus de Taiafogolis index et Ugolinus de Lolo miles presidentes officio bannitorum secuti consilium supradictorum sapientum supradictum consilium pronuntiaverunt sententiaverunt et dictum Bartholomeum qui dicitur Bargelinus vel Bastardus de dicto banno cancellari preceperunt Lata fuit hec sententia seu pronuntiatio in palatio veteri comunis Bononie presentibus supradictis testibus et dicto procuratore ad sententiam audiendam, sub anno Domini millesimo ducentesimo quinquagesimo quarto indictione duadecima et anno indicione et die supradicta et qua dictus procuratoi solvit mihi notaiio tres solidos bon pro isto banno

CXVIII

Miscell Liagm, Vol V, n 10

c 57 b

Responso di Odofredo dottore di leggi

bologna 1255 4 marzo

Millesimo ducentesimo quinquagesimo quinto die quarto intrante martio, indictione tertia decima In palatio veteri comunis Bononie, presentibus Martino Bertucci notario et Bonapresso Aspettati notario testibus rogatis. Ego Boniohannes de Saragoza notarius officio bannitorum nomen infrascripti Michaelis quia solvit mihi tres solidos bononinorum et hoc pro banno, et de consilio domini Oldofredi doctoris legum tenor cuius talis est: In Dei nomine amen. Consilium mei Oldofredi doctoris legum super banno in quo invenitur positus Michael Alberti de Carnilliano pro accusatione facta a domino Alberto de Nigris notario, tempore primorum sex mensium regiminis domini Uberti de Ugine potestatis Bononie, cuius banni tenor hic est: Michael Albertini cum pluribus aliis etc. ut extrahatur de dicto banno sine omni pena solvendo comuni Bononie tres solidos bon. quia passus fuit se eridari in banno, cum Albertus Nigrus predictus, tempore dicti banni dicto Michaele dato esset bannitus comunis Bononie et scriptus in libris bannitorum comunis; de mandato dominorum Rolandini Alberti Gisle indicis et Bonifacii domini Iacobini Boneconsilii prepositorum huic officio de banno infrascripto cancellavi.

CXIX.

Ivi, c. 36 b.

Responso di Tommaso Piperata dottore di leggi.

Bologna, 1255. 17 giugno.

Millesimo ducentesimo quinquagesimo quinto indictione tertia decima die quarto decimo exeunte iunio. In pallatio comunis Bononie, presentibus Petrizollo Racorgipti notario, Alberto Rovisii notario, Bonoiohanne de Saragoza notario et Blasio Herize notario testibus. Ego Galianus de Rochis nunc notarius officio bannitorum, nomen et bannum infrascripte Serene cancellavi de mandato dominorum Rolandini condam Alberti Girardi Gisle indicis dicti offici et Bonifacii de Bonisconsilliis millitis dicti officii, ut pronunciaverunt exequendo formam consilii domini Thome domini Peverarii, que est talis: Consilium mei Thome domini Peverarii legum doctoris super infrascripta peticione que talis est: petit Bonus Iohannes Minelle procurator Serene fillie quondam Fortie de Marano, procuratorio nomine pro ea, ipsam Serenam eximi et cancellari de banno in eo est in primis sex mensibus domini Uberti de Ugine potestatis Bononie pro morte Aubre fillie Fortie, cum sit in banno posita contra formam statutorum, in eo quod non sit servata solempnitas statuti sic incipientis « Placet quod nullus ponatur in banno etc » quod bannum datum fuit in primis sex mensibus dicte potestatis, die quinto exeunte maio, peticio vero supradicta fuit porecta coram dominis bannitorum in ultimis sex mensibus dicte potestatis die quarto exeunte iulio, ut continetur in carta scripta manu Egidii de Mellegotis tunc comunis Bonone officio bannitorum notarii, tale, est, scilicet, quod dicta Serena cancelletur et eximatur de dicto banno cum posita fuerit in dicto banno contra dictum statutum « Placet etc » quia dicta Serena cridata fuit in banno comunis Bonome in consilio generali post otho dies facta cridacione que fit post citationes ante domum accusate et hoc ostensum fuit intra tres menses a die dati banni ut in ipsa peticione continetur Lata et pronuntiata fuit hec sententia, presentibus testibus supradictis die predicta, et presentibus domino Bonoiohanne Minelle notario procuratore predicte domine, et quia solvit mihi notario tres solidos bon pro dicto banno

CXX

Miscell Fragm , Vol II, n 9

Fascicolo incompleto di 9 carte contenente in massima parte condanne a multe per contravvenzioni igli statuti, misura 0,34 × 0,23

c 9

Condanna a multa contro Accursio

Bologna, 1255, 12 ottobre

Hec sunt condempnationes facte per dominum Rizardum de Villa potestatem Bonome in ultimis sex mensibus sui secundi regiminis de denuntiationibus accusationibus et inquisitionibus factis sub examine dominorum quatuor qui sunt loco yscariorum sub anno Domini millesimo ducentesimo quinquagesimo quinto, indictione XIII, die XII intrante octubris

Ugolinus castaldus domini Accursii qui obtulit se defensoni dicti domini Accursii dominus Thomaxinus l'Ihidone defensor domini Iacobi Negoxantis quia inventi fuerunt per yscarios habere andionam comunem ubi sunt sedilia non clausam et non mutatam, secundum formam statutorum, idcirco potestas condempnat eos secundum formam statutorum in centum solidos bon , scilicet quemlibet eorum in quinquaginta solidos bon

CXXI.

Miscell. Fragm., Vol. II, n. 2, 3 e 4.

c. 2 del 27 q.

Responso di Ugolino Zamboni e di Tommaso Piperata dottore di leggi.

Bologna, 1257, 24 gennaio.

Millesimo ducentesimo quinquagesimo septimo, indictione quinta decima, die octavo exeunte iannuario. Ego Amator de Butrio notarius ad bannitos mandato domini Nicholai Soldaderii iudicis ad bampnitos et Iuliani de Tebaldis militis ad bampnitos cancellavi nomen et bannum infrascripti Iuliani exequendo formam infrascripti consilii cuius tenor talis est: In nomine Domini et beate virginis Marie consilium domini Ugolini domini Zamboni et mei Thome domini Peverarii legum doctoris super peticione infrascripta petit Iacobellus quondam Danielis procurator Iuliani filii quondam Iacobi Aureoli de strata sancti Vitalis procuratorio nomine a vobis dominis qui preestis officio bampnitorum eum eximi et cancellari de bampno et de pena in quo est et positus fuit pro accusatione de eo facta aMarchoaldo quondam domini Aldrevandini Bonbelli pro vulneratione seu morte Aldrevandini quondam domini Rolandi Aldrevandini Bonbelli in primis sex mensibus regiminis domini Rizardi de Villa potestatis Bononie; de qua peticione porecta infra tres menses tempore dati banni est instrumentum scriptum manu Gracioli Frontis notarii tunc notarii offitii bannitorum, est tale, quod de dicto banno cancelletur sine pena cum probatum sit predictum Iulianum fuisse cytatum et cridatum in strata sancti Vitalis et quod habitabat tempore banni sibi dati in strata maiori. Id quidem consilium prout per antedictos dominos sententiatum et pronuntiatum in presenti sententia domini Aldrici iudicis domini Bonacursii de Surixina potestatis Bononie et cum eo examinatum in palatio veteri comunis, presentibus domino Ugolino de Soldaeriis, Simone de Culforatis, Dentacora Frigerini notario, Bolognitto Aldrovandini et Iohanne de Rustigello notario testibus ad predicta et quia solvit mihi notario tres solidos pro comuni.

CXXII.

Ivi, c. 2 b del 35 q.

Responso di Sallaticle professore di Arte Notaria.

Bologna, 1257, 14 giugno.

Millesimo ducentesimo quinquagesimo septimo, indictione prima, die quarto decimo intrante iunii. In pallatio comunis Bononie, presen-

tibus Mateo de Libris notario et Amadore notario et Petrizolo Franchi
testibus Ego Ysnardus de Montasico notarius nunc officio bannitorum
de mandato dominorum Nicolai Soldaderii et Iuliani de Tebaldis presidentium dicto officio nomen infrascripti Henghinulfi cancellavi exequendo conscillium sapientis et sententiam latam a dictis dominis scriptam per me Ysnardum de Montasico notarium Tenor cuius conscilli
et sentente seu pronunciationis talis est In nomine Domini amen
Conscillium mei Sallatielis super petitione quam fecit Iohannes d Pi
zoni procurator Inghinulfi procuratorio nomine pro eo petens quod di
ctus eximetur et cancelletur de banno in quo positus fuit tempore primi
regiminis domini Rizardi de Villa potestatis Bononie pro accusatione
de eo facta ab Alhoro dicente ipsum Inghinulfum cum quodam Pe
trizolo intrasse domum suam de nocte et exsportasse inde quasdam
res malo modo etc est tale quod dictus Inghinulfus eximatur et
cancelletur de banno dicto sine pena cum in eo non fuerit servata torma
statuti, quod incipit «Placet» ex eo quod non fuit appositum cognomen
ipsius Inginulfi quod cognomen nominatur Inginulfus Sedazarius fillius
Simonis Sedazarii de Campore maiori et fuit cognominatus Inghinulfus
de Mutina et ex eo quod bannum fuit datum contra ius cum ipse
Inghinulfus non fuerit cytatus ubi habitabat sed in alio loco ut apparet ex dictis. et dictus procurator solvit mihi pro banno tres
solidos bon

CXXIII.

Ire e 3 del 20 q

Responso di Guarino da Ulpiano, di Traversario Guarini e del dottore Tom
maso Cariari

Bologna 1257 17 dicembre

Anno Domini millesimo ducentesimo quinquagesimo septimo, in
dictione quintadecima, die quintodecimo exeunte decembri In pallatio
veteri comunis Bononie, presentibus Guidolino Giberti notario, Guidone
de Varegnana notario Petrizolo de Avinis notario Iohanne Guidonis
Arnuxotti notario Petrizolo Bonncontri notario et Araldo Iohannis
de Muxonibus testibus Ego Albertus Rovixii notarius officio banni
torum mandato dominorum Rodulfi Peppi iudicis et Parixi quondam
Rodolfini militis presidentium officio bannitorum cancellavi nomina
Ugolini et Iohannis de banno infrascripto exequendo formam consilii
sapientum pronunciatum per dictos dominos, cuius consilii tenor talis
est In Christi nomine amen Consilium dominorum Guarini de Ulzano

Traversarii de Guarinis et mei Tomaxii de Carariis legum doctoris super petitione facta a Cambio Attolini procuratore Iohannis Aurelli et Ugolini Micaelis Aymanni pro banno dato cuilibet predictorum secundum formam condempnationis CC. librarum facte de quolibet eorum dicta occasione, cuius tenor talis est: Petit Cambius Attolini notarius procurator Ugolini Micaelis Aymonni et Iohannis Aurelli procuratorio nomine pro eis a vobis dominis qui preestis officio bannitorum banna eis data pro primis sex mensibus primi regiminis domini Rizardi de Villa olim potestatis Bononie cancellari et nulla pronuntiari etc. consuluerunt quod predicti cancellentur de dicto banno secundum formam petitionis cum dictum bannum ipso iure non teneat quia datum fuit in condempnatione que ipso iure nulla erat, solvendo tamen dictis procuratoribus pro quolibet eorum tres solidos bon. secundum formam statutorum quia passi fuerunt se poni in banno,. . . . . et procedere possint domini bannitores absque presentia potestatis vel unius ex indicibus eius cum hoc non sit de casibus statutorum pro quibus requiritur presentia potestatis vel unius ex indicibus eius; item quia dictus procurator solvit mihi notario pro quolibet ipsorum III solidos.

CXXIV.

Miscell. Fragm. Vol. V, n. 10 c. 38 e Libro dei Banditi dell'anno 1251, vol. membr. di cc. 24 di vario formato, fra un massimo di m. 0,37 × 0,23 e un minimo di m. 0,21 × 0,14, intitolato: Banniti pro malefitiis in primis sex mensibus Domini Uberti de Ugeno potestatis Bononie ecc., c. 2.

Responso di Tommaso dottore di leggi, di Nicolò Soldaderi e di Aliprando di Guido Bonfante.

Bologna, 1258, 28 febbraio.

Anno Domini millesimo ducentesimo quinquagesimo octavo, indictione prima, die ultimo februarii. In pallatio veteri comunis Bononie presentibus Iacobo Phylippi notario, Uberto de Lastignano notario, Bonaventura Ciceris, Iuliano Alberti Payni et domino Lambertino Ugonis Alberici testibus. Ego Bolognittus quondam Acti nunc notarius officio bannitorum de mandato dominorum Petri de Cazanemicis indicis et Upicini de Magarottis militis presidentium officio bannitorum cancellavi infrascripta nomina bannitorum Iohannis Pugnelli, Ugnicionis et Beccarelli fratrum filiorum dicti Iohannis, exequendo formam consilii tenor cuius talis est: In nomine Christi amen. Consilium domini Thomaxii doctoris legum et domini Nicholay domini Soldaderii et mei Alliprandi domini Guidonis Bonfantini super petitione facta a

Bonaventura quondam Contexelli de Lma120 procuratore Iohannis Pugnelli, Uguicionis et Bencarelli fratrum filiorum dicti Iohannis procuratorio nomine pro eis a vobis dominis qui preestis officio ban nitorum ipsos et quemlibet ipsorum eximi et cancellari sine pena de banno in quo sunt et positi fuerunt per potestatem comitatus Ymole super stratam scilicet quod Tiusigninum ex inquisitione facta ex offitio ipsos fecisse insultum contro Ravaglum filium Berte ete est tale, scilicet quod predicti eximantur et cancellentur de banno et bannis predictis sine pena, cum constet instrumento scripto manu Pru dentini Ahotti notarii ipsos habere pacem a domina Berta matre dicti Ravagli et ab Ymigla eius sorore heredibus dicti Ravagli et quia placuit et placet predictis mulieribus heredibus supradicti Ravagli quod predicti eximantur et de banno cancellentur ut patet istrumento scripto manu Sancti filii Ganelonis notarii et hoc ex vigore ordinamenti populi quod incipit « Ad honorem ete » solvendo comuni tres soli dos pro quolibet ipsorum quia passi fuerunt se poni in banno Pro nuntiatum fuit dictum consilium et sententiatum in pallatio veteri comunis Bononie per dominum Petrum de Cazanimicis iudicem et Upi cinum de Magarottis militem presidentes officio bannitorum pro comuni Bononie presentibus Bonaventura quondam Contexelli de Lmario procuratore predictorum ad sententiam audiendam et in presentia domini Thomaxini Rizoli notarii, domini Deutacore quondam Ber nardi de Montasigo, d Zagmbelli Alberti Fabri notarii, d Iacobi d Ar tmisii notarii, d Iacobi Philippi notarii d Iacobi de Lastignano notarii testium. qui predicti domini preceperunt michi Bolognitto Acti notario deputato officio bannitorum pro comuni Bononie ut can cellare debeam predictos de dictis bannis secundum formam dicti consilii et ex vigore instrumenti pacis facti manu Prudentini Ahotti Rampi notarii facto sub anno Domini millesimo ducentesimo quin quagesimo quinto indictione tertiadecima die quinto decimo intiantis decembris a me notario viso et lecto

CXXV

Miscell Fragm, Vol V n 10 c 40 b e Miscell Fragm, Vol II, n 2, 3 4

c 5 del 12 q

Responso di Tommasino Carrari e Tommasino Ramponi dottori di legge

Bologna, 1258, 26 giugno

Anno Domini millesimo ducentesimo quinquagesimo octavo, indi ctione prima, die mercurii quinto exeunte iunio In pallatio veteri comnnis Bononie, presentibus Bolognito Acti notario, Iacobo Philipi notario, Bolognito quondam Bonaventure notario, Iacobo Egidii domini Capellari notario, Guidone Spagnolo et Victore notario de Alixindis et pluribus aliis testibus ad hec specialiter vocatis. Ego Umbertus de Lastignano nunc ad officium bannitorum notarius comunis Bononie nomina et cognomina infrascripta silicet Ugolini quondam Boninsegne et Iacobi eius fratris de mandato domini Petri quondam domini Rindivace iudicis et domini Upizini quondam domini Federici de Magarotis militis nunc dicto officio exequendo formam consilii suprascripti domini Thomaxini doctoris legum de Carariis et Thomaxini Ramponi per predictos dominos Petrum indicem et Opizinum militem pronumptiati et mann mei notarii [scripti] et quia dominus Petrezolus Benedicti notarius procurator solvens pro eis solvit michi notario pro isto banno VI solidos bon. silicet tres solidos pro quolibet: forma eius conscilii talis est: In Christi nomine amen. Super petitionibus factis per dominos Petrizolum filium domini Benedicti et Ardoinum quondam domini Bondei de Afrigo et dominum Guilliolmum de Savigno procuratores omnium predictorum procuratorio nomine pro eis quorum petitionum tenor est: Petunt dominus Petrezolus filius Benedicti, dominus Ardoinus quondam domini Bondiei de Afrigo et dominus Guilliolmus de Savigno procuratores omnium predictorum procuratorio nomine pro eis a vobis dominis presidentibus officio bannitorum quatenus eximi et cancellari sine pena predictos et quemlibet predictorum faciatis de banno seu bannis in quo vel quibus positi fuerunt tempore domini Riccardi de Villa potestatis Bononie in libro ecc.

CXXVI.

Miscell. Fragm., Vol. V, n. 10.

c. 40.

Responso di Tommaso Carrari e Tommasino Ramponi dottori di leggi.

Bologna. 1258, 26 giugno.

Anno Domini millesimo ducentesimo quinquagesimo octavo, inditione prima, die mercurii quinto exeunte iunio. In pallatio veteri comunis Bononie, presentibus Bolognitto Acti notario Umberto Lastignani notario, Bolognitto quondam Bonaventure notario Iacobo Egidii Capellarii notario, Guidone Spagnolo et Victore notario de Alisendis et pluribus aliis testibus ad hoc specialiter vocatis. Ego Iacobus Philippi nunc officio bannitorum comunis Bononie notarius, nomina

et cognomina infrascripta domini Ursi, domini Gili, Granadini Iacobi, Rolandinelli Aldobiandini, et Bondi Caldaram cancellavi mandato domini Petri quondam domini Rindivace de Cazanimicis iudicis,
et domini Upezini quondam Frederici de Magarottis millitis, nunc
dicto officio bannitorum comunis Bonoine presidentium, exequendo for
mam consilii domini Thomaxii de Caianis et domini Thomaxini Ramponi infrascriptorum, per predictos dominos Petrum iudicem et Upe-
zinum millitem pronumptiati, et manu mei notarii scripti Et quia
Ardoynus Bondi eorum procurator, solvente pro eis, solvit michi no
tario pro infrascripto banno decem et octo solidos bononinorum, scilicet 3 solidos bononinorum pro quolibet eorum, forma cuius consilii
talis est In Christi nomine amen Super peticionibus factis per Ar
doynum quondam domini Bondi de Africo et Guilhelmum notarium de
Savigno et Petrizolum Benedicti notarium procuratores omnium predictorum VI, procuratorio nomine pro eis, quarum petitionum tenor
est A vobis dominis qui preestis officio bannitorum communis Bo
noine, petunt dominus Ardoynus quondam Bondrei de Africo et Guil
helmus notarius de Savigno procuratores omnium predictorum, pro
curatorio nomine pro eis et quolibet eorum, predictos omnes et
quemlibet eorum eximi et cancellari de omnibus bannis in quibus
conscripti reperirentur nunc pro accusatione de eis facta a domino
Spinello de Montese quondam Guidonis Landinelli quos omnes dixit,
tractate et ordinate et pensate insultum fecisse in Bertholomeum Petrizoli de Fuga de Montese etc Consilium dominorum Thomaxii
de Caianis legum doctoris Thomaxini domini Rambertini Ramponi,
est, quod predicti et quilibet predictorum eximantur de bannis pre
dictis sine pena secundum formam predictorum peticionum, et hoc
cum appareat eos habere pacem ab heredibus mortuorum et offensorum secundum formam provisionis XXIIII et secundum formam sta
tutorum comunis Bononie, solventibus tamen dictis procuratoribus pro
quolibet predictorum tres solidos bononinorum, quia se passi fuerunt
cridari in banno Nos quidem Petrus iudex predictus et Upezinus
predictus miles nunc officio bannitorum comunis Bonoine presidentes, auctoritate nostri officii soprascriptum consilium exequendo
et formam ipsius, sic pronuntiamus et sententiamus presentibus procuratoribus supradictis ad sententiam audiendam, eodem die et loco
et in presentiam eorundem testium Quibus sic peractis predicti domini preceperunt michi notario ut predictos omnes de dicto banno
cancellari deberem secundum formam dicti consilii.

CXXVII

Jus, c. 10 b

Responso di Tommaso Cavazzi e Tommasino Ramponi dottori di leggi

Anno Domini millesimo ducentesimo quinquagesimo octavo, inditione prima, die mercurii quinto exeunte iunio. In pallatio veteri comunis Bononie, presentibus Bolognitto Acti notario, Uberto Lasti gnani notario, Bolognitto quondam Bonaventure notario, Iacobo Egidii Capellani notario, Guidone Spagnolo et Victore notario de Allixindis et pluribus aliis testibus ad hoc specialiter vocatis. Ego Iacobus Philippi, nunc officio bannitorum comunis Bononie notarius nomina et cognomina infrascriptorum scilicet Lambertini Aspetiti, Guidonis Iacobi, Bondi Ugolini, Iohannis et Bondi filii Bonincontri Gilii Linaldini, Iacobi Alberti Ferrari, Iacobi Gerardi, Rolandinelli et Pasqualini fratrum et Gilii quondam Ugolini, mandato domini Petri quondam domini Rundivace de Cazanimicis iudicis, et domini Upezini quondam domini Frederici de Magarottis militis nunc officio bannitorum comunis Bononie presidentium exequendo formam consilii infrascriptorum dominorum Thomaxii de Cavariis et Thomaxini Ramponi per predictos dominos Petrum iudicem et Upeginum militem pronumptiati et manu mei notarii scripti, et quia Ardoynus Bondiei eorum procurator, solvente pro eis solvit michi notario pro isto banno triginta tres solidos bononinorum, scilicet 3 solidos pro quolibet, forma cuius consilii talis est. In Christi nomine amen. Super peticionibus tactis per Arduynum quondam domini Bondiei de Affrico, Guilhelmum notarium de Savigno et Petrizolum Benedicti notarium, procuratores omnium predictorum XI, procuratorio nomine pro eis, quarum petitionum tenor est. A vobis dominis qui preestis officio bannitorum comunis Bononie, petunt dominus Ardoynus quondam domini Bondiei de Affrico et dominus Petrizolus filius domini Benedicti et dominus Guilhelmus de Savigno procuratores omnium predictorum, procuratorio nomine pro eis, quatenus exire et cancellari sine pena predictos et quemlibet predictorum faciatis de banno seu de bannis in quo vel quibus positi reperiuntur, tempore primorum sex [mensium] regiminis domini Uberti de Ugine olim protestatis Bononie, pro accusatione de eis facta a domino Spinello de Montese etc. quod omnes et singulos dixit fecisse insultum in Bertholomeum Petrizoli de Fuga etc. Consilium dominorum Thomaxii de Cavariis legum doctoris, Tomaxini domini Rambertini Ramponi, est, quod predicti et quilibet predictorum eximantur de bannis predictis sine pena secundum formam predictorum petitionum, et hoc, cum appareat eos habere pacem ab heredibus mortuorum et offensorum secundum formam provisionis XXIIII et secundum formam statutorum comunis Bononie solventibus tamen dicti procuratores pro quolibet predictorum tres solidos bon quia se passi fuerunt cridari in banno Nos quidem Petrus index predictus, nos Upezinus miles predictus nunc officio bannitorum comunis Bononie presidentes auctoritate nostri officii suprascriptum consilium exequendo formam ipsius, sic pronuntiamus et sententiamus presentibus procuratoribus predictis ad sententiam audiendam, eodem die et loco et in presentia eorundem testium Quibus sic peractis predicti domini Petrus et Upezinus preceperunt mihi notario et Bolognitto Atti et Uberto notariis suprascriptis ut predictos et quemlibet eorum de dictis bannis cancellari debeamus

CXXVIII

Miscel Fragm , Vol II, n 2, 3, 4

c 5 del 12 ° q

Responso di Tommaso Carrara e di Tommasino Ramponi dottori di leggi

Bologna, 1258, 26 giugno

Anno Domini millesimo ducentesimo quinquagesimo octavo, inditione prima, die mercurii quinto exeunte iunio In pallatio veteri comunis Bononie presentibus Bolognitto quondam Bonaventure notario Iacobo quondam domini Capellari notario, Guidone Spagnolo et Victore notario de Alixindis Ego Iacobus Philippi nunc officio bannitorum comunis Bononie notarius nomina et cognomina infrascriptorum Iacobi Alberti Ferrarii, Guidonis Iacobi Alberici, Bondiei eius fratris, Lambertini Aspetati et Iacobi Gerardi Ugnitionis cancellavi mandato domini Petri de Cazanimicis iudicis et domini Opezini quondam domini Federici de Magarotis militis nunc dicto ofitio bannitorum presidentium exequendo formam consilii domini Tomaxii doctoris legum de Carariis et Tomaxini Ramponi per predictos dominos Petrum iudicem et Opizinum militem, pronunmptiati et manu mei notarii, scripti et quia Aldomus quondam domini Bondi corum procurator, solvente pro eis, solvit mihi notario pro suprascripto banno decem et octo solidos, scilicet tres solidos bon pro quolibet, forma cuius consilii talis est In Christi nomine amen. Super petitionibus porrectis per dominos Petrizolum filium domini Benedicti, Ardoynum quondam domini Bondei de Affrigo et dominum Guidonem de Savigno procuratores omnium predictorum procuratorio nomine pro eis quorum petitionum tenor est: Petunt dominus Petrizolus filius Benedicti, dominus Ardoinus quondam domini Bondici de Africo et dominus Guilliclmus de Savigno omnium predictorum sex procuratorio nomine pro eis a vobis dominis presidentibus officio bannitorum quatenus eximi et cancellari sine pena predictos et quemlibet predictorum faciatis de banno seu bannis in quo vel quibus positi reperiuntur tempore domini Rizardi de Villa potestatis Bononie in ultimis sex mensibus sui regiminis eo quia accusati fuerunt omnes predicti ab Urso filio quondam Iacobi Ubertini tratasse et ordinasse et insultum fecisse in Iacobum suum patrem et Bondi suum fratrem etc. ita quod eos occiderunt etc. Consilium dominorum Thomaxii doctoris legum de Carariis et Thomaxini domini Rambertini Ramponi est, quod predicti et quilibet predictorum eximatur de bannis predictis sine pena secundum formam predictorum petitionum. et hoc cum appareat eos habere pacem ab heredibus mortuorum et offensorum secundum formam provisionis XXIIII et secundum formam statutorum comunis Bononie, solventibus tamen dicti procuratores pro quolibet predictorum tres solidos bon. quia passi fuerunt se cridari in banno. Nos quidem Petrus de Cazanemicis et Upezinus miles predicti nunc officio bannitorum communis Bononie presidentes, auctoritate nostri offitii suprascriptum consilium exequendo formam ipsius sic pronumptiamus et sententiamus, presentibus procuratoribus supradictis ad sententiam audiendam. Eodem die, loco et presentibus dictis testibus quibus sic peractis predicti domini Petrus et Upezinus preceperunt mihi notario et Bolognitto Acti et Uberto notariis meis sotiis ut predictos sex et quemlibet eorum de dictis bannis cancellari deberemus.

CXXIX.

Miscell. Fragm., Vol. V, n. 10.

c. 40.

Responso di Arimondo dottore di leggi.

Bologna, 1258, 13 dicembre

Anno Domini millesimo ducentesimo quinquagesimo octavo, inditione prima, die XIII intrante decembri. Suporticu pallatii novi, consilio existente, presentibus Alberto Rolando Mulinario notario et Cor-

vollmo notario testibus Ego Guido de Santo Georgio notarius officio
bannitorum nomen et cognomen infrascripti Geraiduti cancellavi de
mandato dominorum Michaelis de Guillielmis coadiutoris domini Guil
helmi de Taratogullis iudicis dicto officio et Gnardini magistri Ba
xilii militis dicto officio, exequendo formam consilii sapientis, cuius
tenoi talis est In Christi nomine amen Consilium mei Arimondi
legum doctoris super petitione facta a domino Alexandro de Malla
chachis procuratore Geraiduti Rugie, que talis est petit dominus Ale
xander de Mallachachis procurator Geraiduti Rugie, procuratorio
nomine pro eo, ipsum eximi et cancellari sine pena de banno in quo
positus fuit tempore primorum sex mensium domini Uberti de Ugine
olim potestatis Bononie etc, est tale, quod dictus Geraidutus exi
matur et cancelletur de dicto banno sine pena, cum appareat dictum
Geraidutum habere pacem a domina Mutinensi uxore quondam Ber
thollomei Petrizoli Fuge tutrice filiorum suorum et dicti Berthollomei
pro cuius moite dictus Geraidutus erat in banno secundum formam
dicti consilii, et dictum consilium lectum et pronuntiatum fuit in
pallatio novo consilio existente, dicto die, presentibus dicto procura
tore et dictis testibus, et quia solvit michi notario tres sol pro banno

CXXX

Miscell Fragm, Vol II, n 2, 3 e 1

e 3 del 12° q°

Responso di Giovanni di Ugo Albizi e di Alberico dottore di leggi

Bologna, 1259 30 giugno

Millesimo ducentesimo quinquagesimo nono, indictione secunda, in
pallatio veteri comunis Bononie, presentibus Petrizolo notario, Petri-
zandolo notario testibus die ultimo iunii Ego Paxittus domini Fei
rarixii notarius officio bannitorum de mandato dominorum Petri de
Vitaliano iudicis et Bonaventure Tusci de Savignano militis presiden
tium dicto officio bannitorum infrascriptum nomen et cognomen et ban
num Rolandinelli de Montespeclo canzellavi exequendo formam consilii
dominorum Alberizi legum doctoris et Iohannis Ugonis Albizi et
sententiam lectam per predictos dominos presidentes officio bannito
rum scriptam manu mei notarii, tenor cuius consilii talis est In
Christi nomine amen Consilium domini Iohannis Ugonis Albizi et
mei Alberizi legum doctoris super petitione facta a Rainaldino quon

dam Bonaccursi procuratore Rolandinelli de Montespedo procuratorio
nomine pro eo qui petit ipsum Rolandinellum eximi et canzellari
sine pena de banno seu bannis ei datis tempore domini Rizardi de Villa
in ultimis sex mensibus pro insultu facto in Iacobum et Bondi et
feritis et morte secuta ex dictis feritis, est tale quod de predictis bannis
debeat eximi sine pena cum pacem habeat ut constat instrumento
scripto manu Iohannis filii Bonmartini solvendo tamen III solidos
bon quia passus fuit cridari in banno. Lectum et pronunciatum fuit
dictum consilium et lata fuit hec sententia in millesimo ducentesimo
LVIIII indictione secunda, die ultimo exeunte iunii per predictos dominos Petrum et Bonaventuram presidentes officio bannitorum in pallatio
veteri comunis Bonome presentibus domino Alberto de Sassis iudice et
assessore domini Iacopini Rangonis potestatis Bonome et presente dicto
potestate et presentibus testibus domino Bonaventura de Savignno
legum doctore et domino Michaele de Guilhelmis iudice et Petrizan-
dolo notario quibus peractis dicti domini preceperunt mihi notario
ut dictum bannum canzellarem et ita canzellavi et quia dictus procurator solvit mihi notario tres solidos quia passus fuit se cridari in
banno dictus Rolandellus.

CXXXI

Miscell. Fragm., Vol V, n. 10

c 19

Responso di Lambertino di Mulnarolo e di Ribaldo Foscardi dottori
di leggi

Bologna 1262 2

Millesimo ducentesimo sexagesimo secundo indictione quinta, die
secundo intrante. In pallatio veteri comunis Bonome, presentibus
domino Alberto Gavarinio, Stricobello quondam magistri Mathei, Bon-
zoanne Bomandree et aliis pluribus testibus. Ego Michael Bergami
nunc notarius officio bannitorum, infrascriptum Prosperinum cancellavi mandato dominorum Bonagratie domini Bergami Bonigatti Bo-
neri presidentium dicto officio qui iuxta formam consilii dominorum Lambertini domini Mulnaroli et domini Ribaldi de Foscardis
sentenciando pronuntiaverunt, ut constat manu mei notarii infrascripti
tenor cuius consilii talis est. In Christi nomine amen Consilium
domini Lambertini domini Mulnaroli et mei Ribaldi de Foscardis
legum doctoris super peticione supra proxime scripta que talis est
petit Guido filius domini Aldrovandini Callegari procurator Prospe

ini qui dicitur Percacinus filii quondam Ugolini Bargelle de Arcelata procuratorio nomine pro eo, ipsum eximi et cancellari sine pena de libro bannitorum de quodam banno in quo positus fuit de facto et non de iure tempore domini Uberti de Ugine olim potestatis Bononie, pro vulneribus et morte Albertucci quondam Sthephani de Ar gelata et dictum bannum pronuncietur nullum, cum in eo positus fuit contra formam iuris et statuti comunis Bononie, et non servata forma iuris et statuti, et cum habeat pacem ab herede quondam Al bertucci est tale videlicet quod dictus Prosperinus qui dicitur Per cacinus eximatur et cancelletur sine pena de dicto banno solvendo III solidos bononinorum comuni quia passus fuit se cridari in dicto banno, cum habeat pacem et concordiam a filio et herede dicti Al bertucci quondam Stephani, quod bannum pronuncietur nullum, cum in dicto banno fuerit sollepnitas statuti omissa, in eo quod non fuit positum cognomen dicti Percacini in dicto banno non obstante sta tuto « Et congruum et statuto addimus etc » cum dictum bannitum condemnatum ad penam X libr. et C sol intelligatur esse in pace heredis De pace constat per instrumentum scriptum manu Natalis quondam Petri Zanini de Argelata notarii et de procuratoria manu dicti notarii, et quia solvit comuni tres solidos secundum formam di cti consilii et procure predicte

CXXXII

Processi e Sentenze, Vol dell'anno 1262

Volume membranaceo di carte 34 contenente condanne rilegato in perga meni, sulla copertina si legge « *Cond d Andree Zeni in ultimis sex mensibus* » è corroso nei margini superiori, misura 0,37 × 0,29

c 6

Tedeseo da Ascoli scolare condannato

Bologna, 1262, 29 agosto

Todiscus scolaris qui fuit de Asculo et nunc habitat in contrata Guazatorii porte sancti Proculi quia prosecutus non fuit accusationem quam fecit de mistro Raule scolare qui fuit de Apulia et habitat in eadem contrata quem dicit fecisse insultum in eum eundo post ipsum cum uno cultello, ideo dictus dominus potestas condemnavit eum in viginti solidos bon

CXXXIII

Ivi, c 27 b

*Condanna a multa contro Cervotto di Accursio, dottore di leggi, contro
Petrizolo di Aimerico, Gerardo di Giacomino di Dotta e Gumizello
di Guido Principi*

Bologna 1262, 31 dicembre

D. Cervotus domini Accursii doctoris legum
D. Petrizolus quondam domini Aymerici Zohenis
D. Gerardus quondam domini Iacobini domine Docte
D. Gumizellus domini Guidonis de Principibus

} qui fuerunt fide-iusso-

res domini Guidoclerii predicti et promiserunt omnes principaliter et
in solidum se facturos et curaturos quod ipse Guidoclerius staret in
pallatio comunis et si discederet ipsi promiserunt in solidum solvere
condempnationem duorum millium librarum factam d Guidoglerio
predicto per dominum Andream Zeno potestatem Bononie et ipse
Guidoclerius clam aufugit de palatio et ipsa de causa citati et reque-
siti fuerunt pro dicta fideiussione die dominico ultimo decembris ante
mediam diem per Zunignanum de Pragatulo, Petrizolum de Butrio,
Albertum de Bregadellis et Tholomeum de Canitulo nuncios comunis
Bononie ut incontinenti venirent coram dicto potestate et non vene-
runt ideo dictus potestas multavit et multando punivit quemlibet
eorum in quinque milibus libris bon nisi cras usque ad tertiam ve-
nerunt coram domino potestate mandatis suis propterea parituri

CXXXIV

Ivi c 27 b

Responso dei dottori Ribaldo Foscardi e Spagnolo dell'Abate

Bologna 1263 21 dicembre

Anno Domini millesimo ducentesimo sexagesimo tertio, inditione
sesta Ego Vivianus de Burgonovo nunc notarius huic officio de mandato domini Gallerani de Olditionibus iudicis et assessoris domini
Iacobi Tabernarii potestatis Bononie cancellavi nomen domini Gu-
mizelli infrascripti de infrascripta multa exequendo sententiam latam
a dicto iudice de consilio sapientum tenor cuius consilii talis est
In Christi nomine amen Consilium dominorum Ribaldi de Foscardis
et Spagnoli Abatis doctorum legum super premissa petitione facta ab

Aquilino notario procuratore Gunizelli de Principibus procuratorio nomine pro eo est tale scilicet, quod nomen Gunizelli predicti in supradicta multa de qua fit mentio in supradicta petitione tolatur et cancelletur de libris comunis secundum formam predicte peticionis et quod non exigatur ab ipso Gunizello et hoc pluribus rationibus et causis, quare d. Galleranus de Alditionibus iudex et assessor domini Iacobi Tabernarii potestatis Bononie secutus consilium predictorum sapientum supradictum consilium pronuntiavit et sententiavit in pallatio veteri comunis Bononie sub supradicto millesimo ducentesimo sexagesimo tertio indictione sexta, die XI exeunte decembris, presentibus domino Iacobo d. Biancaleonis, Fabio notario et Michaele Beltrami notario testibus. Et ego Vivianus de Burgonovo nunc notarius hinc officio de mandato dicti iudicis scripsi et cancellavi

CXXXV

In c. 27 b

Responso di Ruffino Principi dottore e di Braigueria di Armanno

Bologna 1264 1° gennaio

Millesimo ducentesimo sexagesimo quarto, indictione septima, die primo ianuarii. Non est exacta nec debet exigi infrascripta multa ab infrascriptis domino Iacobino Buglone, domino Alberto Cazanemici, d. Soldano de Albaro d. Thomaxino de Thebaldis d. Paulo de Cacittis vel ab aliquo predicto exequendo formam consilii sapientum scilicet dominorum Rufini de Principibus legum doctoris et domini Braingerie domini Armanni pronunciati per dominum Bonaventuram iudicem et assessorem domini Iacobi Tabernarii potestatis Bononie supportica palatii novi sub dicto millesimo anno indictione et die et scripta manu mei notarii infrascripti ex commissione facta dicto domino Bonaventura a domino potestate predicto de dicta multa presentibus domino Guidottino de Prendipartibus filio domini Comitis, d. Viviano Eutoli, d. Gliberto Pellipario Ricobono domini Ghuardi Plastelle et domino Alberto Vigino testibus, et ideo ego Faber notarius dicto officio de mandato dicti iudicis hic aposui signum

CXXXVI.

In, c 27 b

Responso dei dottori Buonaventura da Savignano e Tommasino Ramponi

Bologna 1264, 31 dicembre

Millesimo ducentesimo sexagesimo quinto, indictione VII, die ul timo decembris Non est exacta nec debet exigi infrascripta multa ab infrascripto domino Guidoclerio exequendo formam consilii sa pientum scilicet dominorum Bonaventure de Savignano legum doctoris et domini Thomaxini Ramponis pronunciati per dominum Galeramum iudicem et assessorem domini Iacobi Tabernni potestatis Bononie scripti manu mei Fabri notarii dicto officio eodem anno et die presen tibus domino Thomaxino de Thebaldis, Iohanne Scannetta, Laurentio Bonacatti, Bonaventura de Savignano doctore, Rustighello testibus etc cuius consilii tenor talis est quia pronunciaverunt dictam mul tam decem millia librarum nullam esse nec fuisse de iure

CXXXVII

Processi e sentenze in pergamena Vol dell'anno 1267

Vol membranaceo rilegato in pergamena di carte 100 segnato RR c n 500 di mano posteriore, nella prima coperta si legge in gotico maiuscolo « Cartum dñi Henrici » Il volume ha la seguente intestazione « Liber bannitorum civium pro maleficio tempore primorum sex mensium domini Iacho de la Fare potestatis Bo nonie sub anno Domini millesimo ducentesimo sexagesimo septimo indictione decima » Il volume misura 0,50 × 0 37

c 3

Pillio scolaro e condannato al bando

Bologna 1267 9 luglio

Pillio figlio di Tuzio di Boccaccio da Firenze accusato e denun ziato da maestro Orso dei Pavanesi per averghi rubato in casa sua venticinque lire bolognesi « et tres Pixianos minores et unum Pi xianum maiorem et artes in lorca extimatos X libr et scamonee et tres libras alloes sicco tum extimatas XII libras bon » citato piu volte e comparire per scolparsi fu condannato al bando

Pubblicato in MAZZONI-TOSELLI, *Racconti storici*, Bologna Chierici 1870 I III, p 3

CXXXVIII

Ivi, c 3 b

Maestro Giovanni da Vicenza ripetitore accusa certo Rinalduccio scrittore d'avergli rubato un libro

Bologna 1267, 9 luglio

Rinalduccio di Sant'Angelo della Marca d'Ancona fu denunciato ed accusato « a magistro Iohanne qui fuit de Vicentia repetitore » perchè avendogli questi dato a scrivere un digesto nuovo nel testo fuggi di notte « de domo et hospitio dicti magistri Johannis et furtive et malo modo exportaverit dictum librum et instrumentum laboreri » oltre a diciasette lire bolognesi in denaro Per la qual cosa Rinalduccio, citato a comparire e non presentatosi, fu condannato al bando

CXXXIX

Vol dell'anno 1267

c 3

Uberto d'Asti scolaro accusa un Anselmo Aschieri di furto

Bologna, 1267 9 luglio

Anselmo Aschieri detto Pollina, di Villanova, contado di Asti, fu accusato e denunziato « a domino Uberto de Asti scolari, quem dicit furtive et malo modo sibi abstulisse et esportasse de ospicio suo in qua ipse dominus Ubertus moratur ad presens quod ospicium positum est in Porta Nova iuxta d'Auliverium calzolarium et iuxta scolas d'Thomaxii Piperati scilicet unum guarnazonem de blavitto » e quattro lire in denaro Fu varie volte citato a comparire per scolparsi da quest'accusa di furto, ma non essendosi presentato venne condannato al bando

Pubblicato in CAVAZZA, *Le Scuole dell'antico studio bolognese* Milano U' Hoepli 1896, p 62

CXL

Processi e sentenze in pergamena Vol dell'anno 1262

c 27 b

Responso del dottore Tommasino Ramponi

Bologna, 1267, 28 luglio

Millesimo ducentesimo sexagesimo septimo, indictione decima, die IIII° exeunte iulio, presentibus dominis Petro Romani notario et Blaxio domini Ubaldini de Stiglatico notario testibus Ego Ansaldinus Alberti Ansaldini notarius huic officio infrascripta nomina dominorum Cervoti et Petrizoli Canteloni mandato domini Mathei Ingignardi iudicis et assessoris domini Rec de Ture potestatis Bononie exequendo formam sententie late ab eo ex consilio domini Tomaxini Ramponis cuius consilii tenor talis est In Christi nomine amen Consilium mei Tomaxini Ramponis super predictis postis est tale, quod infrascripte multe non exigantur a domino Cervoto et Petrizolo Zohenis sed cancellentur et hoc quia per instrumenta publica patet predictos d Cervotum esse de societate Tuscorum et Petrizolum predictum esse de societate Tuscorum et predicta consulo secutus reformationes consiliorum factas super multis exigendis a quolibet et a quibus exigi debeantur etc

CXLI

c 9 b

Vol dell'anno 1267

Guglielmino miniatore accusa sua moglie di adulterio con uno scolaro

Bologna 1267, 1 agosto

Marca moglie di Guglielmino miniatore e figlia di Caracosa da Cremona fu accusata dal suo stesso marito di adulterio prima commesso con certo Raimondo Malauseno, e poscia essendo fuggita di casa fu da lui pure incolpata di aver commesso adulterio « tempore presentis potestatis de mense iunii cum Petro provinciali scolari et cum pluribus aliis » Percio citata a comparire in giudizio per scolparsi e difendersi, ne essendosi presentata, fu condannata al bando in contumacia

10

CXLII

Iu, c 12

Responso del dottore Albertino Carrari

Bologna, 1267, 11 agosto

Anno Domini millesimo ducentesimo sexagesimo septimo, indictione decima, die undecimo intrante augusto Ego Robaconte Benvenuti de Petramala nunc notarius officio bannitorum nomina et bannum infrascriptum de mandato dominorum Iacobini de Pizigotis iudicis et Bonagratie de Savignano militis dicto officio, cancellavi exequendo formam consciln domini Albertini de Charariis legum doctoris qui consuluit quod dictum bannum cancelletur datum infrascriptis Guiductio et Mino et cum placeat Mafeo de Agoclariis notario procuratore infrascripta rum Villane que fuit de Cremona et Bonafemme que stat cum domino Guilhelmo de Agoclariis, qui Mafeus constitutus fuit specialiter procurator a dictis Vilana et Bonafemma ad confitendum et volendum procuratorio nomine pro eis ad quod dicti Guiductius et Minus eximantur et cancellentur de dicto banno, ut continetur ex instrumento scriptu mano mei Robacontis de Petramala notarii suprascripti et exequendo formam sententie late per dictos dominos, et quia solverunt dominis datu tres solidos bon pro quolibet ex instrumento Bonaventure Viviani notarii In palatio comunis Bonome, presentibus domnis Thomaxino Ingilberti notario, domino Alberto Petri Massan notario et domino Martino quondam Diaghi notario testibus

CXLIII

Ivi, c 9

Responso del dottore Spagnolo dell' Abate

Bologna, 1267, 10 ottobre

Millesimo ducentesimo sexagesimo septimo, indictione decima, die X intrante octubri In palatio veteri comunis Bonome Ego Albertus Petri Massan nunc comunis Bonome notarius ad disenm bannitorum nomen et bannum infrascripti Petri Sallaroli de mandato dominorum *(sic)* Fiasci de Melato iudicis domini Rechi de Latiure potestatis Bonome ad associandum *(sic)* dictum bannum de precepto dicte po testatis ut continetur in carta manu Bencevenne Amadoris notarii silicet domini Iacobini de Preceruttis iudicis et domini Bonagratie de Savignano militis ad discum bannitorum qui domini pronuntiaverunt dictum consilium cum dicto domino Frasso, tenor cuius consilii talis est: In Christi nomine amen. Consilium mei Spagnolis Abatis doctoris legum super peticione facta a Iacobo de Lastignano curatore Petri Iohannis Salaroli curatorio nomine pro eo, est tale scilicet, quod bannum datum ipsi Petro ad petitionem Cavazochi nec valeat nec valuerit et cancellari debeat ab libris bannitorum comunis Bononie, et hoc cum dictus Cavazochus non potuerit accusare qui condemnatus et bannitus comunis habetur pro malleficio et de dicta salvo iure eidem domino de cuius consensu dicta accusatio facta fuit iterum. Pronuntiatum fuit hoc consilium presentibus Torsello defensore et legitimo administratore domine Altadonne sue filie et domino Iacobo de Lastignano curatore Petri predicti ad sententiam audiendam, et quia solvit III solidos dominis datii, ut continetur in carta manu Michaelis notarii; presentibus domino Tomaxino quondam domini Rambertinii Ramponis, Robaconto domini Benvenuti Petramala notario, Gregorio Arditionis notario, domino Filippo filio domini Rolandi de Marano et domino Martino quondam Draghi notario.

CXLIV.

Ivi, c. 20.

Responso di Giovanni di Ugo di Alberico e di Tommasino Ramponi.

Bologna, 1267, 22 ottobre.

In nomine Domini amen. Nos Iacobinus de Pizigotis index et Bonagratia de Savignano milles presidentes officio bannitorum comunis Bononie cognitores petitionis facte a Petrochino quondam Bertholomei de Campana procuratore Gerarducii quondam Franzonis de Castrobritonum procuratorio nomine pro eo, que talis est: Coram vobis dominis qui preestis officio bannitorum comunis Bononie dicit et proponit Petrochinus quondam Bertholomei de Campana procurator Gerarducii quondam Franzonis de Castro Britonum procuratorio nomine pro eo, Petrizolum quondam Benedicti cui dicitur Capozinus, Bonoram quondam Albertini de Zumignanis, Ugolellum Uprandi, Guiducium quondam Ugolinelli phorenses fuisse positos in banno comunis Bononie pro insultu et vulneribus et mallificiis factis per eos in personam ipsius Gerarduci tempore domini Andreoli Zeni olim potesta-

tis Bononie, et ipsos fuisse conscriptos et repositos in banno tempore
domini Philippi Beligni olim potestatis Bononie quia malo modo fuerunt cancelati, dicens etiam predictos fuisse cancelatos de dicto banno
hoc anno proxime contra formam statuti comunis Bononie absque eo
quod abuerunt vel petierunt pacem a dicto Gerarducio et absque eo
quod dederunt vel solverunt Gerarducio predicto vigintiquinque libi
bon que laudate sibi fuerant per potestatem et fratres Lodericum et
Catelanum et anzianos et consules comunis Bononie et cum ipse presens esse et haberi possit et absque eo quod instrumentum pacis
alicuius esset scriptum manu domini Rolandini Pasagerii vel domini
Bombologni vel aliorum ad hoc deputatorum, et absque eo quod instrumentum solutionis viginti sol bon scriptum esset manu alicuius
predictorum notariorum, et absque eo quod nomen predictorum bannitorum scriptum fuerit in quodam speciali quaterno dictorum notariorum anzianorum et consulum, unde petit predictos et quemlibet
eorum per vos reponi et conscribi et exemplari et poni et scribi et
conscribi fieri in libro bannitorum comunis Bononie pro eodem malleficio, in omnibus et per omnia et sicut erant ante compromissum
factum in dictos potestatem, fratres, anzianos et consules conscriptos,
et per vos pronunciari ipsos pro eodem malleficio et eos haberi pro
bannitis et conscriptis in dictis libris et predicta petit fieri infra
terciam diem secundum formam statuti comunis Bononie et specialiter ordinamentorum actorum per dictum potestatem fratres, et anzianos et consules Bononie qui prefuerunt officio pacium et concor-
diarum Visa itaque ratificatione facta a dicto Gerarducio super
peticione predicta quam fecit dictus Petrochinus eius procurator coram
dictis dominis, et visis citationibus factis de dictis Petrizolo cui dicitur
Cipozino, Bonora quondam Albertini, Ugolinello quondam Uprandi
et Guiducio Ugolinelli per Iohannem de Varegnana nuncium comunis
Bononie, et visis preceptis factis Rainaldino de Benvenutis procuratori predictorum, ut constat de predictis ex instrumento scripto manu
Dondedei quondam Guidonis de Zumignanis notarii per nos ipsos et
citationibus factis de dicto Rainaldino, et visis item statutis et ordinamentis factis per dominos potestatem, fratres Lodericum de
Andalo et Catalanum quondam domini Guidonis domine Ostie de mi-
licia beate virginis Marie, et habita super his plena deliberatione
per nos ipsos, et etiam exequendo formam consilii domini Iohannis
Ugonis Albrizi et domini Thomasini Ramponis iurisperitorum tenor
cuius consilii talis est In Christi nomine amen Consilium dominorum Iohannis Ugonis Albrizi, Thomasini Ramponis super predicta peticione facta per Petrochinum Bertholomei de Campana procuratorem
Gerarducii quondam Franzonis tale est, quod cum predicti sint cancelati de dicto banno seu bannis non abendo pacem nec concordiam

ab ofenso, nec eciam apareat ipsos cancelatos de mandato potestatis nec fratrum nec anzianorum nec consulum nec maioris partis eorum, quod predicti reponantur et conscribantur in dicto banno seu bannis cum cancelati apareant contra formam ordinamentorum fratrum et potestatis et consulum et anzianorum non obstante deposito facto, cum non sit factum in eum casum in quo ordinamenta fratrum velle videtur. Item quia non aparet de solucione viginti sol. bon. facta massario secundum ordinamenta fratrum per scrituram factam per notarios ad hoc specialiter deputatos. Item quia non aparet de instrumento precepti cancellationis dicti banni per instrumentum scriptum manu Benvenuti Bonaventure notarii anzianorum et consulum que quidem de necesitate requiri videbitur ex forma dictorum ordinamentorum. Item quia non apareat depositum predictum factum fuisse de mandato potestatis nec indicis quod requiritur ex forma dictorum ordinamentorum, requisitis etiam pluries dictis cancelatis ut veniant coram dictis dominis bannitorum contradicere predictis peticionibus et non venientibus et Rainaldino eorum procuratore et invento et citato per nos et dominos bannitorum dicto quod si vult aliquid dicere vel alegare vel ostendere quominus reponi non debeant quod facere debet et nichil ostendit; et visis etiam pluribus instrumentis, uno scripto manu Petrizoli de Malpiglis notarii, alio manu Bencevenis Amadoris notarii in quo continetur predictum Rainaldinum confessum fuisse coram domino Rogerio indice et assessore domini Rech de Lature potestatis Bononie quod ipse recepit XXV libr. bon. quas deposuerat penes fratres predicatores quas deposuerat pro predictis qui fuerunt in banno pro dicto Gerarducio, et alio instrumento scripto manu Iacobini nunc notarii potestatis, et visis ordinamentis fratrum predictorum et anzianorum et consulum et potestatis Bononie scriptis manu Benvenuti notarii, Dei nomine invocato pronunciamus, dicimus et difinimus et precipimus predictos Petrizolum, Bonoram, Guidonem et Ugolinellum reponendos, rescribendos et exemplandos in libro bannitorum comunis Bononie pro eodem malleficio in omnibus et per omnia sicut erant ante quam cancelati fuissent secundum formam dicte peticionis et conscilii.

Lata fuit hec sentencia in pallatio veteri comunis Bononie, presentibus Gerarducio predicto ad sententiam audiendam, predictis Petrizolo et Bonora, Ugolinello et Guiducio et Rainaldino eorum procuratore citatis et non venientibus quorum absencia Dei presentia repleatur, presentibus dominis Guidone quondam domini Dominici de Azis, Acherixio quondam Iohannis Raimondi notario, Iacobino Pauzaela de Runcastaldo, Robaconte de Pretamala notario, Alberto Petri massario et Martino Draghi testibus, sub anno Domini millesimo du-

centesimo sexagesimo setimo, indietione decima, die decimo exeunte
octubri, et presente Petrochino predieto procuratore predieti Gerarduei

CXLV

Iu, c 96 b

Responso di Buonaventura da Savignano dottore di leggi

Bologna, 1267 27 novembre

Millesimo ducentesimo sexigesimo septimo, indietione decima, die
quarto exeunte novembri Ego Robaconte de Petramala nune notarius
officio bannitorum nomen et bannum infrascripti Ugolini de mandato
domini Iacobi de Pizigotis iudicis et Bonagratie de Savignano militis dieto officio bannitorum et quia deposuit dominus Bonazunta de
Savignano procuratoi dicti domini Ugolini XX libras bon salvo si
plus vel minus debet habere ut patet ex instrumento Ardizonis nune
massarii comunis, et quia solvit dominis datii tres sol ex instrumento Michaelis de Massa notarii In palatio veteri comunis, presen
tibus domino Thomaxio Ingilberti, Petro Sartoris Martino quondam
Diagi notario testibus, millesimo ducentesimo sexagesimo septimo
indietione X die duodecimo intiante decembri, predieti domini bannitorum pronuntiaverunt dietum bannum datum predieto domino Ugolino, exequendo formam conscilii domini Bonaventure de Savignano
legum doctoris qui consuluit dietum bannum nullum esse et fuisse In
palatio veteri comunis, presentibus domino Thomaxino Ingilberti notario et Martino quondam Diagi notario testibus Ego Robaconte de
Petramala nune notarius officio bannitorum scripsi

CXLVI

Iu, c 5 b

Responso di Ugolino dottore di leggi

Bologna, 1268, 26 gennaio

Millesimo ducentesimo sexagesimo octavo, indietione XI, die VI
exeunte ianuario Ego Bonmartinus Bombologni Allegratuti notarius offitio bannitorum nomen et cognomen infrascripti Gandulfini mandato
domini Iacobini de Arientis iudicis et Petroboni domini Ivani Ba
tancii millitis ofitio bannitorum, exequens formam sententie late per
dietos dominos consilio domini Ugolini legum doctoris cuius tenor
talis est In Christi nomine amen Super peticione suprascripta con
silium mei Ugolini legum doctoris est tale, quod cum probatum sit
per testes Gandolfinum bannitum requixitum fuisse ante pallacium

regiminis et eum habitare tunc temporis in domo filiorum quondam domini Thomaxini de Lambertatiis et etiam eum tunc fuisse valitudine impeditum taliter, quod non poterat in iudicio comparere personaliter nec de iure tenebatur mitere procuratorem, quod bannum datum domino Gandolfino tempore domini Herec de Lature in millesimo ducentesimo sexagesimo septimo ex ofitio potestatis quod dictum fuit eum et quosdam allios esse fures et famosos latrones et male fame et opinionis etc., nullum esse et fuisse pronuncetur et contra formam iuris cancelletur de dicto banno, solvendo tamen III solidos comuni Bononie quia passus fuit se cridari in banno, et quia solvit dominis datii tres sol. ex carta Bonaventure Viviani notarii; presentibus domino Amadore de Butrio, Petronio domini Petribelitti et domino Palmirolo Manigoldi testibus.

XCLVII.

Iri, c. 16.

Responso del dottore Albertino Carrari.

Bologna, 1268, 26 marzo.

Millesimo ducentesimo sexagesimo octavo, indictione undecima, die sexto exeunte martio. In pallatio veteri comunis Bononie, presentibus domino Amadore de Butrio notario, domino Palmirollo Manigoldi notario, Bombologno Alegratutis notario et Robaconte de Predamalla notario testibus. Ego Petrizandalus quondam Aldebrandini notarius et nunc officio bannitorum de mandato dominorum Iacobini de Arientis indicis et Petroboni de Bataglutis militis presidentium officio bannitorum, nomina et bannum infrascriptorum Alberti Cazeta et Dominici filii Signoreti cancelavi de infrascripto banno exequendo formam sententie late per dictos dominos et scripte manu mei notarii de conscilio sapientis, silicet domini Albertini de Carariis doctoris legum, qui consuluit in hunc modum: In Christi nomine amen. Conscilium mei Albertini de Carariis doctoris legum etc. est talle, silicet, quod predicti Albertus, Dominicus eximantur de dicto banno, cum petitio ut dictum bannum canceleretur fuisset ablata infra VII menses coram dominis bannitorum secundum quod per statutum comunis Bononie requiritur, ut patet in instrumento Robacontis Benvenuti de Predamalla notarii a me Albertino visa et lecta et cum pacem habeant ab ipsa Petracina et ab Ugolino eius patre, et a dicto Petrizollo eius fratre, ut constat in instrumentis manu domini Guezi notarii a me Albertino vissis; et quia per reformationem conscilii popnlli factam tempore domini Iacobi Raidnerii olim potestatis

Bononie sit firmatum non obstantibus aliquibus statutis vel refoi mationibus quod omnes banniti eximantur de omnibus bannis pio ut soliti ciant, solvendo tamen quilibet tres sol bon quia passi fuerunt se ciidaii in banno etc Que omnia supradicta instiumenta vidi ego notarius et sunt penes me, et etiam vidi in instiumento plublico contineii scripto manu Michaelis de Massa piedictos soluisse dominis datu sex sol bon

CXLVIII

Iu, c 11

Responso di Spagnolo dottore di leggi

Bologna 1268, 18 aprile

Millesimo ducentesimo sexagesimo octavo, indictione undecima, die tertio decimo exeunte apiili In pallatio vetei i comunis Bononie, pie sentibus domino Amadore de Butiio, domino Palmirollo Manigoldi et Bonomaitiuo Allegratutis notario testibus Ego Petiizandolus quon dam Aldobiandini notaiius officio bannitorum de mandato dominorum Iacobini de Aiientis iudicis et Petriboni domini Ivani militis presidentium dicto officio, nomen et bannum infiasciipti Melli cancelavi exequendo foimam sententie late pei dictos dominos de consciio sapientis scilicet domini Spagnolli legum doctoiis scripte manu mei notaiii, qui consuluit quod dictum bannum debeat pionunciaii nullum et non valeie etc, et quia placuit creditoii ex instiumento Petiini Salamonis notaiii, et quia solvit dominis datu III sol. ex instiu mento Andiee Leonardi quod est in fillo Bonmaitini notaiii.

CXLIX.

Iu, c 64

Responso di Spagnolo dottore di leggi

Bologna, 1268, 18 aprile

Millesimo ducentesimo sexagesimo octavo, indictione undecima, die teitio decimo exeunte apiili In pallatio vetei i comunis Bononie, piesentibus domino Amadore de Butiio, domino Palmirollo Manigoldi et Bonomaitino Alegiatutis notuio testibus Ego Petiizandalus quondam Aldobiandini notaiius officio bannitoium de mandato domini

Iacobini de Arientis iudicis et Petroboni domini Ivani militis presidentium dicto officio, nomen et cognomen et bannum infrascripti Melli
cancelavi, exequendo formam sententie late per dictos dominos de conscilio sapientis, scilicet domini Spagnolli doctoris legum scripte manu
mei notarii, qui consuluit quod dictum bannum pronuntietur nullum
et non valere secundum formam sue petitionis etc., quia placuit creditori ex instrumento Petrizolli Benedicti de Carolis notarii, et quia
solvit dominis datii III sol. ex instrumento Micaelis de Massa notarii, quod instrumentum est in fillo Bonmartini notarii.

CL.

Ivi, c. 5 b.

Responso di Buonaventura da Savignano dottore di leggi.

Bologna, 1268, 14 giugno.

Millesimo ducentesimo sexagesimo octavo, indictione undecima,
die XIIII intrante iunio. In pallatio veteri comunis Bononie, presentibus domino Amadore de Butrio, domino Palmirollo Manigoldi, et
Bonomartino Alegratuti notario testibus. Ego Petrizandalus quondam
Aldobrandini nunc notarius officio bannitorum de mandato dominorum
Petroboni domini Ivani militis presidentium officio bannitorum et de
voluntate et consensu domini Iacobini de Arientis iudicis officio supradicto qui est absens, nomen et bannum infrascripti Zure cum
cognomine cancelavi exequendo formam sententie late per dictum dominum de conscilio sapientis, scilicet domini Bonaventure de Savignano legum doctoris, in qua continetur quod dictus Zura de dicto
banno canceletur sine pena solvendo tamen III sol. quia passus fuit
se cridari in banno, et dictum bannum nullum fuisse pronunciavi; et
hoc, quia dies cridationis facte non reperitur, item quia alibi morabatur et non ubi dicitur quod fuit cridatus et sic contra formam
iuris positus fuit in dicto banno et testes recepti fuerunt quod alibi
morabatur per Guillielmum Nadalini notarium, et etiam procuratores
comunis vocati noluerunt aliquid oponere dicto banno quominus canceleretur, et quia solvit dominis datii bannitorum III sol. bon. ex
instrumento Bonaventure Viviani notarii.

CLI

Iu, c 10 b

Responso dei dottori Rolandino Romanzi e Guglielmo Romboderino

Bologna, 1269, 27 aprile

Millesimo ducentesimo sexagesimo nono indictione XII, die quarto exeunte aprili Ego Bonfante Iohannis Bonfantis nunc notarius offi cio bannitorum mandato dominorum Zambonini iudicis de Argelata et Iohannis domini Acorsiti militis presidentium officio supradicto, can cellavi nomina et cognomina et banna infrascriptorum domini Hen nici de Ianua, Simoniti de Ianua, Malgariti de Tuscana exequendo formam sentencie late per dictos dominos scripte manu mei notarii sub eodem anno loco, die et testibus de consilio domini Rolandini de Romancis doctoris legum et domini Guilhelmi de Robodevino doctoris legum cuius consilii tenor talis est Consilium domini Rolandini de Romancis doctoris legum et mei Guilhelmi doctoris legum super peti cione facta coram dominis bannitorum per Rebacontem de Petramala pro curatorem domini Hennici de Ianua, Simoniti de Ianua et Malgariti de Tuscana scolarium, tenor cuius peticionis talis est A vobis dominis bannitorum, qui preestis officio bannitorum, petit Robaconte de Petra mala procurator domini Hennei de Ianua Simoniti de Ianua et cetera est tale quod per dominos bannitorum pronuntietur dictum dominum Hennicum de Ianua et Simonitum de Ianua et Malgaritum de Tuscana servientem predictorum dominorum Hennici et Symoniti de Ianua ban num eis datum tempore domini Herei de Lature potestatis Bononie in primis sex mensibus sui regiminis pro mallefico, nullum esse et fuisse et ipsos et quemlibet eorum de dicto banno debere eximi et cancel lari sine pena solvendo tres solidos tantum pro banno quilibet eo rum quia passi fuerunt se eridari in dicto banno, cum dictum bannum datum fuerit eis et cuilibet eorum contra formam statutorum comu nis Bononie et iuris, cum nec fuerunt citati et cridati ubi debebant, scilicet ante domos habitationis eorum sed in alio loco, ut legitime per testes probatum est, et quia ad scolas dictorum scolarium in qui bus intrabant cum tuba non fuerunt cridati secundum formam sta tuti scolarium et reformationis comunis et populi Bononie, et etiam quia in dicto banno, et cridatione dicti banni non fuerunt inserta nomina testium secundum formam statuti comunis Bononie, et quia solvit quilibet eorum dominis dati tres solidos bon ex instrumento Michaelis de Lamassa notarii In Palatio veteri comunis Bononie, presentibus domino Ivano Bataiucii notario, Nicholao de Butrio notario et Nichola quondam Petroboni notario testibus.

CLII.

Vol. dell' anno 1270.

Volume membranaceo di c. 48, ha solo la copertina anteriore pure in pergamena, e sulla quale si legge: « *Primorum sex mensium domini Guidonis de Corigia* »; manca del principio, l'ultimo fascicolo contiene l'indice alfabetico dei condannati: misura 0,51 × 0,32.

c. 3 del 4° q.

Responso di Bonrecupero di Alberto, di Tommaso Piperata, di Alberto Carrari, di Basacomare dei Basacomari dottori di leggi e di altri.

Bologna, 1271, 7 febbraio.

Millesimo ducentesimo septuagesimo primo, indictione quartadecima, die setimo intrante februario. Ego Palmerius quondam Richoboni imperiali auctoritate et nunc comunis Bononie officio bannitorun notarius de mandato dominorum Robacontis de Panzonibus iudicis et Amidei Pizoli millitis presidentium officio bannitorum nomen et nomina et bannum infrascriptorum Banderie et Ugolinucii cancellavi exequendo formam sententie late per predictos dominos de consillio sapientum dominorum Bonirocupri Albertonis Petri legum doctoris, Thomaxii de Piperatis legum doctoris, Albertini de Carariis legum doctoris, Baxacomatre de Baxacomatre legum doctoris, Nicholai de Tencharariis, Alberti de Pavanensibus, tenor cuius consilii talis est: In Christi nomine amen. Consilium dominorum Bonirocupri Albertonis Petri legum doctoris, Albertini de Carariis legum doctoris, Baxacomatre de Baxacomatre legum doctoris, Nicholai de Thencharariis et Alberti de Pavanensibus super petitione facta per Albertonem Pellegrini notarii procuratorem Banderie et Ugolinucii etc. tale est, quod predicti Bandera et Ugolinucius eximantur et cancellentur de dicto banno incurso pro d. Guidone Silvaticho quondam d. Rogerii comitis de Mudiglana et quod ipsa banna pronuncientur nulla fuisse secundum quod in dicto consilio continetur et ideo cancellavi et quia solverunt quilibet eorum III solidos bon. quia passi fuerunt se cridari in banno. Actum in pallatio veteri comunis Bononie, presentibus Lambertino Callamonte notario et Philippo de Malgerinis notario et Petrizolo Iacobini notario omnes presentes dicto officio testes.

CLIII

Iu c 7 b del 3º q

Responso di Bonrecupero di Alberto, di Tommaso Piperata e di altri

Bologna, 1271 19 marzo

Millesimo ducentesimo septuagesimo primo, indictione quartadecima, die tercio decimo exeunte marcio Ego Palmerius quondam Richoboni notarius officio bannitorum de mandato dominorum Robacontis iudicis de Panzonibus et Amidei Pizolli millitis presidentium dicto offitio bannitorum nomen et bannum infrascriptorum Bonacursii, Franciscli et Dentammis cancellavi exequendo formam sentencie late per dictos dominos de consilio sapientum scilicet dominorum Bonirecupri Petri legum doctoris, Thomaxii domini Piperati legum doctoris, Albertini de Caramis legum doctoris, Baxacomatie de Baxacomatiibus legum doctoris, Nicholai de Tencharaiis et Alberti de Pavanensibus, cuius consilii tenor talis est: In Christi nomine amen Consilium dominorum Bonirecupri Albertonis Petri Thomaxii domini Piperati etc de nominibus dictorum sapientum super petitione facta per Albertonem Pellegrini notarium procuratorem Bonacursii et Francisci fratrum filiorum d Bertolamei de Scoveto et Dentammis de Rocheta etc, tale est scilicet, quod dicti Bonacursius et Franciscus et Dentammi sine pena eximantur et cancelentur de dicto banno in quo sunt pro domino Guidone Selvatico quondam d comitis Rogerii et dictum bannum nullum pronuntietur fuisse, solvendo quilibet ipsorum comuni Bononie III solidos bon quia passi fuerunt se cridari in banno, et hoc quod probatum est per plures testes ipsos habitasse alibi quam fuerunt citati etc et predicta consulunt ex vigore reformationis consilii populi et comunis Bononie facte tempore Iacobi Tavernerii olim potestatis Bononie in millesimo CCLXIII, indicione VI que incipit « Item quid placet consilio super alia reformatione consilii populi que incipit Item placuit toti consilio facto partito etc » In qua reformatione fuerunt asolupta multa statuta que proibent certos bannitos de banno extrai et specialiter pro strata robata, non obstante statuto quod incipit « Item quod nullus qui est vel deinceps erit in banno pro moneta falsa etc », quod illud statutum loquitur etiam pre tentis bannitis et quia absollutum fuit in dicta reformatione Non obstante illo statuto quod incipit « Item si quis in banno positus fuerit pro strata robata etc » de multis aliis statutis que in dicto consilio predictorum sapientum continentur et quia solverunt quilibet eorum III solidos bon. quia passi fuerunt se cridari in banno. Actum fuit in pallatio veteri comunis Bononie, presentibus Lambertino Callamone notario, Philippo de Malgerinis, Petrizolo Iacobini Albanixie notario et Matiolo de Alcheris et Andrea Fortisonagli et d. Albrico Amedey et Nichola omnes notarii testibus.

CLIV.

Ivi, c. 3 del 4° q.

Responso di Cervotto di Accursio dottore di leggi e di Alberto Pavanesi.

Bologna, 1271, 4 maggio.

Millesimo ducentesimo septuagesimo primo, indictione quartadecima, die quarto intrante madio. Ego Palmerius quondam Richoboni imperiali auctoritate et nunc comunis Bononie officio bannitorum notarius de mandato domini Robacontis iudicis et Amedei millitis nomen et bannum infrascripti Caurenelli cancellavi exequendo formam sententie late per dictos dominos de consilio sapientum, scilicet dominorum Cervoti d. Acursii legum doctoris et Alberti de Pavanensibus forma cuius consilii talis est: In Christi nomine amen. Consilium dominorum Cervotti d. Accursii legum doctoris et Alberti de Pavanensibus super petitione facta per Albertinum Pellegrini notarium procuratorem Caurenelli Guillielmi de Chaureno procuratorio nomine pro eo quia petiit ipsum eximi et cancellari sine pena de banno ei dato tempore d. Guidonis de Corigio potestatis Bononie ocasione d. Guidonis Salvatici de Mudiglana et sue cuomitive et ipsum bannum nullum esse et fuisse pronunciari etc. tale est, scilicet quod dictus Caurenellus eximatur et chancelletur sine pena de dicto banno et ipsum bannum nullum pronuncietur et hoc quod plene probatum est ipsum habitasse alibi quam fuerit cytatus ocassione dicti malleficii etc. et hoc consuluerunt ex vigore plurium reformationum non obstantibus multis statutis que in dicto consilio continentur etc. solvendo tamen comuni III solidos bon. et quia dictus Albertonus eius procurator possuit in cipo comunis III solidos bon. quia pasus fuit se cridari in banno. Actum in pallatio comunis Bononie, presentibus Lambertino Callamone notario, Philippo de Malgerini notario, Petrizolo Iacobini notario et Andrea Leonardi notario testibus.

CLV

Int. c 3 b del 3º qº

Responso di Basacomare Basacomari e di altri dottori di leggi

Bologna, 1271, 3 dicembre

Millesimo CCLXXI, indictione XIIII, die tercio intrante decembri In pallatio veteri comunis Bononie, presentibus Aygono nota rio, domino Michaele de Fabro et domino Iohanne de Tregulis testibus Ego Dianorus filius Michaelis Omnibene nunc notarius officio bannitorum de mandato dominorum Iemniani Bonisanti iudicis et Bonbologni quondam domini Bengevennis quondam domini Bonifatii de Galluciis militis presidentium officio bannitorum cancellavi nomina et cognomina infrascriptorum Andreoli Dozoli et Amazabo Fonzoli de Stignano exequendo sententiam latam per dictos dominos scripta manu mei notarii de consilio dominorum Baxacomatre de Basacoma tribus legum doctoris et domini Alberti de Pavanensibus et mei domini Guilhelmi de Terafogolis, tenor cuius consilii talis est In Chri sti nomine amen Consilium domini Baxacomatre de Baxacomatribus legum doctoris et domini Alberti de Pavanensibus et mei Guilhelmi de Terafogolis super dicta petitione tale est quod predicti qui in dicta petitione continentur eximantur et cancellentur de ipso banno de quo in dicta petitione fit mentio cum habeant pacem et concordiam ab offensis et ex vigore reformationis populi et comunis Bononie, solvendo tres solidos bon quia passi fuerunt se poni in dicto banno et michi preceperunt quod predictos cancellarem exequendo formam dicti consilii et sententie, et hoc cum pacem et concordiam habeant ab offenso scriptam manu Ugolini quondam Ramusini de Lugo notarii et quod quilibet corum solvit michi tres solidos bon

CLVI.

Int, c 5 del 6º q

Responso di Guido Orsi e di Bonicempero dottore di leggi

Bologna, 1272, 17 dicembre

Millesimo ducentesimo septuagesimo secundo, indictione quinta decima, die quintadecima exeunte decembri In pallatio veteri comunis Bononie, presentibus Bitino Damiani notario, Nichola Petriboni notario et Ramerio de Butrio notario testibus Ego Iohannes Fantalozii notarius officio bannitorum de mandato domini Ricardini d Honesti in dieis et Iacobi d Taruffini militis huic officio bannitorum nomina et cognomina et bannum infrascriptorum Paulini, Iohannini, Bartholomei, Scolatini et Upizini cancellavi ex vigore sententie late per dictos dominos bannitorum de consilio dominorum Guidonis de Ursis et Bonuccupri legum doctoris scripte per me notarium, cuius tenor talis est In Christi nomine amen Super suprascripta petitione facta a domino Rolandino Grimaldi procuratore Politi quondam Vivini de Flagnano Selaris et Iohannini fratris et Bartholomei filii dicti Iohannini et Scolatini quondam Gandolfini de dicta terra et Upizini quondam Montani qui fuit de Funte Ydicis procuratorio nomine pro eis occasione cuiusdam banni seu quorundam bannorum datorum predictis tempore domini Guidonis de Corigio olim potestatis Bononie pro homicidio quod dicebatur patratum a predictis in personam Gui donis quondam domini Iacobi de Fraseneto etc Consilium d Gui donis de Ursis et mei Bonuccupri legum doctoris tale est scilicet quod dictum bannum predictis datum pronuntietur ipso iure nullum nec non valuisse quia per dicta medicorum apparuit vulnera predicto Guidoni illata non fuisse mortalia et statutum factum dicat non posse quem seu aliquem accusari vel denuntiari et per consequens non bannuri nisi vulnus seu vulnera illata offenso per dicta medicorum apparebunt esse mortalia ideoque cancelletur ut nullum sine pena, solvat tamen quilibet dictorum bannitorum III solidos quia passi fuerunt se citari in banno et quia soluti sunt michi notario pro quo libet ipsorum III solidi bon pro dictis dominis

MONASTERO DI SAN GIOVANNI BATTISTA

DI BOLOGNA

PER CURA

DEL DOTTOR LUIGI NARDI.

L'archivio delle Monache di S. Giovanni Battista dell'ordine di S. Domenico ora dell'Archivio di Stato, e costituito di n. 174 fra volumi e mazzi, gli atti incominciano dal 1119 ed arrivano sino all'anno 1797. Consta di due serie principali, cioè gli *Istrumenti e Scritture* che vanno dal 30 dic. 1119 al 1797 contenuti in 91 buste, ed i *Processi civili*, che principiano dall'anno 1338 e giungono sino al 1774, contenuti in 16 buste. Vi sono poi carte di varie famiglie pervenute per crediti al Convento ed una busta contenente la storia d'Italia del Magini. L'archivio è fornito di sommari e di repertori.

CLVII.

Busta n. 1/4485. Pergamena della misura di mm. 227 × 336. — Originale.

*Concessione di immunità fatta da Gerardo vescovo di Bologna a una
chiesa da fondarsi nel borgo di S. Isaia.*

Bologna, 1159, 30 ottobre.

In nomine sancte et individue trinitatis. Anno domini nostri Ihesu
Christi millesimo centesimo quinquagesimo IX, III kalendas novembris, indictione [VII].

In presentia domini Alberti archiepiscopi ravennatis, dominus
Gerardus Dei gracia episcopus bononiensis, presentibus domino Henrico archidiaco[no] et canon[icis] eiusdem ecclesie, scilicet, presbiter
Algisii et presbiteri Iudicis et presbiteri Rainerii et domine Boneguise et domine Ugoline Barufaldi et Adelecte de Tencharariis,
promisit et concessit quod nichil umquam exigeret nomine procura-
tionis vel exactionis cuiuslibet nec sui successores ab ecclesia que
fundari debet in burgo sancti Isaiae et iuxta foveam circlae int[er]ra
bona eiusdem et sororis sue; concessit etiam quod nulla fieret exa-
ctio a sororibus in eodem loco morantibus ab episcopo vel ab ecclesia bononiensi, hoc excepto quod annuatim in reverentia ecclesie
cathedralis loci habitatores unam libram piperis in festo sancti Petri
ecclesie largientur, quam voluntarie promiserunt. Insuper, presente
et consentiente fratre Habraam qui loci est edifficator, dictum fuit
et protestatum a domino episcopo Bononie et archidiacono et canonicis predictis et domine Boneguise et sorori sue, quod si aliquando
dictum Habraam vel suum socium appareret esse alicuius monasterii
vel loci religiosi monacum aut conversum, nullum fieret predicto domino episcopo vel Boneguise vel sorori sue preiudicium nec iamdictus
locus sine consensu episcopi Bononie et domine Boneguise et sororis sue alicui subiceretur monasterio vel religiose domui, quod si
fieret irritum esset et vacuum, iure patronatus dicte domine Boneguise
et sorori sue et eorum heredibus integerime in omnibus reservato; et
si quid tamen male factum fuerit a sororibus eiusdem loci correctio ad

episcopum pertinebit Ad ultimum de consensu episcopi et archidia
coni et canonicorum statutum fuit et promissum quod si aliqua scri
ptura appareret que videretur in hoc facto domine Boneguise vel
sorori sue aliquod facere preiuditium, vacua esset et inanis et huic
carte staretur omnino

Actum in Bononia in ecclesia sancti Petri indicione predicta VII,
prenominatus dominus episcopus et dictus dominus archidiaconus et
dicti canonici ut supra legitur scribere mandaverunt Magister Ama
neus burdegalensis et presbiter Lambertus et dominus Bonavolta et
Germias domini Guilhelmi et dominus Alexerius et Auxellitus Isnardi
et Petrus Malpilu et Curtese huius rei testes rogati sunt

(L. S) Ego Albergittus regis Homadi et quondam imperatoris
notarius ut supra legitur interfui et rogatus scripsi

CLVIII

Busta a 1/4486 Pergamena di mm 168 × 317 — Originale

*Vendita di terreni da Pietro e Domenico Pattuoli in frati ed alle suore
di S Caterina di Quarto*

Bologna, 1214, 5 aprile

Pietro e Domenico fratelli Pattuoli del fu Giovanni da Cazzano
vendono ad Alberto prete priore di Santa Caterina, che accetta per
se, per i suoi confratelli e successori, alcuni stabili di loro spettanza E
precisamente Pietro vende una pezza di terra aratoria posta in Caz
zano nella località denominata « le fresce » della superficie di 2 tor
nature e 18 tavole, e Domenico una pezza di terra pure aratoria sita
nello stesso luogo della estensione di 3 tornature nonchè la terza
parte di altro appezzamento di terra misurante 5 tavole meno 11
piedi con tutti gli accessori e pertinenze Il prezzo di lire 6 di bo
lognini e soldi 7 e mezzo per la parte venduta da Pietro, di lire 10
di bolognini e soldi 2 per quella alienata da Domenico viene subito
pagato ed e dai venditori ritirato con rinuncia ad ogni eccezione
Pel caso di evizione e stabilita a carico dei venditori e loro eredi
la penale del doppio valore di stima delle cose vendute Da ultimo
essendo i venditori minori dei 25 anni, Pietro giura di rinunciare
a qualsiasi eccezione derivante dalla minore eta con promessa di non
ripetere il prezzo ne domandare la restituzione in integro

In nomine sancte et individue trinitatis Anno domini nostri Ihesu
Christi M C C XIIII tempore guerre inter Ottonem imperatorem
et Federicum puerum, nonis aprilis, indictione II

Actum apud sanctam Mariam porte Ravennatis, indictione predicta.

Prenominati venditores hoc venditionis instrumentum ut supra legitur scribere rogaverunt.

Testes fuerunt Leonardus notarius, Petrus cognatus eius pistor, Brentacorda sartus et Rainerius scolaris de Perusio.

Ego Leo imperatoris Henrici auctoritate notarius hoc venditionis instrumentum ut supra legitur scripsi, subscripsi.

CLIX.

Busta n. 1/4485. Pergamena di m. 166 × 262. — Originale.

Concessione enfiteotica dei frati e delle monache del monastero di S. Caterina ad Ubaldino Volpi.

Bologna, 1214, 25 aprile.

Alberto priore e rettore della chiesa di santa Caterina, presenti e consenzienti i frati, i conversi e le monache di quel monastero, dà e concede in enfiteusi ad Ubaldino Volpi, che accetta per sè, i suoi eredi e successori una pezza di terra posta in Gargenzano, che asserisce essere di 4 tornature e « tres partes alterius » con tutti gli accessori e pertinenze pel prezzo di 4 bolognini la tornatura. Il qual prezzo, ammontante in totale a 19 lire di bolognini meno 6 soldi, il nominato Alberto confessa avere integralmente ricevuto ed erogato nel pagamento dei legati disposti da Imeldina del fu Bongiovanni Camurada a norma del testamento di lei scritto per mano del notaio Leone, col quale testamento istituiva sua erede la predetta chiesa di S. Caterina. Scorsi 100 anni, il contratto dovrà essere rinnovato e per ogni anno della sua durata sarà pagato al monastero concedente a titolo di canone un veronese nel mese di marzo. Da ultimo garantisce il predetto Alberto il pacifico possesso degli immobili ceduti e pel caso di evizione assoggetta sè e i suoi successori alla pena del doppio valore di stima degli stessi nonchè alla rifazione dei danni e delle spese.

In nomine patris et filii et spiritus sancti. Anno Domini M. C. C. XIIII indictione II, die VI exeunte aprili. Actum in domo sancte Cateline tempore Innocentii pape et domini Ottonis imperatoris. Ego quidem in Dei nomine Albertus prior et rector ecclesie sancte Cateline, presentibus et consentientibus fratribus . . . . . conversis atque sororibus dicte ecclesie, videlicet. . . .

Testes interfuerunt Palmirolus beccarius, Guardus scolaris, Rai
nerius de Guezis Rolandinus nepos presbiteri Petri

Ego Ugolinus Dei gratia imperialis aule notarius interfui et
scripsi

CLX

Busta n 4/4488 Pergamena di mm 288 × 196 — Originale

Permuta di terreni tra le suore di S Giovanni Battista e Zagno fornaro

Bologna, 1251 22 aprile

Suor Villana priora del monastero di S Giovanni Battista di
borgo S Isaia autorizzata dal capitolo di detto monastero dà e cede
a titolo di permuta a Zagno fornaro del borgo di strada maggiore,
una pezza di terreno aratoria e vineata della superficie di 12 tornature e 40 tavole meno 8 piedi posta nella località detta « roncoman
iini » al disopra della chiesa di San Lazzaro, con tutti gli accessori
e le pertinenze A sua volta Zagno pure a titolo di permuta cede
al predetto monastero 18 tornature di terra aratoria porzione di
una « braina » di 37 tornature di superficie situata nella curia di
S Giorgio nel luogo chiamato « cavedie » da lui posseduta pro indiviso con Guglielmino da San Giorgio, con tutte le azioni e ragioni
relative

I contraenti si promettono reciprocamente il pacifico possesso dei
terreni permutati, pena il doppio valore di stima di quelli pel caso di
evizione Da ultimo Argone del fu Ugolino sindaco del prefato mona
stero per ordine della priora e delle monache giura sulle anime loro e
dei loro successori la perpetua osservanza dell'avvenuta permuta

In nomine domini nostri Iesu Christi amen Anno eiusdem millesimo ducentesimo quinquagesimo primo, indictione nona, die nono
exeunte aprili tempore domini Innocentii pape quarti

Actum Bonomie apud dictum monasterium in ecclesia, presentibus
domino Gabriele domini Buvalelli Giogni, Gratiolo filio Martini tusci
de Paderno, Gulielmino quondam domini Iacobini, Bonvisino filio Pelliparii de Gisso, Scighifredo filio Oddonis et Guardino de Regio
vocatis testibus et rogatis

(L S) Ego Salathiel quondam Martini pape filius, imperiali aucto
ritate notarius ac humilis artis notarie professor et doctor, dictis
omnibus interfui et ut supra legitur scripsi ab utraque parte rogatus
et ad perpetuam memoriam sollempniter atque fideliter publicavi

CLXI.

Busta n. 14488. Pergamena di m. 219 × 635. — Copia.

Concessione enfiteotica dei frati e delle monache di S. Caterina a Marsilio, a suo fratello ed a suo nipote.

Bologna, 1254, 8 settembre.

Gemignano rettore e priore del monastero di S. Caterina, i frati e conversi nonchè le monache del monastero stesso regolarmente radunati al suono della campana come è d'uso, concedono in enfiteusi a Marsilio e suoi eredi la metà pro indiviso di una casa posta nella cappella di S. Tomaso, a Domenico suo fratello ed a Bartolo suo nipote l'altra metà col suolo, edificio, terreno e brolo annessi nonchè la metà del pozzo attiguo alla casa stessa, pel prezzo di 500 lire di bolognini che ritirano previa numerazione e con rinunzia a qualsiasi eccezione. Il contratto durerà fino alla terza generazione, dopo di che dovrà rinnovarsi col pagamento di 18 denari a titolo di rinnovazione; frattanto ogni anno e nel giorno della madonna di settembre i concessionari pagheranno al monastero concedente un bolognino. Gli eventuali aumenti di valore dei terreni concessi profitteranno esclusivamente agli utilisti e si considereranno come ad essi donati. Da ultimo i concedenti garantiscono il pacifico possesso dei terreni concessi e l'osservanza del contratto, pena 100 lire imperiali in caso di contravvenzione.

Exemplum cuiusdam instrumenti sic incipientis: In Dei nomine amen, anno eiusdem millesimo ducentesimo quinquagesimo quarto, die octavo intrante septembri, indictione [duo]decima. In domo sancte Catelline in qua fratres coadunantur....

Presentibus hiis testibus specialiter ad hec rogatis et vocatis, scilicet, magistro Iohanne de Deo yspano teste, Bombologno Ugolini Camelli teste, Gerardo filio quondam Ubertini teste, Arditione filio quondam Iacobi Quatuoroli teste de Regio, Benedicto Iohannis de Pragatuli teste, Gerardo quondam Gerardi Zangni teste.

Ego Bonusiohannes filius quondam Rolandini Clarii imperiali auctoritate notarius hiis omnibus interfui et rogatus scribere scripsi.

CLXII

Busta n 6/4490 Pergamena di mm 214 × 521 — Originale

Compromesso fra il monastero di S. Caterina di Quarto e Vittore ed altri della casata Donzelli

Bologna, 1267, 8 febbraio.

Frate Avolio sindaco e procuratore del monastero di santa Caterina di Quarto appositamente deputato con atto di Alberto notaio da una parte, e Pietrobellino Donzelli per se e per suoi fratelli Domenico e Monso nonchè per Bonacosa Donzelli e il fratello di lui Giuliano e quale procuratore infine di Vittore Donzelli rettore dell'Ospedale di S. Lazzaro di Bologna dall'altra, nominano maestro Giacomo canonico di Bologna dottore di decreti quale arbitro ed amichevole compositore per definire le controversie tra essi vertenti circa una pezza di terra e una casa sopra costruttavi posta al di là dell'Ospedale di S Lazzaro al di sotto della strada pubblica che conduce ad Imola, e circa L 68 di bolognini 6 corbe di frumento ed altri beni che furono già di spettanza di Isabella moglie del nominato Vittore Gli accordano all'uopo i più lati poteri, quello compreso di decidere senza l'osservanza delle formalità giudiziarie, e promettono di ottemperare a quanto sarà da lui pronunciato, pena 6 lire di bolognini al contravventore Per l'esatta osservanza degli obblighi tutti assunti i mandatari predetti vincolano i beni dei rispettivi mandanti

Millesimo ducentesimo sexagesimo septimo, indictione decima, die octavo intrante mense februarii

Actum in canonica Bononie in domo in qua moratur magister Iacobus Bononie canonicus decretorum doctor, presentibus domino Guidone filio quondam domini presbiteri Stemphani de sancta Agata et domino Dominico filio quondam domini Cavalerii de dicta terra et domino Petro filio domini Gaboardi de Bondenello et domino Alberto Belindocti notario et domino Alberto filio domini Ugolini cartholarii et Antholino clerico qui est de Mutina serviente supra dicti magistri Iacobi testibus, qui predicti testes dicunt se cognoscere predictos compromittentes

(L S) Ego Bonacosa filius quondam domini Alberti Bonacose imperiali auctoritate notarius predictis omnibus interfui et rogatus scribere scripsi, subscripsi, signavi

CLXIII.

Busta n. 6/1490. Pergamena di mm. 240 × 364. — Originale.

Vendita di terreni da Giacomino Crescenzi alle monache di S. Giovanni Battista.

Bologna, 1269, 8 aprile.

Giacomino del fu Zambonino Crescenzi vende a suor Villana priora del monastero di S. Giovanni Battista, che nell'interesse dello stesso accetta, una pezza di terra vineata posta nella curia di Quarto nel luogo detto « pedazaola » pel prezzo di lire 100 di bolognini che viene subito pagato. Garantisce il venditore il possesso della terra venduta e dichiara di assumere a suo carico tutte le spese che per la sua difesa il monastero avesse a sostenere, inoltre pattuisce una penale in ragione del doppio del prezzo pagato pel caso di evizione. A questo contratto è pur presente Receldina moglie del venditore la quale, dando il suo assentimento alla vendita stessa, dichiara di rinunciare a qualsiasi diritto d'ipoteca le competesse sulla terra venduta, e promette per sè e i suoi eredi di non sollevare eccezione alcuna intorno all'avvenuta alienazione, pena il doppio del prezzo in caso contrario.

Anno Domini millesimo ducentesimo sexagesimo nono, indictione duodecima, die octavo intrante aprili. In ecclesia sororum monasterii sancti Iohannis Batiste, presentibus fratre Francischo Bonrecupri de ordine predicatorum, fratre Bernardo, fratre Daniele comorantibus in dicto loco, domino Petro de Cresentiis et domino Iohanne de Ubertis fratre domini abatis sancti Stephani testibus et rogatis. . . . .

Ego Aygo Ugolini Diarolini auctoritate imperiali notarius predictis omnibus interfui, et ut supra legitur rogatus scripsi, subscripsi.

CLXIV.

Busta n. 8/1492. Pergamena di mm. 327 × 549. — Copia.

Elezione del rettore della chiesa di S. Lorenzo di Triario e conferma della stessa.

Bologna, 1315, 8 e 9 luglio, Marano 25 luglio e Triario 10 agosto.

Il priore e le monache degli uniti monasteri di S. Maria Maddalena e di S. Caterina di Quarto, ai quali per diritto e per antica

approvati e costante consuetudine spetta la nomina del rettore della
chiesa di S. Lorenzo di Triario, non volendo che per la mancanza
di titolare siano danneggiati gli interessi temporali e spirituali
della chiesa stessa, unanimi e concordi nominano a rettore ed am
ministratore della detta chiesa prete Michele di Gardo Guidotti da
Vigorso, e danno incarico al priore di far noto all'eletto l'avvenuta
nomina e di invitarlo a darvi il suo assentimento.

Successivamente il detto Michele acconsente alla nomina fatta di
lui, e l'arciprete della Pieve di S. Gemignano di Maiano cui com
pete la conferma della nomina stessa, dopo aver ordinate le procla
mazioni di rito ed accertato che nessuna opposizione venne fatta
alla nomina stessa, dichiara di approvarla e confermarla e poscia
immette l'eletto nel possesso materiale della chiesa e dei diritti ad
essi pertinenti.

In Christi nomine anno eiusdem MCCCXV die octavo mensis iulii.

(L. S.) Et ego Lentius quondam domini Pauli doctoris decreto
rum bononiensis civis publicus imperiali auctoritate et curie episco
palis bononiensis notarius ex auctoritate, potestate, arbitrio et bay
lia michi tradita et concessa per venerabilem et religiosum virum
dominum fratrem Bonacursium decretorum doctorem capituli bono
niensis ecclesie, episcopali sede vacante vicarium generalem, scripta
manu Guillielmi Bernardi de Lamola notarii autenticandi, scribendi
et in formam publicam reddigendi scripturas et acta et etiam instru
menta Iacobi quondam domini Dominici Mascaronis notarii propter
sue impedimentum persone, suprascripta omnia, ut in scripturis et ro
gationibus ipsius Iacobi manu scriptis inveni fideliter exemplavi et
scripsi et signo meo ac nomine consueto signavi et subscripsi.

CLXV

Busta n. 9/4493 Pergameni di mm 339 × 301 — Originale

*Autorizzazione alle monache del convento di S. Caterina di Quarto che
dimorano nel convento di S. Maria Maddalena di Bologna a far risiedere sei o sette fra le più anziane tra esse nell'antico convento di
S. Caterina di Quarto*

Bologna, 1322, 30 luglio

Il priore, la maestra, la vicaria e le monache di S. Caterina di
Quarto nella diocesi di Bologna e di S. Maria Maddalena di Bolo
gna domandano a frate Guido vescovo di Ferrara delegato di Ber
trando prete cardinale del titolo di S. Marcello legato della S. Sede

per la Lombardia, licenza di mandare otto tra le monache più anziane a risiedere continuamente nel monastero di S. Caterina « qui fuit caput et principium ordinis ipsorum », luogo antico e venerabile e presso cui stanno i corpi di oltre mille defunti, per provvedere alla tutela delle ragioni del monastero stesso di fronte alle pretese di certi bolognesi, nonchè per porre un freno ai rustici della contrada che ne dilapidano e consumano i beni.

Frate Guido, udite al riguardo numerose testimonianze, in virtù dei poteri a lui conferiti dal Cardinale legato accorda alle istanti, che attualmente dimorano in Bologna pu monastero di S. Maria Maddalena, la facoltà di far risiedere continuamente nel detto monastero di Quarto da sei a sette monache scelte tra le migliori e le più anziane, perchè abbiano a tutelare i diritti e le ragioni del detto monastero.

Actum Bononie in contrata Sancti Dominici in domo habitationis domini episcopi supradicti, presentibus testibus vocatis et rogatis domino fratre Iacobobono de Padua ordinis predicatorum inquisitore heretice pravitatis in provincia Lombardie et fratre Peregrino de Padua dicti ordinis predicatorum, sapientibus viris domino fratre Uberto de Cesena canonico regulari sancte Marie in portu de Ravenna et domino Superantio de Zingulo decretorum doctoribus, Ugutione clerico sancte crucis de Ferraria et Valentino quondam Prandi de Rubeis de Montursio Vincentine diocesis. Pontificatus sanctissimi patris et domini domini Iohannis divina providentia pape XXII anno VI, die XXX iulii anni MCCCXXII.

(L. S.). Ego Vincentius quondam Iacobi de Spiapastis de Vincentia imperiali auctoritate notarius predictis omnibus et singulis presens fui et rogatus ac de mandato dicti domini episcopi ferrariensis scripsi et in publicam formam redegi, sigmumque meum apposui consuetum.

CLXVI.

Busta n. 10/4494. Pergamena di mm. 324 × 738. — Originale.

Procura delle monache di S. Maria Maddalena e di S. Caterina di Quarto in Federico Cristiani ed altri.

Bologna, 1331, 14 giugno.

Le monache dei monasteri uniti di S. Maria Maddalena e di S. Caterina di Quarto convocate in capitolo, dietro mandato e licenza di frate Nicola priore dei monasteri stessi assente perchè ma-

lato nominano i loro procuratori Federico del fu Giovanni Cristiani
da Bologna, Pietro Gualfano da Cervia dimorante in Ravenna giureperito e Francesco Cristiani da Ravenna, perchè compaiano avanti
l'Arcivescovo di Ravenna o il suo Vicario generale ad appellare
dalla sentenza pronunciata da Francesco Burfoli preposto della chiesa
di Ravenna quale vicario generale di Stefano vescovo di Bologna
contro esse monache ed a favore di prete Facio del fu Gemmiano,
la quale sentenza si dice essere in atti di Bettino Angelini od altro
notaio della curia vescovile di Bologna

In nomine Domini amen Anno eiusdem millesimo trecentesimo
trigesimo primo indictione quarta decima, die quartodecimo mensis
iunii

Actum Bononie in domibus dictarum ecclesiarum extra fenestras
parlitorii dicti monasterii, presentibus domino Laurentio quondam domini magistri Iacobi de Christianis iurisperito, domino dompno Tomace rectore ecclesie sancti Martini de Bertalia qui dixit cognoscere
contrahentes, Iohanne quondam domini Iohannis Ardizionis, Bertolino
Bernardi de Butrio notario, domino Giulhelmo quondam domini Bitini de Bocadccambus iudice et Pelegrino quondam Castelani de Christianis testibus vocatis et rogatis

(L S) Ego Franciscus Marchi Buvalelli imperiali auctoritate
notarius hiis omnibus presens fui et rogatus scribere publice scripsi,
subscripsi signavi

CLXVII

Busta n 10/4194 Pergameni di mm 198 × 330 — Originale

*Contratto di soccida fra Enregitto da Bologna ed Andrea da Cremona
scolare*

Bologna, 1333, 12 giugno

Enregitto del fu Gabosio da Bologna confessa d'aver ricevuto da
Andrea da Cremona scolare due vacche del valore di lire 41 e soldi 6
di bolognini a titolo di soccida e per la durata di un anno col patto
di dividere a metà il profitto ed i parti e di sopportare pure a metà
gli eventuali danni Promette di conseguenza di custodire diligente-
mente le dette vacche e i loro nati, di prestar loro le debite cure e
di provvederle di pastura per tutta la durata del contratto a sue
esclusive spese si obbliga di non vendere, alienare o barattare nè

le vacche nè i nati da esse senza espressa licenza e mandato del detto Andrea al quale si intende riservata la proprietà delle stesse, di modo che possa sempre rivendicarle dai possessori. A titolo di zoatica si obbliga a dare e a portare a tutte sue spese al detto Andrea ed alla sua casa in Bologna, nella festa della Madonna dell'agosto prossimo venturo 8 corbe di buon frumento. Qualora le vacche o i loro nati venissero a morte, andassero perdute o comunque avessero a deperire per colpa dell'assuntore, de' suoi incaricati o famigliari, ovvero per rapina, incendio, naufragio, carestia, furto, violenza o cattiva custodia, il danno sarà sopportato per intero da lui: trattandosi invece di morte naturale il danno graverà esclusivamente sul proprietario concedente. L'assuntore dovrà tuttavia provare la morte colla presentazione della pelle dell'animale morto entro tre giorni dall'avvenuto decesso, nonchè colla deposizione di due o tre testimoni legali e degni di fede. Scorso il termine fissato pel contratto, egli dovrà condurre in Bologna le vacche predette coi loro nati e presentarli al concedente perchè abbia a scegliersi la sua parte di questi.

A sua volta il concedente promette di non togliere le dette vacche all'assuntore prima dello scadere del tempo convenuto, nè di consentire che altri ciò faccia, di più si obbliga di mantenerlo nel pacifico possesso di quelle.

Da ultimo le parti si promettono reciprocamente l'esatta osservanza del contratto, pena 25 lire di bolognini al contravventore oltre la rifazione dei danni e delle spese.

In Christi nomine amen. Anno eiusdem domini millesimo trecentesimo trigesimo tertio, indictione prima, die duodecimo mensis iunii. Dominus Heuregiptus quondam Gaboxii capelle sancte Marie de Caritate fuit confessus et contentus habuisse et recepisse et penes se habere in socidam a domino Andrea scolare in legibus fillio domini Coradini de Germignasiis de Cremona et nunc habitatore capelle sancte Margarite de Bononia duas vachas silicet unam roxam cum cornibus revolutis et alliam bovellam cum cornibus relevatis. . . . .

Actum Bononie in cruce mercati, presentibus Francisco quondam domini Egidii de Savignano, domino fratre Bonvixino capelano sancti Iohannis Baptiste qui dixit se cognoscere contrahentes, Bonazunta Philipi et Lodovico de Aballisis testibus vocatis et rogatis ad hec.

(L. S.). Ego Bertholomeus Thomaxini de Bagnarola imperiali auctoritate notarius predictis omnibus interfui et rogatus scribere predicta publice scripsi, subscripsi.

CLXVIII

Busta n 10/4494 Pergamena di mm 205 × 374 — Originale

Mandato ad lites delle monache di S Caterina e S Maria Maddalena
a Tomaso del fu Cambio da Montemaggiore

Bologna, 1334, 29 agosto

Frate Nicolò di Pietro priore delle monache dei conventi di S Caterina e S Maria Maddalena di strada S Donato di Bologna nomina e costituisce suo procuratore Tomaso del fu Cambio da Montemaggiore perchè lo rappresenti nella causa che ha contro il sacerdote Bonifacio o Facio de Formi ed in quelle che potesse avere contro qualsiasi altra persona, collegio od universita si laica si ecclesiastica, davanti al sommo pontefice suoi uditori o qualsivoglia altro giudice laico od ecclesiastico Gli accorda all'uopo le opportune facoltà specialmente quelle di appellare, di ricusare i giudici sospetti, di prestare e deferire giuramenti ed in genere lo autorizza a fare quanto esso mandante fare potrebbe, con facoltà altresì di sostituire a sè uno o piu procuratori, con promessa de rato sotto obbligazione di tutti i beni di esso costituente

In Christi nomine amen Nativitatis eiusdem anno millesimo trecentesimo trigesimo quarto, indictione secunda die vigesimo nono mensis augusti   .   .   .

Actum Bononie in domo habitationis mei Iacobi notarii infra scripti presentibus dompno Alberto archipresbitero plebis sancte Marie de Calegaria diocesis mutinensis domino Martello Iacobi Martelli iurisperito et Bonafide quondam Bondi testibus vocatis et rogatis

(L S) Ego Iacobus Alberti Martelli imperiali auctoritate notarius predictis interfui et rogatus ea publice scripsi, subscripsi

CLXVIIII

Ivi — Originale

Richiesta del procuratore delle monache di S Maria Maddalena in Bologna e di S Caterina di Quarto all'arciprete di Marano perchè confermi l'elezione del rettore della chiesa di S Lorenzo in Triario

Quarto Superiore, 1339, 11 agosto

Michele del fu Bongiovanni da Marano, chierico e beneficiato della chiesa di S Ambrogio di Villanova nella diocesi di Bologna, pro

curatore del priore e delle monache dei monasteri uniti di S. Maria
Maddalena di strada S. Donato di Bologna e di S. Caterina di Quarto,
cui spetta il diritto di patronato sulla chiesa di S. Lorenzo in Triario
nel plebanato di S. Gemmiano di Maiano, personalmente costituito
avanti l'arciprete di detta pieve, al quale di diritto e per antica con
suetudine compete la conferma e la canonica istituzione del rettore
della predetta chiesa di S. Lorenzo, gli presenta prete Giovanni del
fu Pietro Campeggi nominato al rettorato suddetto, gli presenta
pure l'atto di procura del priore e delle monache in esso Michele,
l'atto di nomina e l'atto di accettazione per parte del nominato, e
chiede voglia confermare la fatta elezione siccome fatta canonica
mente, voglia di conseguenza riconoscere l'eletto quale rettore per
petuo della chiesa, dargli l'istituzione canonica e commettergli l'am
ministrazione spirituale e temporale della stessa. L'arciprete, dichia
rando di voler procedere a norma di diritto, nomina Giacomo di
Pietro de Beretaria a suo nuncio speciale, e dopo avergli fatto pre
star giuramento, gli ordina di proclamare da parte sua presso la
detta chiesa di S. Lorenzo a voce alta e preconia, che chiunque
creda aver interesse all'elezione del rettore di essa chiesa e voglia
fare opposizione o abbia delle eccezioni da proporre contro la per
sona dell'eletto, compaia entro tre giorni avanti di lui per esporre
le sue ragioni, e che scorso detto termine in difetto di opposizioni
procederà alla conferma del nominato.

In Christi nomine amen. Anno nativitatis eiusdem millesimo tri
centesimo trigesimo nono indictione septima, die undecimo mensis
augusti.

Actum in comitatu Bononie in terra Quarti Superioris in ecclesia
monasterii sancte Catherine de terra predicta Quarti presentibus,
fratre Nicolao priore dicti monasterii, Michaele quondam Iohannis ha
bitatore dicte terre Quarti et Nicolao Persi de sancto Georgio no
tario de Bononia et aliis testibus ad predicta vocatis specialiter et
rogatis.

(L. S.) Ego Lentius quondam domini Pauli doctoris decretorum
civis Bononie publicus imperiali auctoritate et curie episcopalis bo
noniensis notarius suprascriptis omnibus et singulis interfui, et ea
mandato dicti domini archipresbiteri ac rogatus scribere publice scri
psi et signo meo signavi et subscripsi.

CLXX

Busta n. 10.4494 Perg. di mm. 293 × 1200 (formata di due parti unite pel lungo)
Originale

Conferma da parte dell'arciprete di Marano dell'elezione del rettore della chiesa predetta

Marano, 1339, 16 agosto

Giovanni del fu Pietro Campeggi, comparso personalmente avanti l'arciprete di S. Geminiano di Marano domanda che la elezione e presentazione di esso comparente a rettore della chiesa di S. Lorenzo di Triano fatta da Michele di Bongiovanni da Marano, quale procuratore delle monache degli uniti monasteri di S. Maria Maddalena e S. Caterina di Quarto cui spetta il patronato attivo sulla predetta chiesa, venga da lui confermata e gli dia l'investitura canonica e l'amministrazione spirituale e temporale di questa. L'arciprete, ritenuta la regolarità dell'elezione, l'idoneità della persona eletta e accertato che contro l'avvenuta elezione e la persona dell'eletto non sono state fatte opposizioni e che è decorso il termine da lui fissato e proclamato dal messo espressamente delegato, dichiara di confermare l'avvenuta elezione, e per mezzo del libro che tiene in mano dà al nominato Giovanni l'investitura canonica e gli commette la cura e l'amministrazione dei beni e diritti spirituali e temporali della predetta chiesa. All'uopo incarica Floriano rettore della chiesa di S. Donnino presso Bologna di immettere l'eletto o il suo procuratore nel possesso materiale della chiesa dei beni e diritti spirituali e temporali ad essa pertinenti

In Christi nomine amen. Anno nativitatis eiusdem millesimo trecentesimo trigesimo nono indictione septima, die sextodecimo mensis augusti

Accedens presbiter Iohannes quondam Petri de Campezo ad presentiam .   .   .

Actum in comitatu Bononie in ecclesia dicto plebis sancti Geminiani presentibus Petro quondam Pacis, Petro quondam Guidocti et Parte quondam Boniohannis omnibus de terra Marani comitatus Bononie testibus ad predicta vocatis et rogatis

(L. S.) Et ego Lentus quondam domini Pauli doctoris decretorum civis Bononie publicus imperiali auctoritate et curie episcopalis bononiensis notarius, predictis omnibus dum agerentur interfui et ea mandato dicti domini vicarii ac rogatus scripsi, subscripsi, signavi

CLXXI.

Iu

Concessione del vicario generale capitolare di Bologna al rettore eletto della chiesa predetta di entrare nel possesso materiale della stessa.

Bologna, 1339, 23 agosto

Frate Bonacursio abate del monastero di S. Proculo di Bologna, per la vacanza della sede vescovile vicario generale capitolare, essendo scorso il termine fissato nella proclamazione seguita nella curia vescovile e non essendo state fatte opposizioni alla nomina e conferma di prete Giovanni a rettore della chiesa di S. Lorenzo in Travio, ritenuta l'idoneità dello stesso, gli concede licenza di entrare nel materiale possesso della detta chiesa e dei diritti relativi e gli commette la cura delle anime.

In Christi nomine amen. Anno nativitatis eiusdem millesimo tre centesimo trigesimo nono, indictione septima, die lune vigesimo tertio mensis augusti .

Actum in episcopali palatio iuridico Bonomie ad banchum iuris, presentibus sapientibus viris dominis Andrea de Senis, Guillielmo de Bixano et Dominico Petri Roxelli iuris peritis et aliis testibus ad predicta vocatis et rogatis.

(L. S.) Ego Lentius quondam domini Pauli doctoris decretorum civis Bonomie publicus imperiali auctoritate et curie episcopalis bonomensis notarius predictis omnibus interfui, et ea mandato dicti domini vicarii ac rogatus scribere scripsi, subscripsi.

CLXXII

Busta n. 11/1195 Pergamena di m. 400 × 702 — Originale

Vendita di una casa da Guglielmo e Bernardo padre e figlio Lamola a Nescia del fu Nicola Cavagli

Bologna, 1355, 16 ottobre

Guglielmo del fu Bernardo de Lamola e Bernardo suo figlio, quest'ultimo quale erede per una terza parte della fu Bitisia sua madre, nell'interesse loro, nonchè a nome e nell'interesse di Giovanni e Giacomo rispettivamente figli e fratelli eredi per i restanti due terzi dei beni della nominata Bitisia, e pei quali promettono de rato vendono a Nexia del fu Nicola Cavagli che accetta per se suoi eredi e successori una casa coperta da tegoli, col solaio, con orto e terreno annessi e con tutti gli accessori e pertinenze posta in Bologna nella strada di S Donato per il prezzo di 60 lire di bolognini Di queste, 50 vengono subito pagate dalla compratrice ai venditori e le residue 10 si obbliga di pagarle nel termine di un anno in Bologna o in quell'altro luogo che i venditori vorranno designare

Garantiscono i venditori il pacifico possesso della casa venduta e si assoggettano pel caso di evizione alla pena del doppio prezzo come sopra stabilito, e Bernardo essendo minore degli anni 25 maggiore tuttavia dei 14, giura l'esatta osservanza del contratto e promette che non solleverà eccezione alcuna dipendente dalla minore età

In Christi nomine amen Anno eiusdem millesimo trecentesimo quinquagesimo quinto, inditione octava, die sextodecimo mensis octubris

Actum Bonome in quadam domo venditorum, presentibus domino Bertolomeo quondam domini Martelli de Martellis decretorum doctore qui dixit se cognoscere contrahentes predictos, Petro Romei de Lambordinis notario ad memorialia, domino dompno Francischo quondam domini magistri Iohannis de Pergamo archipresbitero plebis de Mariano, Checho sei Ubertini Berete de Butrio et Gotolo quondam sei Petri olim sei Guidoti de Romegia bechaio ommibus habitatoribus capelle sancte Marie Madalene testibus ad hec vocatis et rogatis Ego Plevale quondam Plevalis civis Bonome publicus et comunis Bonome auctoritate notarius predictis interfui et rogatus scribere predicta publice scripsi, signoque meo consueto et nomine roboravi scripsi, subscripsi

CLXXIII

Busta n 12/4496 Pergamena di mm 225 × 412 — Originale

Assoluzione pronunziata dal messo pontificio a favore delle monache di S Giovanni Battista dalla prestazione di decime arretrate

Bologna, 1370, 12 agosto

Bernardino Barbaroli sindaco delle monache e del convento di S Giovanni Battista di Bologna, personalmente costituito avanti Giacomo da Snano canonico di Narbona, da Papa Urbano V specialmente delegato a transigere coi prelati italiani e colle altre persone ecclesiastiche secolari e regolari, che si trovano in arretrato col paga

mento delle decime imposte a favore della S. Sede da Innocenzo VI
e dallo stesso Urbano V, gli espone che causa la pestilenza, le gravi
mortalità e le guerre che afflissero la regione, i redditi del monastero hanno sofferto forti diminuzioni e chiede agevolezze nel pagamento delle decime arretrate. Il messo pontificio annuendo alla richiesta,
previe opportune indagini, riduce il residuo debito da lire 32 di bolognini alla minor somma di lire 15. Questa gli viene subito pagata
dal predetto Bernardino al quale, anche in via di transazione, rilascia
ampia quitanza con dichiarazione di nulla più pretendere al riguardo.

In Christi nomine amen. Anno nativitatis eiusdem millesimo trecentesimo septuagesimo, indictione octava, die duodecimo mensis augusti, pontificatus sanctissimi in Christo patris et domini nostri domini Urbani divina providentia pape quinti anno octavo.

Noverint universi presens instrumentum publicum inspecturi, quod
existens coram venerabili et sapienti viro domino Iacobo de Sirano
canonico narbonensi decretorum doctore, apostolice sedis nuntio et
ad infrascripta ab eadem Sancta Sede specialiter deputato. . . . . . .

Actum Bononie in episcopali pallatio, presentibus venerabili viro
domino Bartholomeo archipresbitero plebis sancte Marie de Montebellio bononiensis diocesis, domino Iohanne de Glandolino de Imola,
Nicolao de Ferro rectore hospitalis sancti Lazari prope Bononiam et
aliis testibus ad predicta vocatis et rogatis.

(L. S.) Ego Nicolaus quondam Iacobi de Canonicis civis bononiensis
publicus apostolica et imperiali auctoritate ac curie episcopalis bononiensis notarius, supradictis omnibus et singulis dum per dictum dominum Iacobum nuntium apostolicum predictum agerentur interfui,
eaque mandato quo supra ac rogatus scribere, publice scripsi, subscripsi.

CLXXIV.

Busta n. 13/4497. Pergamena di mm. 218 × 605. — Originale.

Contratto di soccida fra Giovanni da Albinea scolare e Giovanni e
Giacomo fratelli del fu Giovannino da Anzola.

Bologna, 1380, 14 aprile.

Giovanni e Giacomo fratelli del fu Giovannino da Anzola dichiarano d'aver ricevuto da Giovanni da Albinea di Reggio scolare
nello Studio di Bologna due vacche a titolo di soccida per la durata
di un anno, conseguentemente promettono di tenerle presso di sè e
di usarne da buoni padri di famiglia, di custodirle, di pascerle a tutte

loro spese, di non alienarle a chicchessia senza licenza del concedente presso il quale vuolsi riservato il dominio delle vacche stesse, per modo che potrà sempre rivendicarle dagli eventuali terzi possessori Per ragione del contratto gli assuntori pagheranno al concedente 10 lire di bolognini, delle quali metà nella festa di S. Michele del mese di settembre e metà nel dì del Santo Natale, qualora ritardassero questi pagamenti dovranno entro 5 giorni depositare presso il concedente e nella sua casa in Bologna a titolo di pegno tanto oro ed argento che equivalga la somma dovuta, sotto pena di 5 lire di bolognini Morendo, o comunque deperendo le dette vacche per colpa, dolo o negligenza degli assuntori o dei loro famigliari il danno sarà da essi totalmente sopportato, pel caso di morte naturale invece « divino judicio » il danno sarà tutto del concedente, agli assuntori però incomberà l'obbligo di darne la prova per mezzo di tre o quattro testimoni degni di fede che non siano di loro famiglia, e ciò entro 4 giorni dall'avvenuto decesso esibendo altresì entro lo stesso termine, la pelle dell'animale o degli animali mancati Se scoppiassero guerre sul territorio bolognese e per cagion d'esse le vacche andassero perdute o morte il danno sarà tutto degli assuntori Scaduto il termine dovranno essi riconsegnare al concedente le vacche in buono stato come sono di presente e possibilmente migliorate « more boni viri » Ritardandosi la consegna oltre sei giorni dalla scadenza del termine, si intenderà se così parrà al concedente, rinnovato il contratto per un altro anno con i medesimi patti e le condizioni dell'attuale Promettono gli assuntori l'esatta osservanza del contratto e in caso di contravvenzione si obbligano a pagare entro otto giorni dalla stessa a titolo di pena il doppio del valore di stima delle vacche locate, tutto ciò sotto obbligo dei loro beni presenti e futuri Da ultimo Giacomo del fu Biondo Scudelli della cappella di S Bartolomeo in palazzo, coll'accettazione del concedente si costituisce fideiussore degli assuntori, vincolando all'uopo tutti i suoi beni presenti e futuri

In Christi nomine amen Anno nativitatis eiusdem millesimo trecentesimo octuagesimo, indictione tercia die quartodecimo mensis aprilis Iohannes et Iacobus fratres et filii quondam Iohannni fuerunt confessi penes se habere in societam ad affictum a domino Iohanne quondam domini Henrici de Albinea de Regio scolari Bononie studenti in iure civili   duas vachas timtinas unam videlicet bovellam scornatam peciatam de pecis albis et aliam rosam cum cornibus apertis, precii et extimationis de ipsorum contrahentium comuni concordia et voluntate librarum vigintiseptem bononinorum

Actum Bononie in capella sancte Tecle porte Steri seu porte Nove in statione habitationis Iacobi Blondi de Scudellis   presen-

tibus dicto Iacobo, Bertholomeo quondam Iohannis de Regio calzolario de capella sancti Antholini qui dixit et asseruit dictas partes
et contrahentes cognoscere, Andrea quondam ser Iacobi de Rofeno de
capella sancte Christine porte Steri et Colao quondam Andree de
Urzeis de capella sancti Nicolai burgi sancti Felicis testibus omnibus ad predicta vocatis et rogatis.

(L. S.) Ego Iacobus ser Petri quondam ser Bitini publicus imperiali et comunis Bononie auctoritate notarius, predictis omnibus et
singulis interfui et rogatus scribere predicta publice scripsi, subscripsi.

CLXXV.

Busta n. 13/4497. Quaderno membranaceo di mm. 267 × 400. — Copia.

*Vendita di terreni da Pietro e Dino del Zucco alle monache di S. Gio-
vanni Battista.*

Bologna, 1381, 26 giugno.

Pietro del fu Dino del Zucco e Dino del fu Francesco del Zucco
entrambi di Bologna personalmente costituiti avanti il giudice dei
malefici, col consenso e coll'autorizzazione del giudice stesso nonchè
coll'assistenza e col consenso di Francesco del fu Giacomo Belvisi
di Bologna curatore speciale di Dino, in proprio e nel nome e nel-
l'interesse di Giovanni e Francesco d'età pupillare fratelli di Dino,
pei quali promettono de rato, vendono a Sandrino procuratore delle
monache del convento di S. Giovanni Battista, che a nome di queste
accetta, una pezza di terra prativa di 30 tornature posta nella curia
di Anzola nel luogo detto « Albareda ». Il prezzo convenuto in L. 330
di bolognini, in ragione cioè di L. 11 la tornatura, viene subito pagato dal nominato Sandrino con denaro che dichiara di proprietà
delle sue mandanti, e proveniente per L. 300 dalla vendita di una
quota parte di una pezza di terra di sei tornature fatta a maestro
Pietro del fu Ghetto o Righetto di Tossignano professore di medicina.

I venditori garantiscono il pacifico possesso del terreno venduto,
sotto pena del doppio del prezzo stabilito in caso di evizione, e dichiarano che Francesco e Giovanni, nell'interesse dei quali ha pur luogo
la presente vendita, entro un anno da che saranno di età adulta, la
ratificheranno e confermeranno in ogni sua parte. Da ultimo gli stessi
venditori giurano la piena osservanza del contratto, e dichiarano di
rinunciare a qualsiasi eccezione derivante dalla minore età.

In Christi nomine amen. Eiusdem nativitatis anno Domini millesimo trecentesimo octuagesimo primo, indictione quarta, die viges-

simo sexto mensis iunii. . . . .

      ex venditione et de venditione   facta magistro Petro quondam Gheti sive Righeti de Tossignano artium et medicine professori habitatori civitatis Bononie

Actum Bononie in palacio veteri iuridico comunis Bononie ad discum malleficiorum magnorum presentibus Melchione quondam Nicolai Blondi de Saliceto, magistro Iohanne quondam Thei de Bagno medico cive Bononie, magistro Francischo quondam magistri Iohannis de Barberiis medico cive Bononie Dinadamo quondam Guironis de Sala, Guirono eius filio, Gregorio quondam Bruneti ortolano, Bertolomeo quondam Aymerici de Sancto Alberto notario, Francisco filio Dini Ostexani notario cive Bononie de capella sanctorum Petri et Marcellini cognato et propinquo dicti Dini adulti maiore viginti quinque annis, qui dixit se cognoscere contrahentes predictos testibus omnibus bone oppinionis, vite, conditionis, fame ad hec vocatis et rogatis, qui Franciscus Dini Ostexani cognatus propinquus dicti Dini adulti predictis omnibus consensit, dixit et iuravit corporaliter ad sancta Dei evangelia tactis scripturis coram dicto iudice se esse cognatum et propinquum dicti Dini adulti, se esse maiorem viginti quinque annis et se credere predicta omnia que aguntur et fiunt non fieri in dampnum vel fraudem dicti adulti

(L. S.) Ego Iohannes Angelini olim Alberti Angelelli publicus imperiali et comunis Bononie auctoritate notarius Bononie, predictis omnibus interfui et rogatus scribere predicta publice scripsi, subscripsi

CLXXVI

Busta n 13/1497 Quaderno cartaceo di mm. 210 × 313 — Originale

Aggregazione del monastero di S Maria di Ponte Maggiore al monastero dei SS Gervasio e Protasio di Bologna

                              Bologna 1381 22 ottobre

La priora e le monache del convento di santa Maria di Ponte maggiore dell'ordine di S Agostino nelle vicinanze di Bologna fatto presente a Filippo Cardinale del titolo di san Martino in Monti legato della Santa Sede ed amministratore della Chiesa di Bologna pel lo spirituale e pel temporale, che il loro monastero già assai fiorente per causa delle guerre che hanno travagliato la regione e della peste che vi ha infierito, è ora ridotto in tristissime condizioni così che le monache stentano la vita e sono nell'impossibilità di attendere agli obblighi ad esse incombenti e fattogli più presente che non si

reputa possibile ritornarlo all'antico stato, domandano che il monastero stesso sia aggregato ed unito al monastero dei santi Protasio e
Gervasio dell'ordine benedettino. Il Cardinale ritenuto esser compito
suo il miglioramento delle chiese e dei monasteri della legazione, fatte
praticare indagini da maestro Andrea da Soncino licenziato in diritto
canonico, vicario generale della curia vescovile di Bologna ed avutane
assicurazione che quanto dalle monache era stato esposto corrispondeva
a verità, avuto pure il consiglio ed il consenso di maestro Giovanni de
Lamola dottore d'ambe le leggi canonico di Bologna sindaco e procuratore dei canonici e del capitolo di Bologna a queste cose specialmente
deputato, a richiesta eziandio di Bitinucio del fu Budriolo de Mascari
procuratore della priora e delle monache di S. Maria, nonchè di prete
Michele da Pisa procuratore dell'abbadessa e delle monache del convento di S. Gervasio e Protasio personalmente avanti a lui comparsi,
in virtù dell'autorità spettantegli quale legato e quale amministratore spirituale e temporale della diocesi di Bologna, dichiara di unire
ed incorporare il monastero di santa Maria al monastero dei santi Gervasio e Protasio e però trasferisce il monastero e le monache di santa
Maria dall'ordine agostiniano nell'ordine di S. Benedetto ed assoggetta la priora e le monache del detto monastero di S. Maria all'abbadessa del monastero di S. Gervasio e Protasio, alla quale ingiunge
di riceverle nel suo convento e di dar loro l'abito dell'ordine benedettino.

Ritenuto poi, che il monastero di S. Maria doveva annualmente
corrispondere un censo al capitolo e ai canonici della cattedrale di Bologna, ordina che il censo stesso in seguito all'avvenuta fusione continui ad essere corrisposto dal monastero dei Santi Gervasio e Protasio.
In fine deputa gli abati dei monasteri di S. Stefano, S. Paolo e S. Felice di Bologna a vigilare a che quanto egli ha ordinato e disposto
sorta il voluto effetto.

In Christi nomine amen. Anno nativitatis eiusdem millesimo trecentesimo octuagesimo primo, indictione quarta, die vigesimo secundo
mensis octubris. . . .

Acta fuerunt hec Bononie in episcopali palatio super logia que
est super curtile dicti episcopatus, presentibus reverendo patre domino Andrea de sancto Ieronimo decretorum doctore episcopo cene-
tensi, sapienti viro domino Iohanne de Legnano utriusque iuris doctore
profundissimo, venerabilibus viris domino Martino de Ghemona archidiacono aquilegensi in iure canonico licentiato dicti domini legati
auditore et domino Andrea de Suncino licentiato in dicto iure curie
episcopalis Bononie vicario generali. . . . testibus et aliis ad premissa vocatis et rogatis.

(L S) Ego Paulus quondam Lentii de Cospis civis Bononie publicus apostolica imperiali et comunis Bononie ac curie episcopalis bononiensis auctoritate notarius premissis omnibus et singulis interfui, eaque omnia de mandato quo supra ac rogatus scribere publice scripsi signumque meum consuetum apposui in fidem et testimonium omnium premissorum

CLXXVII

Busta n 16/4500 Quaderno membranaceo di m 263 × mm 385 — Copia

Domanda di concessione enfiteotica di Gregorio del fu Ghinuccio Avoleo cambiatore in Bologna al convento di S Stefano

Bologna, 1417, 4 febbraio

L' abate dei conventi canonicamente uniti di S Stefano di Bologna chiamato Gerusalemme e di S Bartolomeo di Musiano nella diocesi di Bologna e dell' ordine di san Benedetto. convocato il capitolo, espone che Gregorio del fu Ghinuccio Avoleo cambiatore di Bologna ha fatto domanda di condurre in enfiteusi perpetua rinnovabile ogni 29 anni, sotto l' osservanza dei patti, e delle convenzioni che dal monastero si sogliono esigere nelle concessioni consimili e mediante il corrispettivo annuo di lire 6 e soldi 10 di bolognini da pagarsi nella festa di S Bartolomeo del mese d'agosto, tre pezze di terra poste nel territorio di Musiano Di queste, la prima sita nel luogo detto « Ceredoli » misura circa 20 tornature, e aratoria, boschiva, a ginestre e rumosa, la seconda bedustiva e boschiva, a questa vicina, e di due tornature circa, l ultima in fine di tre tornature circa, giace nella località denominata « al ceredo » ed è pur essa bedustiva e boschiva Aggiunge l' abate ch' egli sarebbe disposto ad accogliere tale domanda in quanto piaccia ai monaci convocati, a meno che essi o qualcuno tra essi trovino chi voglia offrire un maggior affitto A questo effetto ordina loro di indagare se vi sia qualcuno pronto a pagare un canone più elevato, volendo egli per l'interesse del monastero concedere le anzidette terre al miglior offerente

In Christi nomine amen Anno nativitatis eiusdem millesimo quadringentesimo decimo septimo, indictione decima die quarto mensis februarii Convochatis et capitulariter congregatis . . de mandato venerabilis patris et domini domini Francisci de Bargelinis de Bononia licentiati in iure civili dignissimi abbatis . . .

Rogantes dictus dominus abbas et monaci me Andream notarium infrascriptum ut de predictis omnibus et singulis publicum conficiam instrumentum in presentia testium infrascriptorum. Et hoc pro primo trac[ta]tu ex tractatibus fiendis per dictos dominum abbatem, capitulum et monacos super predictis.

Actum Bononie in domibus ecclesie sancti Stefani de Bononia in capitulo dicte ecclesie, presentibus Iachobo quondam Salvolini de Mamelinis notario, ser Guaspare ser Iohannis de Bargelinis notario, Christofaro filio ser Ture de Bargelinis notario, fratre Francischo Iohannis de Sicilia ordinis fratrum minorum sancti Francisci de Bononia testibus omnibus ad predicta vocatis, adhibitis et rogatis.

CLXXVIII.

Ivi.

Concessione enfiteotica del convento di S. Stefano a Gregorio del fu Ghinuccio Avolco.

Bologna, 1417, 9 giugno.

L'abate ed i monaci dei monasteri di S. Stefano e di S. Bartolomeo di Musiano, col consenso del vicario capitolare di Bologna per la sede vescovile vacante, concedono in enfiteusi perpetua rinnovabile ogni 29 anni a Gregorio del fu Ghinuccio Avoleo cambiatore di Bologna una pezza di terra aratoria, prativa, boschiva a ginestre e ruinosa di circa 20 tornature posta in Musiano nel luogo detto « Ceredolo », un appezzamento di terra nelle vicinanze di questo boschivo e bedustivo di circa 2 tornature nonchè un'altra pezza di terra pure boschiva e bedustiva posta nello stesso territorio nella località denominata « al ceredo » di 3 tornature di superficie, pel canone annuo complessivo di lire 6 e soldi 10 di bolognini da pagarsi nella festa di S. Bartolomeo del mese d'agosto. Garantiscono i concedenti il libero e pacifico possesso dei terreni concessi, e da parte sua l'enfiteuta per sè e suoi eredi si obbliga a migliorarlo ed usarne da buon padre di famiglia. Nè l'enfiteuta nè i suoi eredi potranno vendere, alienare, dare in dote od in pagamento il loro diritto enfitentico senza il consenso dei concedenti, nè potranno disporne per testamento se non a favore dei successibili che non siano all'infuori dal quarto grado della linea discendentale od ascendentale. Volendo disporne fra vivi dovranno riportarne espressa licenza dall'abate o suoi successori che si riservano un mese di tempo dalla fatta richiesta per dichiarare se intendono acquistarlo nell'interesse del monastero, e nel caso volessero approfittare del loro diritto di prelazione pagheranno 20 soldi di meno di quanto avrebbe dovuto pagare qualsiasi altro acquirente. Della richiesta, dell'accettazione ovvero della

rinuncia dovrà constare da pubblico documento Ricusando il mona
stero di acquistare, potrà l'enfiteuta alienare ad altri col concorso
però e col consenso del concedente abate o de' suoi successori, salvo
sempre il diritto del monastero alla percezione dell'annuo canone ed
alla rinnovazione ogni 29 anni, in tale circostanza verrà corrisposto
al monastero un soldo per ogni lira del prezzo convenuto sui miglioramenti delle dette terre o della loro stima quando questi non
fossero alienati Entro 10 giorni dall'avvenuto trasferimento l'acqui
rente dei miglioramenti dovrà ottenere dall'abbate la rinnovazione
e dovrà pagargli 10 soldi di bolognini Accadendo che non fossero
venduti i miglioramenti e restassero invece presso il conduttore o
i suoi, dovranno questi, compiuti i 29 anni nel termine di sei mesi
rinnovare il contratto di concessione coi patti e colle condizioni contenuti nella presente. Qualora il conduttore fosse in arretrato per
un biennio nel pagamento del canone annuale, alienasse senza la
prescritta licenza i beni conceduti, ovvero scaduti i 29 anni lasciasse
trascorrere sei mesi senza chiedere la rinnovazione del contratto, si
intenderà decaduto dalla concessione, di conseguenza le dette terre
e i loro miglioramenti ritorneranno al monastero, l'abate potrà ri
prenderli, entrare nel loro materiale possesso e disporne liberamente
per autorità propria senza uopo di licenza o mandato di alcun of-
ficiale

Per l'esatta osservanza del contratto le parti obbligano i rispet
tivi beni presenti e futuri e stabiliscono una penale di 100 lire di
bolognini a carico del contravventore

In Christi nomine amen Anno nativitatis eiusdem millesimo quadringentesimo decimo septimo indictione undecima, die nono mensis
iunii

obtenta prius tamen legiptime et solemniter licentia a venera
bili viro domino Iohanneandrea de Calderinis egregio decretorum do
ctore honorando vicario

Actum Bononie in domibus ecclesie sancti Stefani in capitulo
dicti monasterii, presentibus ser Guasparo quondam ser Iohannis de
Bargellinis notario, domino Lodovico quondam Lemi de Pidighano
diocesis suanensis studenti Bononie in iure chanonico, ser Iacobo
quondam Salvolini de Maniclinis notario et Christofaro filio ser Ture
de Bargellinis notario, testibus omnibus ad predicta vochatis adhibitis et rogatis

(L S) Ego Andreas filius ser Guasparis quondam ser Iohannis
de Bargellinis notarii civis Bononie publicus imperiali et comunis au
ctoritate notarius predictis omnibus et singulis interfui et rogatus
predicta scribere ea publice scripsi, subscripsi

CLXXVIIII.

Busta n. 18/4502. Quaderno membranaceo di mm. 203 × 310. — Copia.

Donazione universale mortis causa di Franceschina Salesini ad Ascanio Bentivoglio.

Bologna, 1492, 1 luglio.

Franceschina del fu Nannino Salesini di Bologna vedova di Melchiorre Gualcheri di sua spontanea volontà e pel caso di sua morte ed in contemplazione di questa, dona ad Ascanio di Giovanni Bentivoglio che accetta tutti i suoi beni mobili ed immobili di qualsiasi natura e dovunque situati presenti e futuri, fatta eccezione di lire 200 di bolognini che pure a titolo di donazione causa mortis lascia e dona a Camilla di Pasqualino Pasqualini di Bologna sua serva in remunerazione dei servizi prestati e perchè le siano di dote; vuole altresì eccettuati 300 ducati d'oro, che riserva per sè e suoi eredi per poterne disporre liberamente. Si obbliga la donatrice a tener ferma questa donazione, a non contravvenirvi, a non muover lite al riguardo nè permettere che altri ciò faccia, pena in caso contrario di 300 ducati d'oro a carico suo ed a favore dei donatari oltre la rifazione dei danni e spese. Da ultimo dichiara di rinunciare a qualsiasi eccezione potesse opporre, e sebbene già d'età perfetta, avendo superato i 25 anni, giura sui sacri evangeli la rigorosa osservanza del contratto.

In Christi nomine amen. Anno nativitatis eiusdem millesimo quadringentesimo nonagesimo secundo, indictione decima, die primo mensis iulii. . . . .
Actum Bononie in capella sancte Marie de Mascharella in domo habitationis diete domine Francischine, presentibus venerabili decretorum doctore domino Thoma quondam Georgii de Morenghis de Antignate diocesis cremonensis, Baptista quondam egregii artium et medicine doctoris domini Baptiste de Ranutiis capelle sancti Sebastiani, domino Bartholino de Pedrinis presbitero de plebe Centi bononiensis diocesis, magistro Laurentio filio magistri Iuliani de Ciriolis artium scholare capelle sancte Marie maioris, Antonio quondam Iohannis de Macinatoribus capelle sancti Thome de mercato, Benedicto quondam Balthassaris de Vasellis capelle sancte Marie maioris, domino Carolo quondam Christophori de Gilinis clerico bononiensi et Nicolao eiusdem domini Caroli fratre capelle sancte Marie maioris, qui dominus Thomas et dominus Bartholinus dixerunt et asseruerunt se dominam Francischinam donantem et dominum Aschanium dona-

tarum suprascriptos cognoscere, testibus omnibus ad predicta voca
tis adhibitis et rogatis

(L S) Ego Paganellus quondam Balthassaris de Paganellis civis
bononiensis publicus imperiali et comunis Bononie auctoritate nota
rius predicta omnia et singula pro ut in notis, scripturis et rogatio
nibus infrascripti egregii viri sci Nicolai quondam Iacobi de Fasa
ninis civis et notarii bononiensis de predictis omnibus rogati inveni
ita ea omnia de verbo ad verbum de eius commissione voluntate et
mandato fideliter sumpsi, scripsi et exemplavi et in hanc publicam
et antenticam formam redegi, et in fidem premissorum hic me subscripsi, nomen signumque meum consuetum apposui, scripsi signavi

CLXXX

Busta n 18/4502 Foglio cartaceo di mm 260 × 340 — Originale

Donazione di Camilla Sabatini a Scipione Marescotti dei diritti e delle
azioni che le spettano sopra una casa

Bologna, 1499 29 aprile

Camilla del fu Michele Sabatini moglie di Bartolomeo detto Ber-
gammo da Spezzano diocesi di Modena abitante in Bologna nella
cappella di S Proculo col consenso del detto suo marito che 'dichiara
di rinunciare a qualsiasi pretesa sui diritti infradicendi, per mera li
beralità, indotta da giusti e ragionevoli motivi fa donazione inter
vivos a Scipione figlio del magnifico cavaliere Galeazzo Marescotti
de Calvi di Bologna presente ed accettante per se e per Barbara sua
moglie, Galeazzo e Giovanmmaria suoi figli, di tutte le ragioni di
qualsiasi natura, reali e personali, ipotecarie, civili e pretorie, tacite
ed espresse che ad essa donatrice competono o competere possono « in
una domo cuppata tasellata, curia duobus puteis, orto et aliis superex-
tantibus posita in civitate Bononie in capella sancti Felicis et contrata Lamarum » La donatrice dichiara espressamente di essere stata
e di essere vera proprietaria delle ragioni cedute le quali non ahé
nera ad altri e si obbliga a non far nulla in pregiudizio delle stesse
pena 100 lire di bolognini oltre al rifacimento dei danni e delle spese
il tutto sotto obbligazione de' suoi beni presenti e futuri

MCCCCLXXXXVIIII, indictione secunda, die vigesimo nono men
sis aprilis, tempore pontificatus domini Alexandri pape sexti .

Actum Bononie in studio mei notarii infrascripti, presentibus
Francischo quondam Antonii Albertini Imariolo capelle sancti Pro-

culi qui dixit etc Brunotio quondam Iacobi de Landinis capelle
Sanctorum Petri et Marcellini et Iohannem uti quondam Petriiohannis
de Buccalibus preceptore gramatice dicte capelle   testibus

Rogitus mei Dalfini de Landinis notarii Bononie

MONASTERO DI S. GIACOMO

DI BOLOGNA

PER CURA

DEL DOTTOR LUIGI NARDI

L'Archivio del monistero di san Giacomo dell'ordine degli Eremitani di sant'Agostino in Bologna, ora facente parte dell'Archivio di Stato, comincia dall'anno 1206 e giunge sino al 1796. Consta di n. 133 fra volumi e buste e si compone della serie *istrumenti o contratti* in buste 69, delle *bolle pontificie* dall'anno 1243 al 1691, di *processi* per cause del convento, oltre ad altre carte riguardanti interessi di alcune famiglie. Esso è fornito di indici e repertori e ne fa parte anche un volume detto *Campione del Convento*, che contiene regesti di atti che più interessavano il monistero, cominciando dall'anno 1322 e che si ritiene con ogni probabilità di mano di fra Cherubino Ghirardacci l'autore della Storia di Bologna

CLXXXI

Busta n 1/1607 Pergamena di m 213 × 496 — Originale

Vendita di una casa da Martino Cavalli ed Altabona del fu Guglielmo medico ai frati Eremitani di S Giacomo

Bologna, 1271, 12 gennaio

Martino Cavalli detto Burdigata ed Altabona figlia del fu Guglielmo medico e moglie di Filippino Bevagni vendono in solido a frate Bonifazio eremitano di S Giacomo che accetta nella qualità di procuratore dei frati del convento stesso un « casamentum terre positum in civitate Bononie in amdiona de Bagnardis » per lire 70 di bolognini che sono subito pagate

Garantiscono il pacifico possesso della cosa venduta sotto pena di lire 200 di bolognini e promettono che il marito di Altabona ratificherà l'avvenuto contratto entro quindici giorni da che ne sarà stato informato, di più « cartam eis faciet ad sensum sapientis eorum et secundum cursum et consuetudinem civitatis Bononie » In fine Altabona rinuncia a qualsiasi eccezione potesse opporre pel senato consulto Velleiano « certificata per me notarium de dicto beneficio, quid sit et quid dicat »

Anno Domini millesimo ducentesimo septuagesimo primo, indi ctione quartadecima, die lune duodecimo intrante ianuario Dominus Martinus de Equis cui dicitur Burdigata de capella sancti Donati et domina Altabona filia quondam domini Guillielmi medici et uxor domini Philipini Bevigni in sollidum dederunt .

Actum Bononie in domo dicti d Philipini, presentibus d Alberto de Pizicottis, d Ricardino d Guillielmi procuratore dicte domine, Zanino fornaio, Rolanducio eius servienti et Venturola filio Petri testibus notis et rogatis, in memoriali per d Guill elmum Petri Honeste notarium, qui testes dixerunt se cognoscere contrahentes

(L S) Ego Henricus quondam Maze imperiali auctoritate notarius predictis omnibus presens et rogatus scribere de mandato dictarum partium publice scripsi, subscripsi, signavi

Nello stesso giorno e presenti gli stessi testimoni il predetto procuratore dei frati eremitani di S Giacomo ottiene dai venditori il possesso della cosa acquistata « accipiendo in manibus de terra dicti casamenti confitens et asseverans procuratorio nomine dictorum fratrum illud ex nunc immo et corpore possidere »

(L S) Ego Henricus quondam Maze notarius predicta omnia publice scripsi

<h1 style="text-align:center">CLXXXII</h1>

Busta n 1/1607 Perg di m 230 × 193 — Originale

Giuramento prestato da Giovanni di Guglielmo Moysiaco di non leggere che a Bologna

Bologna, 1287 20 settembre

In nomine Domini amen Anno eiusdem millesimo ducentesimo octuagesimo septimo, indictione quintadecima, die vigeximo septembris. Dominus Iohannes d Guillelmi de Moysiaco catuucensis diocesis qui dixit se velle recipere librum a domino Francisco d Acursii legum doctore et in ipsius d Francisci presentia et d d Zanoldi de Sancto Petro indicis et vicarii d Gerardi de Ioxano potestatis Bononie, iuravit corporaliter ad sancta Dei evangelia tacto libro non regere in sciencia legum in aliqua parte nisi secundum formam statuti comunis Bononie infrascripti, tenor cuius talis est « Statuimus quod quilibet volens regere studium legum Bononie postquam examinatus fuerit et aprobatus ut legat non sinatur regimen incohare nec aliquis doctor legum det ei librum suum sine licencia nisi primo iuret ut actenus iuraverunt, quod de cetero in aliqua terra non legat scolaribus scientiam legalem nisi Bononie, et ita iuret legere, et potestas teneatur dare operam quod hec iuramenta predicto modo fiant coram se vel uno ex indicibus suis et de hiis iuramentis fiant publica instrumenta per notarium apud massarium comunis Bononie Idem dicimus quod domini legum non debeant dare operam ut scolares in alia civitate debeant morari, nec in hoc consilium nec adiutorium prestabunt, imo debeant curare quod Studium bona fide in hac civitate augeatur et quod illi domini legum dent debeant consilium potestati et indicibus comunis Bononie et rectoribus qui pro tempore fuerint cum ab eis petierint, et hoc iurent atendere et observare et de predictis iuramentis fiant publica instrumenta in libris comunis Bononie. »

Actum Bononie in pallatio comunis Bononie, presentibus d. Francisco d. Petrizoli de Blancuciis, d. Vasallo Iohannis, d. Paulo de Asculi, d. Giraldo quondam Rustigelli et d. Petro d. Uguicionis de Banbaiolis notario testibus de hiis vocatis et rogatis.

(L. S.) Et ego Bencevenne filius quondam Iacobi de Saliceto imperiali auctoritate notarius et nunc notarius ad discum d. potestatis pro communi Bononie predicto iuramento interfui et predicta de mandato dicti indicis publice scripsi, subscripsi, signavi.

Citato dal GHIRARDACCI, *Historia di Bologna* Vol. 1° pag. 275, e dal SARTI, *De claris* etc. 1-267.

CLXXXIII.

Busta n. 1/1607. Perg. di mm. 220 × 510. — Originale.

Vendita di terreni dall' abate del monastero di Montepiano ad Andrea del fu Gennaro da Bologna.

Bologna, 1294, 10 febbrajo.

Lunghe e dispendiose liti furono dibattute tra il monastero di Montepiano nella diocesi di Pistoia e Spinello figlio del fu conte Alessandro da Magone per la proprietà di fondi e case siti nella terra di Casio ritenuti da prima dallo Spinello, ed ora, in seguito a transazione, ritornati in possesso del monastero predetto.

Per procurarsi il denaro necessario a soddisfare i molti debiti che a causa di codeste liti il monastero aveva dovuto incontrare, in difetto di mobili, Filippo abate del monastero stesso debitamente autorizzato vende ad Andrea del fu Gennaro della cappella di S. Lorenzo di porta Stiera di Bologna una pezza di terra di due tornature posta nella guardia di Bologna nella contrada di S. Paolo di Ravone. Il prezzo, in lire 65 di bolognini, è pagato dal compratore alla presenza dell' abate e per mandato di lui a Gerardo Benis speziale da Firenze ora dimorante in Bologna, il quale ebbe già a pagare al sopradetto Spinello per conto del monastero lire 200 di bolognini in occasione della transazione sopra citata. Si garantisce dall' abate venditore il pacifico possesso del terreno venduto e pel caso di evizione è stabilita la pena del doppio prezzo convenuto.

In Dei nomine amen. Anno eiusdem millesimo ducentesimo nonagesimo quarto, indictione septima, die decimo mensis februari . . . . Actum Bononie in domo hospitalis sancti Petri, presentibus domino Bonincuntro decretorum doctore, d. Ricardo de Busolaria notario,

d Spinello d comitis Allexandri, Ducio d Caze, Petrino d Bonacuixii
de Mangone et Rustighino Ugolini qui dixit se cognoscere partes,
testibus vocatis et rogatis

(L S) Ego Petrus Michaelis de Fum imperiali auctoritate notarius predictis omnibus presens rogatus scribere scripsi, subscripsi

CLXXXIV

Ivi

*Promessa dell'abate del monastero di Montepiano di ottenere la ratifica
per parte dell'abate maggiore di Vallombrosa al precedente contratto*

Bologna, 1294 10 febbraio

Filippo abate del monastero di Montepiano nella diocesi di Pistoia,
debitamente autorizzato dal capitolo del convento stesso, promette con
giuramento che farà di tutto a che Valentino abate maggiore del
monastero di Vallombrosa od il successore di lui approvi e ratifichi
il contratto di compra-vendita, concluso tra esso Filippo ed Andrea del
fu Gennaro, di un appezzamento di terra posto in Bologna nella contrada di S Paolo di Ravone Pel caso di contravvenzione e convenuta
la pena del doppio prezzo di vendita nonché la rifusione dei danni
e delle spese a carico del monastero venditore

Anno Domini millesimo ducentesimo nonagesimo quarto, indictione
septima, die decimo mensis februarii

Actum Bononie in domo hospitalis sancti Petri, presentibus d
Bonmenutro decretorum doctore, d Ricardo de Busolaria notario, d
Spinello d comitis Allexandri, Ducio d Caze, Petrino d Bonacuixii
de Mangone et Rustighino Ugolini qui dixit se cognoscere partes,
testibus vocatis et rogatis

(L S) Ego Petrus Michaelis de Fum imperiali auctoritate no
tarius predictis omnibus presens rogatus scribere scripsi

CLXXXV

Busta n 1/1607 Perg di mm 180 × 350 — Originale

Divisione tra Filippo e Benvenuto fratelli Grogni del fu Gabriele

Bologna, 1297 3 ottobre

Venuti i fratelli Filippo e Benvenuto Grogni del fu Gabriele da
Bologna nella determinazione di dividere alcuni beni posseduti in co-

mune ne fecero due parti; alla prima assegnarono 22 tornature e mezzo nonchè 6 tavole di una pezza di terra della complessiva superficie di 45 tornature posta nella curia di Dugliolo e 4 tornature ed un terzo di tornatura più 14 tavole di altra pezza di terra aratoria misurante in totale 8 tornature un terzo e 15 tavole parimenti sita nella curia di Dugliolo, e questa prima parte venne attribuita a Filippo che di essa si disse contento. Alla seconda parte assegnarono le restanti tornature della pezza di terra di 45 tornature sita in Dugliolo nonchè la rimanenza dell'altra pezza di terra aratoria di 8 tornature posta pur essa nella predetta curia di Dugliolo e questa toccò a Benvenuto che a sua volta si disse tacitato e contento.

In relazione a questi assegni si promisero reciprocamente i condividenti la pacifica manutenzione dei rispettivi lotti pena 200 lire di bolognini al contravventore.

In nomine Domini amen. Anno eiusdem millesimo ducentesimo nonagesimo septimo, indictione decima, die tercio octubris. . . .

Actum Bononie in domo dicti d. Philippi, presentibus magistro Galvano medico quondam Alberti Zanchari, Violo quondam d. Iohannis, Iacobo quondam domini Bertholomei Trivillini et Gabriele de Calbamatonibus qui asseruit cognoscere contrahentes testibus vocatis.

(L. S.) Ego Belloctus quondam Iacobini Bellocti imperiali auctoritate notarius predictis omnibus presens interfui et predicta rogatus scribere publice scripsi, subscripsi, signavi.

CLXXXVI.

Busta n. 2/1608. Perg. di mm. 285 × 800. — Originale.

Lodo di Domenico cappellano di S. Pietro Maggiore di Bologna e di Ubaldino giudice nella vertenza tra i frati eremitani di Bologna e l'ospedale di « Ralta ».

Bologna, 1302, 23 ottobre.

I frati eremitani di S. Agostino di Bologna da una parte e Giovanni di Gerardo Bonacosa rettore dell'ospedale di Ralta dall'altra pretendevano ciascuno per suo conto aver diritto alla proprietà di una pezza di terra vineata posta nella guardia di Bologna nel luogo detto Formica. I frati poi si lagnavano che, mentre essi la possedevano ne fossero stati con violenza spogliati da uomini armati ivi messi dal predetto Giovanni, i quali si appropriarono anche i frutti consistenti in due castellate d'uva. In questo stato di cose le parti con-

tendenti convennero di deferire ad arbitri amichevoli compositori il
giudicare a quale di esse spettasse la proprietà del fondo controverso.
Si accordarono nelle persone di Domenico cappellano di S Pietro
e di Ubaldino da Sala giudice Gli arbitri, sentite le difese delle parti
ed esaminati gli atti rispettivamente prodotti, sentenziarono spettare
la proprietà dell'indicata pezza di terra ai frati eremitani in forza del
testamento del fu Nicola Albaro ultimo proprietario del predetto terreno, ciò perche egli aveva disposto che tutti i suoi beni dopo la morte
di Agnesina sua moglie e dopo quella di suo figlio Giacomo, ove fosse
deceduto senza prole, si distribuissero e spendessero in suffragio del
l'anima sua a cura del priore pro tempore dei frati eremitani fra i
poveri di Cristo a scelta del priore stesso Essendo il detto Giacomo
morto senza discendenti, ed avendo frate Nicola già priore di S Gia
como di Savena eletto i frati eremitani siccome poveri di Cristo e
ad essi assegnato i beni del testatore per sopperire alle loro necessità e per provvedere alla fabbrica della loro chiesa, gli arbitri sentenziarono che i detti frati si dovessero considerare quali eredi di
Nicola Albaro Di conseguenza essi ordinarono la restituzione a
costoro del terreno, nonche delle due castellate d'uva asportate ov
vero del loro prezzo in ragione di soldi quaranta l'una, comminando
in caso di disobbedienza le pene stabilite nell'atto di compromesso

In Christi nomine amen Nos presbiter Dominicus capellanus ec
clesie maioris Bonomie S Petri et Ubaldinus quondam domini fratris Deolai de Sala judices electi . .
Latum et pronuntiatum fuit dictum laudum arbitramentum seu
sententiam aut declarationem in coro ecclesie sancti Petri maioris
Bonomie per dictos arbitros sedentes pro tribunali Sub millesimo tre
centesimo secundo, inductione quintadecima, die vigesimo tercio octu
bris, presentibus presbitero Petro sacristano ecclesie sancti Petri
maioris Bonomie, Guilhelmo quondam d Gerardi medici, magistro
Bartholo quondam Filipi de Mu[tina], Simone quondam Gillinci de
Tuderto, Iacobucio quondam Bonifacii et Laurentio quondam Rolandini de Paglanis testibus vocatis et rogatis Presentibus fratre Petro
sindico prioris, capituli et conventus ordinis fratum heremitarum de
Bononia et fratre Thomaxino priore dicti ordinis et absente tamen
Iohanne Gerardi et Francisco d Dominci Mascaronis eius curatore
tamen legiptime citatis ad hanc sententiam sive laudum audiendum
(L S) Ego Azolinus d Petri Montanari imperiali auctoritate
notarius his omnibus interfui et de mandato, consensu et voluntate
dictorum arbitrorum rogatus scripsi et in publicam formam redegi,
subscripsi, signavi

CLXXXVII.

Busta n. 2/1608. Perg. di mm. 508 × 672. — Copia.

Donazione di Alberto Galluzzi arciprete a favore degli Eremitani di
S. Agostino.

Bologna, 1302, 12 novembre.

Ad onore e gloria di Dio, della beata vergine Maria e dei santi
Agostino e Giacomo suoi patroni e per remissione dei peccati suoi
e di quelli dei suoi maggiori, Alberto del fu Gerardo Galluzzi arciprete di S. Lorenzo in collina diocesi di Bologna dona in via irrevocabile ai frati eremitani di S. Agostino del convento di S. Giacomo
di Bologna, pei quali accetta, debitamente autorizzato, frate Nicola Bosio priore del convento stesso « unam tombam cum pischariis, domibus
columbaria positis in dictà tunba » situata nella guardia di Bologna
nel luogo detto santo Bertullo da Reno. Riserva a suo favore l'usufrutto relativo finchè vivrà e vieta espressamente ai donatari qualsiasi
alienazione dei beni donati, e qualora contravvenissero vuole siano tutti
devoluti a favore dei padri del convento dei frati minori di Bologna;
contravvenendo ancor questi al divieto di alienare sostituisce ad essi
i padri predicatori di Bologna, e nel caso da questi ultimi pure si
contravvenisse vuole che tutti i beni oggetto della donazione perven-
gano ai Templari ed agli Spedalieri. Dispone che quattro sacerdoti ed
altri quattro frati del convento celebrino quotidianamente ed in perpetuo i divini uffici in suffragio dell'anima sua, de' suoi maggiori e
di quelle persone dalle quali indebitamente ebbe alcun che. Vuole
inoltre che nel giorno anniversario di sua morte sia posto nel messale della chiesa di san Giacomo il suo nome e che una lapide venga
murata pubblicamente nel luogo donato per ricordare ai posteri il dona-
tore e la donazione; ordina pure la celebrazione degli anniversari con
messe ed altre funzioni solenni. In fine si riserva di apportare alla
donazione quelle modificazioni che reputerà opportune.

Anno Domini millesimo trecentesimo secundo, indictione quintadecima, die duodecimo mensis novembris, pontificatus domini Bonifacii pape octavi. . . .

Actum Bononie in claustro sancti Ysaie, presentibus d. Rolandino
d. Guidonis Belvixii doctore decretorum, d. dopno Gerardo capelano
ecclesie sancti Ysaie predicte qui se aserit chognoscere partes predictas et d. dopno Agnelo monacho monasterii de Felonicha mantuane
diocesis, d. fratre Paulo dicti ordinis Heremitarum, fratre Petro can-

tore de dicto ordine, Alberto Ubertini et Nicolao quondam d Rainerii testibus ad hec vocatis et rogatis

(L S) Ego Guido quondam Lanzaloti quondam d Guidonis Taraffi imperiali auctoritate notarius ut in rogation.bus quondam Rustighani quondam Martelini notarii inveni ita fideliter autentichavi et in forma publica redegi ex auctoritate michi concessa a comuni Bononie ex reformatione consilii octinzentorum et populi scripta manu d Albertinelli de Alberghis notarii et signum meum aposui

CLXXXVIII

Busta n 2/1608 Perg di mm 440 × 180 — Originale

Testamento di Tarsia Martelli del fu Nicola

Bologna, 1310, 25 gennaio

Tarsia del fu Nicola Martelli della cappella di S. Lorenzo di porta Stiera di Bologna, non volendo morire senza prima aver disposto delle cose sue, col presente testamento noncupativo dopo ordinati di versi legati a favore di chiese, luoghi pii ed ospedali, sacerdoti ed altre persone, lascia al convento dei frati eremitani di S. Giacomo di Bologna una pezza di terra aratoria e vineata di 14 tornature circa con due medali sopra costrutti posta nella curia di Casadia nel luogo detto « Vado de Biatrixe » perchè coi redditi di essa provvedano al l'apparato dell'altare di S Maria Maddalena nella loro chiesa, nonche all'ornamento dell'altare maggiore della chiesa stessa per quanto sarà necessario alla celebrazione dei divini uffici Vieta al convento legatario l'alienazione del detto terreno, disponendo che ove questo contravenisse, esso passi ai padri predicatori di S. Domenico di Bologna

Deputa suoi esecutori testamentari il priore pro tempore della chiesa di S Giacomo degli eremitani, frate Franceschino da Reggio eremitano maestro Giacomo del fu Rolandino medico ed Alberto del fu Grazia notaio

Eredi universali in fine nomina i poveri di Cristo lasciando la scelta degli stessi ai detti suoi esecutori « escludendo penitus Templerios Hospitalicios et Allamannos ab hereditate predicta »

In nomine Domini amen. Nativitatis eiusdem anno millesimo trecentesimo decimo, inditione octava die dominico vigesimo quinto mensis ianuarii

Item legavit domino magistro Iacobo medico filio quondam magistri Rolandini decem libras bononinorum.

Comisit autem predicta omnia et singula solvenda et exequenda priori . . . . et domino magistro Iacobo medico. . . .

Actum Bononie in domo prefate domine Tarsie testatricis . . . .

(L. S.) Ego Bombolognus Lamberti Barrabani Bononie civis imperiali auctoritate notarius predictis omnibus interfui eaque rogatus publice scripsi mandato dicte domine Tarsie testatricis subscripsi, signavi.

CLXXXIX.

Busta n. 2/1608. Perg. di mm. 590 × 630. — Originale.

Testamento di Napoleone Clarissimi.

Bologna, 1311, 5 nevembre.

Elegge a sua sepoltura la chiesa di S. Stefano di Bologna e per le spese relative si rimette a' suoi esecutori testamentari. A titolo di legato lascia una pianeta di seta alla chiesa di S. Giacomo degli Eremitani e soldi 10 di bolognini alla cattedrale pei lavori di restauro. Dispone in seguito altri legati a favore di diverse persone, e tacitata la figlia e la moglie nomina eredi universali in parti eguali fra loro i suoi figli Giacomino detto Mino e Guglielmo. Ordina da ultimo che il suo testamento rimanga segreto e venga per l'opportuna custodia depositato nella sacristia della chiesa di S. Giacomo degli Eremitani di Bologna.

In Christi nomine amen. Nativitatis eius anno millesimo trecentesimo undecimo, indictione nona, die quinto mensis novembris. . .

Item prelegavit Guillielmo filio suo domum unam que est ex opposito dicte domus Bononie in dicta capella iuxta ipsum condentem et iuxta´ viam que fuit olim magistri Cambii medici. . . .

Actum Bononie . . . .

(L. S.) Ego Michilinus Zambonini notarii imperiali auctoritate notarius predictis omnibus interfui et ea rogatus dicti iussu condentis publice scripsi.

CXC.

Busta n. 2/1608. Perg. di mm. 380 × 575. Originale.

Vendita di una casa e parti d'altra casa dai fratelli Brici al convento di S. Giacomo di strada S. Donato di Bologna.

Bologna, 1312, 4 gennaio.

Benvenuto detto Cavalerió e Sima fratelli figli di Michele del fu Geminiano Brici, Benvenuto col consenso e l'assistenza del suo spe-

ciale curatore, vendono a frate Pietro procuratore del convento e
dei frati Eremitani di S Giacomo di Bologna una casa e due parti
di un'altra casa con balcone e corte posseduta pro indiviso col convento stesso poste entrambe in Bologna nella cappella di S Cecilia,
pel prezzo di lire 200 di bolognini che viene subito pagato dal predetto frate Pietro con denari di ragione del monastero come egli
asserisce. Garantiscono il pacifico possesso delle case vendute pena il
doppio del prezzo stabilito e Benvenuto, essendo minore dei 25 anni,
giura sui sacri vangeli di rinunciare a qualsiasi eccezione potesse in
seguito opporre

A norma degli statuti presenzia a quest'atto il giudice del pode
stà per la necessaria autorizzazione.

Anno Domini millesimo trecentesimo duodecimo, indictione decima, die martis quarto mensis ianuarii . .

Actum Bononie in palatio novo comunis eiusdem, presentibus
dominis Bartholomeo quondam magistri Bonsignoris medici, Petro
d Ugolini de capella sancte Marie de Turlionibus, Adhegherio filio
d Thomacis de Cantone notario . . testibus vocatis et rogatis
ad hec

(L S) Ego Bombolognus Lamberti Barnabani imperiali auctoritate notarius predictis omnibus interfui eaque rogatus publice scri
psi, subscripsi, signavi

CXCI

Busta n 1/1607 Pergamena di m 280 ✕ 500 — Originale

*Lodo di Paolo de Liazari dottore di decreti nella sentenza tra i frati
eremitani di S Giacomo e diversi parrochi di Bologna*

Bologna 1317-1356

In Christi nomine et beate Marie semper virginis amen Thema
super quo petitur conscillium est tale, videlicet quod fratres here-
mitani ex parte una et quidam canonici ex parte altera in anno Domini millesimo ducentesimo octagesimo secundo fecerunt unum com
promissum in arbitratorem de sepulturis penitencis et quibusdam
aliis presertim quibusdam iuribus parochialibus, et inter cetera promiserunt stare laudo dicti arbitratoris a[d]iecto vel adiectis causis infrascriptis videlicet quod non possint restitucionem in integrum in
totum vel in partem petere nec exceptionem aliquam vel privillegium
indulgentiam vel literas appostolicas vel legatorum eius vel alicuius
superioris, set penitus et expresse renumptiant omnibus et singulis

exceptionibus, privillegiis et indulgentiis et literis quibuscumque per quas possent effectum vel observantie predictorum impediri alliquantum vel differri et promisserunt etiam non impetrare per se vel allium literas appostolicas vel legatorum eius vel allicuius superioris contra predicta vel alliquod eorum, renumptiantes ex nunc expresse literis, privillegiis et indulgentiis impetratis et impetrandis et que impetrari possent contra ea vel alliquod eorum. Qui arbitrator inter cetera pronumptiavit in hunc modum videlicet: Item volumus, precipimus et mandamus, arbitramur et diffinimus quod quandocumque contingerit alliquem parochianum ecclesiarum . . . . elligere sepulturam apud predictum locum predictorum fratrum, de omnibus hiis que fratres habuerint vel receperint per se vel allium a predicto parochiano defuncto in die qua sepultus fuerit occaxione et ratione illius funeris, medietatem illi capelle et capellano de qua capella defunctus fuerit adsumptus dabunt, restituent et consignabunt bona fide sine fraude. Si autem predictus parochianus defunctus qui sic apud locum et fratres predictos ellegerit sepulturam fuerit de parochia maioris Bononie ecclesie vel alliarum . . . . . tunc de omnibus illis que predicta die sepulture ratione vel occaxione illius funeris predicti fratres receperint per se vel per allium, quartam partem dabunt et consignabunt bona fide et sine dollo et fraude illi capelle et capellano de qua assumptus parochianus fuerit.

Post hec emanavit constitucio Bonifacii que incipiebat « super chatreda », hodie incipit dudum de sepulture indemnitate, in qua declaratur quod curati de funeralibus solvant quartam partem et infra ponitur talis clausola, videlicet: ultra porcionem autem huiusmodi nil valleant parochiales rectores curati exigere, neque illis amplius fratres inpendere sint astricti etc. Et postea submictit universa privillegia gracias verbo vel scripto sub quacumque forma seu exspressione vel conceptione verborum a nobis etc. Et infra submictit: nec non consuetudines, conventiones, statuta et pacta in quantum fuerint premissis vel allicui premissorum contraria, ea penitus revocamus, vacuamus, cassamus et irritamus, quin ymo capsa, vacua et irrita numptiamus et nullius prorsus existere firmitatis.

Modo queritur, utrum predicti fratres teneantur solvere porcionem funeralium secundum formam dicti arbitramenti in quantum est contra constitucionem prefatam, et satis videtur de jure dicendum set servari debeat thema constitucionis predicte, hoc potissime patet ex verbis constitucionis prefate ubi revocat statuta, conventiones et pacta contraria, set negari non potest quod dictum arbitratoris non est sentencia set quedam conventio, pactum seu transactio ut patet et notat Io[hannes] in autentica ut dife. Indices § 1. C. de contrahenda emptione l. 1. et insti. eodem. ti. § precium.

Adhuc melius probatur de jure jurando Quintavallis, ubi de hoc plene per Inno. Et si dicatur quod verba constitucionis generalia non tollunt specialia pacta, de constitucionibus c. 1 li. VI: Respondendum est quod quando generale omnia sub generalitate comprehensa simul et universaliter continet, non habet locum obiectio, et breviter quociens verba derogatoria prolata sunt ab eo qui derogare potest et de eius vollumptate apparet quod derogare intendit, illi standum est, et tunc fallit regula: generi per speciem etc. De hoc: de heret. sicut de ellec. cum non deceat et c. quia sepe li. VI. et de sententia exc. c. in fine, in clericis Iiuris patronatus de capell. monach.... uno, de etate et qualitate ut hii qui, cum infinitis similibus. Nec obstat etiam si dicatur quod constitucio super chatredam loquitur de predicatoribus et minoribus, quia per privillegium Bonifacii octavi totaliter quo ad omnia extenditur ad fratres heremitas ordinis sancti Augustini, et sic idem et de eis est dicendum.

Sic dico et consulo ego Paulus de Liazaris doctor decretorum faciens sigillum meum consuetum apponi.

(Il sigillo manca, resta parte della cordella cui era appeso).

CXCII.

Busta n. 3/1609. Perg. di mm. 230 × 298. — Originale.

Locazione di terreni da maestro Tranchedo e Biagio Magnavacca a Gasparino del fu Gasparino.

Bologna, 1318, 3 dicembre

Maestro Tranchedo del fu Prudentino e Biagio del fu Domenico Magnavacca concedono in affitto a Gasparino del fu Gasparino da Bologna una pezza di terra aratoria di 11 tornature posta nella guardia di S. Marino nel luogo detto « la ca' dei Fabbri sive Runchi ». Il contratto durerà cinque anni e frattanto il conduttore pagherà un canone annuo di lire 14 di bolognini, metà nella pasqua di risurrezione e metà nella festa della Madonna d'agosto.

Detto canone spetterà per due parti a maestro Tranchedo e per una terza parte a Biagio del fu Domenico. Il conduttore si obbliga a mantenere in buono stato il terreno locato per tutto il tempo dell'affitto ed i locatori a lor volta gliene garantiscono il pacifico possesso. Venendo meno alcuna delle parti alle obbligazioni assunte sottostarà alla pena del doppio del canone stabilito e dovrà pagarla entro 15 giorni dall'avvenuta infrazione.

In Christi nomine amen Anno eiusdem millesimo trecentexmo
decimo octavo, indictione prima, die tercio mensis decembris

Magister Tranchedus quondam Prudentini de Partibus Romanis
et nunc moratui Bononie

Actum Bononie sub porticu domus dicti Guasparini, presentibus
Burniolo fratris Lanzaloti de Busclutis capelle sancti Martini de Aposa,
Iohanne Benincase capelle sancti Vitalis, Domenico Iacobi capelle
sancte Marie de Maschaiella, Bonazunta Meicati eiusdem capelle et
magistro Zeno quondam Romei de Florencia scolati Bononie et ego
Philippus notarius infrascriptus aserui me cognoscere contrahentes
testibus adhibitis, vocatis et rogatis

(L S) Ego Philippus filius Iohannis Perini imperiali auctoritate
notarius predictis interfui et rogatus scribere publice scripsi, meoque
signo et nomine roboravi

CXCIII.

Busta n 3/1609 Perg di mm 295 × 160 Originale

*Donazione di terreni di maestro Tranchedo al convento dei frati eremi
tani di S Giacomo di Bologna*

Bologna, 1319, 18 gennaio

Maestro Tranchedo del fu Prudentino « de Partibus Romanis »
attualmente dimorante in Bologna nella cappella di S Martino
d'Aposa, dona in via irrevocabile al convento dei frati eremitani di
S Giacomo di Bologna pel quale accetta frate Simone procuratore spe
ciale, due parti di una pezza di terra aratoria di 11 tornature posta
nella guardia di S Marino nel luogo detto Ca' de' Fabbri o i Ronchi,
da esso Tranchedo posseduta pro indiviso con Biagio del fu Domenico
Magnavacca not no con tutti i diritti inerenti, riservito a proprio favore
l'usufrutto relativo finché vivrà In corrispettivo di questa donazione,
frate Simone nella detta sua qualità di procuratore, promette che un
frate sacerdote celebrerà in perpetuo la messa all'altare del beato
Agostino Magnavacca posto nella loro chiesa di S Giacomo in suf
fragio dell'anima del donante, de' suoi maggiori e benefittori È vie
tata in perpetuo l'alienazione del terreno donato pena la decadenza
dalla donazione e la sostituzione dei frati serviti residenti in san Pe
tronio ai donatari Nel giorno in cui si percepiranno le rendite del
detto terreno dovranno i frati eremitani celebrare una messa con
ventuale e tutti i frati sacerdoti del convento saranno tenuti a cele
brare messa in suffragio dell'anima del testatore, de' suoi antenati e
parenti nonché dei defunti dell'ordine Qualora il donante intendesse

vestire l'abito agostiniano, i donatari dovranno riceverlo nel loro convento di Bologna, tenervelo e prestargli quelle cure che si prestano agli altri confratelli derogandosi in proposito a qualunque contraria consuetudine dell'ordine tanto esistente quanto futura. Per l'esatta osservanza degli obblighi rispettivamente assunti maestro Tranchedo obbliga tutti i suoi beni presenti e futuri e frate Simone quelli presenti e futuri dei frati del capitolo e del convento. A carico del trasgressore è convenuta la pena del doppio valore di stima del terreno donato.

In Christi nomine amen. Nativitatis eiusdem anno millesimo trecentesimo decimo nono, indictione secunda, die decimo octavo mensis ianuarii.

Actum Bononie in pallatio veteri dicti comunis ad discum aquile, in presentia discreti viri d. Aldrovandini de Ascheriis de Regio iudicis et assessoris ad discum aquile nobilis militis d. Guidonis de Camilla de Ianua potestatis Bononie pro tribunali sedentis in dicto pallatio ad discum aquile, qui suam auctoritatem et decretum et comunis Bononie interposuit eidem donationi et omnibus et singulis suprascriptis, presentibus d. Bruniolo d. Petri quondam d. Bolognini de Baxacomatibus qui dixit noscere contrahentes predictos, d. Azone quondam Boniohannis Ramenghi, magistro Zono quondam Romei de Florentia, Vinciguerra Iacobini Zacharie medici, Bernardino Petri Alberti notario rogato et specialiter adhibito a dictis contrahentibus ut dicte donationi se subscribat Donato Federici et Alberto Casalis et Iacobo de Gambaldis notario testibus vocatis et rogatis.

(L S) Ego Iacobus Alberti Martelli imperiali auctoritate notarius predictis interfui et rogatus ea publice scripsi et subscripsi.

CXCIV.

Busta n. 3/1609 Perg. di mm 257 × 392 — Copia

Promessa di pagamento rilasciata da Bonaventura del fu Giacomino Fabbri e da Cecilia già moglie del detto Giacomino a favore di Alberto Conoscenti

Bologna, 1319, 17 febbraio

Maestro Bonaventura del fu Giacomino Fabbri medico e Cecilia del fu Bulgaro già moglie di maestro Giacomino entrambi della cappella di S. Andrea de' Platisii di Bologna, ciascuno per sè ed in solido fra loro promettono ad Alberto del fu Tomasino Conoscenti di Bologna di pagare a lui o a suoi eredi e successori L. 10 di veneziani grossi d'argento buono e di giusto peso nel termine di un mese nelle città di Bologna, Ferrara, Imola, Faenza, Modena, Parma, Firenze, Siena od in quella qualunque altra città o luogo ch'egli o i suoi credi stabiliranno, « et hoc nominatim pro precio et nomine precii in summa ducentarum libr bon quas ex causa emptionis » gli debbono Scorso il termine suddetto senza che il pagamento sia stato effettuato dovranno i debitori entro tre giorni portare alla casa di lui in Bologna tanti pegni d oro e d'argento che equivalgano il suo credito in un colle pene, spese ed interessi relativi sotto pena di 300 lire di bolognini da pagarsi entro otto giorni Promettono inoltre di rifondere al creditore i danni e le spese tutte giudiziali e stragiudiziali all'uopo obbligano tutti i loro beni presenti e futuri, mobili ed immobili Di piu vogliono trasferito al detto Alberto il possesso di tutti i beni da essi posseduti, per modo che in caso di inadempienza agli obblighi contrattuali egli possa, senza intervento di giudice, venderli alienarli o ritenerli per se al giusto prezzo in rifazione dei danni e spese Da ultimo rinunciano a qualsiasi eccezione potessero opporre al riguardo

In Christi nomine amen. Anno Domini millesimo trecentesimo decimo nono, indictione secunda, die decimo septimo mensis februarii Magistei Bonaventura quondam d Iacobini Fabri medicus

Actum Bononie in domo dicti domini Alberti presentibus . .

(L S) Ego Michael quondam Bertholomei Michaelis Addami imperiali auctoritate notarius ut vidi in rogationibus dicti ollim mei patris notarii ex comissione et licentia mihi concessa per reformationem conscillii octingentorum et populli scriptam manu Jacobi Mathey Bonvixini notarii ad discum domini potestatis, scripsi et in publicam formam redegi et secundum modum dicti mei patris notarii autenticavi et scripsi, subscripsi, signavi

CXCV

Busta n 3/1609 Perg di mm 392 × 358 — Originale

Donazione di una casa di Migliore del fu Pellegrino al convento de' frati eremitani di Bologna

Bologna, 1319, 6 luglio

Migliore figlia del fu Pellegrino vedova di Bonacosa della cappella di S Cecilia di Bologna personalmente costituita avanti il giudice ed assessore del podestà e da questo autorizzata, dona in via irrevocabile a frate Bentivegna Manelli degli Eremitani di Bologna, che accetta nell'interesse de' suoi confratelli, una casa posta in Bologna nella detta cappella di S Cecilia nella contrada del Paradiso E questa donazione fa a patto che l'usufrutto della casa stessa spetti per intero al predetto frate Bentivegna finche vivrà, e dopo la morte di lui ad essa donatrice vita sua naturale Non dovranno i donatari recar molestia alcuna a frate Bentivegna nel godimento di questo usufrutto, ed ove cio facessero li dichiara decaduti dalla donazione e loro sostituisce la mensa vescovile di Bologna Garantisce da ultimo il pacifico possesso dello stabile donato pena il doppio del valore di stima del medesimo ed obbliga all'uopo tutti i suoi beni presenti e futuri

In Dei nomine amen Anno eiusdem millesimo trecentesimo decimo nono indictione secunda, die sexto iulii .

Actum Bonomie in sala pallatii a latere domini potestatis ubi ius redditur presentibus d magistro Iacobo magistri Rodulfi me dici

(L S) Ego Pax quondam Iacobi Zacharie medici imperiali auctoritate notarius predictis omnibus presens rogatus publice scripsi, subscripsi

CXCVI

Busti n 4/1610 Perg di mm 250 × 440 — Originale

Transazione tra il comune di Castel de' Britti ed i frati eremitani di Bologna

Bologna, 1323, 28 febbrajo

Per dirimere le questioni vertenti tra il comune di Castel de' Britti che sosteneva incombere ai frati eremitani il pagamento delle collette imposte dal comune di Bologna in dipendenza dell'estimo dei relativi contadini, ed i frati stessi che negavano d'esser tenuti a tale prestazione, frate Lambertino priore degli Eremitani del convento di Bologna e frate Severo converso del convento stesso pagano in via di transazione a Giovanni sindaco del comune di Castel de' Britti 10 lire di bolognini Questi ne accusa ricevuta e dichiara a nome del predetto comune di liberarli dall'obbligo di pagare le collette stabilite e le altre che saranno imposte pel futuro dal comune di Bologna e da quello di Castel de' Britti sugli estimi dei fumanti Conseguentemente si obbliga a tenerli sollevati da qualsiasi molestia relativa alle dette collette, sotto pena di 25 lire di bolognini

In Dei nomine amen Anno eiusdem millesimo trecentesimo vigesimo t[ercio] ultimo mensis februarii

Actum Bononie in capitulo dictorum fratrum heremitarum, presentibus magistro Castellano medico quondam Ingrami, magistro Francisco medico eius nepote. . . . . testibus vocatis.

(L. S.) Ego Pax quondam Iacobi Zacharie medici imperiali auctoritate notarius predictis presens rogatus publice scripsi.

CXCVII.

Busta n. 4/1610. Perg. di mm. 366 × 670. — Originale.

Vendita di terreni da Bartolomea Pasquali ad Avenante già moglie di Ardizone di Gerardo.

Bologna, 1327, 21 marzo.

Bartolomea detta Bartolina Pasquali di Bologna assistita dal suo speciale curatore, autorizzata dal giudice del podestà e col consenso del proprio marito, vende ad Avenante figlia del fu Domenico una pezza di terra aratoria, con una casa, forno e pozzo non murato, posta in Cadriano nel luogo detto Bellixio della superficie di 12 tornature meno 42 tavole pel prezzo di L. 18 di bol. la tornatura e così per complessive L. 210 e soldi 15 di bol., che la venditrice riceve in presenza del notaio e dei testimoni, dichiarandosi tacitata e contenta.

Rinuncia a qualsiasi eccezione potesse in seguito opporre; ed a garantire il pacifico possesso del terreno venduto obbliga tutti i suoi beni presenti e futuri. Pel caso di evizione si assoggetta alla penale del doppio prezzo nonchè alla rifusione dei danni e delle spese.

In Dei nomine amen. Anno eiusdem millesimo ducentesimo vigesimo septimo, indictione decima, die vigesimo primo mensis marcii. Domina Bartolomea dicta Bartolina adulta filia quondam d. Iohannis olim Dominici Pasqualis et uxor Dominici . . . .

Actum Bononie super sala pallacii novi comunis Bononie . . . . presentibus d. Egidio filio quondam Rolandi de Fuscarariis legum doctore, Bitino quondam Azolini de Monterenzoli, Michilino eius filio, Iohanne d. Michaelis de Unzola notario . . . .

(L. S.) Ego Vinciguerra quondam Iacobini Zacharie medici imperiali auctoritate notarius predictis omnibus presens interfui et rogatus scribere publice scripsi, subscripsi.

14

CXCVIII

Busta n 4 1610 Perg di mm 154×520 — Originale

Testamento di Comaccino Formaglini

Bologna, 1327, 13 agosto

Comaccino del fu Rolandino Formaglini cittadino di Bologna della cappella di S Maria di Torleone, proclamata l'opportunità di disporre in tempo utile delle sostanze proprie, col presente testamento vuole anzitutto che a suffragio dell'anima sua siano erogate per diversi anni, a cura e dettame de' suoi esecutori testamentari, nella celebrazione di messe ed in sollievo dei poveri, i fitti di un prato di sua ragione posto nella curia di S Martino Lascia 5 soldi di bolognini pei lavori della chiesa di S Pietro di Bologna, pel il mal tolto d'incerta provenienza lascia 20 soldi di bolognini e 10 altri soldi ordina siano dati al vescovado di Bologna per le decime non pagate Vuole esser sepolto nella chiesa di S Domenico di Bologna e pei le spese relative si rimette all'arbitrio degli esecutori testamentari A Tomiola sua figlia lascia lire 700 di bol. che le spettano in forza del testamento materno, nonchè altre L 300 di bol a tacitazione d'ogni suo diritto ereditario Dettate quindi diverse disposizioni a favore di Filippa de' Mezzovillani sua moglie, nomina eredi universali in parti uguali fra loro Pietro e Rinaldo suoi figli Ordina da ultimo che questo suo testamento rimanga segreto, venga depositato nella sacrestia della chiesa dei frati eremitani di S Giacomo e sia munito del sigillo del convento ovvero del sigillo del priore dei frati stessi

In nomine Domini amen Nativitatis eiusdem anno millesimo trecentesimo vigesimo septimo, indictione decima, die tertio decimo mensis augusti

Actum Bonome in domo habitationis dicti testatoris, presentibus fratre Neapoleone de Gallucis de ordine heremitarum qui asserunt dictum testatorem agnoscere et eum sane mentis esse, fratre Gerardino de Puteo de Parma ordinis memorati d Philippo d Dini de Formaghinis, d Petro quondam domini Dantis de Florentia, d Christoforo de Buciacchis de Regio scolaribus Bonome in iure civili, d Primervalle d fratris Pacis Pegolotti, d Iohanne quondam d Iacobi Scmentis Iohanne d Verardi de Bargacia, Michaele d Bitini de Montarenzuli testibus vocatis et a dicto testatore rogatis

(L. S.) Ego Simon Ubaldini Albergati imperiali auctoritate notarius his omnibus presens eaque a dicto testatore rogatus publice scripsi, subscripsi, signavi.

Pubblicato ed illustrato da G. Livi nella *Rivista delle Biblioteche e degli Archivi.* Anno XVIII, Vol. XVIII, N. 1.

CXCIX.

Busta n. 4/1610. Perg. di mm. 321 × 280. — Originale.

Procura delle monache di S. Agnese in frate Domenico Benichi.

Bologna, 1327, 16 novembre.

Le monache del convento di S. Agnese di Bologna, convocate a capitolo per mandato della priora suor Cecilia Soldaderi, unanimi e concordi nominano procuratore speciale frate Domenico Benichi ivi presente ed accettante, perchè a nome e vece di esse venda a frate Domenico Accarisi eremitano del convento di S. Giacomo di Bologna una pezza di terra vineata di tre tornature circa posta nella guardia di Bologna e nella contrada detta di S. Vito pel prezzo di lire 50 di bolognini. Lo autorizzano a riscuotere il prezzo stesso, a rilasciarne quitanza ed a fare quanto pel buon esito del contratto far potrebbero esse mandanti se presenti. Promettono di ratificare l'operato di lui ed obbligano all'uopo tutti i beni loro nonchè quelli del capitolo e del convento.

In Christi nomine amen. Anno eiusdem millesimo trecentesimo vigesimo septimo, indictione decima, die sexto decimo mensis novembris . . . .

. . . . in quo quidem capitulo fuerunt infrascripte sorores et domine scilicet . . . . soror Bertolacia magistri Bortolacii medici . . . .

Actum Bononie in ecclesia sancte Agnetis ad fenestram fercam parlatorii seu capituli . . . .

(L. S.) Ego Ansaldinus quondam d. Ugolini Pelegrini imperiali auctoritate notarius predictis omnibus interfui rogatus scribere scripsi et subscripsi.

CC.

Busta n. 4/1610. Perg. di mm. 252 × 353. — Originale.

Testamento di Diletta del fu Enrico.

Bologna, 1327, 28 dicembre.

Diletta del fu Enrico della cappella di S. Remedio desiderosa di provvedere alla salute dell'anima e di disporre convenientemente delle sue sostanze, innanzi tutto ordina le siano celebrate mille messe a norma di quanto stabiliranno i suoi esecutori testamentari. Lascia diversi legati a favore di nipoti e nomina eredi universali in parti uguali fra loro Giovanni, frate Nicola eremitano di S. Giacomo ed Enrica suoi figliuoli. Dichiara in fine di annullare qualsiasi disposizione d'ultima volontà avesse fatta anteriormente.

In Christi nomine amen. Eiusdem nativitatis millesimo trecentesimo vigesimo septimo, indictione decima, die vigesimo octavo mensis decembris.

Domina Dellecta filia quondam d. Henrici et uxor magistri Galvani qui fuit de Regio doctoris in civitate Bononie gramatice facultatis. . . . .

Actum Bononie in domo . . . .

(L. S.) Ego Tanus quondam Bellecti imperiali auctoritate notarius hiis omnibus interfui eaque rogatus publice scripsi, subscripsi, signavi.

CCI.

Busta n. 5/1611. Perg. di mm. 573 × 795. — Originale.

Vendita di terreni da Bertoluzzo Castaldi e Filippo Caprara a Nicola da Treviso.

Bologna, 1328, 20 agosto.

Bertoluzzo Castaldi della cappella di S. Colombano e Filippo del fu Lambertino Caprara della cappella di S. Giorgio di Poggiale vendono a Nicola del fu Sebastiano da Treviso dimorante in Bologna nella cappella di S. Giuseppe, che accetta per sè e suoi, la metà di diversi appezzamenti di terra da essi posseduti pro indiviso con Giacomo del fu Nicola Tencarari posti nella curia di Gavassetto contado di Bologna.

I detti appezzamenti nel loro complesso misurano 45 tornature e mezzo meno tre tavole e sono ceduti pel corrispettivo di lire 318 e soldi 7 di bolognini, in ragione cioè di lire 7 di bolognini la tornatura. Questa somma viene subito pagata ed i venditori nell'accusarne ricevuta dichiarano di rinunciare a qualsiasi eccezione e garantiscono al compratore il pacifico possesso dei beni venduti. Pel caso di evizione si sottopongono alla pena di 300 lire di bolognini.

In Christi nomine amen. Anno eiusdem nativitatis millesimo trecentesimo vigesimo octavo, indictione undecima, die vigesimo mensis augusti . . . .

Actum Bononie sub pallatio veteri comunis Bononie a latere mane in statione mei notarii, presentibus d. Iacobo quondam d. Nicolai de Thencarariis doctore legum, Bonamico Iohannis capelle sancti Thome qui dixit . . . .

(L. S.) Ego Francischus quondam Iohannis de Castagnolo imperiali auctoritate notarius hiis omnibus presens rogatus scribere predicta publice scripsi, subscripsi, signavi.

CCII.

Busta n. 5/1611. Quad. cartaceo di 7 carte, di mm. 200 × 300. — Copia semplice.

Atti giudiziali e sentenza nella lite tra gli eredi di Soldano Galluzzi e gli eredi della moglie di lui.

Bologna, 1330, ...

Soldano Galluzzi del fu Alberto, con suo testamento, fra le altre disposizioni lasciò a Liadasia sua moglie la dote da essa apportatagli ascendente a lire mille di bolognini, in luogo delle quali ordinò le fosse assegnata una casa e diversi appezzamenti di terra posti nella curia di Fiesso. Stabilì poi chè la detta casa e le dette terre le rimanessero finchè fosse vissuta o si fosse mantenuta in istato vedovile, ove invece fosse morta o fosse passata ad altre nozze si pagassero a lei od a' suoi eredi le lire mille; e che gli immobili come sopra assegnati ritornassero agli eredi di lui. Qualche tempo dopo la morte di Soldano moriva anche la Liadasia, lasciando quali eredi testamentari i nipoti Paolo e Margherita figli del fu Egidio Malavolti dottore di leggi.

Fra questi ultimi e gli eredi di Soldano sorsero contestazioni circa l'esecuzione dei testamenti dei rispettivi autori, per quanto riguardava il pagamento delle lire mille di dote ed il rilascio degli stabili stati assegnati in loro vece. Per la risoluzione della vertenza veniva adito il magistrato. Questi, udite le parti ed esaminati i documenti prodotti, con sentenza delli 3 novembre 1330 giudicò dovere gli eredi di Soldano entro la prima metà del successivo mese di gennaio pagare agli eredi della Liadasia le lire mille, e questi dovere a lor volta restituire la casa e le terre poste nella curia di Fiesso, stabilendo poi che, scorso il termine fissato senza che gli eredi di Soldano avessero fatto tale pagamento, gli eredi di Liadasia si dovessero ritenere siccome unici e veri proprietarii della casa e terre predette.

In Christi nomine amen. Hec sunt quedam acta actitata e facta coram sapienti et discreto viro domino Gucio de Prato iudice et vichario nobilis millitis domini Blaxii de Tornaquincis . . . .

Coram vobis domino Gucio de Prato iudice et vichario . . . . dicit
et proponit Iohannes Bonucii Garaffagnini curator Pauli et Malga-
rite . . . . fratrum et filiorum quondam d. Egidii de Malavoltis legum doctoris.

Lata et pronunciata, statuta et ordinata ac decreta et facta fuerunt omnia suprascripta per dictum dominum Gucium vicharium pro
tribunali sedentem in pallatio veteri comunis Bononie ad dischum
leonis et dicti d. rectoris, presentibus predictis Iohanne curatore et
Soldano Bertholino et Francisco partibus volentibus et consentientibus predictis omnibus et singulis et ipsa omnia fieri petentibus ut
dictum est, et presentibus etc.

CCIII.

Busta n. 5/1611 perg. di mm. 650 × 744.
Originale, in pessimo stato di conservazione e qua e là abraso.

Testamento del dottore Giacomo Belvisi.

Bologna, 1331, 15 marzo.

In Christi nomine amen. Anno eiusdem millesimo trecentesimo trigesimo primo, indictione quarta decima, die quintodecimo mensis
martii. Scientificus et discretus vir d. Iacobus legum doctor filius quondam d. fratris Guidonis de Belviso capelle S. Proculi per Christi
gratiam sanus mente ac corpore volens saluti sue anime providere, et
nolens decedere intestatus suarum rerum et bonorum omnium dispositionem per presens nuncupativum testamentum sine scriptis in hunc
modum facere procuravit. In primis quidem reliquid centum libras
bon. et plus et minus pro ut visum fuerit comissariis suis infrascriptis
convenire et expendendas circha funus et sepulturam suam quam sibi
elegit apud ecclesiam S. Stephani de Bononia in sepultura sua in qua
sepultus est Franciscus filius suus. Item reliquid ad honorem sororis
Clare de Montefalco in ducatu existente in cuius corde, ut dicitur,
reperta fuit crux et signa passionis domini nostri Iesu Christi quinque
florenos auri expendendos pro honore et memoria dicte sororis Clare
ad voluntatem sororum ipsius monasterii. Item reliquid d. Bertholomee
filie sue omnes domos, casamenta, possessiones, vineas, terras cum
domo super eis posita, res, bona et iura omnia que et quas ipse d.
Iacobus testator accepit in solutum de bonis d. Iacobi quondam . . . .
de Lambertaciis eius mariti pro dotibus dicte d. Bertholomee, que
dotes fuerunt septingente libr. bon. prout de ipsa dote apparet publico

instrumento scripto manu d. Iohannis Tempeste de Clugia canonici clugiensis notarii, excepto casamento vendito per eum comuni Bononie.

Item reliquid eidem d. Bertholomee vineam positam in curia . . . . in loco dicto Inscaro, quam emit a d. Guidone et Martino suis nepotibus ex instrumento mei infrascripti notarii cum pactis et conditionibus in dicto instrumento contentis. Quas domos, casamenta et possessiones, vineas, terras cum domo, res, bona et iura omnia iussit dicte d. Bertholomee sue filie dari, restitui et libere relaxari . . . . ad ipsius d. Bertholomee omnimodam voluntatem et mandatum absque alliqua sollempnitate iuris vel status et alicuius iudicis requisitione, dans et concedens eidem d. Bertholomee plenam et liberam potestatem ingrediendi tenutam et possessionem omnium et singularum rerum predictarum, et eam apprehendendi per se vel alium sua propria auctoritate sine licentia heredis sui vel alterius ut dictum est supra, et eam tenendi et defendendi contra quamcumque personam; dampnas quemlibet heredem suum quod ipsam et eius heredes vel alios pro ea seu heredibus eius tenentes et possidentes non debeat per se vel alios inquietare, molestare vel quoquo modo impedire, nec se eis opponere. Et si dictus heres suus vel alia persona pro eo contra predicta faceret ita quod diceretur impedimentum vel molestiam prestitam esse vel prestitum . . . . . credi debeat sacramento dicte d. Bertholomee filie sue vel domini Iacobi sui mariti, seu eorum vel alterius eorum heredis vel alteri persone pro altero eorum, tunc iussit heredem suum pene nomine dare debere pro qualibet vice quinquaginta libr. bon., scilicet, vigintiquinque fratribus minoribus et vigintiquinque fratribus predicatoribus dandas et solvendas pro anima sua. Et iussit et voluit quod ipsa d. Bertholomea et d. Iacobus eius maritus seu heredes ipsorum teneantur subire, agnoscere et solvere omnia onera, gravamina, prestantias et collectas que imponentur ipsi testatori vel eius heredibus seu bonis suis per comune Bononie ad . . . . et dictarum rerum et possessionum in eius extimo sive extimi porrectione positarum sumpta pro portione bonorum omnium et reddituum ut ex die mortis sue in antea ad predicta teneantur pro futuro tempore. Iubens et mandans in quantum potest quod ipsa sive eius heredes dictas res vel bona vel aliquas ex eis non possint . . . . . . atque vendere vel alienare durante matrimonio vel eo dissoluto nisi contingeret, quod absit, eam denuo nubere quia voluit ad liberos dicte d. Bertholomee masculos pervenire, et eis mortuis, ad feminas. Et si contingeret quod ipsa et maritus et liberi eorum redirent ad standum et morandum in civitate Bononie, eo casu voluit quod liberi ipsius d. Bertholomee ea mortua possent vendere et alienare ad eorum voluntatem. Item iussit et voluit quod soluto matrimonio per mortem alterius eorum, scilicet vel domini Iacobi vel

domine Bertholomee dicte res, possessiones et bona et iura in solutum
accepta per dictum testatorem pro dotibus . . . .
. . . . valerent seu valere reperirentur eo tempore
restitui debeant dicto d. Iacobo quondam Azolini vel eius heredibus
in supra dictis rebus et possessionibus; reliqua vero bona pertinere
debeant ad dictam d. Bertholomeam et eius heredes pro dote ipsius,
ita tamen quod dicta Bertholomea habere debeat electionem . . . . .
. . . . dotem suam predictam. Iussit etiam et
voluit dictus testator quod dicta d. Bertholomea et dominus Iacobus
eius maritus primo et ante omnia faciant heredi suo seu eius tutori
vel alteri recipienti legittime pro eo, confessionem de recepto de omni
eo quod pervenit ad dictum testatorem et ad dominum Francischum
olim eius filium de dictis bonis et eorum fructibus et redditibus ac
etiam de bonis propriis dicti domini Iacobi. vel alia quacumque ratione vel causa et absolutionem et liberationem plenissimam nisi ste-
terit per heredem suum vel tutores eiusdem. Et si contingeret dictas
possessiones, res et bona in totum vel pro parte vel rem aliquam
earum occupari, tolli vel minui quoquo modo ab aliqua universitate,
collegio vel persona, testatore vivo vel post mortem eius, sine facto
ipsius testatoris vel heredum suorum, non vult quod heredes sui sibi
in aliquo teneantur nisi culpa vel facto ipsius testatoris vel heredum
suorum hoc eveniret. Sed voluit quod heredes sui ad iura omnia per-
sonalia et realia legitime cedenda eis teneantur. Et si dicta d. Bertholomea ad inopiam veram deduceretur constante matrimonio vel
soluto, reliquid ei annuatim donec in paupertate manetur pro suis
necessitatibus et alimentis quinquaginta libras bon. dandas et solvendas eidem omni anno in nativitate domini nostri Ihesu Christi per
heredem seu heredes suos infrascriptos. Item reliquid dicte d. Bertholomee iure institutionis et benedictionis nomine viginti soldos bon.
Item reliquid iure institutionis filiis et filiabus dicte d. Bertholomee
natis et nascituris et postumis et postumabus cuilibet ex eis decem
sol. bon. Item reliquid iure institutionis Iohanne et Catherine filiabus
quondam d. Gilie sue filie et domini Rustigani de Rustiganis legum doctoris cuilibet ex eis viginti sol. bon., et sexcentas libras quas dedit dicto
d. Rustigano in dotem seu pro parte dotis dicte d. Gilie, et iussit
et voluit quod altera earum decedente in pupillari etate vel postea
ante quam nuberet, portio premorientis acrescat et pervenire debeat
ad superstitem. Et si ambe premorirentur ante quam nuberent voluit
pervenire ad Bertholomeam filiam suam supradictam, et ea premor-
tua ad filios masculos ipsius, quibus eo ordine reliquid omni iure et
modo quibus melius potest. Item reliquid iure institutionis Anne
filie quondam d. Francisci sui filii mille libras bon. et apparatum
decentem secundum facultates et personarum dignitatem et consuetu-

dinem civitatis Bononie cum nupserit legittime et ad etatem nuptia-
rum pervenerit de consilio et consensu propinquorum suorum proxi
miorum coniunctorum ex latere patris sui vel maioris partis eorum.
Et si aliter nuberet reliquid eidem solummodo septingentas libras
bon.; et si religionem intraret prius quam nuberet reliquid eidem tre-
centas libras bon. et apparatum monialium; et si prius decederet quam
nuberet vel religionem intraret eidem substituit vulgariter, pupilla-
riter et per fideicomissum heredem suum infrascriptum si viveret et
si non viveret tunc substitutos eidem heredi suo substituit Anne
predicte. Item reliquid d. Mine filie d. Rolandini sui fratris et uxoris
Dalphini quondam d. Gardi Viduacii sue nepti domum, res omnes et
possessiones quam meruit in solutum de bonis dicti Dalphini pro dotibus dicte d. Mine que fuerunt trecente quinquaginta libre bon. ex
instrumento dicte dotis scripto manu mei infrascripti notarii et de qua
acceptione in solutum apparet ex actis Iacobi ser Partucii notarii,
prohibens eam in quantum de iure potest ipsam domum, res et possessiones vendere et permutare vel quoquo modo alienare, ac etiam
ipsius d. Mine heredes soluto matrimonio per mortem ipsius d. Mine
sine consensu et voluntate dicti d. Rolandini quamdiu vixerit; et
etiam eo mortuo donec vixerit dictus Dalphinus quia voluit ad ipsius
liberos masculos et liberorum liberos masculos pervenire: dictam
autem prohibitionem durare vetuit post mortem dicti Dalphini. Item
reliquid Iohanne sue nepti et filie d. Bertholomee sue filie quinquaginta libras bon. cum nupserit si dominus Iacobus pater eius non
esset tunc restitutus in integrum ita quod ipse vel eius liberi possent libere et secure stare et morari in civitate Bononie.

Item reliquid pro reparatione sepulchri domini nostri Ihesu Christi
et pro altare constituendo super eo in ecclesia sancti Stephani de
Bononia centum quinquaginta libras bon. quas dari voluit magistris
operis pro eo quod eis dare debet pro ipsorum labore et mercede, quod
opus ab eis iam inceptum est fieri si eis, testatore vivo, satisfactum
non esset. Tutores autem Iacobi et Anne nepotum suorum esse voluit
dominos Guidonem et Martinum fratres et filios quondam magistri
Benvenuti de Belviso, dominum Iohannem quondam d. Pauli de Gusbertis legum doctoris, magistrum Bartholucium quondam fratris Alberti de Belviso, Dominicum quondam dicti d. Pauli de Gusbertis et
dominum Rolandinum suum fratrem. Eis autem solis ex ipsis tutoribus administrationem comisit pro ut inferius scriptum . . . .
. . . . . . omnes et singulos tutores . . . .
. . . . ab eis vel altero eorum exegerit id ei
vel eis restituere teneatur vel actiones dimittere. Iubens et mandans
quod dictus d. Guido et Martinus primo loco soli ambo administrare
debeant et librum rationum facere et inibi in scriptis reddigere . . .

. . . . et si alter eorum administrare nollet vel non posset . . . . solus administrare
debeat eum consilio aliorum tutorum; et si ambo administrare impe-
direntur vel nollent, tunc iussit et voluit quod dictus d. Rolandinus
suus frater si cum sua familia redierit ad habitandum in civitate
Bononie post dictum Guidonem et Martinum administrare debeat . .
. . . . donec perveniat ad ultimum
et tunc ultimus solus administret si alii nollent vel non possent administrare et debeant librum rationum facere eum consilio aliorum tutorum
qui administrare desinerent ab eis petito et obtento si ex caritatis
amore dare voluerint. Et si duo administraverint, reliquid ambobus
pro eorum labore an[nuatim] libras quadraginta bon.; si vero unus
solus reliquid ei tri[ginta] libras bon. singulis annis pro suo labore.
Item reliquid dicto Iacobo suo heredi dictos tutores in curatores
ipsius Iacobi servato in eis supradicto ordine, modo et forma et eum
legato predicto. Et si a iudice . . . . confirmati non
essent quacumque ratione vel causa iussit et voluit quod prenominate
persone in tutores . . . . et administrent omnia bona
dicte hereditatis usque ad viginti annos etatis dicti Iacobi completos.
Et si dictus Iacobus dictos curatores seu administratores in eorum
administratione impediret dampnat eum pene nomine dare singulis
annis quibus eis seu alicui eorum impedimentum prestaret viginti
quinque libras bon. fratribus minoribus et viginti quinque libras fratribus predicatoribus de Bononia, et nichilominus dictus Iacobus compelli debeat ad consentiendum predictis per iudicem competentem,
quia cognoscit ipsos et ipsorum fidem, conscentiam et famam bonam,
nisi dictus Iacobus esset secundum communem oppinionem hominum
diligens, sobrius et prudens facta prius de hoc fide coram Rectoribus
civitatis Bononie et tunc liberat eum a dicta pena et administratione.
Et si recidivaret in malos mores infra dictam etatem, voluit servare predicta, scilicet de cura, administratione et de pena usque
ad dictam etatem. Et si aliquis ex dictis tutoribus seu curatoribus
vel administratoribus propria sua voluntate ab administratione rece-
deret seu administrare desineret, privat eum omni legato sibi relicto
occaxione dicte tutele, cure sive administrationis; et si ex causa le-
gitima desineret administrare tunc voluit quod capiat legatum pro
tempore preterito usque ad tempus impedimenti. Item iussit, voluit
et mandavit quod dictus Iacobus et Anna sui nepotes debeant permanere, stare, morari et ali penes dominum Rolandinum fratrem
suum si ad civitatem Bononie ad habitandum cum sua familia redierit. Si vero sic non redierit tunc penes d. Iohannem de Gusbertis supradictum in domo eius. Et si non posset vel nollet eos
tenere secum, tunc voluit quod debeant permanere cum dictis d. Gui-

done et Martino vel alio ex eis, et post eos cum uno ex tutoribus
qui tutelam administraverit et reliquid eis seu ei qui dictos Iacobum
et Annam secum retinuerit cum uno magistro pro Iacobo et una fa-
mula pro ambobus, singulis annis quibus eos tenebit viginti corbes furmenti et viginti corbes vini puri de sancto Marino et de vinea de Ferro
sive de sancto Martino, ita quod discrete provideatur quod vinum habeant pro estate et yeme, et voluit quod annuatim emantur porci qui
dentur colonis sancti Marini et colonis Unzole ita quod dicti sui nepotes habeant duos porchos et etiam annuatim reliquid ei qui tenebit
eos secum quinquaginta libras bon. pro omnibus que eis erunt necessaria ad eorum alimenta, exceptis vestimentis et calceamentis et salariis
servitorum et magistri. Item prohibuit dictum Iacobum suum heredem
et eius tutores, curatores, administratores et comissarios supradictos
vendere, permutare . . . . vel alteri alienare res aliquas
immobiles dicte hereditatis et que fuerunt de bonis ipsius testatoris
quoquo modo, casu vel ingenio qui dici vel excogitari possit usque
ad vigesimum quintum etatis dicti Iacobi heredis sui quia voluit pervenire ad eius descendentes masculos vel ad substitutos ipsius. Et si
nullus dictorum tutorum dictam tutelam, curam et administrationem
. . . .
vel in administratione perseverare propter molestiam, inquietationem,
impedimentum, occaxionem vel causam cuiuscumque persone cuiuslibet condictionis vel status vel collegii vel universitatis de quibus
credi debeat saltem uni ex dictis tutoribus vel administratoribus vel
comissariis vel probationi duorum testium . . . . fama publica deponentium, tunc et eo casu . . . . sue hereditatis
substitutis infrascriptis. Ipsam autem tutelam, curam et administrationem personarum et hereditatis et bonorum dictorum Iacobi et Anne
in totum et in partem et in rebus singulis ac etiam retentionem personarum ipsorum secum . . . .
. . . . ipsorum et generaliter et singulariter omnibus aliis
et singulis personis cuiuscumque status et rationis existant exceptis
personis quibus hec promissa sunt et aliis ex latere patris coniunctis
non obstante aliqua loquella et voluntate predictorum Iacobi et Anne
quia scit quod non posset . . . .
. . . . voluit ex certa scentia et . . . . causis
et rationibus iustis . . . . cognoscens prudenter eorum uti-
litates . . . . possent contingere. Et si in aliquo
casu de predictis contrafieret quoquo modo, forma vel ingenio qui dici
vel excogitari possit, tunc et eo casu reliquid omnes fructus, redditus et proventus omnium suorum bonorum . . . .
. . . . ecclesie et capitulo sancti Petri
et Episcopo bononiensi pro equalibus portionibus annis singulis quibus

inchoatum esse contrafieri; et si nollent vel non possent vel negligerent percipere et exigere, tunc voluit pervenire ad conventus fratrum minorum et predicatorum pro equalibus portionibus, et si non observarent predicta tunc . . . . . . et de Carmello vel ad hospitale S. Iohannis pro restauratione decimarum et animarum suarum ultimo pervenire . . . . eos seu eorum extimationem ad substitutos dicti Iacobi, exceptis fructibus et redditibus poderis de Unzola quos voluit ad dictos Iacobum et Annam pervenire. Ita tamen quod administratio dicti poderis . . . . solummodo ad personas ad hoc deputatas et non ad prohibitas, et si contrafieret reliquid eis tantummodo alimenta decencia. Residuum vero redituum et fructuum dicti poderis de Unzola debeat in pauperibus errogari. Iussit tamen et voluit quod in dietis casibus de dictis fructibus et proventibus deduci et detrahi deberet . . . . pro prestantiis, collectis et oneribus et aliis causis necessariis per tutores eorum seu per comissarios suos [qui]bus super hoc dedit potestatem liberam et plenam licenciam. Et de hoc credi voluit verbo solo unius ex dictis tutoribus vel comissariis vel probationi duorum testium deponentium saltem de fama. In omnibus autem aliis suis bonis mobilibus et immobilibus, iuribus et actionibus tam presentibus quam futuris Iacobum suum nepotem et filium quondam d. Francisci sui filii sibi universalem heredem instituit, iubens et mandans inferiores tabulas seu partem ultimam huius testamenti observari et adimpleri debere, mandans eas, vivo dicto Iacobo et usque ad decimum octavum annum etatis eius non aperiri vel legi. Eo autem ad dictam etatem veniente vel prius mortuo, iussit et voluit eas aperiri. Et hoc voluit esse suum ultimum testamentum cum tabulis infrascriptis, manu ipsius testatoris scriptis, quod valere voluit iure testamenti, quod si iure testamenti non valeret nec valebit valere voluit saltem iure codicillorum vel alterius ultime voluntatis qua melius valere poterit de iure. Cassans et irritans omne aliud suum testamentum manu cuiuscumque notarii scriptum cuiuscumque tenoris verborum existat, non obstantibus aliquibus verbis derogatoriis de quibus opporteat vel non opporteat de verbo ad verbum expressam fieri mentionem . . . . quod in aliquo suo testamento apposuit aliqua verba derogatoria, et de hoc certus est. Et si aliqua verba derogatoria in aliquo testamento quod suum testamentum esse diceretur apparerent, dicit et protestatur eum falsum esse et contra veritatem scriptum. Et iuravit coram me notario et testibus infrascriptis ita verum esse. Et voluit hoc suum testamentum . . . . scilicet usque ad secundas tabulas esse secretum et debere teneri secretum per me notarium et testes subscriptos secundum morem et consuetudinem civitatis Bononie. Ultimam autem partem ipsius testamenti, scilicet tabularum secundarum voluit esse secretissimam et nullomodo aperiri ante tempus supradictum. Et voluit dictum suum testamentum deponi cum secundis tabulis manu testatoris scriptis et cum rogationibus mei infrascripti notarii in sacristia conventus fratrum heremitarum S. Iacobi strate S. Donati de Bononia et sigillari sigillo suo proprio et sigillo conventus sive prioris dictorum fratrum, ac etiam sigillis infrascriptorum testium religiosorum. Et post ipsius testatoris mortem aperiri, legi et ascultari voluit, preter inferiores tabulas quas iussit permanere secretas ut superius scriptum est. Et de predictis voluit fieri manu mei infrascripti notarii duo consimilia testamenta quorum unum deponatur cum rogationibus mei notarii ut superius scriptum est, aliud vero deponi voluit cum rogationibus etiam mei notarii in sacristia fratrum predicatorum de Bononia sigillatum et completum ut superius scriptum est. Quas rogationes deponi voluit in locis supradictis ad cautelam et ex abundanti. Actum Bononie in sacrestia fratrum heremitarum S. Iacobi strate S. Donati, presentibus fratre Iohanne de Lana priore dicti conventus, fratre Iacobo de strata sancti Stephani, frate Ugulino Ugonis Albrici, fratre Bitino de sancto Paulo sacerdotibus asserentibus cognoscere dictum testatorem, ipsumque sane mentis esse, fratre Angelo de Regio Appulie, fratre Nicholao de Venecia, fratre Nicholao de Cassia, fratre Iohanne de Saragotia, fratre Bernardo de Tortona omnibus ordinis dictorum fratrum heremitarum testibus vocatis et a dicto testatore rogatis . . . .

. . . .

(L. S.) Ego Iohannes quondam Benvenuti de Belviso imperiali auctoritate notarius . . . .

(Seguono le firme autografe dei testimoni).

(N. B.) Tutti i luoghi segnati con punti sono o abrasi o resi illeggibili dal distacco della parte superficiale della pergamena.

CCIV.

Busta n. 5/1611, quad. cartaceo di sei carte di mm. 230 × 300. — Copia semplice.

Compromesso di Soldano Galluzzi e delle eredi di Alberto Conoscenti nel dottore Rainerio da Forlì.

Bologna, 1331, 16 dicembre.

Soldano del fu Bianco Galluzzi, quale cessionario delle ragioni del comune di Fermo da una parte, e Ghisia, Giovanna detta Zana moglie di Cervo Boatteri di Borgo S. Felice e Francesca moglie di Giovanni dei conti da Panico eredi universali di Alberto del fu Tomaso Conoscenti loro genitore dall'altra parte, presente e consenziente il giudice ed assessore del podestà al disco dell'aquila, nominano Rainerio da Forlì dottore di leggi in arbitro ed amichevole compositore. Egli dovrà risolvere le questioni tra essi vertenti in ordine alla restituzione di somme che da Soldano Galluzzi nella predetta qualità si reclamano siccome usurariamente estorte dai defunti Alberto e Tomaso Conoscenti. Promettono la piena osservanza del lodo che sarà pronunciato e dichiarano di rinunciare a qualsiasi eccezione potessero opporre, pena 5 mila lire di bolognini al contravventore.

Reperitur in libro memoriallium contractuum et ultimarum voluntatum scripto manu Iacobi quondam d. Zacharie de Conselminis.... Millesimo trecentesimo trigesimo primo, indictione quarta decima, die lune sextodecimo mensis decembris . . . . . . et se compromiserunt in sapientem virum d. Raynerium quondam d. Arlendini de Forlivio legum doctorem tanquam in arbitrum arbitratorem et amicabilem compositorem . . . . . .

Ego Meglore Mathei notarius ad Camaram actorum populi Bononie predicta ex dicto libro sumpsi, exemplavi et scripsi.

CCV.

Busta n. 6/1612, fasc. cartaceo di 6 carte di mm. 220 × 298. — Copia semplice.

Lodo di Rainerio da Forlì dottore di leggi nella lite vertente tra Soldano Galluzzi e le eredi di Alberto Conoscenti.

Bologna, 1332, 12 febbraio.

In Christi nomine amen. Nos Raynerius quondam Arexendini de Forlivio legum doctor arbiter arbitrator, amicabilis compositor et diffinitor comuniter et concorditer ellectus per Soldanum olim natum d. Blanchi de Galluciis capelle S. Procolli qui habet et habebat iura cesa a comuni, hominibus et universitate terre Funi comitatus Bononie per Genum syndicum sindiciario nomine ipsius comunis adversus heredes et successores olim d. Alberti q. d. Thomaxini Conoscentis e. S. Andree de Platixiis civitatis Bononie, et etiam dicti olim d. Thomasini et cuiuslibet eorum hereditatem et bona et bonorum detemptores ac fideiussores et principalles pagatores pro restitutione usurarum per eos et quemlibet eorum extortarum obligatos in omni et pro omni et in omnibus quantitate et quantitatibus pecunie et monete et omni alio toto quod et quam, prefati domini Thomasinus et Albertus et

quilibet eorum habuissent et extorsissent ratione usurarum et pro usuraria pravitate seu allio quocumque modo indebite et iniuste, a comuni, universitate dicte terre vel allio seu alliis pro dicto comuni suo
proprio et principalli nomine et vice et nomine comunis, hominum et
universitatis dicte terre ex parte una, et per dominas Ghixiam, Iohannam cui dicitur Zannam usorem Cervi q. d. Guidonis d. Zacharie
de Boateriis c. S. Nicolai burgi S. Felicis, et Francischam nunc usorem comitis Iohannis nati olim d. Selate comitis de Panicho sive
de Bedoletis omnes sorores filias et heredes universales olim d. Alberti fillii et heredis q. d. Thomasini Conoscentis c. S. Andree de
Platixiis civitatis Bononie, suis propriis et principalibus nominibus
et hereditario nomine ipsius d. Alberti et tanquam heredes et successores ipsius et dicti olim d. Thomasini ex parte altera, de omnibus
et super omnibus et singulis litibus questionibus, controversiis,
molestiis et discordiis vertentibus et que verti et moveri timebantur
et poterant seu actenus fuerant inter predictas dominas dictis nominibus ex una parte et prenominatum Soldanum vigore cessionis predicte et iurium sibi ex ea vel allio quovis titullo competentium et
competere valentium suo proprio nomine et vice et nomine dicti comunis ex parte altera nomine et occaxione usurarum et cuiuscumque
quantitatis et quantitatum pecunie et monete et alterius cuiuscumque
quod et quam seu quas diceretur et dici posset vel appareret prefatum
olim d. Thomasinum et dictum d. Albertum et quemlibet eorum habuisse et recepisse et extorsisse inlicite et indebite ratione usurarum
seu pro usuris mercede vel merito aut per usurariam pravitatem seu
allio quocumque modo indebite et iniuste a comuni et universitate
dicte terre Funi seu masario vel masariis, syndico vel syndicis ipsius
terre presentibus vel preteritis et quibuscumque eius predecessoribus
seu allia persona vel personis tunc pro dicto comuni solventibus et
satisfacentibus pro merito usuris mercede et laboratura cuiuscumque
debiti et debitorum de quacumque et quibuscumque quantitate et quantitatibus pecunie ex quavis causa vel causis et quocumque modo, causa
et quovis colore contractus actenus contracti et contractorum cum
predictis dominis Thomasino et Alberto et quolibet eorum tanquam
creditoribus per quemcumque et quoscumque masarios, syndicos, predecessores vel gestores comunis et universitatis predicte presentes vel
preteritos et aliam quamvis personam pro dicto comuni et eius nomine,
unde dicatur apparere sive non aliquod seu aliqua instrumenta, contractus vel scripture publice vel private quibus dicatur constare aut
non ex libris rationum predictorum d. Alberti et d. Thomasini et
cuiuslibet eorum aut allio quocumque modo ipsum comune et homines
sive dictum Soldanum debere recipere et habere aliquam seu aliquas
pecunie quantitatem seu alliud pro usuraria pravitate et nomine et

occaxione restitutionis ipsarum usurarum et quantitatum vigore iurium et actionum eidem Soldano competentium de quibus lix et iudicium vertitur et agitur coram vicario domini Episcopi bononiensis, pro ut in petitione per ipsum Soldanum vel eius procuratorem porrecta plenissime continetur, et allia quacumque ratione et causa de jure vel de facto a predictis vel aliqua eorum occaxionata dependentem vel coherentem et super ipsis litibus et questionibus cognoscendis, videndis, removendis et difiniendis ut de hiis omnibus plenissime constat et pactet ex serie compromissi in nos facti, scripti die sesto decimo decembris proxime preteriti manu Iacobini Petri Angelelli notarii, et cognitor infrascripte petictionis coram nobis porete per Soldanum predictum et Thomacem Petri Tranchedi procuratorem eius, cuius petictionis tenor tallis est: Coram vobis sapienti viro domino Raynerio quondam Aresendini de Forlivio legum doctore arbitro et arbitratore predicto, petit Soldanus q. d. Blanchi de Galuciis per vos condempnare debere dominas Ghixiam, Iohannam et Francischam filias, et universalles heredes q. d. Alberti q. d. Thomasini Conoscentis et heredis dicti d. Thomasini eius patris ac etiam Zeram q. d. Romei de Pepollis, Peregrinum de Placitis, Guidestum et Cervum de Boateriis et Petrum Castaldum becarium fideiussores et principalles pagatores usurarum dicti q. d. Alberti ad dandum et restituendum eidem Soldano treginta millia librarum bononinorum, salvo iure erroris calculli, quas eidem Soldano dare et restituire tenentur tam ratione usurarum extortarum per dictum d. Albertum, quam etiam dictum d. Thomasinum eius pattrem a comuni et hominibus universitatis terre Funi comitatus Bononie. Et hoc habita ratione a die contracti debiti cuiuscumque per syndicos seu masarios dicti comunis, cum d. Thomasino et Alberto prefatis usque ad diem subsecute liberationis, absolutionis vel calculationis suprascriptorum omnium debitorum, et hoc ad rationem quatuor denariorum pro libra qualibet et mense quolibet et faciendo de sex mensibus in sex menses del pro pro id est de usuris usuras, hoc est dicere meritum meritare secundum quod moris erat ipsorum dominorum Thomasini et Alberti facere comunitatibus et hominibus qui cum ipsis debita contrahebant; salvo iure adendi, minuendi et novam etiam, si opus fuerit peticionem porigendi. Et petit expensas iam factas quas facit centum florenos auri et de faciendis protestatur si appareat contraditor.

Unde visa peticione predicta et ipsa diligenter examinata et per nos dacta et ordinata dilactione Petro de Guantariis de Senis procuratori predictarum dominarum Ghixie et Iohanne et Michaelli Francisci procuratori domine Francisce predicte ad acipiendum copiam peticionis predicte et respondendum eidem, et ipsa dilactione elapsa et subsequenter lite coram nobis legiptime contestata inter

predictum Thomam de Tranchedis procuratorem ex una parte et predictos Petrum et Michaelem procuratores ex altera super dicta petitione et causa, et visis terminis et dilationibus statutis et ordinatis
dictis partibus, et etiam vissis et diligenter examinatis instrumentis, scripturis, postis, racionibus et inribus productis coram Nobis perpredictos-
Soldanum seu Thomam eius procuratorem ex sua parte et prenominatum
Petrum de Guantariis de Senis procuratorem predictarum dominarum
Ghixie et Iohanne procuratorio nomine ipsarum ex sua parte, et eis
et quolibet eorum diligenter inspectis et etiam omnibus petitionibus,
responsionibus, confessionibus et assercionibus partium predictarum
et omnibus inribus, defensionibus et exceptionibus cuiuslibet partium
predictarum quas in dicta causa et super dictis litibus, questionibus et
discordiis et dependentibus ab eisdem ipse partes et earum procuratores
dicere, alegare, producere et proponere voluerunt, et vissa et diligenter
examinata et cum deliberatione cognita et inspecta confesione Michaelis Francisci predicti et Petri Tadei Bonbaronis procuratoris
nominate domine Francisce heredis et fillie pro tercia parte dicti
olim domini Alberti coram Nobis in iudicio sponte facta, per quam
assernerunt et recognoverunt predictam dominam Franciscam hereditario nomine dicti Alberti sui patris et ex ipsius persona hereditario nomine dicti olim d. Thomasini ad petitionem dicti Thomaeis
procuratoris predicti Soldani habentis iura cessa ex causis supradictis
a comuni et universitate terre Funi esse debitricem ipsius Soldani
in quantitate decem millium librarum bon. et ad ipsam quantitatem
et sumam pro sua tercia parte eam contingentem hereditario nomine
predictorum olim d. Alberti et Thomasini recognovisse et confessos
fuisse teneri eandem ex causis supradictis, ut patet ex publica scriptura
confessionis predicte contenta in actis ipsius cause agitatis coram
Nobis scriptis per notarios infrascriptos, et voluntatibus et intentioni-
bus ipsarum partium exquisitis et in quantum potuit fieri diligenter
habitis et sentitis pro bono unionis, compositionis et concordie partium
predictarum et cuiuslibet earum vigore compromissi predicti in Nos
facti et cuiuslibet iurisdicionis, autoritatis, potestatis et bailie Nobis
in eo concesse et alliorum omnium in compromisso ipso contentorum,
et omni allio modo forma et iure quibus melius possumus et valemus,
secuti viam arbitratoris et boni viri, Dei nomine invocato, ipsum et
eius matrem sanctissimam Mariam Virginem gloriosam et universam
curiam cellestem pre occullis mentis et cordis habendo ac bonam, rectam,
puram et legalem consientiam sequendo dicimus, volumus, inbemus, arbitramur, laudamus, diffinimus, pronunciamus et in hiis scriptis sententialiter condepnamus prefactam dominam Francischam filliam et heredem pro tercia parte dicti olim domini Alberti sui patris et etiam
heredem pro eadem parte dicti domini Thomasini sui avi ex persona

15

et mediante persona dicti domini Alberti pro porcione seu porcionibus
eandem tangentibus hereditario nomine predictorum et ante dictos procuratores ipsius procuratorio nomine pro ea ad dandum, solvendum,
tradendum et numerandum prefato Soldano quondam domini Blanchi
de Galuciis cessionario supra dicto quantitatem et sumam novem millium et quingentarum libr. bon. in pecunia numerata hinc ad unum
mensem proxime venturum vel ad satisfaciendum eidem pro ipsa quantitate allio modo in eo vel de eo quod apparuerit vel apparebit suficere
ad satisfacionem et integram solutionem dicte summe. Et hoc pro omni
eo et toto quod ipsa d. Francischa tenetur seu tenebatur vel teneri
diceretur, reperiretur seu posset, hereditario nomine predictorum vel
alterius eorum, ex causis supradictis vel aliqua earum aut alia quacumque ratione vel causa ab ipsis coherente vel dependente, et ad
solvendum pro dicto Soldano caposoldum debitum curie episcopalli
pro quantitate predicta. Et insuper arbitramur, laudamus et con-
depmnamus predictas dominas Ghixiam et Iohannam cui dicitur Zanna
heredes pro reliquis duabus partibus dicti olim d. Alberti earum patris et ex ipsius persona dicti d. Thomasini earum avi et patris ipsius
d. Alberti ac etiam Petrum d. Bonaventure de Guantariis de Senis
ipsarum et cuiuslibet earum procuratorem ad dandum, solvendum,
tradendum et numerandum prefato Soldano quondam d. Blanchi de
Galuciis cessionario supradicto quantitatem et sumam duorum millium
quadrigentarum sexaginta librarum bon. in pecunia numerata hinc ad
unum mensem proxime venturum vel aliter eidem Soldano de ipsa
quantitate et summa satisfaciendum ad dictum tempus ad ipsius Soldani omnimodam voluntatem et arbitrium intra ipsius mensis spacium
supra dictum, et hoc pro omni eo et toto quod ipse domine Ghixia
et Iohanna tenerentur seu tenebantur vel teneri dicerentur, reperirentur seu possent hereditario nomine predictorum vel alterius eorum
ex causis supradictis vel aliqua earum aut allia quacumque ratione vel
causa ab ipsis coherente vel dependente pro partibus eas tangentibus
hereditario nomine predictorum olim d. Alberti et Thomasini ab
omnibus alliis et singulis in dicta peticione contentis, prefatas heredes et earum procuratores absolventes et liberantes, eidem Soldano
et cuilibet allii pro eo perpetuum sillentium imponentes.

Item quod dictus Soldanus non inferat nec inferi faciat vel infe-
renti consensiat vigore dictarum postarum quibus utitur vel alicuius
earum seu aliquarum ipsarum dictis heredibus vel alicui earum in
iudicio vel extra, de iure vel de facto quoquo modo vel ingenio, questionem aliquam vel molestiam. Item procuret quod per dictum comune
et homines terre Funi prefatis heredibus ipsarum postarum vel alicuius earum ratione nulla controversia, molestia vel questio de cetero
inferatur. Et hoc modo terminando laudata per Nos et compromissum

prefatum dictum comune et homines ratificare facere teneatur. Item quod prefatus Soldanus absolvat et liberet ab omni obligatione et iure ocaxione diete cessionis et contractus sibi quesito principalem solutionem vel allium pro ipsa petentem et legiptime recipientem statim cum de dicta pecunie quantitate ipsam contingente pro sua parte secundum formam laudi et pronuntiationis predicte fuerit satisfactum. Que omnia et singula suprascripta in singulis capitulis a partibus supradictis inviolabiliter precipimus observari sub pena et ad penam in compromisso contentam parti observanti applicandam. Demum volumus, arbitramur, pronuntiamus et mandamus quod partes predicte et utraque ipsarum et quelibet ex eis et ipsarum et cuiuslibet ipsarum procuratores procuratorio nomine earum ac etiam ipsarum et cuiuslibet earum fideiussores prestiti ab eis et qualibet earum in compromisso predicto pro observatione omnium contentorum in eo et arbitrandorum eius vigore teneantur et debeant predicta omnia et singula observare, adimplere et efectui demandare, qualibet iuris et facti exceptione remota et in nullo contra facere, excipere, opponere vel venire ratione alicuius legis vel iuris civillis, canonici vel municipallis seu privilegii, nec contra predicta vel alliquod predictorum aliquam restitutionem, ius vel beneficium impetrare, procurare vel consequi in iudicio vel extra. Sed quod procuratores partium predictarum huic pronuntiationi interessentes et predicte domine et quelibet earum pro sua parte tantum et prefatus Soldanus cras per totam diem quelibet contenta, arbitrata et pronuntiata emologare, aprobare, ratificare et confirmare teneantur et debeant legiptime ac solempniter per publicum instrumentum seu instrumenta scribendum vel scribenda per notarios infrascriptos. Et hec omnia et singula volumus, mandamus, pronunciamus et arbitramur observari et adimpleri per partes predictas et suos fideiussores predictos et quemlibet eorum sub pena in compromisso contenta, comitenda et exigenda per partem parentem et obedientem predictis ab illo vel illis de alia parte et suis fideiussoribus qui contra fecerint vel obmiserint observare et parere predictis tociens quociens per eos vel eum contra factum fuerit vel omissum in alliquo huius laudi et dicti compromissi capitulis. Eodem compromisso et presenti laudo et quibuslibet contentis in eo manentibus semper ratis. Et nichilominus partem inobedientem, omietentem vel recusantem predicta vel aliquod predictorum observare seu eum vel eos qui inobediens fuerit volumus, pronuntiamus et mandamus nullum ius consequi posse seu aliquod comodum habere vel habere posse vel debere vigore presentis laudi seu alliquorum contentorum in eo, a quibus iure et comodo ex nunc inobedientem quemlibet privamus et cassamus et tacitum esse volumus, et iubemus ex tunc parti obedienti iure quolibet et comodo in predictis omnibus actionibus et iuribus reservato sicut sibi ante compromissum integraliter compe-

tebat. Et sic in hiis scriptis pro tribunali sedendo pronuntiamus, landa-
mus, arbitramur, sententiamus, volumus, diffinimus et mandamus omni
modo, forma et iure quibus mellius possumus, potestate et auctoritate
qualibet iterum semel vel pluries laudandi, arbitrandi, corrigendi,
addendi, minnendi, declarandi et interpretandi integre reservata; volumus denique et mandamus quod per Iacobinum Petri Angelelli et
Petrum Bitini Vincentii notarios, pariter predicta omnia scribantur et
publicentur et in formam publicam per eos comuniter reddigantur.

Latum et pronuntiatum fuit laudum et arbitramentum predictum
et omnia et singula supra dicta lata, pronuntiata et publicata fuerunt per dictum d. Raynerium arbitrum pro tribunali sedentem Bononie in domo eius solite habitationis, posita in capella S. Proculi
sive sancti Iacobi de Carbonensibus, presentibus Soldano predicto
et Thomace quondam Petri Tranchedi ipsius procuratore, Petro d. Bonaventure de Guantariis de Senis procuratore dictarum dominarum
Ghixie et Iohanne, Michaelle Francisci et Petro Tadei Bombaronis
procuratoribus domine Francisce predicte, Iohanne q. d. Selate comitis
de Panico sive de Bedolletis supradictis omnibus et quolibet eorum
nominibus supradictis et quolibet eorum continue audientibus, emol-
logantibus, confirmantibus et aprobantibus dictum laudum et arbitramentum et omnia supra dicta, excepto Petro de Guantariis procuratore predicto, et presentibus domino Bonincontro decretorum doctore
nato d. Iohannis Andree decretorum doctoris, domino Azone quondam
domini Bonzanis de Ramenghis decretorum doctore, domino Andrea
d. Bonaventure de Guantariis de Senis iuris perito, domino Iohanne
quondam d. Gerardini Terasni, Guillielmo quondam d. Thomasini
de sancto Georgio, Guillielmo quondam d. Bernardini Petri Grassi,
domino Frederico fillio d. Iohannis Andree decretorum doctoris, Bon-
matheo quondam d. Marchixinis de Tranchedis, dompno Iohanne quondam d. Albertinelli de Alberghis et Francischino quondam Bonaventure et pluribus aliis testibus ad hec adhibitis, vocatis specialiter et
rogatis. Sub anno nativitatis Domini millesimo trecentesimo trigesimo
secundo, indictione quinta decima, die mercurii duodecimo mensis
februarii.

CCVI.

Busta n. 6/1612. fogl. cartaceo di mm. 210 × 310. — Copia semplice.

Cessione di Soldano Galluzzi a Giovanni Tarasini delle ragioni contro
le eredi di Alberto Conoscenti.

Bologna, 1332, 4 maggio.

Soldano Galluzzi del fu Bianco cede a Giovanni Tarasini del fu
Gerardino della cappella di S. Stefano di Bologna, che accetta, tutte

le ragioni che a lui competono verso Ghisia, Giovanna e Francesca figlie ed eredi universali di Alberto del fu Tomaso Conoscenti, in forza della sentenza arbitrale pronunciata da Rainerio da Forlì dottore di leggi. Il corrispettivo convenuto in 9500 fiorini d'oro di buono e giusto peso viene subito soddisfatto al cedente che promette di difendere i diritti ceduti.

Millesimo III° XXXII, indictione quintadecima, die lune quarto mensis mai. . . . . .

Actum Bononie in domibus sapientis viri domini Iohannis Andree decretorum doctoris, presentibus d. Bonincontro doctore decretorum filio d. Iohannis prefati, Bertolino d. Gotoli de Sardellis qui dixit se ipsos contrahentes cognoscere, Bertholomeo domini Raimundi de Consolminis notario, Berto Soldani de Gallutiis, Guillielmo domini Porchuncini de Benvignonibus, Paulo ser Nicole de Columbis et Cursio Mathioli de Thosignano testibus.

(Rogito del notaio Giacomo di Pietro Angelelli).

CCVII.

Busta n. 6/1612. Perg. di mm. 228 × 500. — Originale.

Locazione di terreni dai frati di S. Giacomo a Giacomo ed Ugolino Mussolini e Nicola da Anzola.

Bologna, 1332, 16 maggio.

Il priore ed il sindaco dei frati eremitani di S. Giacomo danno in affitto a Giacomo ed Ugolino fratelli Mussolini figli emancipati di Pietro Mussolini, come da rogito del notaio Pace del fu Giacomino Zaccaria medico, ed a Nicola del fu Tomaso da Anzola che in solido accettano per se', loro eredi e successori, la metà di diversi appezzamenti di terra posti nella curia di Gavassetto. Il terreno affittato misura nel suo complesso 45 tornature e mezzo meno tre tavole e spetta ai frati eremitani pro indiviso con Bertolazzo del fu Castaldo e Filippo del fu Lambertino Caprara. Oltre i detti appezzamenti di terreno, affittano agli stessi conduttori una pezza di terra aratoria di 16 tornature posta similmente nella curia di Gavassetto. L'affitto durerà nove anni, e quale canone i conduttori pagheranno ogni anno nella festa di Natale lire 34 di bolognini. I locatori garantiscono il pacifico possesso dei beni locati, ed i conduttori a lor volta promettono di coltivarli da buoni padri di famiglia, di vegliare all'integra manutenzione dei confini e di non estirpare gli alberi siano verdi siano secchi senza il permesso dei locatori. Qualora a causa della grandine o di altre intemperie il raccolto venisse danneggiato i locatori rinunceranno ad una metà del canone convenuto, ed all'intero canone ove la guerra guerreggiata in luogo o le spedizioni militari rendessero impossibile l'attendere ai lavori campestri.

In Christi nomine amen. Anno eiusdem millesimo trecentesimo trigesimo secundo, indictione quinta decima, die sextodecimo mensis maii.

. . . . Iacobo et Ugolino fratribus et filiis domini Petri domini Ugolini de Mussolinis de capella sancti Thome de Brayna emancipatis a dicto domino Ugolino eorum avo ut constat publico ipsius emancipationis instrumento scripto manu Pacis quondam Iacobini Zacharie medici notarii . . . .

Actum Bononie in capitullo fratrum dicti conventus ubi fit sermo . . . . .

(L. S.) Ego Bertholomeus Iacobi de Magnanis imperiali auctoritate notarius predictis omnibus interfui, eaque rogatus scribere publice scripsi et contrahentes predictos cognovi.

CCVIII.

Busta n. 6/1612. fog. memb. di mm. 298 × 420. — Originale.

Sentenza del Vicario Generale di Bologna a favore di Bartolomeo e Francesco fratelli da Galliera contro le eredi di Alberto del fu Tomaso Conoscenti.

Bologna, 1332, 15 luglio.

Bentivoglio de' Bentivogli procuratore di Bartolomeo e Francesco figli ed eredi del fu Vittorino da Galliera comparso avanti il vicario generale di Bologna, espone che il defunto Vittorino padre de' suoi mandanti nel dicembre del 1305 ebbe da Alberto Conoscenti di Bologna « tunc usurario publico » a titolo di mutuo ad interesse 34 lire di bolognini contro pegno « sub figura venditionis » di una pezza di terra aratoria di 24 tornature posta nella guardia di Galliera nel luogo detto « Gazolo ». Detta pezza di terra Alberto tenne e possedè per 25 anni traendone i frutti stimati in media lire 15 di bolognini l'anno: e dopo la morte di lui la tennero le sue eredi per un altro anno pur esse facendo propri i frutti relativi.

In relazione all'esposto, domanda sia dichiarato nullo il contratto di vendita siccome simulato e fittizio, sia dichiarato estinto il mutuo di lire 34 di bolognini originariamente assunto dal padre de' suoi

rappresentati, venga ordinata la restituzione di quanto fu percetto in
più dei giusti interessi nonchè la retrocessione della indicata pezza
di terra ai predetti suoi mandanti. Il vicario generale sentito il procuratore di Ghisia, Giovanna e Francesca eredi del fu Alberto Conoscenti, sentito il consiglio di Pietro Cernitti dottore di leggi, fatti
fare i necessari calcoli da Federico de' Pavanesi pubblico calcolatore,
accogliendo le domande della parte attrice condanna le eredi di Alberto Conoscenti insieme coi fideiussori di lui a restituire a Bartolomeo
e Francesco da Galliera l'indicata pezza di terra ed a pagare lire 206
di bolognini pei frutti usurariamente percetti dal loro autore, oltre la
rifusione delle spese a norma della liquidazione che si riserva di fare.

In Christi nomine amen. Nos frater Ubertus decretorum doctor,
prior ecclesiarum sancte Marie de Reno et sancti Salvatoris de [Bo-
nonia] reverendi in Christo patris et domini domini Bertrandi Dei et
Apostolice Sedis gratia Bononiensis Electi vicarius generalis. . . . .
Consilium mei Petri de Cernitis legum doctoris est tale: scilicet
quod heredes dicti domini Alberti et alii in peticione nominati condempnentur ad restituendum et relaxandum predictis Bartholomeo et
fratri, quorum est procurator dominus Bentevoglus, et ipso Bentevoglo
procuratori ipsorum seu alteri cuicumque eorum procuratori pro eis
recipienti, dictam peciam terre et fructus et redditus dicte pecie terre
quos habere et percipere potuit dictus dominus Albertus a dicto tempore citra, scilicet ad rationem octo solidorum pro qualibet tornatura
et quolibet anno, facta detracione sortis que fuit XXXIIII librarum bononinorum, et etiam condempnentur in expensis pro ut et sicut
requirit forma iuris.
Lata et in scriptis pronuntiata fuit dicta sententia per dictum
dominum vicarium pro tribunali sedentem ad banchum iuris in episcopali palatio Bononie, presentibus Guillielmo de Sancto Georgio
procuratore substituto predicto, Petro de Senis et Guillielmo Guizardi de Pizano procuratoribus dictarum heredum ad hanc sententiam audiendam. Et presentibus d. Bonandrea domini Petri Bonandree
decretorum doctore, d. Filino de Barberiis decretorum doctore, Iacobo
Dominici Mascaronis, Petro Thome de Tranchedis, Iacobo Angelini
et Gregorio Iacobi Mascaronis notario testibus ad hec vocatis. Sub
anno nativitatis Domini millesimo trecentesimo trigesimo secundo,
indictione quinta decima, die mercurii quintodecimo mensis iulii.
(L. S.) Ego Bartholomeus Zenzanini Bononie civis imperiali auctoritate notarius et episcopalis curie bononiensis notarius pronuncia-
tioni et publicationi dicte sententie et omnibus et singulis in ea contentis interfui et mandato dicti domini vicarii ac rogatus publice
scripsi et in publicam formam redegi.

CCIX.

Busta n. 6/1612. fasc. cartaceo di mm. 200 × 300. — Copia semplice.

Cessione del comune e degli uomini di Funo a Soldano Galluzzi.

Bologna, 1332, 30 dicembre.

Rainerio del fu Rolandino Tagliaferri da Funo procuratore del comune ed uomini di Funo stesso cede e vende a Soldano del fu Bianco Galluzzi di Bologna che accetta, tutti i diritti e tutte le azioni reali, personali, e di qualsiasi altra natura e genere che competono e competer possono a' suoi mandanti verso gli eredi e successori di Tomasino Conoscenti e di Alberto figlio di lui o contro qualsiasi avente causa da loro, per restituzione di tutte quelle somme che i detti Tomasino ed Alberto Conoscenti usurariamente e per usuraria pravità ebbero ad estorcere dai predetti uomini e dal comune di Funo. Tali diritti e ragioni valutati lire 30.000 di bolognini sono ceduti contro il corrispettivo di lire 26.000 pure di bolognini, che Soldano paga in tanti fiorini d'oro. Il procuratore degli uomini e del comune di Funo, nel rilasciarne quietanza, dichiara di rinunciare all' eccezione del non avuto e non numerato denaro e giura sui sacri vangeli la perfetta osservanza del contratto pena il doppio del prezzo convenuto.

In Christi nomine amen. Anno nativitatis eiusdem millesimo trecentesimo trigesimo secundo, indictione quinta decima, die trigesimo mensis decembris. . . . . .
Actum Bononie in domo habitationis d. Iohannis quondam d. Rolandi de Caldarinis decretorum doctoris, presentibus dominis Francischo d. Iohannis de Lastignano notario, Francisco quondam Pizoli capelle sancte Christine porte Steri, Guillielmo quondam d. Porchonzini de Benvignonibus campsoris, Anthonio filio Panigalis de Gatto notario, Andrea quondam d. Raynaldi stacionario librorum capelle sancti Andree de Ansaldis qui dixit contrahentes cognoscere, Bonacursio Benedicti et Bonapace Iacobini Bonapacis ambobus de terra Funi comitatus Bononie testibus.

(Manca l'indicazione del notaio).

CCX.

Busta n. 6/1612 perg. di mm. 293 × 360. — Originale.

Dichiarazione di Taddeo Pepoli e Francesco Bentivogli nelle vertenza tra Primerani e Fredenzoni.

Bologna, 1334, 18 ottobre.

In Christi nomine amen. Anno eiusdem millesimo trecenteximo trigeximo quarto, indictione secunda, die decimo octavo octubris. Nos Thadeus de Peppollis legum doctor et Francischus d. Yvani de Bentivoglis, quibus concessa est potestas, arbitrium et baylia reducendi ad concordiam quod posse infrascriptas partes, videlicet Raynerium cui dicitur Raynucius, Dominichinum cui dicitur Mengolus, Allamannum cui dicitur Manius, Francischum cui dicitur Cichinus fratres et filios quondam Primirani de Primiranis, Iohannem et Petrum fratres et filios quondam Berti de Primiranis, Iullianum cui dicitur Zanus quondam Raynerii de Primiranis, Iohannem cui dicitur Naninus Dominici de Primiranis, Blaxium Bonaventure de Primiranis omnes de terra sancti Iohannis in Triario ex una parte, et Iacobum filium quondam Frayzonis sive Fredenzonis fratrem et coniuntam personam Francisci et Zannis quondam Frayzonis sive Fredenzonis de terra sancti Iohannis in Triario, Zannem, Andriolum et Petrum filios quondam Francisci de Frayzonibus et Frayzonem filium quondam Zannis de Frayzonibus sive de Fredenzonibus de dicta terra et Albertum de Frayzonibus sive de Fredenzonibus ex altera, de maleficiis et super maleficiis, iniuriis vel offensis personalibus vel realibus que dicuntur illata vel facta per illos de Primiranis supra specificatos Francischo et Zani fratribus et filiis quondam Frayzonis sive Fredenzonis de dicta terra sancti Iohannis in Triario vel contra allios de Frayzonibus sive de Fredenzonibus et e converso, vigore provixionis capitanei, anzianorum et consulum mensis iunii proxime preteriti et sapientum de arbitrio dicti mensis habentium super premissis iurisdictionem, arbitrium et bayliam et declarandi an contra illos de Primiranis supra specificatos et allios de Primiranis possit et debeat procedi si ad pacem partes reduci non possent. Considerantes quod ex inquisitione per Nos facta et investigatione dilligenti comperimus pro ut comunis habet oppinio et fama vera esse que in dicta petitione coram dictis sapientibus per illos de Primiranis porrecta continentur quod etiam ipsi de dicta parte de Primiranis erant hodiose illis de domo de Sabadinis et sub

eorum chalore tam ab illis de Cossollis opera etiam et tractatu dictorum Francisci et Zannis de Frayzonibus sive de Fredenzonibus
in dieta petitione contentorum quod etiam requisiti pro parte dictorum dominorum Thadei et Francisci predicti de Primiranis obtul-
lerunt se paratos pacem facere amore partis et pro bono et pacificho
statu partis et omnes eorum iniurias et offensas reales et personales
remittere ad eorum voluntatem parti adverse ipsorum predicte et
de predictis libere compromissum fecerunt in dominos predictos; at-
tendentes etiam quod per partem ipsorum de Primiranis adversam
negatum est velle ad concordium et pacem devenire et contempta
ipsorum dominorum mandata et precepta eis seu in eos de pace pro
eis fienda facta.

Volentes procedere ad declarationem fiendam an de malleficiis
tam personalibus quam realibus que dicuntur illata in personis vel
rebus dictorum Francisci et Zannis quondam Frayzonis sive Fredenzonis de dicta terra sancti Iohannis in Triario contra illos de
Primiranis possit procedi per dominum potestatem vel eius curiam
nec ne. Considerantes etiam quod ex his que Nobis constant solempni
inquisitione per Nos super hoc facta, constat Nobis omnes illos de
Primiranis superius specificatos, notificatos seu denuntiatos de malleficiis supra dictis non fore culpabiles, et alliquos eorum esse etatis
valde iuvenilis seu quodammodo puerilis de quibus non est presu-
mendum et credendum per eos tam enormia fuisse commissa, quod
etiam videtur minui quia in prima notificatione de dictis excessibus
facta non erant supradicti omnes de Primiranis singulariter nominati, vigore nostri arbitrii et baylie et omni modo, iure et forma
quibus mellius possumus, dicimus et declaramus contra ipsos omnes
de Primiranis super specificatos de malleficiis tam personalibus quam
realibus que comissa dicuntur in personis seu rebus dictorum Francisci et Iohannis de Frayzonibus sive de Fredenzonibus procedi non
debere per d. potestatem vel eius curiam nec alliquos processus sequi,
mandantes etiam nichillominus dictas partes ad convincendam omnem
eorum contumaciam in termino unius anni ad concordiam et pacem
pervenire.

Acta, lecta et facta fuit dicta declaracio seu pronumptiatio per
dictos dominos Thadeum et Franceschum suprascriptos super salleta
palacii novi comunis Bononie, in presentia domini Francisci de Laposta legum doctoris iudicis et vicarii d. Iacobi de Ciazonibus potestatis Bononie, et presentibus domino Zordino d. Bruni de Blan-
chis et non consentiente, et presentibus d. Conte d. Iohannis de
Peppollis, Michaele d. Bentivogli de Bentivoglis, Francischo q. Michaelis Sclaze, Iohanne d. Alberti de Zannellis notario et domino
Guidone de Florentia iudice dicti d. potestatis ad malleficia, domino

Iohanne de sancto Geminiano notario dicti d. potestatis ad maleficia testibus ad predicta.

(L. S.) Ego Bonifacius quondam Amadoris imperiali auctoritate notarius predictis omnibus interfui et de mandato dictorum dominorum Tadei et Francisci scripsi et publice subscripsi.

CCXI.

Busta n. 6/1612 perg. di mm. 284 × 560. — Originale.

Sentenza assolutoria a favore di Bartolomeo da Marano chierico.

Bologna, 1334, 20 dicembre.

Il comune di Marano pretendeva che Bartolomeo del fu Alberto di detta terra, siccome fumante, pagasse le collette e sottostesse a tutti gli altri oneri imposti dal comune. Bartolomeo invece sosteneva di non esservi tenuto per la sua qualità di chierico. Portata la questione avanti al magistrato, il giudice Pagannccio da Macerata succeduto nell'ufficio all'altro giudice Francesco de Laposta davanti al quale s'erano svolte le prime pratiche procedurali, avendo completato l'istruzione della causa e sentito al riguardo il parere di Pietro Cernitti dottore di leggi, accedendo allo stesso, ritiene provata in Bartolomeo la qualità di persona ecclesiastica, di conseguenza l'assolve dalle pretese del comune di Marano e condanna quest'ultimo nelle spese di lite che si riserva di liquidare.

In Christi nomine amen. Nos Pagannuccius de Macerata legum doctor iudex, vicarius . . . . . cognitores infrascripte questionis vertentis coram Nobis inchoate seu incepte coram sapiente et discreto viro domino Francischo de Laposta legum doctore iudice . . . . .

. . . . . habitoque super hiis omnibus conscilio sapientis viri domini Petri de Cernittis legum doctoris per Nos in sapientem absumpti ad consullendum in dicta et super dicta causa cuius quidem consilii tenor talis est: In Christi nomine et beate et gloriose Virginis amen. Super questione que vertitur inter Bertholomeum quondam Alberti qui se dicit clericum et conversum professum ex una parte, et massarium seu syndicum terre Marani et Andream Ghidini eius procuratorem et syndicum ex altera, super eo quod dictum comune seu syndicus eius petunt dictum Bertholomeum cogi et compelli tanquam fumantem dicte terre ad solvendum collectas et subiicendum publicas factiones, visis omnibus . . . . et testibus et dictis testium productionibus ex utraque parte, consilium mei Petri de Cernittis legum doctoris sapientis absumpti ad consulendum in dicta questione est tale: Quod dictus Bertholomeus tanquam clericus et ecclesiastica persona debeat absolvi et absolvatur ab omni petitione et molestatione et inquietatione collectarum et honerum dicti comunis et eciam pronuncietur ipsum Bertholomeum non teneri ad predicta dicto comuni cum probatum sit ipsum clericum et ecclesiasticam personam esse, et cum intentio adverse partis non sit probata, et quod victus victori condempnetur in expensis.

Lata et pronuntiata fuit dicta sententia et pronunciatio difinitiva in hiis scriptis per dictum d. Paganucium vicarium pro tribunali sedentem in pallatio veteri comunis Bononie ad dictum dischum domini potestatis et leonis, presente dicto Bertholino procuratore dicti Bertholomei ad hanc pronunciationem et sententiam audiendam et ad ipsius Bertholini procuratoris predicti petitionem et instantiam, et absente dicto Andrea Ghidini syndico seu procuratore substituto a dicto Santo ut supra, legiptime tamen cytato et expectato. Et presentibus d. Iacobo d. Andree de Bobus iuris perito, Iacobo Bertholomei de Sala notario, Michaele quondam d. Bentis de Bentivoglis, Matheo quondam d. Thomacis Buzanigre, Candaleone quondam Tiberti de Maranensibus, Nicolao Canonici de Canonicis, Calorio quondam Iacobi de Fontana, et Alberto Guillielmi Boniiacobi notario testibus ad hec adhibitis. Sub annis nativitatis domini nostri Iesu Christi millesimo trecentesimo trigeximo quarto, indictione secunda, die vigesimo mensis decembris in tertiis.

(L. S.) Ego Richardus quondam fratris Iohannis de Fautuciis imperiali auctoritate notarius et nunc notarius et officialis pro comuni Bononie ad discum predictum domini potestatis et leonis mandato dicti d. Paganucii vicarii predicti supradicta omnia publice scripsi.

CCXII.

Busta n. 7/1613 perg. di mm. 405 × 600. — Originale in pessimo stato di conservazione, in molti punti illeggibile, nei lati, segnatamente nel sinistro, mutilo e lacero.

Testamento del dottore Pietro Cernitti.

Bologna, 1336, 12 giugno.

Pietro Cernitti dottore di leggi, figlio del fu Giovanni della cappella di S. Donato di Bologna, mentre si trova sano di mente dichiara di voler disporre de' suoi beni per l'epoca di sua morte, eppero scelto a luogo di sua sepoltura la chiesa dei frati eremitani di S. Giacomo, ordina diversi legati a favore di chiese ed ospedali.

tacita la moglie pei diritti dotali, e detta varie disposizioni nell'interesse delle sue figlie.

In [Christi nomine] amen. Nativitatis eiusdem anno millesimo trecentesimo trigesimo sexto, indictione quarta, die duodecimo mensis iunii . . . . distinctus vir dominus Petrus quondam d. Iohannis de Cernittis legum doctor. . . . .

CCXIII.

Busta n. 7/1613 perg. di mm. 336 × 875. — Originale.

Testamento di Buvalello Sangiorgi.

Bologna, 1338, 23 febbraio.

Buvalello Sangiorgi giureperito desiderando non mancare ai vivi senza aver provveduto alla disposizione del suo patrimonio ed al bene dell'anima, col presente testamento noncupativo che vuole rimanga segreto e venga depositato nella sacrestia dei frati eremitani di S. Giacomo, elegge anzitutto a sua sepoltura la chiesa dei frati stessi, ordina diversi pii legati tra i quali uno di 10 soldi di bolognini pei lavori della chiesa di S. Pietro ed un altro di 40 soldi di bol. a favore dei frati eremitani; tacita Lasia sua moglie pei diritti dotali e chiama eredi universali in parti uguali fra loro Giovanni, Francesco e Pietro suoi figli.

Da ultimo dà incarico a frate Giovanni Albiroli, altro dei testimoni testamentari, di depositare il presente testamento nella sacrestia dei predetti eremitani di S. Giacomo.

In Christi nomine amen. Nativitatis eiusdem anno millesimo trecentesimo trigesimo octavo, indictione sexta, die vigesimo tertio mensis februarii . . . . discretus vir Buvalellus quondam d. Gerardi de sancto Georgio iuris peritus civis Bononie. . . . . Actum Bononie in domo dicti testatoris in qua ipse habitat cum sua familia, presentibus fratre Pasqualino Petri sacerdote et fratre Iohanne de Albirolis omnibus religiosis loci religiosi fratrum heremitarum sancti Iacobi de Bononia qui dixerunt se cognoscere dictum testatorem et eum esse sane mentis, d. Lazarino quondam d. Zambonini de Manellis, d. Bernardo quondam d. Benni de Butrio, Bombologno cui dicitur Grenza quondam d. Iacobini de Guidozagnis, Giliolo quondam d. Zacharie aurifice, Bhertolomeo Alberti calzolario. Egidio quondam Simperis. . . . . . et Amato.

Iohannis capelle sancti Sismundi et Gerardo quondam Iohannis
Scndiferri testibus vocatis et a dicto testatore rogatis.

(L. S.) Ego Iacobus Alberti Martelli imperiali auctoritate notarius predictis interfui et a dicto testatore rogatus scribere ea publice scripsi.

CCXIV.

Busta n. 7/1613, perg. di mm. 181 × 143. — Originale.

Conferimento della prima tonsura a Paolo di Pietro Bergadelli.

Bologna, 1338, 1 marzo.

Frate Bonacursio dottore di decreti, abate del monastero di
S. Proculo e vicario generale di Bertrando vescovo di Bologna con-
ferisce la prima tonsura ecclesiastica secondo il rito della Chiesa
Romana a Paolo di Pietro Bergadelli diocesano bolognese provvisto
di proprio patrimonio sacro.

In Christi nomine amen. Anno a nativitate eiusdem millesimo
trecentesimo trigesimo octavo, indictione sexta, die prima mensis
martii. . . . .
venerabilis vir dominus frater Bonacursius abbas monasterii sancti
Proculi Bononie decretorum doctor, nunc reverendi patris domini Bertrandi Dei gratia bononiensis episcopi in remotis agentis vicarius
generalis . . . .
Actum Bononie in ecclesia sancti Proculi predicti, presentibus religiosis viris fratribus Iohanne et Petro monachis dicti monasterii,
fratre Marcho monacho monasterii sancti Stephani Bononie et fratre
Dominico rectore ecclesie sancti Mamni Bononie testibus ad premissa
rogatis et vocatis.

(L. S.) Ego Michael Francisci Merzarii civis Bononie imperiali
auctoritate iudex ordinarius ac notarius publicus et curie episcopalis
bononiensis predictis interfui et ea mandato dicti domini abbatis et
vicarii publice scripsi et signum meum apposui consuetum et scripsi.

CCXV.

Busta n. 8/1614, fog. cartaceo di mm. 220 × 300. — Copia semplice.

*Sentenza nella lite fra il comune e gli uomini di Funo ed Alberto Ga-
lazzi e consorti.*

Bologna, 1339, 17 febbraio.

In Christi nomine amen. Nos Melchion Cambii, Nicholaus de Pretis,
Chichinus de Montebellio et socii domini et officiales presidentes

pro comuni Bononie offlcio extimationis et recuperationis bonorum et
inrium heredum et hereditatis d. Alberti quondam d. Thomaxini
Conosentis, et ipsorum bonorum et inrium distributionis omnibus
habere debentibus, cognitores cuiusdam questionis vertentis inter
comune et homines terre Funi ipsorumque syndicum et procuratorem
ex una parte et dominum Albertum quondam d. Lambertini de Galutiis, Iohannem sive Nanem Guidonis syndicum comunis et universitatis terre Castagnoli maioris et heredes d. Alesandri de sancto Petro,
dominum Salvatieum de Dalfinis, dominum Bertolomeum Andree notarium, Dominicum Iacobi calzolarii, dominum Bernardum de Malavoltis, dominum Bertum de Carbonensibus, dominum Ugolinum
Santi, heredes Gherii de Luteriis et Dinarinum Iohannis procuratorem
et curatorem eorum seu alicuius eorum ex altera parte, visis quibusdam senteneiis et declarationibus per Nos latis et factis et quibusdam postis productis pro parte comunis et hominum terre Funi
quarum tenor talis est: Coram Vobis dominis et offitialibus presidentibus super bonis et inribus domini Alberti Conosentis comparet et venit
ser Nerius de Forlivio procurator substitutus a Dominico de Canta-
rellis syndico et procuratore universitatis et [h]ominum terre Funi,
et dicit per Vos dominos non posse nec debere aliquam novitatem
facere seu fieri facere contra comune et homines dicte terre Funi
occaxione aliquarum senteneiarum per Vos latarum seu alicuius processus facti contra comune et homines prefatos seu alicuius excus-
sionis per Vos facte vel alliquarum cessionum que facte reperirentur
per syndicum dicti comunis domino Soldano de Galutiis, cum dicat
dictas sentencias, processus et excussiones nulla esse et fuisse, cum
contra formam inris si erit reformatum et provixum comunis Bononie emanaverint (sic) et alliis inribus et rationibus suo loco et
tempore dicendis et proponendis super inribus omnibus consultorem
petit assumi. Et alterius poste cuius tenor talis est: Comparet Martinus Bonandree de Marcis syndicus comunis et hominum terre Funi
et Pizolus de Malpiglis syndicus et procurator substitutus a dicto
syndico, non intendentes propter dicenda per eos supponere se inri-
sdictioni dictorum dominorum nec ipsam prorogare nixi in quantum
de iure teneantur et debent, et dicunt propter facta et agitata per
dictos dominos nullam novitatem fieri posse vel debere contra homines singulares dicti comunis, nec contra bona ipsorum et quod
contra comune predictum nulla fieri debet seu potest. Et si qua sententia reperiatur lata contra comune predictum et homines, ipsam
dicunt nullam cum contra formam inris et manaverit et nullam declarari petunt. Et si qua reperiatur, quod negant, et dicunt ipsam
latam ex non veris inribus et instrumentis, et sic ipsam resindi petunt et reduci in pristinum statum omni modo, iure et forma quibus

melius possunt; et petunt copiam iurium productorum et agitatorum
coram dictis dominis et dicunt Zanollum detemptum relassandum esse.

Vixis namque dictis sententiis, cessionibus dicto Soldano factis
per syndicum dicti comunis, dictisque, postis et responsionibus factis
per Amotinum procuratorem et curatorem predictum et habito conscilio venerabilis viri domini Bonacursii abatis monasterii sancti Proculi per Nos asumpti in dicta causa ad consulendum sigillato suo
sigillo et aliorum trium dotorum, cum quibus ipse dominus abas
conscilium et deliberationem habere voluit, cuius conscilii tenor talis est: In Christi nomine et glorioxe Virginis matris sue amen. De
questione que fuit a me fratre Bonacursio abate monasterii sancti
Proculi decretorum doctore quesitum, scilicet an comune et homines
terre Funi comitatus Bononie teneretur hereditati et heredibus quondam
d. Alberti olim d. Thomaxini Conosentis vel allii aut alliis vigore seu pretestu cessionum factarum per ipsius comunis syndicum Soldanum quondam d. Blanchi de Galutiis contra et adversus et hereditatem et
fideinssores dicti domini Alberti. Vixis syndicatu et cessionibus predictis et eis et quibuslibet eorum dilligenter inspectis et examinatis et aliis pluribus productis et allegatis que partes voluerunt
hinc inde dicere, producere et allegare, habito per me super predictis sepe et sepius deliberatione solempni et habito conscilio et
deliberatione plurium sapientum et doctorum infrascriptorum, dico
et consullo et iuridicum esse puto dictos comune et homines dicte
terre Funi predictarum cessionum vigore, seu pretestu non teneri
nec obligatos esse, nec posse vel debere molestari, inquietari, impeti
vel conveniri causa vel occaxione predicta, salvis tamen contra ipsum
comune et homines terre Funi predicti, iuribus pro expensis ob causam
predictam factis si qua competunt vel imposterum aparebit.

Ego Nicholaus de Albergatis utriusque iuris doctor ad predicta
per predictum d. abbatem vocatus et eis per me dilligenter examinatis, idem dico quod suprascriptum est et ipsum iuridichum esse
puto et proprium duxi sigillum apponere. Ego Andreas de Guantariis de Senis ab eodem d. abate super premissa questione consultus,
vixis et examinatis predictis et auditis allegationibus advocatorum,
idem quod supra sentio et de iure consulendum fore dico, in cuius
rei testimonium me subscripsi et sigillum meum consuetum aposui.
Ego Robertus de Baratis de Parma legum doctor ab eodem d. abate
de premissa questione consultus, vixis et examinatis omnibus predictis, Deum habens pre occulis et im mente, illud quod supra scriptum est dico, consulo et sentio consulendum fore et in rei testimonium
mei sigilli impressione munivi. Vixo namque conscilio ipsius qui causa-
lem formam sequentes et omni modo, iure et forma quibus melius possumus, Christi nomine invocato diffinitive in hiis scriptis dicimus, sen-

tentiamus et pronuntiamus dictum comune et homines terre Funi
predictarum cessionum vigore seu pretestu non teneri nec obligatos
esse nec posse vel debere molestari, inquietari, inpeti vel conveniri
causa vel occaxione predicta, ipsumque comune et homines, syndicum
et procuratorem ipsorum qui in causa pro ipso comuni et hominibus
comparuerunt, a dictis cessionibus et contentis in eis et earum occaxione factis absolvimus et absolutos esse pronuntiamus, salvis tamen
contra ipsum comune et homines terre Funi predicti iuribus pro
expensis ob causam predictam factis si qua competunt vel imposterum aparebit. Et sic dicimus, pronuntiamus, absolvimus et sententiamus salvis tamen contra ipsum comune et homines terre Funi
predicti iuribus pro expensis ob causam predictam factis si qua
competunt vel im posterum competere aparebit.

Lata et in hiis scriptis pronuntiata fuit dicta sententia per dictos dominos et officiales pro tribunali sedentes ad solitum banchum
iuris ubi ius redditur per eos in episcopali palatio Bononie, presente
dicto Martino syndico et ad eius petitionem, et presentibus d. Ale-
sandro domini Lapi iudice, Federicho de Pavanensibus, Thomace de
Lana, Nicholao de Venezano, Montanario qm. Anliverii, Lentio qm.
Branchaleonis notario et Petronio Dominici notario testibus ibidem
presentibus. Sub annis eiusdem millesimo trecentesimo trigesimo nono,
indictione septima, die XVII mensis februarii.

CCXVI.

Busta n. 8 1614. Perg. di mm. 340 in media × 602. — Originale in cattivo
stato di conservazione, mutilo e lacero nel lato sinistro.

*Compromesso di Michele Benticogli e Vacchino Magnavacca in Barto-
lomeo da S. Alberto e Francesco Benticogli.*

Bologna, 1340, 30 settembre.

Michele Bentivogli e Vacchino del fu Biagio Magnavacca per
porre termine alle liti tra essi vertenti in ordine al diritto di pro
prietà su beni posti in Castagnolo minore, nominano arbitri ed
amichevoli compositori Bartolomeo del fu Giovanni da santo Alberto giureperito e Francesco del fu Ivano Bentivogli e loro conferiscono le più late facoltà. Nel caso gli arbitri non s'accordassero
nel decidere, sono abilitati ad eleggerne un terzo: al quale, fin d'ora,
le parti dichiarano accordare i necessari poteri. Promettono l'esatta
osservanza del lodo pronunciando, sotto pena di 200 lire di bolognini

In Christi nomine amen. Anno eiusdem millesimo trecentesimo quadragesimo, indictione octava, die ultimo mensis septembris . . . . et se compromiserunt in viros providos et discretos dominum Bertholomeum quondam Iohannis de sancto Alberto iurisperitum . . . .

Actum Bononie in pallacio domini nostri domini Tadei de Pepollis conservatoris ac domini generalis civitatis, comitatus et districtus Bononie, presentibus d. Paullo de Bonacatis iuris perito, d. Allesandro quondam d. Lapi iuris perito, d. Guidone de Zapollino iuris perito, d. Paullo de Albirolis parcium cognitoribus, d. Ugolino de Aqualti capelle sancti Iohannis in monte, Salvucio Miroli Bonavinture capelle sancte Agate et d. Alberto quondam Ghidini de Canevella notario testibus ad hec vocatis.

(L. S.) Ego Iacobus Iohannis Albertucii imperialli et comunis Bononie auctoritate notarius hiis omnibus interfui et rogatus scribere predicta omnia publice scripsi.

CCXVII.

Busta n. 9/1615. Perg. di mm. 187 × 281. — Originale.

Quitanza del dottore Giovanni d'Andrea a favore di Bonifacio Papazzoni.

Bologna, 1343, 14 luglio.

In Christi nomine amen. Anno a nativitate eiusdem millesimo trecentesimo quatragesimo tertio, indictione undecima. die quarto decimo mensis iullii.

Egregius vir d. Iohannes Andree decretorum doctor civis Bononie de capella S. Iacobi de Carbonensibus fuit confessus et contentus habuisse et recepisse a d. Bonucio quondam Iacobi de Papazonibus tutore Bonifacii filii et heredis quondam Gardini olim d. Ugolini de Papazonibus quinquaginta libras bon., dante et solvente tutorio nomine quo supra et pro integra solutione et satisfactione omnium quantitatum peccunie et totius eius quod dictus d. Iohannes habere et recipere debebat seu petere vel exigere poterat seu posset a dicto quondam Gardino, et etiam a dicto quondam d. Ugolino tam per scriptam libri seu librorum predictorum d. Ugolini et Gardini et cuiuscumque alterius scripte private. scripte manu predictorum d. Ugolini et Gardini vel alterius eorum et cuiuscumque alterius scripture publice vel private quam alia quacumque ratione vel causa. Renuntians exceptioni eius non date, solute et non numerate dicte quantitatis peccunie ex dicta causa, doli mali, condictionis

sine causa in factum actioni et omni alii auxilio legum et iuris. Quas
scripturas publicas et privatas voluit et mandavit esse vanas, cassas
et nullius valoris atque momenti; nec non absolvens et liberans dictum d. Bonncium tutorem dicti Bonifacii tutorio nomine quo supra
stipulantem et pro eo recipientem ac etiam vice et nomine heredum
dicti quondam d. Ugolini et ipsum Bonifacium et heredes dicti quondam d. Ugolini quamvis absentes et etiam me notarium infrascriptum
tamquam publicam personam recipientem vice et nomine predictorum
heredum ab omnibus et singulis supradictis et aliis quibuscumque
per aquilianam stipulationem precedentem et acceptillationem legitime interpositas immediate sequentem. Que omnia et singula suprascripta promisit dictus d. Iohannes per se et suos heredes dicto
d. Bonucio stipulanti et recipienti ut supra perpetuo firma et rata
habere et tenere, observare et adimplere et non contrafacere vel venire
per se vel alium aliqua ratione vel causa de iure vel de facto, sub
pena quingentarum librarum bon., stipulatione promissa, qua soluta
vel non, predicta firma perdurent. Item reficere et restituire promisit eidem stipulanti et recipienti ut supra, omnia et singula dampna et expensas ac interesse litis et extra. Pro quibus omnibus et
singulis firmiter observandis obligavit eidem recipienti ut supra
omnia sua bona et iura presentia et futura.

Actum Bononie in domo habitationis dicti d. Iohannis, presentibus Razomeo Toti, Zentilino Barrofaldi, Iacobo Bertolini, Bondiolo
ser Martini de Regio, Facino Dini omnibus famulis dicti d. Iohannis
et fratre Iacobo Bonfantini capelle sancti Damiani, qui dixit se contrahentes ipsos cognoscere, testibus adhibitis, vocatis et rogatis.

(L. S.) Ego Ansaldinus quondam domini Ugolini Peregrini imperiali auctoritate notarius predictis omnibus interfui et rogatus
scribere scripsi et publicavi.

CCXVIII.

Busta n. 9,1615. Quad. membranaceo di carte 7 di mm. 290 ✕ 412. — Copia.

Cessione di ragioni dotali dai fratelli Belvisi a Bettino da Gargognano.

Bologna, 1343, 20 dicembre.

Marcolino Belvisi per sè e suoi fratelli Giacomo, Francesco e Benvenuto, cede e trasferisce a Giovanni del fu Paolo Gusberti dottore
di leggi che accetta nella sua qualità di procuratore di Bettino da
Gargognano, tutti i diritti e le ragioni che ad esso Marcolino ed
a' suoi fratelli spettano sulla dote della defunta loro madre Mattea;
cede inoltre una pezza di terra aratoria, vineata e boschiva di 62

tornature con casa sita nella curia di Bagnarola. Questa cessione fa in conseguenza di diverse sentenze del magistrato, e promette l'osservanza del contratto sotto pena di lire 25 di bolognini.

In Christi nomine amen. Anno nativitatis eiusdem millesimo trecentesimo quadragesimo tertio, indictione undecima, die vigesimo mensis decembris.

. . . sapienti et discreto viro domino Iohanni quondam d. Pauli de Gusbertis legum doctori, civi Bononie capelle sancti Barbaciani . . . .

Acta fuerunt supradicta omnia Bononie im pallatio veteri iuridico comunis eiusdem iuxta dischum malleficiorum novorum, presentibus d. Bondi quondam d. Martini Alesii merchatore capelle sancti Thome de merchato qui dixit et aseruit se predictos contrahentes cognoscere, Gregorio quondam Benedicti de Caxi notario, Plevalino quondam Plevalis notario, Iacobo quondam Cursii Vicencii notario et Thomace quondam d. Rolandini de Belviso capelle sancti Proculi etatis viginti quinque annorum et ultra, homine bone fame, condictionis et vite, qui predictis omnibus consensit et etiam corporaliter iuravit coram dicto d. vicario ad sancta Dei evangelia tactis scripturis se esse agnatum predicti Marcholini minoris et se credere ea que aguntur et acta sunt non fieri in dampnum, fraudem vel preiudicium ipsius minoris, omnibus ipsis testibus bone condictionis, vite, opinionis ad predicta vochatis, adhibitis et rogatis.

(L. S.) Ego Rodulfus quondam Guidonis Pizolpassi imperiali auctoritate et comunis Bononie notarius predictis omnibus interfui eaque rogatus scribere publice scripsi.

CCXIX.

Busta n. 11/1617. Perg. di mm. 320 × 550. — Originale.

Testamento di Francesco del fu Nicola Manelli notaio.

Santa Maria in Duno, 1348, 31 luglio.

Raccomandata l'anima all'infinita misericordia di Dio, lascia per il mal tolto d'incerta provenienza e per le decime non pagate 10 soldi di bolognini: ordina siano celebrate a suffragio dell'anima sua molte messe e disposti diversi altri legati, chiama erede universale Catterina del fu Gabriele Mazzoli sua moglie. Elegge a sua sepoltura la chiesa della beata vergine Maria costrutta nella terra di S. Maria in Duno, annulla qualsiasi precedente disposizione d'ultima volontà segnatamente quella a rogito del notaio Filippo di frate Isnardo, e vuole che la presente rimanga segreta e sia custodita nella sacristia dei frati eremitani di S. Giacomo.

In Christi nomine amen. Anno eiusdem millesimo trecentesimo quatragexhno octavo, indictione prima, die ultimo mensis iulii . . .

Actum in comitatu Bononie in terra sancte Marie in Donis in domo ipsius condentis et eius habitationis, presentibus domino dompno Petro de Fabris presbitero et rectore in ecclesia sancti Andree de dicta terra sancte Marie in Donis qui dixit et asseruit se cognoscere condentem ultimam voluntatem predictam et eum sane mentis esse, Bertholomeo quondam magistri Michaelis medici capelle sancti Andree de Platixiis, Bertholomeo Nicholai Blaxii mercatoris, Petro quondam Filocarii de Filucariis de terra sancte Marie in Donis, Petro Blaxii de Contis de dicta terra, Dominicho Benedicti de Benedictis de dicta terra, Iohanne Gerardi de monte sancti Iohannis et Martino Iohannis famullo heredum Berti de Usbertis testibus ad hec vocatis et a dicto testatore proprio ore rogatis. Qui Francischus condens quia infirmus corpore ibique et incontinenti et presentibus dictis testibus fecit, constituit et ordinavit Bertholueium quondam d. Nicholai de Manelis eius fratrem absentem tanquam presentem suum procuratorem et nuntium specialem specialiter ad deponendum et designandum predictam eius ultimam voluntatem in sacristia et apud sacristam fratrum heremitarum sancti Iacobi strate sancti Donati de Bononia custodiendum et saivandum secundum formam iuris et statuti comunis Bononie, promitens se firmum et ratum habiturum quicquid dictus eius procurator fecerit in predictis et quolibet predictorum sub obligatione omnium suorum bonorum.

(L. S.) Ego Petrus Iohannis Deotefe publicus imperiali et comunis Bononie auctoritate notarius predictis omnibus interfui et rogatus scribere publice scripsi.

CCXX.

Busta n. 12/1618. Fogl. cartaceo di mm. 220 × 338. — Originale.

Istanza di Lodovico Gnastavillani per la nomina di un curatore speciale.

Bologna, 1352, 12 luglio.

Lodovico del fu Nicola Gnastavillani, essendo d'età minore, fa istanza al giudice del podestà perchè gli depnti in qualità di curatore speciale Andrea di Francesco Hosberti ad assisterlo nell'atto

di pace e concordia che intende fare con Guidotto Guidotti rappresentato da Simone del fu Ivano da san Giorgio dottore di leggi.

Milleximo IIIᶜ.LII, indictione quinta, die duodecimo mensis iulii.
. . . . paci sive remissioni et
concordie quam facere vult et intendit d. Simoni quondam domini
Ivani de sancto Georgio legum doctori et mihi notario infrascripto
recipienti vice et nomine . . . .
Actum Bononie super palattio primiceriorum in camera dicti d. Bertholini iudicis, presentibus Francischo Lucardini de l'arma capelle
sancte Cecillie qui asseruit se partes predictas cognoscere, Iohanne
quondam Chichini de Bentevoglis, d. Ganetus (sic) quondam d. Guidonis de Zapolino legum doctore, Marchisino quondam Michaellis capelle sancte Cecillie et Francischo quondam d. Iacobi de Ygnano
capelle sancti Blaxii cognato et propinquo dicti adulti maiore viginti
quinque annis, qui predictis consensit et qui iuravit corporaliter
ad sancta Dei evangelia tactis scripturis coram dicto iudice se esse
cognatum et propinquum dicti adulti et maiorem viginti quinque
annis et se credere ea que aguntur non fieri in fraudem vel dampnum dicti adhulti, testibus bone fame, vite et condictionis ad hec
vocatis et rogatis.

Nota mei Andalò d. Michaelis de Bentevoglis notarii.

CCXXI.

Busta n. 12/1618. Perg. di mm. 302 × 572. — Originale.

*Compromesso dei frati eremitani di S. Giacomo e del rettore della chiesa
di S. Donato nel dottore Giovanni da Legnano.*

Bologna, 1352, 4 agosto.

Il rettore della chiesa di S. Donato di Bologna pretendeva che
i frati eremitani di S. Giacomo gli pagassero la quarta parte di
certi legati e gli dessero a titolo di emolumento 10 soldi di bolognini per ciascuno dei fedeli di sua parrocchia stati sepolti nella
chiesa del convento.

Codesta pretesa era combattuta dai frati che asserivano di nulla
dovere. A por fine alla controversia ed a prevenire le lungaggini ed
i dispendi di una lite decisero le parti di rimettere ad un arbitro
la soluzione della vertenza; ed all'uopo nominano Giovanni da Legnano dottore d'ambe le leggi arbitro ed amichevole compositore e
gli conferiscono i più lati poteri per giudicare in merito alla que

stione loro. Promettono l'esatta osservanza del lodo che sarà da lui pronunciato sotto pena di lire 50 di bolognini al contravventore.

In Christi nomine amen. Nativitatis eiusdem anno millesimo trecentesimo quinquagesimo secundo, indictione quinta, die quarto mensis augusti . . . . compromiserunt se in sapientem et elloquentem virum d. Iohannem de Legnano utriusque iuris doctorem . . . .

Actum Bononie in capella sancti Mamme in domo habitationis dicti domini Iohannis, presentibus domino Gerino filio d. Leonardi de Loglano, Ranbaldino filio Ghini de Loglano, Nicolao quondam Bernardini de Macieto testibus ad predicta vocatis et rogatis.

(L. S.) Et ego Guilielmus quondam Guizardi de Pizano civis Bononie publicus imperiali et comunis Bononie auctoritate notarius predictis omnibus interfui et rogatus scribere ea publice scripsi signumque me[um] consuetum apposui.

CCXXII.

Busta n. 13/1619. Perg. di mm. 266 × 575. — Originale.

Vendita di una casa da Poeta Poeti e da Bencivenne da Saliceto ad Orsolina del fu Guido medico.

Bologna, 1353, 12 febbraio.

Poeta del fu frate Albergitto Poeti e Bencevenne del fu Giacomo da Saliceto vendono ad Orsolina del fu Guido medico, che accetta per sè, suoi eredi e successori, una casa di loro proprietà posta nella cappella di S. Vitale nella contrada della Vignazza, per il prezzo di lire 80 di bolognini, che dalla compratrice è subito pagato. Per l'osservanza del contratto obbligano tutti i loro beni presenti e futuri, e convengono la pena del doppio valore di stima della casa venduta e la rifazione dei danni in caso di evizione.

In nomine Domini amen. Nativitatis eiusdem anno millesimo trecentesimo quinquagesimo tertio, indictione sesta, die duodecimo mensis februarii . . . . dederunt, vendiderunt et tradiderunt d. Ursoline filie quondam magistri Guidonis medici civi Bononie . . . .

Actum Bononie in dicta domo vendicta in capela predicta sancti Vitalis, presentibus Vezolo quondam d. Iuliani de Malviciis qui dixit se cognoscere partes predictas, Iacobo quondam d. Zacarie de Conschninis notario ad memorialia, Andrea quondam ser Ugolini de Farneto becario et Berto quondam Bernardini Saglitti strazarolo testibus vocatis et rogatis ad hec.

(L. S.) Ego Iacobus Antonii Vanncii civis Bononie imperiali auctoritate notarius predictis omnibus presens, rogatus scribere predicta publice scripsi.

CCXXIII.

Busta n. 13 1619. Fog. cartaceo di mm. 200 × 299. — Copia semplice.

Procura dell'arciprete di Sala in Filippo maestro di grammatica.

Bologna, 1353, 22 giugno.

Galeotto arciprete di Sala nomina Filippo del fu Giacomo maestro di grammatica suo procuratore ad lites.

M.º HL.ª LIII, indictione VI.
                die XXII iunii . . . . .
. . . magistrum Philippum quondam magistri Iacobi magistrum gramatice . . . .

Actum Bononie sub porticu domus mee habitationis, presentibus Nanino ser Phylipi de Bentevoglis qui dixit etc. ser Iohanne Albertinelli de Bentevoglis testibus etc.

(Manca la soscrizione del rogatario).

CCXXIV.

Busta n. 13/1619. Fogl. memb. di mm. 220 × 305. — Copia.

Transazione tra Margherita Bianchetti ed i frati di S. Giacomo.

Bologna, 1356, 11 maggio.

Caterina del fu Pietro Bianchetti vedova di Andrea Sabadini, con suo testamento delli 11 luglio 1347, fra l'altro dispose che, nel giorno anniversario del suo decesso ed in perpetuo, si pagassero ai frati eremitani di S. Giacomo lire 12 di bolognini affinchè celebrassero in suffragio dell'anima sua un uffcio da morto con messa, ed uguale somma fosse loro pagata nel giorno anniversario della morte di suo padre per la celebrazione di identici uffci a suffragio dell'anima di lui; nominava quindi eredi universali le nipoti Margherita e Minozia. Morta Minozia lasciando quale erede universale la sorella Margherita, ne conseguì che gli oneri disposti nel testamento di Caterina Bianchetti passarono ad esclusivo carico di essa Margherita e ad essa quindi i frati eremitani richiedevano il pagamento delle somme disposte

a loro favore. Senonchè Margherita pretestando di essere stata
evitta della maggior parte dei beni ereditari dichiarava di non essere tenuta a tale pagamento. In questa condizione di cose, a ri-
sparmio di inutili spese giudiziarie, le parti convennero di addivenire ad una transazione, ed a norma di questa in soddisfacimento
de' suoi oneri testamentari, Margherita dà e cede ai frati eremitani, pei quali accetta frate Nicola loro procuratore, una pezza di terra
di 7 tornature circa posta nella curia di Vedrana, alla quale di comune
accordo assegnano il valore di lire 100 di bolognini. Cede inoltre tutte
le ragioni reali e personali che le competono contro Cuminello da
Vedrana per la riscossione di lire 22 di bolognini e contro Pietro
del fu Zalabro della stessa terra similmente per la riscossione di
lire sei e soldi 13 di bolognini importo di due annate di fitto della
terra predetta. In conseguenza di questa cessione i frati eremitani
si obbligano a celebrare in perpetuo l'ufficio e messa da morto negli
anniversari della Caterina Bianchetti e del padre di lei. Per l'esatta
osservanza del contratto le parti obbligano i rispettivi beni e dichiarano di rinunciare a qualsiasi eccezione, pena 100 lire di bolognini
al contravventore.

In Christi nomine amen. Anno nativitatis eiusdem millesimo trecentesimo quinquagesimo sexto, indictione nona, die undecimo mensis
madii.

Actum Bononie in capella sancti Donati in domo habitationis
domini Simonis quondam d. Ivani de sancto Georgio legum doctoris,
presentibus ipso domino Simone, Ghilino domini Thomacis de Blanchietis, Petrucio Nicolai de Blanchietis omnibus capelle sancti Donati et
Philippo Iacobi Spiglati capelle sancti Martini de Appoxa, qui omnes
dixerunt se cognoscere contrahentes predictos, testibus ad hec adhibitis, vocatis et rogatis.

(L. S.) Ego Bertolomeus quondam Iacobini Albertini de Sassuno
publicus imperiali auctoritate et communis Bononie notarius predictis
omnibus interfui et rogatus predicta publice scripsi.

CCXXV.

Busta n. 14/1626. Perg. di mm. 180 × 254. — Originale.

Autorizzazione del Vescovo di Bologna ai frati di S. Giacomo per riedi-
ficare la chiesa di S. Cecilia.

Bologna, 1359, 15 marzo.

Giovanni vescovo di Bologna, accogliendo la istanza dei frati
eremitani di S. Giacomo, avuto il consenso dei canonici e del ca-

pitolo della cattedrale, concede ai frati stessi di riedificare in luogo vicino al primitivo la chiesa parrocchiale di S. Cecilia, a patto che sia salva sulla detta chiesa la giurisdizione del vescovo e del metropolitano a norma di quanto era stato precedentemente convenuto con rogito del 7 marzo 1323 del notaio Guido Querci.

In Christi nomine amen. Anno nativitatis eiusdem millesimo trecentesimo quinquagesimo nono, indictione duodecima, die quintodecimo mensis martii, pontificatus santissimi in Christo patris et domini domini Innocentii pape VI anno sexto.

Cum dudum bone memorie frater Bonacursius abbas monasterii sancti Stephani bononiensis ac Robertus de Cesena decretorum doctor sancte Marie in Portu ravennatensis diocesis . . . .

Acta fuerunt predicta in sacristia dicte bononiensis ecclesie, presentibus venerabilibus viris dominis Matheo de Naso cantore patracensi, Laurentio de Pinu canonico vulteranensi decretorum doctore vicario, et discretis viris presbitero Conrado clerico sancti Thome de Brayna capellano prefati domini episcopi, Calorio quondam Iohannis de Castagnolo et Bernardo nato Guillielmi de Lamola notario bononiensi testibus vocatis et rogatis.

(L. S.) Ego Laurentius quondam Prandoli de Cardano clericus mediolanensis diocesis, publicus imperiali auctoritate notarius prefatique reverendi patris domini episcopi bononiensis scriba predictis omnibus interfui eaque de eius mandato in publicam formam redegi et propria manu scripsi et me subscripsi, meum apponens signum consuetum in testimonium premissorum.

CCXXVI.

Busta n. 14/1620. Fog. cart. di mm. 222 × 335. — Copia.

Lodo nella vertenza relativa all'eredità della fu Margherita da Monferrato.

Bologna, 1359, 31 ottobre.

Giacomo di Napoleone Gozzadini accampava pretese sulla eredità della fu Margherita da Monferrato, quale erede degli immediati eredi di lei; Montanaro, Domenico ed i poveri dell'ospedale dei devoti o battuti nella parrocchia di S. Vito invece si opponevano alle pretese del Gozzadini, e sostenevano spettare ad essi l'intera eredità della Margherita, e precisamente una metà a Montanaro e Domenico e l'altra metà all'ospedale dei battuti, siccome poveri di Cristo scelti e nominati dai commissari testamentari a norma delle disposizioni della defunta in seguito all'essere i primitivi eredi di lei deceduti senza lasciare discendenti. Per prevenire una lite e per definire le reciproche pretese, le parti contendenti nominarono quali arbitri ed amichevoli compositori il dottore Giacomo Brognadello ed il giureperito Rizzardo. Questi, previo esame dei documenti hinc inde prodotti, pur accogliendo in parte le domande per soddisfacimento di crediti di natura ereditaria avanzate dal Gozzadini, giudicano spettare a Montanaro e Domenico ed all'ospedale dei battuti l'eredità della predetta Margherita, di conseguenza ingiungono al Gozzadini di farne loro consegna entro il perentorio termine di un mese, sotto comminatoria delle penalità sancite nell'atto di compromesso.

In Christi nomine amen. Nos Iacobus de Brugnadello de Bubio legum doctor et Rizardus de Casellis iuris peritus arbitri . . . . . .

Lectum, latum, promulgatum, diffinitum, laudatum et arbitratum fuit dictum laudum et arbitramentum et predicta omnia et singula facta, gesta, sententiata, promulgata, arbitrata, laudata, diffinita et mandata per dictos dominos Iacobum et Rizardum arbitros et arbitratores suprascriptos pro tribunali sedentes in sacristia dicti hospitalis posita in capella sancti Vitis, presentibus omnibus partibus supradictis, videlicet dicto Iacobo vocato Iacobacio de Gozadinis et Francolino eius procuratore et Rodulfo Pizolpassi et Petro Iohannis Deoteffe procuratore suprascripto pauperum predictorum ut supra, et presentibus Dominico Alberti de Lanzeis notario, Berto Thomacis de Plastellis, Nicolao Iohannis de Monferrario, domino Bernardo quondam domini Petri de Saviis de Novaria, Henrico Zacarie notario qui dixit etc. Sub annis Domini millesimo III.c LVIIII°. indictione XIIª, die ultimo octubris.

Ex instrumento scripto manu Ysnardi quondam Gandulfi de Argele.

CCXXVII.

Busta n. 14/1620. Perg. di mm. 259 × 650. — Originale.

Vendita di due case dagli esecutori testamentari del fu Martino Cospi ai frati eremitani di S. Giacomo.

Bologna, 1361, 3 gennaio.

Frate Andrea Artusi eremitano di S. Giacomo di Bologna e Bartolomeo del fu Giovanni Cospi esecutori testamentari del defunto Martino de' Cospi, per procacciarsi il denaro necessario a soddisfare i diversi legati dal detto Martino disposti, in unione a Margherita Guarini tutrice di Bitina figlia ed erede del predetto Martino Cospi, debitamente autorizzata, vendono a frate Nicola da Castel de' Britti procuratore degli eremitani di S. Giacomo, due case con terreno poste in Bologna nella cappella di S. Maria Maddalena e nella strada di S. Donato. Il prezzo, ammontante a lire 90 di bolognini, viene subito pagato dal detto procuratore con denaro che dichiara essergli pervenuto dall'eredità di frate Bartolomeo del fu Guido. Garantiscono i venditori il pacifico possesso degli stabili alienati, pena il doppio del prezzo convenuto in caso di evizione.

In Christi nomine amen. Anno nativitatis eiusdem millesimo trecentesimo sexagesimo primo, indictione quarta decima, die tercio mensis ianuarii.

. . . domum unam cupatam cum terreno et hedificio, curia et allia domo cupata post ipsam curiam positam Bononie in capella sancte Marie Magdalene in strata sancti Donati iuxta . . . . . et iuxta magistrum Lanfranchum Gerardi medicum . . . . .

Actum Bononie in capitulo conventus dictorum fratrum heremitarum, presentibus Mino Chixini notario qui dixit se cognoscere contrahentes predictos, Iacobo quondam Bitini Bixilerii capelle sancte Marie Magdalene et Iohanne quondam ser Iacobi Zafeti strazarolo dicte capelle testibus ad predicta vocatis et rogatis.

(L. S.) Ego Iacobus quondam Rolandi de Fantuciis publicus imperiali et communis Bononie auctoritate notarius predictis omnibus interfui et rogatus scribere ea publice scripsi.

CCXXVIII.

Busta n. 14,1620. Fogl. memb. di mm. 260 × 360. — Copia.

Vendita di una casa dalle sorelle Consolmini al dottore Giovanni Calderini.

Bologna, 1361, 18 febbraio.

In Christi nomine amen. Anno a nativitate eiusdem millesimo trecentesimo sexagesimo primo, indictione quarta decima, die decimo octavo mensis februarii.

Francischa et Betisia sorores et filie quondam Berti olim d. Raymondi de Consolminis capelle S. Andree de Ansaldis adulte personaliter constitute in presentia sapientis et discreti viri d. Luchini de Milesimo indicis et assessoris discho aquile deputati nobilis millitis d. Frenandi de Yspania honorandi potestatis civitatis Bononie pro Sancta Romana Ecclesia, infrascriptis omnibus et singulis suam et communis Bononie auctoritatem et decretum interponentis et prestantis, et cum auctoritate, consensu, presentia et voluntate ser Bitini quondam Bitini de Caziptis capelle sancti Iohannis in Monte earum curatoris ibidem presentis et infrascriptis omnibus et singulis consentientis et auctorantis, ad hec a dicto

iudice specialiter constituti ex instrumento mei notarii infrascripti
et de ipsorum consensu, d. Sovrana ipsarum soror et filia dicti quondam Berti et Philipus cui dicitur Lippus quondam Mathei de Caziptis capelle sancti Bertoli porte Ravennatis et quilibet omnium
predictorum mutuo inter eos interveniente consensu, sponte ex certa
scentia et nullo dicti errore, iure proprio et in perpetuum dederunt,
vendiderunt egregio viro d. Iohanni Caldarino decretorum doctori
spectabili et comiti palatino filio quondam d. Rolanducii de Caldarinis capelle S. Damiani pro se et suis heredibus recipienti et ementi
unam domum balchionatam positam Bononie in capella S. Andree de
Ansaldis iuxta dictum d. Iohannem emptorem, iuxta viam publicam
et iuxta Buvalellum ser Buvalelli de Consolminis vel alios si qui
forent veriores confines; ad habendum, tenendum, et possidendum
et quidquid dicto emptori et suis heredibus deinceps placuerit perpetuo faciendum; cum omnibus et singulis que infra predictos continentur confines vel alios si qui forent veriores, cum accessibus et
egressibus suis usque in vias publicas et cum omnibus et singulis
que dicte rei vendite de iure choherere et acedere possunt cum omni
iure et actione, usu seu requisitione dicte rei vendite modo quolibet
competentibus et competituris, quorum omnium comodum et utilitas
ad ipsum emptorem de cetero spectet et pertineat pleno iure. Et hoc
nominatim pro precio et nomine precii octuaginta quinque librarum
bon., quod precium dictus d. Iohannes emptor presentialiter coram
testibus et me notario infrascriptis dedit, solvit, tradidit et dimisit
eisdem venditoribus ibidem et in presenti recipientibus, confitentibus
et asserentibus tantam esse dicti precii quantitatem et ipsum precium habuisse et recepisse et eis integre datum, solutum, numeratum,
traditum et dimissum esse a dicto emptore ut dictum est et dicta
de causa. Constituentes dicti venditores omnes dictam domum venditam se dicti emptoris nomine possidere et quasi donec ipsius domus vendite possessionem adheptus fuerit corporalem, et volentes ex
hoc dicti venditores in ipsum emptorem omnem dicte domus vendite
possessionem et quasi transferre naturalem et civilem dederunt et
concesserunt eidem emptori stipulanti plenam et liberam potestatem,
auctoritatem, licentiam et bayliam ut ipsius domus vendite possessionem sua propria auctoritate ingrediatur, acipiat, teneat et apre-
hendat tamquam verus dominus, proprietarius et possessor. Et insuper
dicti venditores, silicet dicte adulte cum decreto et auctoritate predictis
et quilibet omnium predictorum se ad infrascripta principaliter et in
solidum obligando, promiserunt per se et eorum heredes eidem emptori
pro se et suis heredibus stipulanti de dicta domo vendita vel aliqua
eius parte nullam de cetero per se vel alium de iure vel de facto
litem, questionem, controversiam vel molestiam eidem emptori vel

suis heredibus inferre, movere vel refferre aut ferenti, moventi vel refferenti consentire; sed ipsam domum venditam cum omni suo iure
in proprietate et possessione eidem emptori et suis heredibus deffendere et auctorari in omnem casum et ab omni persona, comuni, collegio et universitate; paciscentes et expresse convenientes dicti venditores eidem emptori stipulanti predicte rei vendite possessionem
vacuam, liberam et expeditam esse, et sic eidem tradere et nullo
modo advocatoriam et ipsum emptorem in ea esse et facere omnibus
potiorem.

Et si quo tempore lis, questio, molestia aut controversia moveretur vel infereretur eidem emptori vel suis heredibus de dicta domo
vendita vel aliqua eius parte, tam per libelli oblationem quam allio
quocunque modo de iure vel de facto, ipsam litem, questionem et
libellum in se in solidum suscipere et transferre totiens quotiens
eisdem venditoribus sive alteri ipsorum vel eorum heredibus denuntiatum fuisse personaliter vel ad domum eorum solite habitationis
a parte dicti emptoris vel suorum heredum, et einsdem emptoris et
suorum heredum atque dicte domus vendite deffensioni in solidum
se offerre tamquam deffensores legiptimi cum satisdatione idonea
indicatum solvi et omnia alia facere opportuna ut in eos insolidum
causa quelibet totaliter transferatur. Quam causam omnibus suis
expensis, casibus, periculis et eventibus usque ad finem peragent.

Que omnia et singula si non fecerint aut si predicta omnia et
singula vera esse non apparuerint seu si pro dicta domo vendita
deffendenda idem emptor vel sui heredes dampnum aliquod paterentur vel expensas aliquas fecerint in iudicio sive extra, ipsum
dampnum, expensas et interesse ad integrum in solidum eidem emptori vel suis heredibus refficient, restituent et persolvent, sive dicta
domus vendita evicta fuerit sive non, quia sic per pactum ad invicem convenerunt. Et nichilominus dabunt et solvent in solidum
eidem emptori vel suis heredibus, nomine pene stipulatione promissa,
duplum pretii supradicti, qua pena soluta vel non predicta firma perdurent. Remissa ex nunc per pactum eidem emptori et suis heredibus
a sentencia appellandi necessitate si contra ipsum emptorem vel eius
heredes super principali causa sentencia contingerit indicari. Acto
inter eos expresse quod non possint dicti venditores vel alter ipsorum dicere vel opponere eidem emptori vel suis heredibus quod
eidem facta fuerit iniuria vel ininstitia aut quod propter suam culpam, negligentiam vel deffectum ex parte sua contingentem a possessione ceciderit vel causam admiserit. Qui primo lata contra ipsum
emptorem vel eius heredes super principali causa sentencia intra octo
dies postquam eisdem venditoribus vel alteri ipsorum modo predicto
denuntiatum fuerit a parte dicti emptoris vel suorum heredum, pre

dictum precium totum cum pena dupli et omni suo dampno, expensa
et interesse ad integrum insolidum eidem emptori vel suis heredibus
refficient, restituent et persolvent quia sic per pactum ad invicem
convenerunt. Quam venditionem et omnia et singula suprascripta et
infrascripta promiserunt dicti venditores silicet dicte adulte cum decreto et auctoritate predictis et quilibet ipsorum omnium principaliter
et in solidum per se et suos heredes eidememptori pro se et suis heredibus stipulanti se perpetuo firma et rata habere, tenere, attendere,
observare et adimplere et in nullo contrafacere, dicere, opponere
vel venire per se vel alium aliqua ratione vel causa de iure vel de facto
in iudicio sive extra, sub pena dupli dicti pretii stipulatione in solidum in singulis et pro singulis capitulis, partibus et membris huius
contractus et instrumenti eidem emptori promissa, qua pena soluta vel
non predicta firma perdurent. Item refficere et restituere eidem emptori
stipulanti omnia et singula dampna, expensas et interesse litis et extra,
pro quibus omnibus et singulis firmiter observandis et adimplendis
obligaverunt dicti venditores eidem emptori stipulanti omnia ipsorum
bona presentia et futura; renuntiantes dicti venditores in hiis et super
hiis omnibus et singulis exceptioni eis non dati, non soluti, non tra-
diti et non numerati et non dimissi dicti pretii a dicto emptore ut
dictum est et dicta de causa, exceptioni doli mali quod metus causa,
condictioni indebiti et sine causa aut ex iniusta causa in factum
actioni, fori privilegio feriis et diebus feriatis inductis et inducendis,
benefitio novarum constitutionum de fideinssoribus et pluribus reis
debendi, epistole divi Adriani et specialiter dicte Francischa et Betisia et etiam dicta domina Sovrana earum soror beneficio Velleglani
senatus consulti in favorem mulierum inducti ac et ipsi omnes beneficio restitutionis in integrum et omni allii legum et iuris auxillio,
prius certificate per me notarium infrascriptum de beneficiis supra
scriptis eisdem competentibus et de effectu renuntiationis ipsorum
beneficiorum.

Insuper dicte Francischa et Betisia adulte cum decreto et auctoritate predictis et dicta domina Sovrana et Philippus et quilibet
ipsorum sponte iuraverunt corporaliter ad sancta Dei evangelia tactis scripturis predicta servare et contra predicta vel aliquid predictorum non venire nec aliquam restitutionem, ius vel beneficium impetrare, procurare vel consequi tam ipse adulte occaxione dampni
modici ex privilegio speciali minoris etatis quam ipsi omnes venditores pretestu dampni enormis de iure comuni vel alia quacumque
ratione vel causa. Insuper Iohannes cui dicitur Naninus quondam
Marchisini lardarolus capelle S. Andree de Ansaldis presens dicte,
venditioni consensit et renuntiavit omni suo iure quod habebat in
dicta domo vendita occaxione locationis ad pensionem eidem facte de

domo et alia quacumque ratione vel causa, promitens dictus Iohannes eidem Iohanni emptori stipulanti se dictos consensum et renuntiationem firmos et ratos habiturum sub pena dupli dicte quantitatis dicti pretii dicte domus, et eidem d. Iohanni stipulatione promissa et sub reffectione dampnorum et expensarum et obligatione omnium suorum bonorum.

Actum Bononie in camara ressidentie dicti indicis posita in pallatio anzianorum civitatis Bononie, presentibus ser Iacobo quondam Boncambii de Platisiis cognato et propinquo dictarum adultarum, qui predictis omnibus consensit et dixit et iuravit coram dicto indice se esse cognatum et propinquum dictarum adultarum et se esse maiorem viginti quinque annis et predicta omnia que aguntur se credere non fieri in fraudem vel dampnum dictarum minorum, Laurentio Nicolai de Caziptis notario capelle S. Bertoli porte Ravennatis qui dixit se cognoscere contrahentes predictos, d. Salamone filio Peradini de Milesino scholari studenti Bononie in iure civili, Iohannino Guillielmi Buzardi de Salucis et Brandelisio cui dicitur Gesius quondam Brandelisii de Venola testibus bone oppinionis et fame ad predicta vocatis et rogatis.

(L. S.) Ego Matheus Zarloti publicus imperiali auctoritate notarius predictis omnibus interfui et ea rogatus scribere publice scripsi.

CCXXIX.

Busta n. 15/1621. Perg. di mm. 281 × 560. — Originale.

Vendita di una casa da Masina ed Antonia Sabbadini ai frati di S. Giacomo.

Bologna, 1361, 11 maggio.

Masina ed Antonia sorelle figlie del fu Guglielmo Sabbadini, la prima moglie di Pasotto del fu Bonifacio Paci, la seconda moglie di Paolo del fu Giovanni Gusberti dottore di leggi, di pieno accordo, col consenso dei rispettivi mariti, previa dichiarazione che lo stabile oggetto del presente contratto non è di natura dotale ed è loro pervenuto per eredità paterna, vendono e cedono a frate Nicola da Castel de' Britti procuratore dei frati eremitani di S. Giacomo, che a nome e nell'interesse di questi accetta, un casamento posto in Bologna nella cappella di S. Vitale, pel prezzo di lire 30 di bolognini, che il predetto frate Nicola subito numera e paga con denaro che asserisce di ragione de' suoi mandanti.

È promessa l'osservanza del contratto, e tale promessa, le venditrici, sebbene maggiori del venticinquesimo anno di età, confermano prestando giuramento sulle sacre carte. Pel caso di evizione è stabilita la pena del doppio valore di stima dello stabile alienato.

In Christi nomine amen. Anno a nativitate eiusdem millesimo trecentesimo sessagesimo primo, indictione quartadecima, die undecimo mensis mai, pontifichatus sanctissimi in Christo patris et domini nostri domini Innocentii divina providencia pape sexti . . . . et dieta domina Anthonia est uxor sapientis viri domini Pauli legum doctoris quondam domini Iohannis de Ghusbertis civis Bononie de capella sancti Barbaciani . . . . . .

Actum Bononie in ecclesia sancti Iacobi predicti, presentibus Iohanne quondam Betucii Butigli capelle sancti Petri et Marzellini qui dixit et asseruit se predictos contrahentes cognoscere, Iacobo eius filio, domino dompno Paulo capellano in ecclesia sancte Marie de Muradellis filio quondam domini Bertolacii de Ghusbertis, Thomaxino Guidonis Thomaxini notario capelle sancti Bartoli porte Ravennatis et Lambertino quondam Iohannis de Pacibus capelle sancti Thome de merchato testibus ad hec vocatis et rogatis.

(L. S.) Ego Montanarius quondam Bertolocti Guidonis publicus imperiali et comunis Bononie auctoritate notarius his omnibus interfui et rogatus predicta scribere publice scripsi.

CCXXX.

Busta n. 15/1621. Quaderno memb. di 4 carte, di mm. 271 × 420. — Originale.

Sentenza del Vicario Generale di Bologna nella causa tra il vescovado di Bologna ed i frati Eremitani di S. Giacomo.

Bologna, 1364, 10 dicembre.

Lugaresio del fu Deotefé con suo testamento, dopo aver disposto diversi legati, istituì eredi universali i poveri di Cristo che sarebbero stati scelti e nominati da' suoi esecutori testamentari, non altri. Esecutori testamentari deputò il priore pro tempore del convento dei frati Eremitani di S. Giacomo e frate Franceschino da Saragozza del detto ordine. Questi, alcun tempo dopo la morte del testatore, con atto del notaio Scardoino Scardovi del 18 febbraio 1351, scelsero e nominarono tra i poveri di Cristo siccome eredi del defunto Lugaresio, frate Giovanni e frate Nicola da Castel de' Britti entrambi degli Eremitani di S. Giacomo di Bologna, e ad essi vollero devoluta l'eredità del Lugaresio. Successivamente i procuratori del convento dei frati Eremitani, cui per le interposte persone dei nominati

17

frati Giovanni e Nicola si era inteso pervenisse l'eredità del Lugaresio, ne fecero formale accettazione. Contro la elezione dei poveri
di Cristo e conseguentemente contro questa devoluzione ereditaria
insorse la mensa vescovile di Bologna, rivendicando a sè il diritto
di scelta e di nomina degli eredi del ripetuto Lugaresio. E la ec-
cepiva di nullità, anzi tutto perchè la nomina era stata fatta oltre il
termine fissato dalle costituzioni sinodali del vescovado di Bologna;
poi perchè contraria alla volontà del testatore che volle suoi eredi i
poveri di Cristo eletti dagli esecutori testamentari e non altri in loro
vece; in fine perchè illegale stante che i nominati siccome religiosi
non possono nè possedere nè adire eredità, nè lo possono quali interposte persone nell'interesse del convento loro, perchè esso pure,
trattandosi d'ordine mendicante, è incapace a possedere od a conseguire eredità. Per la risoluzione della controversia venne adito il
vicario generale di Bologna; il quale, udite le difese delle parti, visti
gli atti prodotti, accogliendo le ragioni addotte dalla mensa vescovile
di Bologna, sentenziò spettare la scelta dei poveri di Cristo quali
eredi del fu Lugaresio alla mensa vescovile predetta; di conseguenza
ritenersi nulla siccome cattiva, indiscreta ed intempestiva la elezione
fatta dagli esecutori testamentari del nominato Lugaresio.

In Christi nomine amen . . . .
comisit sapienti viro domino Petro de Ognyes decretorum doctori .
. . . . . dictam causam consulendam . . . . .

Lata, lecta et in hiis scriptis pronunciata fuit dicta diffinitiva
sententia per dictum dominum Gerardinum vicarium pro tribunali
sedentem Bononie in episcopali pallatio ad solitum banchum iuris,
presentibus dicto dompno Francischo sindico domini episcopi et episcopatus bononiensis, ac dictis Guillielmo de Pizano et fratre Iacobo
de sancto Felice sindicis dictorum fratrum Heremitarum et presentibus sapientibus viris domino Laurentio de Pinu, domino Iacobo de
Pechinitis, domino Guasparo domini Iohannis Caldarini decretorum
doctoribus, Lentio domini Pauli de Cospis, Georgio Michaelis de Argile, Paulo Lentii de Cospis et aliis testibus ad predicta vocatis et
rogatis.

Sub annis domini nostri Iesu Christi a nativitate millesimo trecentesimo sexagesimo quarto, indictione secunda, die martis decimo
decembris in tertiis, pontificatus sanctissimi in Christo patris et domini nostri domini Urbani divina providentia pape quinti anno tertio.

(L. S.) Ego Nicolaus quondam Iacobi de Canonicis civis Bononie publicus imperiali auctoritate et curie episcopalis bononiensis
notarius, supradictis pronunntiationi, apellationi apellorum, pettitioni
et ipsius domini vicarii responsioni dum per ipsum dominum vica-

rium et coram eo agerentur interfui, eaque rogatus scribere publice scripsi, subscripsi.

CCXXXI.

Busta n. 16 1622. Quad. memb. di 7 carte, di mm. 265 × 355. — Copia.

Nomina di curatore a favore di Giovanna Bonsignori.

Bologna, 1365, 17 aprile.

Il giudice ed assessore del podestà di Bologna, accogliendo l'istanza fatta da Giovanna Bonsignori, le nomina in curatore speciale Sovrano da Argelato, perchè, stante la minore età di lei, la assista e presti il voluto consenso all'atto di divisione a cui Giovanna intende addivenire in confronto dei frati Eremitani di S. Giacomo per la ripartizione di diversi stabili posseduti in comune.

In Christi nomine amen. Anno nativitatis eiusdem millesimo trecentesimo sexagesimo quinto, indictione tertia, die decimo septimo mensis aprelis, pontificatus santissimi in Christo patris et domini d. Urbani divina providentia pape quinti.

Domina Iohanna filia quondam magistri Iacobi doctoris fixice olim magistri Pauli magistri Bonsignoris medici de Bonsignoribus civis Bononie de capella sancti Donati . . . . .

Actum Bononie in scholis hospitalis antiquioris devotorum sciti iuxta sancti Vitis, presentibus Petrobono quondam Nicolai de Pelachanibus capelle sancti Martini de Aposa propinquo, videlicet agnato dicte adulte homine bone fame, vite et oppinionis, maiore vigintiquinque annis qui predictis omnibus conscensit, dixit et corporaliter iuravit ad sancta Dei evangelia tactis scripturis coram dicto iudice se esse propinquum et agnatum dicte adulte, et credere omnia que aguntur et fiunt non fieri in dampnum, fraudem vel preindicium dicte adulte, et qui dixit et asseruit se dictos contrahentes cognoscere, Tomaxino Gnidonis Tomaxini notario, Laurentio Francisci de Cistis notario, Brandelixio quondam d. Petri de Gariscendis capelle sancti Marchi, Francischo quondam Guillielmi de Argele notario capelle sancti Iohannis in monte et Ricardo quondam Andree de Flexo campsore capelle sancti Leonardi et Iohanne quondam Bonaventure de Bargelinis notario et nunc notario ad memorialia comunis Bononie testibus, omnibus viris bone fame, vite et oppinionis ad hec adhibitis, vocatis et rogatis.

(L. S.) Ego Iohannes quondam Alberti Dominici publicus imperiali et comunis Bononie auctoritate notarius predictis omnibus interfui et rogatus scribere predicta publice scripsi.

CCXXXII.

Busta n. 16.1622. Perg. di mm. 305 × 720. — Originale in cattivo stato di conservazione, qua e là abraso.

Testamento di Princivalle del fu Bonaparte detto Riccio de Sapori.

Bologna, 1365, 17 decembre.

Ordina anzitutto che pel mal tolto d'ignota provenienza siano pagati 5 soldi di bolognini alla chiesa di S. Pietro: per titolo di legato rimette a Giovanni Ballabene da Crevalcore lire 4 di bolognini che per conto di lui ha pagato al dottore Sante Dainesi; quindi, fatte diverse disposizioni a favore di chiese, conventi e parenti, tacitata la moglie pei diritti dotali, chiama eredi universali ciascuno per una quinta parte gli ospedali della Vita, della Morte, di S. Biagio, de' Guerini e quello di S. Pietro maggiore. Vuole essere sepolto nella chiesa di S. Bartolomeo di porta Ravennate ovvero in quella dei frati Eremitani e per la scelta dell'una piuttosto che dell'altra si rimette interamente a' suoi esecutori testamentari.

Da ultimo dispone che il suo testamento resti segreto e venga depositato nella sacrestia dei frati Eremitani.

In Christi nomine amen. Anno a nativitate eiusdem millesimo trecentesimo sexagesimo quinto, indictione tertia, die decimoseptimo mensis decembris . . . . .
. . . . . domino Santo de Daynixiis legum doctori . . . .
Actum Bononie in domo habitationis dicti Princivallis testatoris sita in capella sancti Bertholi porte Ravennatis, presente honesto viro domino dompno Iacobo ordinis chamal[dulensis capella]no dicte ecclesie sancti Bertoli et qui publice habetur sacerdos in dictis capella et contrata in qua habitat dictus condens et qui asseruit se cognoscere dictum testatorem seu[condentem ultimam voluntatem et e]um sane mentis esse, et presentibus religioxis viris fratre Ugolino de Frassenorio de Mutina sacerdote et fratre Gratiolo de sancto Georgio ambobus religiosis fratrum Heremitarum ecclesie sancti Iacobi strate sancti Donati civitatis Bononie asserentibus et qui ambo dixerunt se cognoscere dictum testatorem seu condentem ultimam voluntatem et [eam esse sane mentis], frate Rogerio de Marchia, Chaterino de Marchia, fratre Gratia de Florentia, fratre Matheo de Toloxa, fratre Michaele

de . . . . Iohanne de strata Chastillionis, fratre Paulo de sancto Iohanne, fratre Tomace de sancto Alberto omnibus dictis fratribus dicti
ordinis fratrum Heremitarum . . . . quondam Iohannis strazarolo
capelle sancte Marie Magdalene testibus ad hec specialiter vocatis
et a dicto testatore proprio hore rogatis.

(L. S.) Ego Bartholomeus quondam Iohannis Iohannini de Mer-
linis publicus imperiali et communis Bononie auctoritate notarius predictis testamento, procurationi et depositioni et locis pro ut supra
legitur interfui et specialiter rogatus a dicto testatore et a dictis
deponente et sacrista predicta omnia publice scribere scripsi.

CCXXXIII.

Busta n. 16/1622. Quad. memb. di 10 carte di mm. 265 × 365. — Copia in pessimo
stato di conservazione, qua e là mutila e lacera.

*Atti nella causa vertente tra Libertà Garfagnini e le monache del mo-
nastero di S. Vitale ed Agricola.*

Bologna, 1368, 19 febbraio.

Davanti ai vicari generali del vescovo di Bologna vengono assunte prove testimoniali, e sono prodotti atti di costituzione di procuratori e compiute altre formalità procedurali, in occasione della lite
vertente tra Libertà del fu Giovanni Garfagnini e la badessa e le
monache del monastero dei santi Vitale ed Agricola per le reciproche
pretese sopra un orto goduto pro indiviso.

In Christi nomine amen. Hec est pars quorundam actorum acti-
tatorum et factorum coram venerabilibus viris domino Nicolao de Za-
naxiis de Cremona archidiacono ecclesie cremonensis decretorum doctore et Thoma de Pupio plebano plebis sancti Marci aretinensis
diocesis licentiato in decretis, reverendi in Christo patris et domini
domini Aymerici Dei et Apostolice Sedis gratia episcopi bononiensis
vicariis generalibus . . . . .
. . . . . se comiserunt et compromiserunt in sapientem et prudentem
virum dominum Iohannem de Bonsignoribus legum doctorem. . . . .
Actum Bononie in episcopali palatio ad banchum iuris, presentibus domino Dominico de Boxellis decretorum doctore de Bononia,
Lentio quondam domini Pauli de Cospis, ... quondam Iacobi Bonaveris de Bononia, Petro Michaelis de burgo Panicale bononiensis
diocesis, ... Petri de Canonicis, Egidio Francisci de Planorio
ambobus notariis publicis curie episcopalis bononiensis et aliis testibus
ad premissa vocatis specialiter et rogatis.

(L. S.) Ego Thomas quondam Anthonii Bonfiglioli de Lanceis civis
Bononie publicus imperiali auctoritate et curie episcopalis bononiensis
notarius predictis omnibus et singulis dum agerentur coram supra
dictis dominis vicariis interfui, eaque mandato dictorum dominorum
vicariorum ac rogatus scribere publice scripsi, meisque nomine et
signo solitis roboravi in testimonium premissorum.

CCXXXIV.

Busta n. 16/1622. Quad. memb. di 4 carte, di mm. 290 ✕ 435. — Copia.

Transazione fra gli eredi di Giacomo Gozzadini e quelli della fu Mar-
gherita da Monferrato.

Bologna, 1369, 18 gennaio.

Pino di Pietro e Calorio di Giovanni Gozzadini nipoti ed eredi
universali del fu Giacomo Gozzadini addivengono a transazione cogli
eredi della fu Margherita da Monferrato sopra ragioni, che essi quali
eredi mediati degli eredi primi chiamati della ripetuta Margherita
vantavano verso l'eredità di lei per diritto di natura e di trebellianica.

In Christi nomine amen. Millesimo trecentesimo sesagesimo nono,
indictione VII, die decimo octavo ianuarii pontificatus . . . . d. Urbani . . . pape quinti . . . . .
. . . . . ad compromissum venisse et se in sapientes et discretos viros
d. Iacobum de Brugnadelo de Bobio legum doctorem et Rizardum
de Caselis iurisperitum compromisisse ut constat . . . . .
Actum Bononie super saleta de super pallatii domini potestatis
que est super portam massarie comunis Bononie, presentibus Andalò
quondam d. Michaelis de Bentivoglis, cognato dicti Calorii de Bentivoglis, Andrea quondam Iohannis de Gozadinis cognato ut asseruit
predictorum Pini et Calorii de Gozadinis hominibus maioribus XXV
annis, bone opinionis et fame et qui iuraverunt coram dictis indicibus
etc. Andrea quondam Manfiendi de Tomariis cive Bononie de capella
sancti Andree de Ansaldis canpsore, Iohanne quondam Bonaventure
de Bargelinis notario qui disit etc. Guillielmo quondam Francisci
Deotefé capelle sancti Iosep, Philipo quondam Gerardini de . . . .
campsore capelle sancti Petri maioris, Santo quondam Bertoli de capella sancte Cecilie et Berto quondam Benzevenis de Casola notario
et notario officio memorialium, cui per dictas partes et me notarium
infrascriptum denuntiatum fuit dictum instrumentum quod ponere
deberet in memorialibus comunis Bononie secundum formam statutorum
comunis Bononie, ex instrumento Henrici olim ser Zacharie Henrigipti notarii.

Ego Symon quondam Perini Gini notarius pro comuni Bononie et Sancta Romana Ecclesia ad camaram actorum comnnis et populli bononiensis predicta exemplavi.

CCCXXXV.

Busta n. 16/1622. Fol. membr. di mm. 280 × 120 — Originale.

Compromesso dei frati Eremitani di S. Giacomo, di Bulgaro Negri ed altri nei dottori Giovanni Bonsignori e Francesco Guastavillani.

Bologna, 1370, 31 ottobre.

I frati Eremitani di S. Giacomo di Bologna da una parte e Bulgaro Negri e Cilla Farneti dall'altra danno mandato a Giovanni Bonsignori e Francesco Guastavillani dottori di legge di giudicare siccome arbitri ed amichevoli compositori in merito al diritto di proprietà su di un portico, di un terreno e delle banche che ciascuna delle parti rivendicava a sè. Concedono all'uopo le più iate facoltà e si obbligano vicendevolmente all'esatta osservanza del lodo che sarà pronunciato sotto pena di 200 lire di bolognini.

In Christi nomine amen. Anno nativitatis eiusdem, millesimo trecentesimo septuagesimo, indictione octava, die ultimo mensis octubris, pontificatus sanctissimi in Christo patris et domini nostri domini Urbani divina providencia pape V anno octavo.

. . . . in presentia sapientis viri d. Francisci de Capellis legum doctoris auditoris reverendissimi in Christo patris et domini nostri domini Anglici cardinalis . . . . se commiserunt et compromiserunt . . . . in sapientes viros dominos Iohannem de Bonsignoribus et Francischum de Guastavillanis legum doctores Bononie . . . .

Actum Bononie in curtili palatii residentie reverendissimi in Christo patris et domini nostri domini Anglici miseratione divina Albanensis episcopi cardinalis, civitatis Bononie pro domino nostro papa et Sancta Romana Ecclesia vicarii, presentibus sapiente viro domino Iacobo de Bobus legum doctore, Petro quondam Philippy de Rocadecanibus et Laygono domini Ostexani notariis de Bononia, Antonio quondam Guillielmi de Lamola notario et Muxolino quondam Guillielmi nuntio audientie causarum prefati domini Albanensis et aliis testibus ad premissa vocatis et rogatis.

(L. S.) Ego Bernardus quondam Guillielmi de Lamola civis Bononie publicus apostolica et imperiali auctoritate notarius et officialis et notarius auditoris causarum prefati domini nostri domini Albanensis, predictis omnibus et singulis dum, ut premittitur, agerentur interfui, eaque omnia et singula rogatus scribere publice scripsi et signum et nomen consuetum apposui in testimonium omnium premissorum.

CCXXXVI.

Busta n. 16/1622. Perg. di mm. 230 × 770. — Originale.

Vendita di porzione d'una casa da Bulgaro Negri ai frati Eremitani di S. Giacomo.

Bologna, 1371, 11 febbraio.

Bulgaro del fu Pietro Negri vende a frate Giovanni da Castel de' Britti procuratore dei frati Eremitani di S. Giacomo pei quali accetta, quattro delle nove parti di un grande caseggiato coperto di tegoli e provvisto di balconi posto in Bologna nella cappella di S. Marco pel corrispettivo di lire 150 di bolognini. Di queste, 50 il predetto frate Giovanni paga subito in tanti bolognini grossi ed anconitani d'argento, e le restanti 100 promette pagare nella ricorrenza della prossima Pasqua di risurrezione. A garantire il residuo prezzo sottopone a pegno e speciale ipoteca la porzione di casa acquistata ed obbliga inoltre tutti i beni del convento. È promessa la difesa ed osservanza del contratto, pena il doppio del prezzo convenuto al contravventore più la rifusione dei danni e delle spese.

In Christi nomine amen. Nativitatis eiusdem anno millesimo trecentesimo septuagesimo primo, indictione nona, tempore pontificatus sanctissimi patris et domini nostri d. Gregorii pape XI, die martis undecimo mensis februarii . . . .

Actum Bononie in capella sancti Donati, in domo d. Iohannis de Bonsignoribus legum doctoris et eius habitationis, presentibus ipso d. Iohanne, d. Buvalelo Iohannis Buvaleli legum doctore, Calorio Iohannis de Castagnolo notario, Prindiparte Iohannis de Castagnolo notario, Iohanne Muzoli de Nigris de Bertalia capelle sancti Felicis et Iohanne quondam d. Buvaleli de sancto Georgio notario testibus vocatis et rogatis ad hec a me Iacobo notario infrascripto cognitis dictis partibus.

(L. S.) Ego Iacobus Antonii Vanucii civis bononiensis imperiali auctoritate notarius predictis omnibus presens rogatus scribere predicta publice scripsi.

CCXXXVII.

Busta n. 17/1623. Perg. di mm. 366 × 760. — Originale.

Testamento di Carlo Basacomari.

Bologna, 1374, 6 marzo.

Il timore di mancare ai vivi senza aver provveduto al bene del-
l'anima e senza aver opportunamente disposto delle proprie sostanze,
inducono Carlo Basacomari a fare testamento. Epperò pel mal tolto
d'incerta provenienza ordina siano pagati 5 soldi di bolognini e 5
soldi pure di bolognini siano pagati a chi di ragione per restituzione
di decime; fa diversi legati a favore dei frati Eremitani di S. Giacomo, di chiese e di conoscenti, designa per sua sepoltura la chiesa
di S. Tommaso di Brayna e dopo aver nominati gli esecutori testamentari chiama eredi universali Giovanni suo fratello e Bartolomea
Basacomari sua zia paterna. Dispone da ultimo che il suo testamento
sia custodito nella sacrestia dei frati Eremitani.

In Christi nomine amen. Anno nativitatis eiusdem millesimo trecentesimo septuagesimo quarto, indictione duodecima, die sesto mensis marcii . . . .

Sapiens et discretus vir dominus Karolus quondam Primirani de
Bassacomatribus in iure civili licentiatus civis Bononie de capella
sancti Thome de Brayna . . . . .

. . . . Item reliquid iure legati domino Nicolao de Yspanea scolari in iure civili tres ducatos auri boni et iusti ponderis quos eidem
tenetur ex causa mutui . . . .

. . . . Commissarios autem suos et huius testamenti . . . . elegit
et nominavit venerabilem et circumspectum virum dominum fratrem
Michaelem de Sichadenariis bachalarium ordinis fratrum Heremitarum . . . .

Actum Bononie in domo habitationis dicti testatoris sita in capella sancti Thome de Brayna, presentibus venerabili et circumspecto
viro domino fratre Michaele de Sichadenariis religiosso et bachalario
ordinis fratrum Heremitarum sancti Iacobi strate sancti Donati de
Bononia, frate Zacharia rectore ecclesie sancte Marie de Castro Britonum de Bononia presbitero et capelano in dicta ecclesia sancte
Marie et qui publice habetur sacerdos in capela et contrata ubi
abitat ipse condens, domino fratre Dyonixio ordinis fratrum Servorum
sancte Marie strate maioris de Bononia religiosso dicti ordinis, qui

omnes dixerunt et asseruerunt se dictum testatorem cognoscere et
eum sane mentis esse et sensus, et presentibus fratre Paolo de Mediolano, fratre Bertolomeo de Pixis, fratre Petro Paulo de Roma
omnibus eiusdem ordinis fratrum Heremitarum sancti Iacobi predicti,
fratre Lambertino de Bononia, fratre Angelo de Florentia et fratre
Iohanne de Florentia omnibus fratribus Servorum sancte Marie strate
maioris predicte, Petro Iacobini de Sassuno notario, Berto quondam
Bitini de Bassacomatribus et Philipo quondam Michaelis de Variis
capelle sancti Proculi testibus ad hec adhitis, vocatis et a dicto testatore hore proprio rogatis.

(L. S.) Ego Albizus filius Petri olim Iacobini de Sassuno notarius
civis Bononie publicus imperiali et comunis Bononie auctoritate
notarius predictis omnibus interfui et rogatus scripbere predicta omnia
publice scripsi.

CCXXXVIII.

Busta n. 18/1624. Perg. di mm. 220 × 490. — Originale.

*Vendita della metà pro indiviso di una casa da Francesco Ferazeri a
Michele sartore.*

Bologna, 1378, 15 luglio.

Francesco del fu Bernardo Ferazeri vende a Michele del fu Andrea sarto che accetta per sè, suoi eredi e successori, la metà pro
indiviso di una casa posta in Bologna nella cappella di S. Maria
Maggiore e nella contrada chiamata « La via nuova » pel prezzo di lire
60 di bolognini interamente pagato. Pel caso di evizione, oltre la
rifusione dei danni e delle spese, è comminata la pena di 60 lire di
bolognini.

In Christi nomine amen. Eiusdem nativitatis anno millesimo trecentesimo septuagesimo octavo, indictione prima. die quintodecimo
mensis iullii, pontificatus . . . .

Actum Bononie in capella sancti Michaellis de foro medii in
statione fratris mei Nicholay posita ex opposito domus habitationis
domini Francisci de Ramponibus legum doctoris, presentibus Rodulfo
quondam Iacobi de Toridiis capelle sancti Iosep qui dixit se cognoscere contrahentes, ser Gerardo quondam Iohannis spadario capelle
sancti Martini de Appoxa, Paullo quondam Ugolini spadario capelle
sancte Cecillie et Petro quondam Paulli zubonerio capelle sancti Pro-
culli testibus vocatis ad hec et rogatis.

(L. S.) Ego Nicholaus filius ser Albertini de Plastellis de Bononia imperialli et comunis Bononie auctoritate notarius hiis omnibus
interfui et rogatus scribere predicta scripsi.

CCXXXIX.

Busta n. 18/1624. Perg. di mm. 260 × 690. — Originale.

Vendita di terreni da Elisabetta del fu Michele Lanzalotti ai frati Eremitani.

Bologna, 1378, 24 novembre.

Elisabetta del fu Michele Lanzalotti vende a frate Giacomo Cinquanta procuratore dei frati Eremitani di S. Giacomo una pezza di terra vineata di quattro tornature circa posta nella curia di Roncomarino contado di Bologna, pel prezzo di lire 90 di bolognini, che il nominato procuratore subito numera e paga. Promette la venditrice la difesa e l'osservanza del contratto, pena il doppio del prezzo convenuto e la rifusione dei danni e delle spese, di più, giura sui sacri vangeli di rinunciare a qualsiasi eccezione potesse opporre.

In Christi nomine amen. Eiusdem nativitatis anno millesimo trecentesimo septuagesimo octavo, indictione prima, die vigesimo quarto mensis novembris, pontificatus domini Urbani pape sexti.

Domina Elisabet filia et heres universalis olim magistri Michaelis quondam magistri Lanzaloti medici . . . .

Actum Bononie in capella sancti Leonardi in domo habitationis dicte venditricis, presentibus ser Oddone quondam Ghilini piscatore cive Bononie de capella sancte Marie de Turlionibus qui dixit et asseruit se cognoscere contrahentes predictos, Zenanne quondam fratris Francisci de Rubaldinis becario cive Bononie de capella sancti Leonardi, Gardo quondam Petri de Bagnarola et Andrea quondam Cardosii de Faventia habitatoribus Bononie in capella sancte Marie de Turlionibus testibus ad hec vocatis et rogatis.

(L. S.) Ego Azo filius Nicolay olim Guilielmi de Buvalellis publicus imperiali et comunis Bononie auctoritate notarius Bononie predictis omnibus interfui eaque rogatus scribere publice scripsi.

CCXL.

Busta n. 18/1624. Fascicolo membranaceo di 4 carte di mm. 245 × 390. — Copia.

Compromesso nel dottore Giovanni da Legnano.

Bologna, 1380, 29 gennaio.

Il rettore della chiesa di S. Donato di Bologna sosteneva che il legato disposto da Zanna, già moglie del dottore Giovanni Bonsi-

guori e sua parrocchiana, a favore della chiesa e convento di S. Paolo
di Ravone, era stato fatto allo scopo di defraudare la sua chiesa del
diritto della quarta parte e però instava per avere il pagamento di
tale porzione. Opponendosi il priore di S. Paolo di Ravone alla sua
domanda, per prevenire una lite, le parti contendenti danno mandato
al dottore Giovanni da Legnano di giudicare in merito e promettono
l'esatta osservanza del pronunciato di lui, sotto pena di 100 lire di
bolognini al contravventore.

In Christi nomine amen. Eiusdem nativitatis anno millesimo trecentesimo octuagesimo, indictione tercia, die vigesimo nono mensis
ianuarii . . . .

. . . . cuiusdam legati relicti ecclesie seu capitullo, conventui et fratribus ecclesie sancti Pauli predicti per dominam Zanam quondam
magistri Alberti phisici et uxorem olim domini Iohannis de Bonsignoribus legum doctoris . . . . se comiserunt et compromiserunt in
excellentissimum utrinsque iuris doctorem dominum Iohannem de
Liglano . . . .

Actum Bononie in episcopali palatio in audientia causarum curie
episcopallis bononiensis, presentibus domino Egidio de Presbiteris de
Mutina decretorum doctore, presbitero Iohanne rectore ecclesie sancti
Marchi Bononie, presbitero Iacobo rectore ecclesie sanctorum Cervasii
et Portasii de Bononia et presbitero Francisco rectore ecclesie santi
Ypoliti de Bononia testibus ad predicta vocatis et specialiter rogatis.

Ego Iohannes quondam Virgilii de Albirolis civis Bononie publicus imperiali et comunis Bononie ac curie episcopalis bononiensis
auctoritate notarius premissis omnibus et singulis interfui eaque omnia
rogatus scribere publice scripsi, signumque meum apposui consuetum
in fidem et testimonium predictorum.

CCXLI.

Iri.

Sentenza arbitrale del dottore Giovanni da Legnano.

Bologna, 1380, 4 febbraio.

In Christi nomine amen. Nos Iohannes de Liglano utrinsque iuris
doctor arbiter arbitrator et amicabilis compositor comuniter et concorditer asumptus per religioxum virum fratrem Augustinum de Rotis
priorem ecclesie S. Pauli de Ravone prope Bononiam suo et vice et
nomine fratrum capitulli et conventus dicte ecclesie sancti Pauli ex

una parte, et presbiterum Iohannem Petri de Duglolo rectorem ecclesie santi Donati de Bononia suo et vice et nomine dicte sue ecclesie ex altera super lite seu litibus, questionibus, discordiis inter dictas partes vertentibus super contentis in pertitione dicti presbiteri Iohannis coram nobis producta, cuius tenor talis est: Coram vobis etc. Dicit et proponit Egidius de Fabriano procurator et procuratorio nomine domini Iohannis rectoris curati ecclesie [S.] Donati de Bononia quod domina Zanna filia olim magistri Alberti de Bononia et uxor quondam domini Iohannis de Bonsignoribus parochiana prefate ecclesie sancti Donati, consueta in ipsa ecclesia recipere sacramenta ecclesiastica, suum condidit testamentum in quo inter ceptera volens legare pro anima sua quatreginta libras quolibet anno fratribus santi Iacobi ordinis heremitarum sancti Augustini et unum lectum fulcitum, videlicit, una cultidra de penna cum endoma vergata, uno capizali de penna cum endoma, duobus lentiaminibus trium tellorum, una cultra alba de pannolini et tot vasa que sunt capacitatis treginta corbium; tres banchas, unum cassonum, duos lebetes lapideos, unum parolum de ramo, unum armarium a libris, quinque corbes frumenti et quinque corbes vini. Et volens defrandare dictam suam parochialem ecclesiam sancti Donati de quarta eidem debita, fecit dicta legata monasterio et ecclesie santi Pauli de Ravone que est extra portam Peradelli civitatis Bononie ad instantiam et pectitionem dictorum fratrum sancti Iacobi, cum re vera dicta legata quamvis essent facta dicte ecclesie sancti Pauli tamen in effectu fuerunt et sunt dicte ecclesie seu monasterio sancti Iacobi. Dicit etiam quod mortua dicta testatrice corpus eius fuit sepultum apud ecclesiam sancti Iacobi predicti pro ut dicta testatrix mandaverat, et dicti fratres santi Iacobi habuerunt et preceperunt pro parte dicta legata et hodie petunt sibi deberi ressiduum ut veris legatariis, et dicti fratres allias similes fraudes fecerunt et ordinaverunt contra allias parochiales ecclesias et soliti sunt facere et ordinare et ad defrandandum dictas parochiales ecclesias iure quarte. Quare eum plus valeat quod in veritate agitur quam quod simulate concipitur, petit per vos et vestrum officium pronumptiari, declarari et sententiari dicta legata facta ecclesie sancti Pauli predicti, fuisse facta in fraudem et ad defrandandum dictam ecclesiam sancti Donati debita sibi quarta ex dictis legatis et re vera fuisse facta ad comodum dicte ecclesie et monasterii S. Iacobi, et ex dictis legatis deberi quarta dicte ecclesie S. Donati et sic per vos pronuntiari et decla[ra]ri petit et instat iuribus et causis predictis et omni modo, via et iure et forma quibus melius potest, et petit expensas factas et de fiendis protestatur. Viso namque compromisso in nos acto per dictas partes scripto manu Iohannis Virgilii notarii intrascripti et visis et dili genter examinatis dictis pectitione et responsione ad eam facta, articulis per dictas partes productis et responsionibus factis ad eosdem, iuramentis testium per dictas partes productorum in huinsmodi causa, et eorum atestationibus ac omnibus actitatis et factis, propositis, dictis et allegatis tam verbo quam in scriptis per dictas partes atribute in dicto compromisso et omni modo, iure et forma quibus melius possumus pro bono pacis et concordie dictarum partium, Christi nomine invocato, elligentes viam arbitratoris et amicabilis compositoris et sedentes Bononie in domo nostre habitationis sita in capella sancti Iacobi de Carbonensibus quem locum pro iuridico et aresto elligimus et deputamus, sic dicimus, laudamus, arbitramur et declaramus, videlicet, prefatum fratrem Augustinum de Rotis priorem dicte ecclesie sancti Pauli, suo vice et nomine fratrum cappitulli et conventus dicte ecclesie sancti Pauli diffinitive absolvimus ab impetitione dicti presbiteri Iohannis rectoris dicte ecclesie sancti Donati et omnibus et singulis in ipsa pectitione contentis et super contenptis in dicta pectitione eidem presbitero Iohanni et suis subcessoribus silentium perpetuum imponimus; ipsas partes ab expensis hinc inde factis in dicta causa absolventes, et sic dicimus, laudamus, declaramus, imponimus et absolvimus in omnibus et per omnia ut infra scriptum est. Mandantes Iohanni Virgilii notarii infrascripti ut de premissis omnibus publicum conficiat instrumentum.

Lecta, lata, laudata et arbitramentata et declarata fuerunt predicta omnia per prefatum d. Iohannem de Lignano ut supra sedentem, presentibus dicto presbitero Iohanne rectore ecclesie S. Donati et predicto fratre Augustino priore dicte ecclesie S. Pauli rogante me Iohannem notarium infrascriptum ut de predictis publicum conficiam instrumentum, ac presentibus venerabili viro domino fratre Iohanne vice preceptore ecclesie S. Antonii burgi S. Mame de Bononia, presbitero Francisco rectore ecclesie S. Iohannis de Calamusco bononiensis diocesis, Andrea quondam Michaelis notario, Iohanne quondam Nicolai de Bagno notario et cive Bononie qui disit se dictas partes cognoscere, Iohanne quondam Pauli magistro lignaminis capelle S. Marie de Galuciis, Iohanne quondam Iohannis de Colompnia, Masolino quondam Dominici de Cento domini bononiensis episcopi et Petro quondam Iohannis de Vidriano testibus ad predicta vocatis specialiter et rogatis.

Sub anno a nativitate domini nostri Ihesu Christi millesimo trecentesimo octuagesimo, indictione tertia, die martis quartodecimo mensis februarii, pontificatus santissimi in Christo patris et domini domini Urbani pape sexti anno secundo.

Ego Iohannes quondam Virgilii de Albirolis civis Bononie publicus imperiali et comunis Bononie ac curie episcopalis bononiensis aucto-

ritate notarius, dicti laudi pronuntiationi ac omnibus alliis et singulis suprascriptis interfui, eaque omnia mandato quo supra ac rogatus scribere publice scripsi signumque meum aposui consuetum
in fidem et testimonium predictorum.

CCXLII.

Busta n. 18.1624. Fol. memb. di mm. 272 × 415. — Copia.

Nomina di curatore speciale a favore di Francesco e Giovanni Saliceti.

Bologna, 1381, 21 gennaio.

Giacomo Angeli di Città di Castello giureperito e giudice del podestà di Bologna, annuendo all'istanza rivoltagli da Francesco e Giovanni Saliceti minorenni, nomina loro curatore speciale Pietro Gessi
perchè li abbia ad autorizzare ed assistere nella vendita che intendono fare a Giovanni del fu Pietraccino di diverse pezze di terra e
di una casa poste nella curia di S. Martino, pel prezzo di lire 13
di bolognini.

In Christi nomine amen. Anno nativitatis eiusdem millesimo trecentesimo octuagesimo primo, indictione IIII, die vigesimo mensis
ianuarii, tempore pontificatus sanctissimi in Christo patris et domini
domini Urbani divina providentia pape sesti.

. . . . de infrascriptis petiis terre videlicet imprimis de una petia
terre . . . . posita in curia terre sancti Martini . . . . iuxta dominam Mixinam uxorem domini Niccolai de Zappolino legum doctoris. . . .

Actum Bononie in pallatio residentie d. potestatis Bononie in
camera dicti domini indicis malleficiorum sita ex opposito sale in
qua comedit dominus potestas et eius curia, presentibus Matheo
quondam Rizardi de Saliceto capelle sancti Martini de Appoxa agnato
et propinquo predictorum Francisci et Iohannis adultorum et venditorum ut supra, homine maiore viginti quinque annis bone oppinionis,
vite, condictionis et fame, qui predictis omnibus et singulis suprascriptis presens consensit, dixit ac corporaliter iuravit ad sancta Dei
evangellia manu tactis scripturis coram dicto domino indice se esse
maiorem viginti quinque annis agnatum et propinquum dictorum adultorum et se credere ea que aguntur et fiunt et suprascripta sunt non fieri
in dampnum vel fraudem ipsorum Francisci et Iohannis adultorum et
venditorum ut supra, et qui dixit et asseruit se partes et contrahentes
predictos cognoscere, magistro Iohanne quondam Uxeppi muratore
capelle sancti Ysaye, Francisco quondam Vinoli de Sesteriis capelle
sancte Lucie, Petro quondam Dini muratore capelle sancti Blaxii,

Melchione quondam Nicolai de Saliceto notario et Iohanne quondam
Simonis de Faventia habitatore Bononie in capella sancti Martini de
Appoxa, omnibus hominibus bone oppinionis, vite, condictionis et
fame testibus ad predicta vocatis, adhibitis et rogatis.

(L. S.) Ego Iohannes quondam ser Bertolini olim Blaxii civis Bononie publicus imperiali et communis Bononie auctoritate notarius predictis omnibus interfui et rogatus scribere publice scripsi.

CCXLIII.

Busta n. 18/1621. Perg. di mm. 232 × 252. — Originale.

*Confessione di debito del dottore Pietro Canetoli per lire 600 ammon-
tare della dote di Vermeia Bentivogli moglie a Matteo suo figlio.*

Bologna, 1382, 7 marzo.

In Christi nomine amen. Anno nativitatis eiusdem milesimo trecentesimo octuagesimo secundo, indictione quinta, die septimo mensis martii, tempore pontificatus sanctissimi in Christo patris domini
nostri domini Urbani divina providentia pape sexti.

Egregius miles et legum doctor eximius dominus Petrus natus
olim domini Marci de Canitulo civis Bononie de capella sanctorum
Gervasii et Portasii, sponte ex certa scientia et animo deliberato per
se et suos heredes fuit confessus et contentus habuisse et recepisse
ab Andalò quondam ser Micaelis de Bentivoglis cive Bononie de
capella S. Cecilie ibidem presente, sexcentas libras bon., et hoc in
dotem, pro dote et dotis nomine domine Vermeie ipsius Andallo filie
et uxoris Matei filii dicti domini Petri et pro matrimonio contracto
inter ipsum Mateum ex una parte et dictam dominam Vermeiam ex
altera. Renumptians prefatus d. Petrus exceptioni sibi non date, non
solute, non tradite, non numerate et penes ipsum non dimisse dicte
quantitatis pecunie sexcentarum libr. bon. a dicto Andalo et dicta
de causa. Quam quidem dotem et pecunie quantitatem promisit prefatus d. Petrus per se et suos heredes eidem Andalo ibidem presenti
pro se et suis heredibus ac vice et nomine dicte domine Vermeie et
suorum heredum stipulanti et recipienti, dare, reddere et restituere
eidem Andalo sive dicte domine Vermeie vel suis heredibus sive cui
ius et casus dederit in omnem casum et eventum dotis restituende
sub pena dupli dicte dotis, solempni stipulatione promissa qua soluta
vel non, commissa vel non, predicta nichilominus firma perdurent.

Item relicere et restituere eidem Andalo stipulanti ut supra omnia
et singula dampna, expensas et interesse litis et extra. Pro quibus

omnibus et singulis firmiter observandis et efficaciter adimplendis obligavit prefatus dominus Petrus eidem Andalo ibidem presenti et stipulanti ut supra omnia et singula eius bona et iura mobilia et immobilia presentia et futura cuiuscumque conditionis. Quorum bonorum omnium volens prefatus dominus Petrus in ipsum Andalo omnem possessionem et quasi transferre naturalem et civilem, constituit idem dominus Petrus ea bona se eiusdem Andalo nomine per pactum possidere et quasi et tunc et immediate dicto domino Petro instanti, petenti et roganti ea bona omnia idem Andalo simplicis detentionis gratia precario relassavit et concessit eidem domino Petro, quacumque tamen possessione in se retenta et ipsi Andalo integre reservata, ita tamen quod ex pacto revocato precario vel etiam non revocato precario, liceat eidem Andalo dictis nominibus et suis heredibus si restitutio si solutio et integra satisfatio dicte totius dicte dotis et quantitatis pecunie sexcentarum libr. bon. in dicto casu et eventu facta non fuerit et predicta omnia non fuerint observata, sua propria auctoritate et sine alicuius iudicis vel officialis auctoritate, licentia et mandato et absque curie proclamatione ipsa bona omnia et que ex eis maluerit apprehendere, occupare et in eorum tenutam et corporalem possessionem ingredi, illaque vendere, alienare, alteri obligare et apud se, dictis nominibus, pro iusto pretio retinere et se indempnem servare de omnibus et singulis sine omni occasione legum, iuris et uxus, et una via ellecta in alliam elligendam nullum ipsi Andalo vel suis heredibus preindicium generetur, quia sic de predictis omnibus et singulis pacto expresso solempni stipulatione dictis nominibus vallato ad invicem convenerunt. Renumptians insuper prefatus dominus Petrus in hiis et super hiis omnibus et singulis exceptioni doli mali, condictioni indebiti et sine causa, quod metus causa, aut ex iniusta causa in factum actioni, fori privilegio, feriis, et diebus feriatis inductis et inducendis et omni allii legum iuris et usus auxilio.

Actum Bononie in domo habitationis dicti domini Petri posite in capella sanctorum Cervaxii et Portasii, presentibus domino Lambertino filio dicti domini Petri milite et legum doctore qui dixit et asseruit se contrahentes predictos cognoscere, Francischo quondam Betucii de Canitulo capelle S. Laurentii porte Sterii, Petro Lambertini de Gisileriis capelle S. Fabriani, Lambertino quondam Fini de Gisileriis capelle S. Cervasii testibus ad predicta vocatis et rogatis.

(L. S.) Ego Guilielmus quondam Iohannis olim Blaxii de Palmeria publicus imperiali et comunis Bononie auctoritate notarius predictis omnibus intertui et rogatus predicta scribere publice scripsi.

CCXLIV.

Busta n. 18/1624. Perg. di mm. 380 × 580. — Originale.

Testamento di Giovanni di Alberto Dominici notaio.

Bologna, 1382, 2 settembre.

Giovanni di Alberto Dominici notaio e cittadino di Bologna, raccomandata l'anima a Dio, scelto a luogo di sua sepoltura la chiesa dei frati Eremitani, dopo avere dettate diverse disposizioni a favore della figlia Villana, chiama eredi universali in parti uguali fra loro Alberto, Andrea e Lodovico suoi figli. Vuole che questo suo testamento rimanga segreto e sia depositato per l'opportuna custodia nella sacrestia della chiesa dei frati Eremitani predetti.

In Christi nomine amen. Anno nativitatis eiusdem millesimo trecentesimo octnagesimo secundo, indictione quinta, die secundo mensis septembris . . . .

. . . . item disposuit et voluit dictus testator quod domina Vilana eius filia et uxor domini Petri de Boncompagnis legum doctoris . . . .

Actum Bononie in domo habitationis dicti testatoris posita in capella sancti Bertole porte Ravennatis, presentibus domino fratre Guillielmo de Vivario et domino fratre Iohanne de Bononia ambobus fratribus et religioxis ordinis sancti Augustini loci sancti Iacobi strate sancti Donati qui ambo asseruerunt se dictum testatorem cognoscere et eum sane mentis et sensus esse, domino fratre Bertolomeo de Bononia, domino fratre Augustino de Mantua, domino fratre Bertolomeo de Alesandria, domino fratre Gratiolo de sancto Georgio, domino fratre Iohanne de Chastro Britonum et domino fratre Francischo de Cinquanta omnibus fratribus et religioxis ordinis sancti Augustini predicti loci sancti Iacobi predicti, Benvenuto quondam Bolognini de Ripoli notario, domino Petro quondam Perini de Boncompagnis legum doctore testibus a dicto testatore hore proprio vocatis et rogatis.

(L. S.) Ego Lodoichus quondam ser Bartolomei de Chodagnellis notarius publicus imperiali et comunis Bononie auctoritate notarius predictis omnibus interfui et rogatus scribere predicta omnia publice scripsi.

CCXLV.

Busta n 18/1624. Perg. di mm. 285 × 570. — Originale.

Testamento di Paolo Bualini medico.

Bologna, 1382, 11 novembre.

Maestro Paolo del fu Enrico Bualini, raccomandata l'anima a Dio, dispone che per il mal tolto d'incerta provenienza siano erogati 10 soldi di bolognini, lascia diversi legati pii, e dopo aver indicato come luogo di sua sepoltura le vicinanze della chiesa di S. Francesco dei minori osservanti, chiama erede universale Fino suo fratello, con riserva dell'usufrutto a favore di Margherita sua madre. Vuole che il suo testamento rimanga segreto e ne ordina il deposito nella sacrestia dei frati Eremitani.

In Christi nomine amen. Anno nativitatis eiusdem Domini millesimo trecentesimo octuagesimo secundo, indictione quinta, die undecimo mensis novembris . . . .

. . . . prudens et discretus vir magister Paulus quondam Henrici de Buvalinis phisice professor civis Bononie de capella sancti Salvatoris . . . .

Actum Bononie in sacristia dictorum fratrum Heremitarum et dicte ecclesie sancti Iacobi, presentibus religioxis viris fratre Andrea de Artusiis de Bononia et fratre Iacobo de Vivario ambobus fratribus et religioxis de dicto ordine et conventu dictorum fratrum Heremitarum de Bononia, qui dixerunt et asseruerunt se dictum testatorem cognoscere et eum sane mentis, sensus et intellectus esse, et presentibus fratribus Bertolomeo de Bonsignoribus, Floriano sacrista de Bononia, Iohanne de Alamannia, Gabriele de Bononia, Ugolino de Saragotia, Iohanne de Castro Britonum, Gratiolo de sancto Georgio omnibus fratribus religioxis de dicto ordine et conventu, testibus ad predicta adhibitis et a dicto testatore proprio ore vocatis et rogatis, et etiam ego Prindiparte notarius infrascriptus dictum testatorem et eum sane mentis, sensus et intellectus esse cognovi et cognoscere asserui.

(L. S.) Ego Prindiparte quondam domini Iohannis de Castagnolis imperiali et comunis Bononie auctoritate notarius hiis omnibus interfui et rogatus predicta omnia scribere publice scripsi.

CCXLVI.

Busta n. 19/1625. Perg. di mm. 635 × 752. — Originale.

Vendita di terreni da Cristoforo Zuntini ad Andrea Nardi.

Bologna, 1384, 11 marzo.

Simone Nardi da Pistoia quale curatore di suo padre Andrea
mentecatto, coll'osservanza delle solennità di legge aveva venduto
a Berto del fu Giacomino Barbieri di Bologna speziale, diversi immobili spettanti al detto Andrea posti nella curia di Policino « a sero »
pel prezzo di lire 2520 di bolognini. Di queste parte vennero pagate,
e parte, cioè lire mille, si convenne restassero per un anno presso
il compratore; nel qual tempo si doveva impiegarle col concorso del
Barbieri stesso nell'acquisto di stabili siti nella guardia o nel
contado di Bologna. Si convenne inoltre che gli stabili acquirendi
sarebbero stati sottoposti a pegno e speciale ipoteca a favore del
predetto Barbieri a garanzia dello acquisto da lui fatto. Il termine
di un anno come sopra fissato, in causa della morte del citato Simone
e d'altri impedimenti relativi all'amministrazione e cura del mentecatto,
trascorse senza che si fosse trovato lo stabile adatto al reimpiego,
e solo da poco tempo il nuovo curatore di Andrea, Giovanni Nardi
fratello di lui, potè d'accordo con Berto Barbieri trovare un idoneo
impiego nell'acquisto di beni di proprietà di Cristoforo Zuntini posti
in Cazzano contado di Bologna. E però in relazione all'esposto, il
nominato Cristoforo Zuntini vende a Giovanni Nardi, che col consenso
del Barbieri accetta in nome e nell'interesse del fratello suo Andrea,
diversi appezzamenti di terra con casa posti nella curia di Cazzano
pel prezzo di lire mille ed una di bolognini, che dal Barbieri gli
vengono subito pagate col denaro che teneva presso di sè in deposito. In seguito a questo pagamento esso Barbieri viene assoluto
da ogni obbligo relativo al deposito stesso, ed i beni acquistati vengono sottoposti a speciale ipoteca a favore di lui onde garantirlo da
ogni possibile evizione. Il venditore Cristoforo Zuntini garantisce il
pacifico possesso degli stabili venduti; e pel caso di evizione dichiara
di sottostare ad una pena uguale all'ammontare del prezzo convenuto
oltre la rifusione dei danni e delle spese.

In Christi nomine amen. Anno nativitatis eiusdem millesimo trecentesimo octuagesimo quarto, indictione septima, die undecimo mensis marci . . . .

Actum Bononie in pallatio veteri inridico comunis Bononie super arengheria dicti pallatii, presentibus Anthonio quondam Zuntini de Zuntinis cognato et propinquo dicti ser Andree Nardi homine bone fame et condictionis maiore viginti quinque annis, qui predictis omnibus consensit, dixit et inravit corporaliter ad sancta Dei evangellia manu tactis scripturis coram dicto domino iudice se esse cognatum e propinquum dicti ser Andree et se credere ea que aguntur et fiunt non fieri in dampnum vel fraudem dicti ser Andree. ac etiam presentibus Francischino quondam Iacobi de Canonicis aurifice capelle sancti Thome de mercato, sapiente viro domino Nicolao de Zappolino legum doctore qui dixit et asseruit se predictos omnes contrahentes cognoscere, Iohanne Thome de Stefanis, Iohanne Lencii calzolario capelle sancte Marie Magdalene et Iohanne quondam Stefani de Parma habitatore Bononie testibus omnibus bone conditionis, vite et fame ad predicta vocatis et rogatis.

(L. S.) Ego Bartholomeus fillius Bernabovis de Guidozagnis publicus imperiali et comunis Bononie auctoritate notarius predictis omnibus interfui et rogatus ea scribere una pariter et in solidum cum infrascripto Iohanne Ludovici notario ea publice scripsi.

CCXLVII.

Busta n. 19/1625. Perg. di mm. 325 × 758. — Originale.

Vendita di terreni da Giovanni Barbieri a Berto Barbieri.

Bologna, 1384, 1 ottobre.

Giovanni del fu Nicola Barbieri, chiesta ed ottenuta, stante la sua minore età, la nomina di un curatore speciale, da questo autorizzato, vende a Berto di Giacomino Barbieri speziale, che accetta, una pezza di terra aratoria di tre quarti di tornatura posta nella curia di Quarto inferiore per il corrispettivo di lire 15 di bolognini che gli vengono subito pagate. Promette la difesa e l'osservanza del contratto, pena il doppio del prezzo convenuto e la rifusione dei danni e delle spese; da ultimo dichiara con giuramento di rinunciare a qualsiasi eccezione potesse in seguito opporre.

In Christi nomine amen. Anno nativitatis eiusdem millesimo trecentesimo octuagesimo quarto, indictione septima, die primo mensis octubris . . . .

Acta fuerunt predicta omnia et singulla supraseripta Bononie in pallatio veteri inridico dicti comunis iuxta discum malleficiorum domini potestatis residentie dicti iudicis, presentibus magistro Francisco quondam magistri Iohannis de Barberiis medico capelle sancti Andree de Ansaldis et Nicolao quondam Iacobi de Barberiis lardarolo capelle sancti Iacobi de Carbonensibus ambobus agnatis et propinquis dicti Iohannis adulti maioribus viginti quinque annis consentientibus omnibus et singulis suprascriptis, qui coram dicto indice iuraverunt corporaliter ad sancta Dei evangelia se agnatos et propinquos esse dicti Iohannis adulti et se credere predicta omnia que aguntur et fiunt et acta sunt non fieri in dampnum, fraudem vel preiuditium dicti minoris, Blaxio quondam Iohannis Blaxii Petricini de Nobilibus capelle sancti Donati qui dixit et asseruit se partes predictas contrahentes cognoscere, Fabiano quondam ser Petri Bolvixini notario capelle sancte Agate et Lombardino quondam magistri pictoris capelle sancti Dominici et Andrea Fantucii de Testis capelle sancte Marie maioris omnibus ipsis testibus bone fame, vite et oppinionis ad predicta vocatis et rogatis.

(L. S.) Ego Iohannes Dominici Iohannis de Castagnolo imperiali et comunis Bononie auctoritate notarius predictis omnibus interfui et rogatus scribere predicta publice scripsi.

CCXLVIII.

Busta n. 20/1626. Perg. di mm. 310 × 820. — Originale.

Testamento di Nannino di Pizzolo Pelacani mercante.

Bologna, 1388, 9 settembre.

Raccomanda anzitutto l'anima a Dio e vuole che il presente testamento rimanga segreto e sia custodito nella sacrestia della chiesa dei frati Eremitani. Ordina diversi legati pii a suffragio dell'anima sua, e diversi lasciti fa ai parenti. Da ultimo chiama eredi universali del suo patrimonio, per una metà Giovanni e Bitino Pelacani, e per l'altra metà Gaspare, Armilio e Baldassarre pure de' Pelacani.

In Christi nomine amen. Eiusdem nativitatis anno millesimo trecentesimo octuagesimo octavo, indictione undecima, die nono mensis septembris . . . . .

Actum Bononie, in capella sancte Marie de Chavariis in domo habitationis Francisci quondam Simonis de Foscharariis campsoris et Bononie civis, presentibus ipso Francischo, domno Ugolino rectore ecclesie sancte Marie predicte et domno Iohanne capelano in eadem ecclesia ambobus presbiteris et sacerdotibus et qui publice habentur et reputantur sacerdotes in capella et contrata habitationis dicti testatoris, qui ambo dixerunt se dictum testatorem cognoscere et eum asseruerunt sane mentis esse, magistro Matheo Marchi de Messana scolare studente Bononie in artibus et medicina capelle sancte Marie predicte, Nanino quondam Pasii de Magarottis speciario et Foscharario quondam Rainaldi de Foscharariis campsore omnibus Bononie civibus de capella sancte Marie predicte, domino Francischo Brunorii de civitate Castelli scolare studente Bononie in iure civili capelle sancte Marie predicte, Petro ser Iohannis de Seta cive Bononie capelle sancti Michaelis de foro medii et Matheo quondam Thome de Magnanis campsore Bononie cive de capella sancti Columbani testibus ad predicta omnia adhibitis et vocatis et a dicto testatore proprio ore rogatis.

(L. S.) Ego Azo Nicolai olim Guilielmi de Buvalellis publicus imperiali et comunis Bononie auctoritate notarius bononiensis predictis omnibus interfui eaque rogatus scribere publice scripsi, subscripsi.

CCXLIX.

Busta n. 20/1626. Perg. di mm. 275 × 790. — Originale.

Concessione enfiteutica di terreni dai Padri di S. Domenico e da altri a Paolo Letti.

Bologna, 1390, 29 maggio.

I padri Predicatori di S. Domenico, i frati di S. Martino, quelli di S. Maria dei Servi e le monache del monastero dei S. Lodovico ed Alessio, a mezzo dei rispettivi procuratori, concedono a titolo di enfiteusi, con obbligo di migliorare, a Tomaso del fu Paolo Letti di Bologna diversi appezzamenti di terra con casa e colombara posti in Castenaso ad essi concedenti pervenuti in forza del testamento di Castoria Galluzzi nobile bolognese. Ogni anno il concessionario dovrà pagare nella festa di tutti i Santi 34 lire di bolognini a titolo di canone e trascorsi tre giorni senza che tale pagamento sia stato effettuato sarà tenuto a portare al domicilio dei concedenti tanti pegni d'oro e d'argento che equivalgano l'ammontare del canone, delle spese e degli interessi, ciò sotto pena di 35 lire di bolognini.

Il dazio di imbotatura e tutti quegli altri dazi e gravezze imposte dal comune di Bologna si convengono ad esclusivo carico del concessionario e suoi aventi causa. La fallanza totale o parziale dei raccolti causata dall'inclemenza delle stagioni, da guerra in luogo o da altro accidente non darà diritto al concessionario di ottenere riduzione qualsiasi sull'annuo canone. Scorsi 29 anni, il concessionario dovrà domandare ed i concedenti accordare la rinnovazione del contratto sotto l'osservanza degli stessi patti contenuti nel presente. Accadendo la morte del concessionario senza lasciare figli legittimi e naturali, il presente contratto s'intenderà sciolto ipso iure ed i beni conceduti ritorneranno con tutti i miglioramenti ai concedenti. In fine promettono le parti contraenti l'esatta osservanza degli obblighi assunti sotto pena di 500 lire di bolognini.

In Christi nomine amen. Eiusdem nativitatis anno millesimo trecentesimo nonagesimo, indictione tertia decima, die vigesimonono mensis may. . . . . .

Actum Bononie in scholis hospitalis batutorum vocati de vita, presentibus sapiente viro domino Iohanne de Lapis legum doctore et Bononie cive qui dixit et asseruit se cognoscere contrahentes predictos, Christoforo ser Nanini de Podio merzario cive Bononie capelle sancti Andree de Platisiis, Francischo Bartolomei strazarolo cive Bononie capelle sancte Marie de Mascharella, Guilielmo Iacobi de Bottis cive Bononie capelle sancte Marie de Castello, Lentio magistri Petri medici capelle sancti Bertoli porte Ravennatis et fratre Dominico de sancto Ysaya et fratre Francischo armarista ambobus ordinis fratrum Minorum conventus Bononie testibus ad hec vocatis et rogatis.

(L. S.) Ego Iohannes Iacobus de Maronibus publicus imperiali et comunis Bononie auctoritate notarius Bononie predictis omnibus interfui eaque omnia pariter cum Azone Nicolai de Buvalellis notario Bononie rogatus scribere publice scripsi, subscripsi.

CCL.

Busta n. 20/1626. Perg. di mm. 250 × 890 — Originale.

Concessione enfiteutica di case dai frati di S. Giacomo a Tomaso Ghislieri e Tisia Caccianemici.

Bologna, 1392. 2 aprile.

Il procuratore dei frati Eremitani di S. Giacomo, presente e consenziente Bartolomeo di Strada maggiore dottore di decretali provinciale dell'ordine, concede in enfiteusi a far tempo dal san Michele prossimo venturo a Giovanni del fu Tomaso Ghislieri e a Tisia del fu Domenico Caccianemici entrambi cittadini di Bologna della cappella di S. Fabriano, che accettano in solido per sè e loro successori, tre case vicine poste in Bologna nella detta cappella di S. Fabriano. È fatto obbligo agli assuntori di migliorare gli stabili enfitentici, di ripararli, di vegliare al mantenimento dei confini e dei diritti tutti ad essi spettanti, ed è loro vietato di concederli in affitto a scolari, stipendiari, ebrei o disoneste persone. Per tutta la durata del contratto saranno tenuti a pagare un annuo canone di 35 lire di bolognini, metà nella festa del S. Natale e metà nella Pasqua di Risurrezione. Tardando al pagamento oltre 3 giorni dovranno portare al domicilio dei concedenti tanti pegni d'oro e d'argento che valgano il canone insoluto, insieme coi danni, spese ed interessi sotto pena di 18 lire di bolognini. Questa pena soddisferanno entro 8 giorni da quello in cui vi saranno incorsi. Tardando oltre 2 mesi al pagamento del canone, delle spese e pene relative si riterranno ipso iure decaduti dal contratto, ed i concedenti potranno, senza licenza od intervento di giudice, ritornare al possesso dei beni enfitentici. Ogni 29 anni gli assuntori dovranno chiedere la rinnovazione del presente contratto ed i concedenti saranno tenuti ad accordarla per uguale termine agli stessi patti e condizioni. In tale ricorrenza gli assuntori porteranno ai concedenti un agnello castrato che valga almeno un ducato d'oro. Da ultimo promettono i contraenti l'esatta osservanza degli obblighi rispettivamente assunti e Tisia dichiara di rinunciare, a qualsiasi eccezione potesse opporre in forza del senato consulto Velleiano.

In Christi nomine amen. Anno nativitatis eiusdem millesimo trecentesimo nonagesimo secundo, indictione quintadecima, die secundo mensis aprilis.

. . . . presentibus, vollentibus et conscentientibus venerabili viro magistro Bartolomeo de Strata maiori sacre theologie professore ac priore provintiali fratrum Heremitarum . . . . . .

. . . . . . Ac etiam ipsas domos locatas non concedere vel locare allicui scolari, stipendiario, ebreo aut inhoneste persone. . . . .

Actum Bononie in capitullo dicte ecclesie sancti Iacobi dictorum fratrum Heremitarum, presentibus supradictis magistro Bartolomeo et fratre Andrea vollentibus et consentientibus omnibus et singulis suprascriptis, Salvetto quondam Bertolucii de Palliottis mercatore cive Bononie de capella sancte Cecillie qui dixit et asseruit se cognoscere partes et contrahentes predictos, Petro quondam Berti Ricardini de capella sancte Marie maioris, Petro Moscatello quondam Iohannis Arduyni hospitatore de capella sancti Michaelis de Leproseto, Thoma fillio Iacobi zibonerio de capella sancte Lutie et Francischo quondam Poete de Poetis de capella sancti Donati, omnibus Bononie civibus testibus ad predicta vocatis et rogatis.

(L. S.) Ego Prividinus quondam Tutti olim domini Prividini de Prindipartibus publicus imperiali et comunis Bononie auctoritate notarius suprascriptis omnibus interfui et ea omnia rogatus scribere una pariter et in sollidum cum suprascripto Prindiparte quondam domini Iohannis de Castagnolis notario publice scripsi, subscripsi.

CCLI.

Busta n. 20/1626. Perg. di mm. 216 × 570. — Originale.

Vendita di terreni da Giacoma Salimbeni a Dino Lanfredi.

Bologna, 1394, 4 maggio.

Giacoma del fu Pietro Salimbeni vedova di Bartolomeo Meda, cittadina di Bologna della cappella di S. Maria Maddalena, vende a Dino di Michele Lanfredi mercante di Bologna, che acquista per conto e nell'interesse del proprio padre, una pezza di terra di una tornatura e un sesto nonchè la sesta parte di una casa posti nella guardia di Bologna e nel luogo detto l'Arcoveggio, con tutte le azioni e i diritti relativi. Il prezzo in lire 50 di bolognini viene subito pagato da Dino Lanfredi con denaro che dichiara di ragione del predetto padre suo. A garanzia del pacifico possesso degli stabili venduti la venditrice obbliga tutti i suoi beni presenti e futuri, e pel caso di evizione è convenuta la pena del doppio del prezzo pagato.

In Christi nomine amen. Anno nativitatis eiusdem millesimo trecentesimo nonagesimo quarto, indictione secunda, die quarto mensis may . . . . .

Actum Bononie in capella sancte Marie Magdalene in domo habitationis dicte venditricis, presentibus Iacobo Michaelis magistro ligna- minis cive Bononie capelle sancte Marie Magdalene predicte qui dixit et asseruit se dictas partes et contrahentes predictos cognoscere, Iohanne magistri Iohannis medici campsore cive Bononie capelle sancte Marie Magdalene et Petro Nerii de Sapina cive Bononie dicte capelle testibus ad hec vocatis et rogatis.

(L. S.) Ego Hostexanus filius quondam Guidoncini de Plantavi- gnis civis Bononie publicus imperiali et comunis Bononie auctoritate notarius predictis omnibus interfui et rogatus predicta scribere publice scripsi, subscripsi.

CCLII.

Busta n. 20/1626. Perg. di mm. 210 × 500. — Originale.

Mutuo di danaro e di frumento da Orsolina del fu Guido medico ad Antonio di maestro Ceccolino e a Giacomo del fu Bellino.

Massalombarda, 1394, 17 maggio.

Antonio di maestro Ceccolino e Giacomo del fu Bellino entrambi da Massalombarda, a richiesta ed accettazione di Gasparino procuratore di Orsolina del fu Guido medico, dichiarano d'aver ricevuto 20 lire di bolognini in buoni ducati d'oro e bolognini grossi nonchè nove corbe, misura di Massalombarda, di frumento buono e mercantile per uso e comodo di essi dichiaranti. Conseguentemente si obbligano a restituire alla Orsolina o chi per essa, senza alcuna detrazione, il frumento nel prossimo mese d'agosto, e le 20 lire di bolognini entro un anno ed in denaro numerato in Bologna ed al suo domicilio. Decorsi tre giorni senza che le anzidette consegne siano state effettuate i depositari dovranno portare alla casa della Orsolina tanti pegni d'oro, d'argento o di perle che abbiano un valore doppio del dovuto, e tali pegni la creditrice potrà in tutto od in parte a suo piacimento vendere, alienare od usare, il tutto sotto pena ai depositari del doppio valore delle cose dovute. Derogandosi espressamente a qualunque statuto, riformagione od ordinamento in contrario, si conviene che venendo meno i mutuatari ai loro obblighi, la creditrice o chi per essa potrà catturarli e tenerli in carcere fino a che non le abbiano restituito il dovuto in un coi danni, spese ed interessi. Da ultimo i detti Antonio e Giacomo obbligano tutti i loro beni mobili ed immobili, presenti e futuri nonchè le vesti ed animali a favore della creditrice e dichiarano di possederli a titolo precario nel nome di lei, per modo che, contravvenendo essi a qualsiasi degli obblighi come sopra assunti, la Orsolina possa impadronirsene, alienarli, o tenerli per sè al giusto prezzo e come meglio crederà senza intervento di giudice alcuno.

In Christi nomine amen. Anno nativitatis eiusdem millesimo trecenteximo nonageximo quarto, indictione secunda, die decimoseptimo mensis may . . . . .
. . . .vice et nomine domine Ursoline filie quondam magistri Guidonis medici capelle sancti Vitalis de Bononia quarteri porte sancti Petri . . . .

Actum Masse Lombardorum in castro veteri in ecclesia sancti Pauli, presentibus Ognabeni filio Iohannis Catixii, Iacobo quondam Gregorii cimatore et Iohanne quondam Iacobi ferarexio qui dixit se dictos contrahentes cognoscere, omnibus de Massa predicta habitis specialiter vocatis et rogatis.

(L. S.) Ego Marchionus filius quondam Iacobi de Faventia, habitator ad presens terre Masse Lombardorum, publicus imperiali auctoritate notarius et index ordinarius predictis omnibus et singulis interfui et rogatus scribere predicta omnia et singula scripsi et publicavi, signumque meum consuetum apposui.

CCLIII.

Busta n. 20/1626. Fasc. memb. di 6 carte di mm. 238 × 350. — Copia.

Nomina di curatore speciale a favore di Francesco Bianchetti.

Bologna, 1394, 30 giugno.

Giovanni del fu Pietro Bianchetti giudice e dottore d'ambe le leggi, in relazione all'istanza rivoltagli, nomina Rainaldino Radice curatore speciale del minore Francesco Bianchetti perchè abbia ad assisterlo nella vendita di una pezza di terra di 100 tornature circa posta in Bagnarola, che il detto Francesco in unione a suo fratello Ghilino intende fare a Masino del fu Gorio cambiatore di Bologna pel prezzo di 2100 lire di bolognini.

In Christi nomine amen. Anno eiusdem nativitatis Domini millesimo trecentesimo nonagesimo quarto, indictione secunda, die ultimo mensis iunii. . . . .

. . . .coram sapiente et discreto viro utriusque iuris doctore domino Iohanne Petri de Blanchitis de Bononia. . . . .

Actum Bononie in capella sancti Donati in domo habitationis Petri de Blanchitis, presentibus ser Iacobo quondam Mathei de Blanchitis notario dicte capelle, qui iuravit ad sancta Dei evangelia manu tactis scripturis se maiorem esse viginti quinque annis et agnatum et propinquum esse dicti adulti et se credere quod ea que aguntur et fiunt non fieri in damnum vel fraudem dicti Francisci adulti, nec non Iohanne Gratiadei de Musonibus capelle sancti Thome de Brayna qui dixit et asseruit se dictas partes et iudicem cognoscere, Iacobo Bartolomei de Rustiganis, magistro Nicolao Gregorii cansore, domino Pantalione quondam ser Leonardi Brede de Utino, Anthonio quondam Cosolini de Paganinis, domino Ranixino filio Iohannis de Brissia scolare Bononie studente in iure canonico testibus omnibus ad predicta habitis vocatis et rogatis.

(L. S.) Ego Iacobus quondam Thome de Castro Britonum civis Bononie publicus imperiali et sacra apostolica et comunis Bononie auctoritate notarius predictis omnibus interfui eaque rogatus scribere publice scripsi, subscripsi.

CCLIV.

Busta n. 20/1626. Perg. di mm. 325 × 365. — Copia sincrona.

Dichiarazione del Collegio Teologico di Bologna circa la reggenza della cattedra in detta facoltà.

Bologna, 1394, 26 ottobre.

In Christi nomine. Hoc est exemplum infrascriptarum literarum sumptum ab originali suo et in forma inscinnatum tenoris et continentie subsequentis videlicet:

Vicecancelarius, decanus et universitas magistrorum facultatis theologie Studii bononiensis ad futuram rei memoriam. Recte nostrum ministerium adimplemus cum in gestis in universitate prefata declaramus ambigua, nodosa disolvimus et ea in lucida opera transformamus ne lites per huiusmodi ambigua oriantur quarum anfractus litigantium corda cruciant et substanciam exauriunt earundem.

Cum igitur aliqui revocare conentur in dubium regere cathedram dicte facultatis in locho fratrum Heremitarum ordinis sancti Augustini Bononie pro fuctura tempore debeat pertinere an ad fratrem Augustinum de Roma dicti ordinis professorem pridem de rigore in dicta facultate magistrum, tunc et nunc dictam cathedram regentem, vel ad fratrem Iohannem de Lovalia provintie Collonie ipsius ordinis professum et ex causis legitimis ante tempus et non completis per eum lecturis ad gradum magisterii requisitis in dicta facultate de speciali gratia nuperrime doctoratum, Nos quantum in nobis est dubitationem huiusmodi amputare volentes, de consensu etiam reverendi patris domini Bartolomei episcopi bononiensis auctoritate apostolica dicte universitati presidentis et cancelariatus in ea offitium exercentis, tenore presentium declaramus antedicte cathedre regimen etiam secundum formam statutorum universitatis prefate ad prefatum fratrem Augustinum pro tempore antedicto donec ipse in facultate eadem de rigore magistratum habuerit successorem, et non ad dictum fratrem Iohannem spectare debere ac etiam pertinere nec ad aliquem alium. In quorum testimonium, requisiti per dictum fratrem Augustinum has literas scribi fecimus et sigilli eiusdem universitatis impressione muniri.

Datum Bononie die vigesimo nono mensis may, millesimo trecentesimo nonagesimo quarto, indictione secunda, pontificatus domini nostri domini Bonifacii pape noni anno quinto.

Paulus de Cossis notarius dicte universitatis se subscripsit.

CCLV.

Busta n. 20/1526. Fol. memb. di mm. 245 × 393 — Copia.

Costituzione di dote in terreni e in danaro da Bartolomeo Castelli a Francesca figlia del predefunto fratel suo Leonardo e moglie di Felice Raimondi.

Bologna, 1395, 17 marzo.

Bartolomeo del fu Michele Castelli, quale erede universale del defunto suo fratello Leonardo, dà e cede a Felice Raimondi mercante di Bologna che accetta, a titolo di dote di Francesca figlia del detto Leonardo e moglie di esso Felice, una pezza di terra aratoria, vitata ed arborata di 42 tornature, ed un'altra pezza di 27 tornature poste entrambe nella curia di S. Marino nel luogo detto « lo vado dal Sorbo », le quali terre sono stimate lire 600 di bolognini. Per lo stesso titolo gli paga pure 400 lire di bolognini. Dal canto suo il Raimondi, nel dichiararsi tacitato della dote competente a sua moglie, si obbliga per sè e suoi successori a farne restituzione ad esso Bartolomeo od alla detta sua moglie in tutti quei casi nei quali la dote deve essere restituita.

In Christi nomine amen. Anno nativitatis eiusdem millesimo trecentesimo nonagesimo quinto, indictione tertia, die decimoseptimo mensis martii. . . .

Venerabilis vir dominus Bartolomeus filius olim sapientis viri magistri Michaelis de Castello medecine doctoris . . . .

Actum Bononie in capella sancti Andree de Platixiis in domo habitationis dicti Felixii, presentibus Tura quondam Nanini de Raimondis agnato et propinquo dicti Felixii homine maiore viginti quinque annis bone oppinionis, vite, condictionis et fame, qui predictis omnibus conscensit, dixit et iuravit corporaliter ad sancta Dei evangelia manu tactis scripturis se agnatum et propincuum esse dicti Felixii, se maiorem esse viginti quinque annis et se credere contraetum predictum ipsi Felixio utili fore; ac etiam presentibus Fatiolo Tome merzario, Bertolomeo filio Nicolai de Boniohaninis campsore, Lando Bertolini de Frasseneta notario qui dixit et asseruit se dictas partes et contraentes predictos cognoscere, et domino Ugone quondam domini Regepti de Lavexa capelle sancte Marie maioris omnibus bone oppinionis, vite, condicionis et fame testibus ad predicta vocatis et rogatis.

(L. S.). Ego Nicolaus filius quondam ser Fini de Lameriis notarius publicus imperiali et communis Bononie auctoritate notarius, predicta omnia et singula pro ut in scripturis, in rogationibus et notis instrumentorum Guasparis filii ser Baldini de Buchis notarii de predictis rogati inveni, ea omnia vigore comissionis michi facte per sapientem virum et egregium legum doctorem dominum Iohannem Boiti de Pisis vicarium et assessorem nobilis millitis domini Tome de Lagatagia honorabilis potestatis et capitanei civitatis Bononie pro magnifico et potenti populo Bononie rogata per Christianum magistri Iacobi de Tuscanis notarium et tunc notarium discho et offitio Leonis et dicti domini potestatis de anno millesimo quadringentesimo decimoseptimo, indictione decima, die decima septima mensis novembris, fideliter sumpsi, scripsi et in publicam formam redegi, nichil adens vel minuens quod sensum mutet vel variet intelectum: ideo in fidem premissorum omnium hic publice me subscripsi, signum nomenque meum apposui consuetum et scripsi.

CCLVI.

Busta n. 20/1626. Fasc. memb. di 4 carte di mm. 250 × 380. — Copia

Rinuncia dei fratelli da Polenta ai diritti già spettanti a Guido loro padre sopra due case in Bologna.

Ravenna, 1395, 25 ottobre.

Bernardino, Ostasio, Obizzo ed Aldrovandino fratelli da Polenta, dalla Chiesa Romana deputati vicari generali di Ravenna, promettono che a Guido loro padre era stata promessa dai dottori Gaspare e Baldassare Caldarini la vendita di due case poste in Bologna nella cappella di S. Damiano per un determinato prezzo, in conto del quale il detto Guido aveva pagato lire 600 di bolognini. Promettono pure che poco tempo di poi essi Bernardino, Ostasio, Obizzo, ed Aldrovandino si fecero restituire da Gaspare e Giovanni Caldarini, quest'ultimo erede universale di Baldassare le lire 600 versate

da Guido loro padre, obbligandosi a rilasciare libere le case oggetto
del primitivo contratto In omaggio ora alla fatta promessa, previa
conferma dell'esposto, i nominati fratelli, ad istanza ed accettazione
di Nicola da Tuderano cittadino di Ravenna procuratore dei Caldarini, dichiarano di rinunciare a qualsiasi diritto sulle due case poste
in Bologna nella cappella di S Damiano e dichiarano di retrocederle
ai predetti Caldarini pienamente libere, e per ogni caso di evizione
si assoggettano alla pena del doppio valore di stima delle case stesse
Da ultimo si obbligano a far ratificare nel termine di 20 giorni il
presente contratto da Pietro ed Azzone loro fratelli

In Christi nomine amen Anno ab eiusdem nativitate millesimo
trecentesimo nonagesimo quinto indictione tertia, die vigesimo quinto
mensis octubris

. . . . scientes et cognoscentes sapientes et egregios viros dominum
Guasparem militem et decretorum doctorem et dominum Baldassarem
legum doctorem ambos fratres et filios olim sapientis et eximii de
cretorum doctoris domini Iohannis de Caldarinis, Bononie cives . . . .

Actum in civitate Ravenne in domibus et palatio residentie pre
fatorum magnificorum et dominorum fratrum de Pollenta situatis et
positis in civitate Ravenne in guaita sancti Michaelis de Affricisco,
presentibus sapiente viro domino Iacobo de Tuderano iurisperito, Ia
cobo magistri Antonii et Vitale quondam Vitalini de Canutto cui
alias dictum Sacco omnibus civibus et habitatoribus civitatis Ravenne
testibus ad predicta vocatis et rogatis

Ego Bene filius quondam Bartoli de Cavallis civis Ravenne im
periali auctoritate notarius ac index ordinarius, predictis omnibus et
singulis suprascriptis dum agerentur et fierent presens fui ipsaque
scripsi subscripsi et publicavi signumque meum consuetum apposui

CCLVII

Busta n 20 1626 Perg di mm 170 × 105 — Originale

Ricognizione di salario al giudice dei mercanti e cambiatori

Bologna, 1397, 13 novembre

Si dichiara che a Tredollo Pantini da Cesena giudice dell'uni
versità dei mercanti e cambiatori spettano, in relazione ai patti pre-
stabiliti lire 60 di bolognini i saldo del salario per i mesi di luglio
ed agosto decorsi

MCCCLXXXXVII, indictione quinta, die XIII mensis novembris.

Egregius legum doctor dominus Fredollus de Fantinis de Cesena index universitatis mercatorum et campsorum civitatis Bononie cum firma unius anni. . . . .

Costantinus de Scappis notarius officii.

CCLVIII.

Busta n. 20/1626. Perg. di mm. 318. × 705. — Originale, in cattivo stato di conservazione, mutilo e lacero nella parte inferiore.

Testamento di Antonio Caselli.

Bologna, 1398, 5 aprile.

Antonio del fu Rizzardo Caselli cittadino di Bologna della cappella di S. Tomaso di Brayna, col presente suo testamento che vuole rimanga segreto e sia depositato nella sacrestia dei frati Eremitani di S. Giacomo, dopo aver raccomandato l'anima a Dio, ordina che per il mal tolto d'incerta provenienza siano erogate lire 3 di bolognini e lire 2 similmente di bolognini vengano erogate per le decime non pagate. Dispone che sulla sua casa, ed in luogo conveniente, vengano dipinte le immagini della Vergine Maria col bambino, di S. Antonio abate, di S. Michele e di santa Dorotea, e per la spesa relativa si rimette all'arbitrio de' suoi esecutori testamentari. Lascia diversi legati a favore di chiese, conventi e parenti; provvede a tacitare Bartolomea sua moglie pei diritti dotali e stabilisce fra l'altro che ad essa in occasione della morte di lui siano provvedute vesti da lutto nel modo che a' suoi esecutori testamentari parrà più conveniente. Chiama eredi universali i propri figli Rizzardo, Lambertino, Francesco e Gaspare e quel qualunque altro figlio maschio legittimo potesse in seguito avere, in parti uguali tra loro e con sostituzione volgare, papillare e fidecommissaria. Da ultimo, in qualità di tutori, deputa agli stessi suoi figli Caterina Samuti vedova di Francesco da Argile, Bartolomea loro madre, Giovanni fratello di lui e Basotto del fu Isnardo da Argile notaio.

In Christi nomine amen. Eiusdem nativitatis anno millesimo trecentesimo nonagesimo octavo, indictione sesta, die quinto mensis aprilis. . . . .

Item iure legati reliquit domino Iacobo de Montanaris decretorum doctori, rectori ecclesie sancti Thome de Brayna libras sexaginta bon., quas per eum distribui voluit pro ut sibi in secreto comisit.

Actum Bononie in sacrestia dictorum fratrum Heremitarum dicti conventus Bononie, presentibus religioxis viris fratre Bartolomeo de Bononia sacre theologie magistro et fratre Iohanne de Strata maiori priore dictorum fratrum dicti conventus qui ambo dixerunt et asseruerunt se dictum testatorem cognoscere et eum sane mentis esse, fratre Francischo de Vignatio bachalario, fratre Thoma de sancto Iohanne sacrista, fratre Andrea de Artusiis, fratre Petro de Castagnolo, fratre Bertolomeo de Antelinis, fratre Anthonio de Monte Gornalino, fratre Dominico . . . . fratre Anthonio de Imola et fratre Christoforo . . . . de Alamannia omnibus de ordine et conventu predictis fratrum Heremitarum de Bononia, testibus omnibus ad predicta omnia adhibitis et vocatis et a dicto testatore proprio ore rogatis.

(L. S.) Ego Iohannes Iacobi de Maronibus publicus imperiali et communis Bononie auctoritate notarius Bononie predictis omnibus interfui eaque omnia pariter cum Azone Nicolai de Buvalellis rogatus scribere publice scripsi, subscripsi.

CCLIX.

Busta n. 20 1626. Fasc. cart. di 15 carte di mm. 210 × 310. Copia semplice ed informe, manca l'escatocollo.

Testamento di Carlo da Saliceto.

Bologna, 1399, 3 ottobre.

Carlo da Saliceto, domandata a Dio venia de' suoi peccati, col presente testamento che vuole rimanga segreto e sia custodito nella sacrestia della chiesa di S. Martino d'Aposa, dispone a suffragio dell'anima sua la celebrazione di numerose messe a cura di quel religioso che i suoi escentori testamentari vorranno deputare. Incarica gli stessi escentori di vendere una pezza di terra di 39 tornature circa posta in Lastignano, e vuole che il ricavato, il quale presume sia per ammontare a 500 ducati d'oro sia impiegato a costruire un sepolcro nella chiesa di S. Martino, nel quale dovranno depositarsi unicamente i corpi di Riccardo, Roberto e Giacomo da Saliceto nonchè quello di esso testatore. Detta disposizioni a favore di Bartolomea sua moglie e vuole che tanto a questa quanto ad Egidia madre di lui si provvedano in occasione della sua morte le vesti e panni da lutto e si spendano per la bisogna 50 lire di bolognini per ciascuna o quel di più che a' suoi esecutori testamentari parrà opportuno. Eredi universali nomina i figli che eventualmente gli dovessero nascere, in loro mancanza chiama Francesco da Saliceto suo consanguineo; e qualora anche quest'ultimo non potesse raccogliere la sua eredità e non lasciasse discendenti, vuole siano suoi eredi i frati di santa Maria del Carmelo residenti nella chiesa di S. Martino, gli Eremitani di S. Giacomo, i padri predicatori di S. Domenico, ed i minori osservanti della chiesa di S. Francesco, e ciascuno di questi ordini per una quarta parte coll'onere di anniversari suffragi.

In Christi nomine amen. Anno nativitatis eiusdem millesimo trecentesimo nonagesimo nono, indictione septima, die tertio mensis octubris. . . . .

providus vir Carolus filius quondam Andree olim nobilis militis et egregii legum doctoris d. Roberti de Saliceto civis Bononie. . . . . per religiosum virum fratrem magistrum Michaelem de Bononia sacre theologie magistrum ordinis fratrum sancte Marie de monte Carmelo commorantem in ecclesia sancti Martini de Aposa. . . . . vendatur. . . . .

in quo sepulcro formari voluit et reliquit et mandavit dictus testator duos doctores cum scolaribus circumstantibus et nomina ipsorum doctorum describi, et post ipsos formari personam ipsius testatoris cum nomine ipsius testatoris et describi in una parte ipsius sepulcri quo modo ipse testator construi fecit ipsum sepulcrum de ipsius testatoris bonis, et in ipso sepulcro solum et dumtaxat poni, tumulari et seu reponi et includi ossa corporum d. Ricardi de Saliceto, d. Roberti de Saliceto, d. Iacobi de Saliceto militis et ipsius testatoris. . . .

. . . . Item reliquit dictus testator d. Bartolomee eius uxori et filie d. Caroli de Zambecariis utriusque iuris doctoris dotes suas que fuerunt octingente libr. bon. . . . .

Actum Bononie.

CCLX.

Busta n. 20 1626. Perg. di mm. 525 × 1050. — Originale.

Testamento di Andrea Fagnani.

Bologna, 1399, 12 ottobre.

Chiesto a Dio venia de' suoi peccati e disposti diversi legati, vuole che, ove non avesse già provveduto egli in vita, si faccia edificare, disponendo della somma di 500 lire di bolognini, nella chiesa dei frati Eremitani di S. Giacomo e nei pressi dell'altare maggiore una cappella dedicata a S. Andrea. Lascia a Betta Oraboni sua moglie l'usufrutto di diversi appezzamenti di terra, e la proprietà degli stessi lega per dote dell'erigenda cappella con obbligo nei frati Eremitani di celebrare nella stessa ogni anno ed in perpetuo 2 messe

a suffragio di lui. Fatta riserva dell'usufrutto generale a favore
della nominata Betta Oraboni, istituisce eredi universali i poveri di
Cristo, e l'elezione e scelta degli stessi demanda agli esecutori testamentari. Designa per sua sepoltura la chiesa dei frati Eremitani
e vuole che questo suo testamento rimanga segreto e sia custodito
nella sacrestia dei predetti frati.

In Christi nomine amen. Anno nativitatis eiusdem millesimo trecentesimo nonagesimo nono, indictione septima, die duodecima mensis octubris. . . .

Actum Bononie in capella sancte Zicilie in domo habitationis
ipsius testatoris, presentibus religioso viro domino fratre Iohanne de
Strata maiori capellano in ecclesia sancte Zizilie predicte, qui dominus frater Iohannes capelanus predictus publice habetur et reputatur sacerdos, frater et capelanus dicte capelle et in dicta capella
sancte Zizilie predicte, et in capella et in contrata ubi habitat ipse
ser Andreas testator predictus, et magistro Michaele de Sechade-
nariis magistro in sacra pagina in monasterio sancti Iacobi predicti,
qui dominus frater Iohannes et magister Michael ambo dixerunt et
asseruerunt se dictum ser Andream condentem predictum cognoscere et eundem ser Andream condentem sane mentis et sensus esse,
et presentibus fratre Stephano de Paglaritio, fratre Thoma de sancto Iohanne, fratre Guilielmo de Spilis, fratre Bertolomeo de Culte-
linis, fratre Iohanne Mathey et fratre Guasparo quondam Betti omnibus fratribus sancti Iacobi ordinis sancti Augustini predicti, omnibus testibus ad predicta adhibitis, vocatis et ab eodem ser Andrea
testatore hore proprio ipsius ser Andree testatoris rogatis.

(L. S.) Ego Iohannes quondam Bonifatii de Chastagnolis publicus imperiali et communis Bononie auctoritate notarius hiis omnibus et
singulis interfui et rogatus predicta omnia publice scripsi, subscripsi
signumque meum apposui consuetum.

CCLXI.

Busta n. 21 1627. Perg. di mm. 235 × 100. — Originale un po' danneggiato
dall'umidità. La parte superiore, nella quale si conteneva il protocollo iniziale,
appare completamente asportata.

*Quitanza rilasciata da Melchiorre a Matteo di Francesco da Castel
San Pietro.*

Bologna, ... 1400 circa

Melchiorre, in proprio e quale procuratore di Bartolomeo, costituito personalmente avanti il vicario del vescovo di Bologna, e da

lui autorizzato, confessa di aver ricevuto da Matteo di Francesco da Castel San Pietro lire 145 e soldi 18 di bolognini, somma che il predetto Matteo era tenuto a dare quale debitore del fu Alberto Conoscenti. Dichiara di conseguenza di nulla più pretendere o domandare al riguardo pena 100 lire di bolognini.

. . . . In presentia venerabilis patris domini fratris Bonacursii abbatis monasterii sancti Proculi Bononie decretorum doctoris vicarii generalis reverendi in Christo patris domini Bertrandi Dei gratia episcopi bononiensis. . . .

Actum Bononie in episcopali palatio, presentibus domino Nicolao de Castello decretorum doctore, domino Dominico Petri Boselli iurisperito, fratre Albertino monacho monasterii sancti Petri de Mutina Bononie commorante in monasterio sancti Proculi et Blasiolo filio Damiani familiare dicti domini vicarii testibus ad hec vocatis et rogatis.

(L. S.) Ego Bartholomeus Zenzanini Bononie civis imperiali auctoritate et episcopalis curie bononiensis notarius, predictis interfui et mandato dicti domini vicarii ac rogatus publice scripsi et signum meum consuetum apposui et contrahentes cognovi.

CCLXII.

Busta n. 21/1627. Frammento memb. di mm. 265 × 398. — Copia.

Sindecato contro Brancuzzo Elmi già podestà di Bologna.

Bologna, 1400, 14 giugno.

Gli anziani ed il vessillifero di giustizia di Bologna deputano diversi cittadini a sindacare l'operato del conte Brancuzzo Elmi da Santa Cristina già podestà di Bologna, nonché l'operato de' suoi giudici, militi e fanti ed a giudicare in ispecie intorno alle diverse accuse che agli stessi erano mosse.

In Christi nomine amen. Hec sunt condempnationes et absolutiones pecuniarie et sententie solutionum et absolutionum pecuniarum late et date et in hiis scriptis sententialiter pronuntiate et promulgate per sapientes et discretos viros . . . . egregium legnm doctorem Nicholaum de Gozadinis campsorem . . . . cives Bononie sindicos scripte, lecte et publicate per me Iacobum filium Gregorii de Sachis publicum imperiali et comunis Bononie auctoritate notarium et nunc notarium ad scribendum acta et scripturas incumbentia et necessaria dicto sindacatui usque ad diffinitivam sententiam inclusive,

per dictos dominos antianos specialiter deputatum sub annis nativitatis Domini millesimo quadringentesimo, indictione octava, die quartodecimo presentis mensis iunii, pontificatus domini Bonifacii pape
noni.

CCLXIII.

Busta n. 21/1627. Perg. di mm. 595 × 785. — Originale

Testamento di Michele Pannolini notaio.

Bologna, 1400, 24 dicembre.

Michele del fu Palmerio Pannolini cittadino e notaio di Bologna
col presente suo testamento, che vuole rimanga segreto e sia depositato nella sacrestia dei frati Eremitani di S. Giacomo, ordina a
suffragio dell'anima sua l'erogazione di una lira di bolognini pel mal
tolto ed altre lire 16, soldi 13 e denari 4 di bolognini vuole erogate per la celebrazione di mille messe a cura dei frati Eremitani.
Lascia a Caterina Buvalelli sua moglie diversi immobili ed oggetti
casalinghi; ed una pezza di terra aratoria, arborata e vineata di
circa otto tornature posta nella guardia di Bologna a S. Donino nel
luogo detto Polometa, lega ai predetti Eremitani di S. Giacomo col-
l'onere di messe e preghiere quotidiane a suffragio di esso testatore.
Dettate poscia altre disposizioni, istituisce eredi universali Agostino
e Pietro Pannolini suoi nipoti ed in loro mancanza i discendenti
maschi da essi. Nel caso gli eredi nominati od i loro sostituiti non
potessero raccogliere la sua eredità, ordina che i beni che la com-
pongono siano venduti a cura del priore pro tempore dei frati Eremitani di S. Giacomo e del rettore pro tempore della chiesa di
S. Donato, ed il prezzo a cura degli stessi venga erogato in bene-
ficenze ed elemosine.

In Christi nomine amen. Eiusdem nativitatis anno millesimo quadringentesimo, indictione octava, die vigesimo quarto mensis decembris.
. . . . Item iure legati reliquit domine Caterine filie quondam
egregii legum doctoris domini Buvalelli de Buvalellis dicti testatoris
uxori . . . .
Actum Bononie in capella sancti Donati in domo habitationis
dicti testatoris, presentibus fratre Iohanne de Strata maiori priore, fratre Thomace de sancto Iohanne, fratre Enoch de Cortonio, fratre
Iohanne de Humelia, fratre Iohanne de Padua, fratre Martino de
Colonia, fratre Nicolatio de Montefalchono, fratre Bartolomeo de Roma

omnibus fratribus ordinis sancti Augustini conventus et ecclesie sancti Iacobi strate sancti Donati, qui omnes dixerunt et asseruerunt se dictum testatorem cognoscere et eum sane mentis et sensus esse, omnibus testibus ad predicta vocatis et a dicto testatore hore proprio rogatis.

(L. S.) Ego Nicolaus Arpineli olim Nicolai de Folea publicus imperiali et comunis Bononie auctoritate notarius predictis omnibus interfui eaque omnia rogatus scribere publice scripsi, subscripsi.

CCLXIV.

Busta n. 21 1627. Fol. memb. di mm. 255 × 360. — Copia.

Nomina di curatore speciale a favore di Bartolomeo Beccari.

Bologna, 1404, 4 novembre.

Giovanni Lupari dottore di leggi nomina Bertuzzo Beccari a curatore speciale del minore Bartolomeo Beccari per assisterlo nell'istrumento di vendita di due case poste in Bologna nella contrada della Nosadella, che intende fare a Berto Barbieri per L. 150 di bolognini.

In Christi nomine amen. Anno nativitatis eiusdem millesimo quadringentesimo quarto, indictione duodecima, die quarto mensis novembris . . . .

. . . . coram sapiente viro domino Iohanne de Luparis legum doctore cive Bononie . . . .

Actum Bononie in capella sancte Caterine de Saragotia in dictis suprascriptis domibus venditis ut supra que hodie utuntur pro una domo, presentibus Nanino quondam Righi purgatore cive Bononie capelle sancti Prosperi agnato et propinquo dicti adulti, qui dixit et asseruit se dictum doctorem, adultum et curatorem cognoscere, Matheo quondam Iohannis de Bernagrudis bechario capelle sancte Marie de Torlionibus, Nicolao Pauli laboratore de Zeula capelle sancte Caterine predicte et Baldesare filio Venturini de Luparis testibus omnibus ad predicta omnia vocatis et rogatis.

(L. S.) Ego Petrus quondam Bernardini de Coloredo civis Bononie publicus imperialli et comunis Bononie auctoritate notarius predictis omnibus interfui et rogatus una pariter et in solidum cum Alberto quondam Bataglincii de Bataglinciis de predictis mecum in solidum rogato, publice scripsi, subscripsi.

CCLXV.

Busta n. 21/127. Fogl. memb. di mm. 180 × 230. — Copia.

Professione di fede di frate Pietro Iuchi olivetano.

Bologna, 1407, 15 giugno.

Il vicario generale del vescovo di Bologna aderendo alla richiesta fattagli dal procuratore di Bartolomeo Santi chierico bolognese, ordina venga fatta copia della cedola portante la professione di fede emessa da Pietro Juchi frate olivetano nel monastero di S. Michele in Bosco.

In Christi nomine amen. Anno nativitatis eiusdem millesimo quadringentesimo septimo, indictione quintadecima, die mercurii quinto decimo mensis iunii . . . .

Coram reverendo viro domino Alberto de Ulgiano decretorum doctore reverendi in Christo patris et domini, domini Antonii Dei et Apostolice Sedis gratia episcopi bononiensis in spiritualibus et temporalibus vicario generali pro tribunali sedente Bononie in episcopali palatio . . . .

(L. S.). Ego Rolandus Alberti de Castellanis publicus imperiali comunis Bononie et curie episcopalis bononiensis auctoritate notarius Bononie scriptum professionis predictum per me a suo originali predicto sumptum et exemplatum in presentia dicti domini vicarii simul cum originali suo una cum Iohanne et Philippo notariis predictis vidi, legi et diligenter auscultavi et repperi exemplum cum dicto originali in omnibus concordare, ideoque insinuationi ac omnibus et singulis suprascriptis presens interfui et de mandato dicti domini vicarii suam auctoritatem et decretum ut supra prestantis et interponentis hic me subscripsi, signumque meum apposui consuetum.

CCLXVI.

Busta n. 21/1627. Perg. di mm. 200 × 1100. — Originale.

Donazione della metà di una casa e di terreni da Orsolina Prati a Giovanni Rossi frate eremitano.

Bologna, 1408, 30 agosto.

Orsolina di Guido Prati a dimostrazione d'affetto dona in via irrevocabile a frate Giovanni Rossi agostiniano del convento di S. Giacomo di lei nipote, che accetta, la metà pro indiviso di una casa posta in Bologna nella parrocchia degli Atemanni, una possessione di 23 tornature circa posta in Altedo, ed una grande casa sita in Bologna nella contrada de' Vinazzi. Dei beni donati riserva a suo favore l'usufrutto vitalizio, e nel caso che il predetto frate Giovanni le premorisse, vuole che gli stessi beni ritornino in proprietà di essa donatrice o de' suoi e nello stato di diritto nel quale attualmente si trovano. Garantisce il pacifico possesso degli enti donati e pel caso di evizione si assoggetta alla penale di 500 lire di bolognini rimossa qualsiasi contraria eccezione.

In Christi nomine amen. Anno nativitatis eiusdem millesimo quadringentesimo octavo, indictione prima, die trigesimo mensis augusti.

Honesta et virtuosa domina d. Ursolina nata quondam magistri Guidonis de Prato medici . . . . civis Bononie . . . .

Actum Bononie in capella sancti Leonardi, in domo habitationis Nicolay quondam Ghidinotii strazaroli, presentibus magistro Anthonio quondam Baldi de Vignatio in sacra pagina professore de ordine et conventu fratrum Heremitarum loci sancti Iacobi strate sancti Donati de Bononia, Nicolao quondam Ghidinotii strazarolo de capella sancti Leonardi qui ambo dixerunt et asseruerunt se dictas partes et contrahentes predictos cognoscere, domino Nicolao filio ser Francisci de Rovorbella legum doctore, Bertholomeo quondam Veni strazarolo cive Bononie de capella sancte Marie de Templo, Thoma Laurentii de Candelis de capella sancti Leonardi, Bartholomeo Iohannis de Capuciis capelle predicte, Iohanne Bondi mendatore capelle predicte, Petro Blaxii ortolano capelle predicte et domino Iacobo quondam Pasqualini de Podio scolare studente in iure civili capelle sancti Thome de merchato testibus omnibus ad predicta adhibitis, vocatis et rogatis, rogantes dicte partes Bartholomeum quondam Thome Pauli de Lectis notarium et me Minum quondam Laurentii de Cistis notarium ut de predictis omnibus et singulis publicum confitiat instrumentum et scripturam unum et plura et unum eiusdemque tenoris conformis et continentie.

(L. S.) Ego Minus quondam Laurentii de Cistis publicus imperiali et comunis Bononie auctoritate notarius de predictis rogatus una pariter et in solidum cum infrascripto Bertholomeo Thome Pauli de Lectis notario, predictis omnibus interfui et ea rogatus predicta scribere publice scripsi, subscripsi, signumque meum consuetum apposui.

CCLXVII.

Busta n. 21/1627. Perg. di mm. 415 × 500 — Originale.

Testamento di Giovanni Curioni notaio.

Bologna, 1409, 19 febbraio.

Giovanni di ser Lando Curioni cittadino e notaio di Bologna col presente testamento lascia per il mal tolto d'incerta provenienza 10 soldi di bolognini, ordina la celebrazione di messe a suffragio dell'anima sua, e dopo aver dettato diversi legati pii ed altri legati a favore di amici e parenti, istituisce suoi eredi universali in parti uguali fra loro Giacomo e Francesco figli di Filippo Antonio Martelli notaio di Bologna e quel qualunque altro figlio legittimo avesse a nascere dal detto Filippo Antonio Martelli. Ordina da ultimo che questo suo testamento sia custodito nella sacrestia dei frati Eremitani di S. Giacomo.

In Christi nomine amen. Anno nativitatis einsdem millesimo quadringentesimo nono, indictione secunda, die decimo nono mensis februarii . . . .

Actum Bononie, in ecclesia sancte Cecilie, presentibus religiosis viris fratre Antonio de Imola capelano et sacerdote ecclesie sancte Cecilie predicte et qui publice abetur et reputatur sacerdos in capella et contrata ubi habitat dictus Iohannes testator, fratre Petronio quondam Francisci de Bononia qui ambo disserunt et asserverunt dictum testatorem cognoscere et eum sane mentis esse, fratre Ioxep quondam Bartholini de Bononia, fratre Lodovico quondam Iacobi de Mutina, fratre Andrea Vannucii de Tolentino, fratre Laurentio ser Iacobi de Usbertis, fratre Francisco quondam Antonii de Robertis de Caxali et fratre Petro quondam Donini de Bononia omnibus fratribus de dicto conventu sancti Iacobi strate sancti Donati predicti, testibus ad predicta ore proprio dicti testatoris vocatis et rogatis. . . .

(L. S.) Ego Gerardus quondam magistri Lanfranchi medici olim ser Gerardi de Malcazatis publicus imperiali et comunis Bononie auctoritate notarius predictis omnibus et singulis interfui et rogatus predicta scribere de mandato et voluntate ipsius testatoris publice scripsi et in testimonium premissorum signum meum consuetum apposui.

CCLXVIII.

Busta 21/1627. Fasc. memb. di 4 carte di mm. 230 × 340. — Copia.

Transazione tra Giovanni Coloredo e Trisio Cassoli studente nello Studio di Bologna.

Bologna, 1412, 16 maggio.

Trisio Cassoli da Reggio studente di diritto civile nello Studio bolognese accampava pretese alla proprietà di due pezze di terra site nella curia di Colloredo, contado di Bologna, l'una aratoria, vineata e prativa di 27 tornature circa con casa, l'altra aratoria ed arborata di circa 53 tornature, e le pretese fondava su di un prelegato a suo favore disposto da Taddeo Cassoli di lui avo paterno con testamento del febbraio del 1403 rogato dal notaro Pittori Paolo di Reggio. Per contro, il tutore di Giovanni Colloredo figlio minorenne del fu Pietro, che deteneva le stesse pezze di terra, le dichiarava di proprietà del suo rappresentato, ed alle pretese avversarie opponeva: che il testamento di Taddeo Cassoli era di nessun effetto perchè da Taddeo implicitamente revocato in seguito alla legittimazione successivamente ottenuta per autorità imperiale del figlio naturale Antonio padre del predetto Trisio; che non avendo fatto ulteriori testamenti l'eredità di lui s'era devoluta per legge ad Antonio figlio legittimato, il quale, come vero ed incontestato proprietario aveva vendute le ripetute pezze di terra a Pietro Colloredo padre dell'attuale detentore per il prezzo di lire 648 di bolognini, giusto valore venale degli stabili stessi. In questa condizione di cose, a prevenire le lungaggini e le incertezze di un giudizio, le parti convennero di addivenire a transazione, e per effetto di questa il tutore di Giovanni Colloredo debitamente autorizzato paga a Trisio lire 50 di bolognini, e promette di fargli tenere in Bologna al suo domicilio pel prossimo agosto 5 corbe di buon frumento mercantile. Dal canto suo Trisio, accettando il pagamento e la promessa del tutore, rinuncia a qualsiasi pretesa sui ripetuti terreni e dichiara inoltre che gli accampati diritti non ha in alcun modo alienati o vincolati. In seguito a ciò i contraenti promettono l'esatta osservanza del contratto sotto pena di 800 lire di bolognini.

In Christi nomine amen. Anno nativitatis eiusdem millesimo quadringentesimo duodecimo, indictione quinta, die sexto decimo mensis may, tempore pontificatus domini nostri domini Iohannis divina providentia pape vigesimitertii.

Cum lis et questio verteretur et esse et in futurum fortius verti et esse speraretur et dubitaretur inter dominum Trisium filium emancipatum Antonii quondam domini Tadei olim domini Iachobi de Cassolis de Regio scolarem studentem in iure civili in Studio bononiensi ex una parte . . . .

Ambi existentes in presentia sapientis et discreti viri domini Cristofari de sancto Petro legum doctoris civis civitatis Bononie infrascriptis omnibus et singulis suam et comunis Bononie auctoritatem et decretum interponentis et prestantis . . . .

Acta fuerant predicta Bononie in capella sancte Iuste ad stationem residentie providi viri ser Stefani quondam Iacobi de Ghisilardis procuratoris et notarii bononiensis, presentibus dicto ser Stefano qui dixit et asseruit se partes et contrahentes predictos cognoscere et Antonio quondam Martini de Castagnolo notario et procuratore Bononie agnato dicti Iohannis pupilli, homine maiore viginti quinque annis qui predictis omnibus et singulis presens fuit et consensit dixitque et corporaliter iuravit ad sancta Dei evangelia manu tactis scripturis sacris coram dicto domino Cristofaro legum doctore predicto, delato sibi sacramento per eundem dominum Cristofarum legum doctorem predictum se esse maiorem viginti quinque annis et agnatum dicti Iohannis pupilli, et credere ea que aguntur, et fiunt et seu acta et facta sunt in presenti et suprascripto contractu non fieri in damnum, fraudem vel preiudicium dicti Iohannis pupilli, set ipsi Iohanni pupillo utilia fore, et in omnibus et per omnia secundum formam statutorum comunis Bononie, Bitino filio Cose de Lamandinis notario et cive Bononie domino Nicholao filio Iohannis de Mantua scolare in iure civili in Studio bononiensi habitatore Bononie in capella sancti Iachobi de Carbonensibus, et aliis omnibus viris bone vite, oppinionis et fame et maioribus viginti quinque annis, testibus ad predicta adhibitis, vocatis et rogatis.

(L. S.) Ego Evangelista filius ser Antonii olim Martini de Castagnolo notarii et civis bononiensis, publicus imperiali et comunis Bononie auctoritate notarius predictis omnibus et singulis dum agerentur et fierent interfui et rogatus scribere ea omnia propria manu scripsi et publicavi, et in testimonium omnium predictorum meum signum apposui consuetum.

CCLXIX.

Busta n. 22 1628. Perg. di mm. 355 × 470 — Originale.

Testamento di Lanzalotto del fu Bartolomeo Ludovisi.

Bologna, 1413, 29 dicembre.

Raccomandata l'anima a Dio ed ordinato che il presente testamento rimanga segreto e sia custodito nella sacrestia dei frati Eremitani di S. Giacomo, dispone, come d'obbligo, di legati a favore di Giovanni duca di Borgogna e del vescovo di Tornay; e quindi chiama suoi eredi universali gli eredi del nobile Bartolomeo Bolognini in un a Giovanni del fu Bolognino Bolognini.

In Christi nomine amen. Eiusdem nativitatis anno millesimo quatricentesimo decimo tertio, indictione sexta, die vigesimo nono mensis decembris . . . .

. . . . Item reliquid iure legati clarissimo principi et domino domino Iohanni Dei gratia Borgundie duci ac comiti Flandrie quatuor monetas aureas, vulgariter coronas appellatas iusti ponderis, et hoc pro observantia et comuni usu hactenus cuilibet testatori in eiusdem clarissimi principis habitatori servato et servari debito secundum ipsius regionis morum et consuetudinem . . . .

Actum Bononie in sacristia fratrum Heremitarum conventus sancti Iacobi predicti de Bononia, presentibus fratre Iacobo quondam Lambertini Batagle de Bononia sacrista fratrum dicti conventus, magistro Gabriele Iohannis de Bononia sacre theologie magistro et Aymericho quondam Romei de Buschis merchatore sirici cive Bononie, qui omnes dixerunt et asseruerunt se dictum testatorem cognoscere et cum sacramentis, sensus et corporis esse, fratre Laurentio de Arimino bachalario in dicto conventu, fratre Petro de Cinquanta de Bononia sub priore, fratre Matheo de sancta Lutia de Bononia, fratre Clericho de Buela, fratre Andrea de Tolentino, fratre Michaele de Parisio et fratre Antonio de Vignatis de Bononia, omnibus fratribus dicti ordinis et conventus testibus ad predicta vocatis et dicti testatoris hore proprio rogatis.

(L. S.) Ego Nicolaus Arpineli olim Nicolai de Folca publicus imperiali et comunis Bononie auctoritate notarius Bononie predictis omnibus interfui eaque omnia rogatus scribere publice scripsi, subscripsi.

CCLXX.

Busta n. 22 1628. Perg. di mm. 210 × 780 — Originale.

Pagamento fatto dal comune di Bologna al marchese Nicolò Estense e ad Uguccione Contrari pel ricupero di S. Giovanni in Persiceto.

Bologna, 1417, 2 luglio.

Con scrittura del 20 giugno 1417, per rogito del notaio Nicolò Abbazia di Ferrara, il marchese Nicolò Estense ed Uguccione Contrari convennero di cedere al comune di Bologna la terra e la rocca di S. Giovanni in Persiceto dietro il pagamento di 27 mila fiorini d'oro, dei quali 15 mila per la terra e 12 mila per la rocca e munizioni offensive in essa esistenti. In relazione all'esposto, il dottore Floriano da S. Pietro con altri ufficiali della guardia del popolo e del comune di Bologna appositamente delegati pagano a Federico Spezia procuratore del marchese Nicolò Estense e di Uguccione Contrari, 10 mila fiorini d'oro a saldo dei 15 mila pattuiti per la cessione della terra di S. Giovanni. Dal canto loro Matteo di Pietro da Canetolo, Ludovico Muzarelli, Ludovico Malvezzi e Pietro Filisini volendo venire in aiuto alla loro città, ad accettazione del predetto Pietro Spezia si obbligano a pagare al marchese Nicolò Estense o ad Uguccione i 12 mila fiorini importo della cessione della rocca: ciò nel termine di 10 mesi a far tempo dalla effettiva consegna di questa.

In Christi nomine amen. Anno nativitatis eiusdem millesimo quadringentesimo decimoseptimo, indictione decima, die secundo mensis iulii.

Magnifici viri dominus Florianus de Sancto Petro utrinsque iuris doctor, ser Bertus Iohannis de Salarolis, Nicolaus Simonis de Gozadinis . . . . Iohannes Melchionis de Malvitiis . . . . septem ex octo officialibus guardie populi et comunis Bononie vice et nomine dicti comunis . . . .

Actum Bononie in camino superiori palatii residentie magnificorum dominorum Antianorum Bononie, presentibus Scardoyno de Scardoys draperio, Sibaldino Bertolomei de Sibaldinis draperio, Nicolao Cerii de Paltronibus mercatore qui omnes dixerunt et aseruerunt se supranominatos omnes contrahentes cognoscere, Paulo de Fatiolis draperio, Luca de Pannolini mercatore omnibus Bononie civibus et egregio iuris utrinsque doctore domino Grassia quondam Iohannis de Yspania, Ludovico de Roncho, Scigifredo de Mutina testibus omnibus ad predicta omnia vocatis et rogatis.

(L. S.) Ego Bernardinus quondam Francisci de Mulettis publicus imperiali et communis Bononie auctoritate notarius et nunc notarius offitio reformationum civitatis Bononie deputatus, predictis omnibus et singulis una cum prudentibus viris ser Dominico de Argelata cancelario communis Bononie et ser Petronio ser Iuliani de Bononia cancelario illustris d. d. marchionis Ferarie interfui, eaque omnia una pariter cum eisdem ser Dominico et ser Petronio rogatus per supranominatos contrahentes scribere scripsi et seu scripsimus, ipsaque omnia in hanc publicam formam redegi. Et ad fidem premissorum hic me subscripsi.

CCLXXI.

Busta n. 22/1628. Perg. di mm. 180 × 310. — Originale.

Lettere di ascrizione all'ordine agostiniano.

Bologna, 1421, 2 aprile.

Frate Agostino professore di sacra scrittura, priore generale dei frati Eremitani, rilascia lettere di ascrizione all'ordine a favore di Giovanni di Caro Cari nonchè a favore della moglie e dei figli di lui, e per grazia speciale, dichiara che il loro decesso verrà intimato al capitolo, e che per essi si celebreranno i suffragi soliti a celebrarsi pei fratelli dell'ordine.

Frater Augustinus sacre pagine professor prior generalis immeritus ordinis fratrum Heremitarum sancti Augustini . . . . Datum Bononie anno Domini M.°CCCC.° XXI, secunda die mensis aprilis.

CCLXXII.

Busta n. 23/1629. Fasc. cart. di 4 carte di mm. 200 × 310. — Copia.

Testamento del dottore Nicolò Roverbella.

Bologna, 1423, 10 giugno.

In Christi nomine amen. Anno nativitatis eiusdem millesimo quadringentesimo vigesimo tertio, indictione prima, die decimo mensis iunii, tempore pontificatus domini Martini divina providentia pape quinti,

Cum mortis debitum secundum humane nature cursum omnes homines solvere teneantur, nec est qui dicte mortis periculum valeat evitare, hinc est quod hoc considerans egregius utriusque iuris doctor dominus Nicolaus quondam magistri Francisci de Roverbella Bononie civis, sanus per gratiam domini nostri Ihesu Christi mente et sensu licet morbo corporeo fatigatur, et intendens dum sibi adest debita et solita sue rationis cognitio per presens eius nuncupativum sine scriptis testamentum saluti sue anime et dispositioni bonorum suorum temporalium salubriter providere, suam dispositionem facere procuravit et fecit in hunc modum videlicet:

In primis recomendans animam suam altissimo creatori et redemptori suo reliquit de bonis suis pro male ablatis incertis cui de iure debentur solidos vigenti bon. et de residuo antem et omnium pecatorum suorum veniam postulavit.

Item reliquit ecclesie S. Bertoli porte Ravennatis eius capelle pro anima ipsius testatoris unum cereum extimationis solidorum viginti bon. pro illuminando corpus domini nostri Ihesu Christi ad divina officia in dicta ecclesia.

Item reliquit pro missis S. Gregorii dicendis et celebrandis pro anima ipsius testatoris per illum et seu illos presbiteros et religiosos viros de quibus videbitur commissariis suis infrascriptis solidos treginta bon. Item reliquit pro mille missis dicendis et celebrandis pro anima ipsius testatoris per illum seu illos presbiteros et religiosos viros de quibus dictis infrascriptis suis comissariis videbitur libras sexdecim, sol. tredecim et den. quatuor bon. Item reliquit iure legati pro anima ipsius testatoris Iacobe domicelle filie Iohannis alias Iohanardi quondam Gratiani de Vasellis de Bononia capelle S. Vitalis libr. decem bon. in auxilium maritandi ipsam Iacobam. Item reliquit iure legati et pro anima ipsius testatoris ser Iohanni quondam Bernardi de Guasconia ad presens familiari dicti testatoris libras decem bon. et unam zorneam de panno rubeo antiquam deputatam ad usum persone dicti testatoris.

Item disposuit, voluit et mandavit dictus testator quod per heredes proprietarios infrascriptos ipsius testatoris, ad omnem voluntatem Iacobi quondam ser Stephani de Nobilibus sensalis Bononie civis, fiat et fieri debeat ipsi Iacobo instrumentum locationis unius et de una domo cupata et balchionata cum curia posita Bononie in capella S. Dominici sive S. Proculi iuxta suos confines, per dictum Iacobum seu eius uxorem dudum vendita dicto testatori ex instrumento ipsius venditionis rogato per me notarium infrascriptum, ad terminum viginti novem annorum et ad renovandum pro afictu anno libr. quinque bon., cum pacto permutationis in una alia re immobili tuta et secura posita in civitate Bononie, si et in quantum ex ipsa

re sic permutanda habeantur libre quinque et soldi quinque bon.
quolibet anno pro affictu ipsius rei et sic melioretur hereditas ipsius
testatoris in dictis quinque sol. bon. ultra dictas quinque libr.
bon. affictus dicte domus ut supra locande; et cum aliis pactis et
clausulis in instrumento dicte locationis sic fiende apponendis et inse-
rendis secundum comunem cursum et stillum notariorum civitatis
Bononie et maxime notarii de ipso instrumento locationis rogandi.

Reliquit iure prelegati Gregorio ipsius testatoris filio naturali tamen toto tempore naturalis vite ipsius Gregorii et quorumcumque
ipsius Gregorii filiorum legittimorum et naturalium libras quadrin-
gentas bon. ad hoc ut ex ipsa pecunie quantitate ipse Gregorius et
eius filii predicti possit et possint se ex fructibus ipsarum alimenta
eis necessaria et oportuna recipere et habere, et in casu quo con-
tingat dictum Gregorium quandocumque decedere sine filiis legitimis et naturalibus, tunc et eo casu idem testator de dictis qua-
dringentis libris bon. reliquit libras centum bon. iure legati domine
Mine quondam Naymi de Ysachis de Sancto Iohanne uxori ipsius
testatoris, et residuum totius dicte quantitatis pecunie ut supra le-
gate pervenire voluit ad heredes infrascriptos ipsius testatoris. Item
reliquit eodem iure dicto Gregorio eius filio libros in legibus et de-
cretalibus quoscumque ipsius testatoris ac lectisternia, masaritias et
bona mobilia existentia in domo habitationis ipsius testatoris, illas
videlicet dumtaxat massaritias et bona mobilia ac lectisternia de quibus dictis infrascriptis eius comissariis et maiori parti eorum et super
viventium ex eis videbitur et placuerit et mandans dictus testator
quod dicti eius libri post mortem ipsius testatoris per eius heredes
proprietarios infascriptos deponantur et deponi debeant in libraria
fratrum Heremitarum sancti Iacobi strate sancti Donati de Bononia
ordinis sancti Augustini et ibidem consignari voluit dictis fratribus per publicum instrumentum, et in libraria predicta eos remanere voluit usque ad decimum octavum annum etatis ipsius Gregorii,
ita quod in casu quo idem Gregorius in etate predicta vel ante deliberaverit velle studere, debeant libri predicti sic ut supra depo-
nendi et consignandi libere dari et restitui ipsi Gregorio ad hoc ut
ipse possit in et super eis studere et in eis proficisci. Et in casu
quo idem Gregorius decederet, aut ipso perveniente ad etatem predictam et studere recusaverit, tunc et eo casu eosdem libros sic
deponendos et consignandos, reliquit dictus testator pro anima sua
fratribus ecclesie predicte et dicte eorum librarie, prohibens tunc
et eo casu ipsorum librorum quamcumque alienationem et venditionem
ex eo maxime cum ipse testator vellit ipsos libros in libraria predicta perpetuo esse et stare debere pro comodo et utilitate quorum-
libet ipsos libros videre volentium. Item reliquit iure legati dicte domine

Mine eius uxori dotes suas que fuerunt et sunt libre octingente bon. de quibus octingentis libris bon. dotis predicte, idem testator dixit et asseruit constare publico instrumento rogato per Bertolomeum ser Beldo de Panzachis de Roncastaldo notarium Bononie in millesimo quadringentesimo de mense aprelis. Item reliquit eodem iure dicte eius uxori usum et habitationem domus presentialiter habitationis dicti testatoris et etiam usumfructum bonorum omnium et etiam quarumcumque masaritiarum rerum et bonorum mobilium dicte hereditatis et in dicta domo habitationis dicti testatoris presentialiter existentium, et hoc toto tempore naturalis vite ipsius domine Mine et quandiu ipsa domina Mina naturaliter vixerit, et vitam vidualem castam et honestam de et per mortem dicti testatoris servaverit, ac etiam una cum infrascriptis ipsius testatoris filiis et heredibus usufructuariis habitaverit et dotes suas non petierit. Item reliquit, disposuit, voluit et mandavit dictus testator quod dicta domina Mina eius uxor tempore obitus ipsius testatoris vestiatur et veletur expensis hereditatis ipsius testatoris vestibus et vellis lugubribus et condecentibus, habito respectu ad facultatem bonorum hereditatis ipsius testatoris. Comissarios autem suos et huius sui testamenti et ultime voluntatis et quorumcumque in eo contentorum executores esse voluit, nominavit et ellegit dictam dominam Minam ipsius testatoris uxorem, fratrem Francischum Gardini de Captaneis de Casalichio Comitum Bononie civem et Zachariam quondam Iohan nis de Roverbella strazarolum civem Bononie. Quibus suis commissariis et maiori parti eorum et superviventium ex eis dictus testator dedit, concessit et attribuit plenam et liberam potestatem, auctoritatem arbitrium, mandatum et bailiam, cum plena, libera, generali et absoluta administratione predicta et infrascripta omnia et singula, adita vel non adita ipsius testatoris hereditate exequendi et adimplendi ad eorum liberam voluntatem et pro solutione, satisfactione et executione relictorum et dispositorum in presenti testamento et ultima voluntate aprehendendi bona quelibet hereditatis ipsius testatoris, ipsaque vendendi et alienandi cuicumque et quibuscumque illa emere volentibus, et ipsorum bonorum sic vendendorum pretium et pretia convertendi in solutionem et satisfactionem legatorum predictorum, ac etiam bona et de bonis predictis ipsis legatariis in solutum dandi et pro solutione et satisfactione predicta si et pro ut ipsis comissariis videbitur et etiam faciendi et disponendi in et super predictis omnia alia que ipsis comissariis et maiori parti eorum et super viventium ex eis pro explicatione omnium predictorum videbitur et placuerit utilem et necessarium.

Tutorem autem dicti Gregorii puppilli eius filii et quorumcumque aliorum filiorum puppillorum ipsius testatoris reliquit et esse voluit

dictum fratrem Francischum Gardini de Bononia, penes quem fratrem
Francischum tutorem predictum, nec non dictam dominam Minam
ipsius testatoris uxorem dictum Gregorium puppillum et quoscumque
alios ipsius testatoris filios puppillos stare et remanere, et per dictos
fratrem Franciscum tutorem predictum et dominam Minam gubernari
et alimentari voluit expensis hereditatis ipsius testatoris durante
ipsorum puppillorum pupillari etate predicta. In omnibus autem aliis
suis bonis mobilibus et immobilibus, iuribus et actionibus tam presentibus quam futuris, quo ad usumfructum tantum, dictum Gregorium
et quoscumque alios ipsius testatoris filios et ad hoc ut ipse Gregorius
et dicti alii ipsius testatoris filii ex bonis hereditatis ipsius testatoris
et usufructu eorum alimenta eis necessaria et oportuna habere et
recipere possint. Et quo ad proprietatem tantum dictis ipsius testatoris filiis predictis naturaliter venientibus dictos fratrem Francischum et Zachariam sibi heredes instituit, et ipsis eius filiis natu-
liter mortuis quo ad usumfructum et proprietatem dictos fratrem
Francischum Gardini de Bononia et Zachariam de Roverbella strazarolum Bononie civem et utrumque eorum equis portionibus sibi
heredes universales instituit, reliquit et esse voluit, et dictos ipsius
testatoris filios in usufructu predicto sibi invicem substituit. Sepulturam autem suam ellegit et esse voluit ad et apud ecclesiam S. Iacobi
fratrum Heremitarum de Bononia dicti ordinis S. Augustini, ad quam
sepulturam eius corpus defferi et portari voluit vestitum capa et
habitu batutorum et seu devotorum societatis sancte Marie de la Morte
de Bononia in et de qua societate idem testator dixit se esse, et cui
societati et hominibus eiusdem idem testator reliquit pro anima sua
libras decem bon. Et circha quam sepulturam idem testator expendi
voluit id quod suprascriptis eius commissariis honestum et condecens
videbitur.

Et hanc suam ultimam voluntatem dictus testator asseruit esse
velle quam ut testamentum et testamenti iure valere voluit et tenere,
quod si iure testamenti non valet vel valebit, aut aliqua causa presenti vel futura infirmari vel invalidari contingerit, eam saltem vim
et effectum codicillorum et cuiuslibet alterius ultime voluntatis, quo
seu qua melius valere poterit et tenere voluit obtineri et inviolabiliter observari. Cassans, irritans et annullans dictus testator omne
aliud eius testamentum et ultimam voluntatem actenus ab eo con-
ditum et condita in quo vel qua sunt vel esse appareret aliqua
verba derogatoria et huic testamento et ultime voluntati in aliquo
repugnantia, quorum verborum derogatoriorum sive reminiscatur sive
non, idem testator asseruit omnino se penitere et presens testamentum
et ultimam voluntatem ceteris hactenus ab eo conditis prevalere voluit et mandavit.

Actum Bononie in capella S. Bertoli porte Ravennatis in domo habitationis dicti testatoris, presentibus domino domno Toma Iohannis de civitate Penne capelano dicte ecclesie S. Bertoli qui publice habetur, tenetur et reputatur presbiter sacerdos et capellanus dicte ecclesie in dicta capella et contrata habitationis ipsius testatoris, Nicolao quondam Gerardini de Negrosantibus Bononie cive capelle S. Michaelis de Leproseto, fratre Paulo quondam Iohannis de Bononia priore ecclesie fratrum Hereminorum (sic) de prope Bononiam, qui omnes una cum dicto domino domno Toma capelano predicto dixerunt et asseruerunt se dictum testatorem et condentem predictum cognoscere, et eum sane mentis, sensus et intellectus esse, Iohanardo quondam Gratiani de Vasellis Bononie cive capelle S. Vitalis, Bartolomeo filio dicti Mini de Cistis notario, domino Bertoldo Rodulfi de Meluscis scolare studente Bononie in iure canonico mansionario in ecclesia S. Petronii de Bononia, domino Stephano Iohannis de Sighicellis de sancto Iohanne in Persiceto studente Bononie in iure canonico et Fabiano quondam Benvenuti de Parchis Bononie cive capelle S. Vitalis, testibus omnibus ad predicta adhibitis et vocatis et ore proprio dicti testatoris rogatis. Qui etiam testator quia infirmus, sponte illico et incontinenti et presentibus testibus suprascriptis, fecit, constituit et ordinavit dictum Minum de Cistis unum ex testibus suprascriptis ibidem presentem et acceptantem suum procuratorem specialem ad denuntiandum, poni, scribi et registrari faciendum dictum testamentum et ultimam voluntatem in provisoris et libris provisoris et memorialium comunis Bononie per aliquem ex notariis dicto officio provisoris et memorialium deputatis, et in omnibus et per omnia secundum formam statutorum comunis Bononie de predictis disponentium.

Ego Guido quondam Francisci de Paganellis publicus imperiali et comunis Bononie auctoritate notarius, predictis omnibus dum agerentur interfui et rogatus scribere predicta publice scripsi.

CCLXXIII.

Busta n. 22/1628. Fasc. cart. di 6 carte di mm. 210 × 310. — Copia.

Dichiarazione di Tomaso Manzolini tutore dell'infante Oddone Calcina di adire in rappresentanza di questo l'eredità paterna.

Bologna, 1423, 23 dicembre.

Giovanni di Tomaso Manzolini notaio di Bologna, tutore atiliano dell'infante Oddone Calcina stimando vantaggioso pel suo pupillo adirne l'eredità paterna, si costituisce personalmente avanti il giudice dell'aquila ed il dottore Giovanni Poeti, e coll'autorità e decreto di questi, dichiara di accettare l'eredità anzidetta. Di conseguenza proclama il predetto suo pupillo erede di Pietro Calcina di lui padre.

In Christi nomine amen. Anno nativitatis eiusdem millesimo quadringentesimo vigesimo tertio, indictione prima, die vigesimo tertio mensis decembris. . . . .

. . . . nec non in presentia egregii legum doctoris domini Iohannis Antonii de Poetis civis Bononie. . . . . .

Actum Bononie, in capella sancti Vitalis in domo habitationis dicte domine Bertolomee, presentibus Alberto ser Iohannis Bonafidei capelle sancti Martini de Apoxa agnato et propinquo dicti Oddonis pupilli, homine maiore viginti quinque annis bone condictionis vite et fame, qui ad dellationem dictorum domini iudicis aquile et domini Iohannis doctoris civis corporaliter iuravit ad sancta Dei evangelia manu tactis scripturis se esse maiorem viginti quinque annis et se esse agnatum et propinquum dicti pupilli, et se credere ea que aguntur et fiunt non fieri in fraudem, damnum vel preindicium dicti pupilli, nec non presentibus Andrea ser Bertolomei Cepriani alias Baci capelle sancti Leonardi, Antonio filio domini Iohannis de Armis notario, Allisandro filio quondam ser Benis de Papazonibus notario et Iuliano quondam Bertolomei dicto Spontoni piscatore capelle sancti Iosep, qui omnes dixerunt et asseruerunt se dictos dominum Franciscum iudicem predictum et dictos dominum Iohannem et Iohannem de Manzolino doctorem et curatorem predictos cognoscere, testibus omnibus bone conditionis, vite et fame vocatis et rogatis.

(L. S.) Ego Peregrinus filius quondam Iacobi olim ser Antonii de Manzolino civis Bononie publicus imperiali et comunis Bononie auctoritate notarius predictis omnibus et singulis interfui eaque rogatus scribere publice scripsi, signumque meum consuetum apposui.

CCLXXIV.

Busta n. 22/1628. Fol. cart. di mm. 210 × 315. — Originale.

Procura del dottore Giovanni Tomari nel canonico Pietro Ramponi.

Bologna, 1424, 29 agosto.

In Christi nomine amen. Anno nativitatis eiusdem millesimo quadrinnegtesimo vigesimo quarto, indictione secunda, die vigesimo nono

mensis augusti, tempore pontificatus sanctissimi in Christo patris
et domini domini Martini pape quinti.

Reverendus pater dominus Iohannes de Tomariis decretorum doctor archipresbiter bononiensis, comendatarius plebis sancte Marie de
Montebellio bononiensis diocesis sponte et ex certa scentia fecit, constituit et ordinavit venerabilem virum dominum Petrum de Ramponibus
canonicum bononiensem presentem et acceptantem, suum et dicte
plebis ac membrorum eiusdem vicarium, sindicum et procuratorem,
camerarium, actorem, factorem, negotiorum gestorem et nuntium specialem, specialiter et expresse ad negotia quecumque tam spiritualia
quam temporalia nomine dicti comendatarii constituentis et prefate
plebis de Montebellio et membrorum eiusdem peragenda; et precipue
ad recipiendum, admittendum et confirmandum electiones et presen-
tationes quascumque ipsi domino comendatario seu eius vicario factas
seu faciendas de quibuscumque clericis seu personis et ad quevis
beneficia ecclesiastica cum cura vel sine cura, que admittende seu
confirmande sibi videbuntur, et reliquas infirmandum seu annullandum
et refutandum, et presentatos instituendum si de iure sibi instituendum videbitur. Item ad conferendum beneficia cum cura vel sine
cura ad ipsius comendatarii collationem seu provisionem tam de iure
quam de consuetudine vel ex iure devoluta, aut alias quolibet spectantia. Item ad lites etc. et generaliter etc. cum pleno mandato et
potestate substituendi ac relevatione etc.

Actum Bononie, in ecclesia cathedrali, presentibus Alberto quondam ser Tadei de Plastellis notario, Iacobo quondam Bartolomei de
Grassis notario et Iohanne quondam Francisci pectenario Bononie
de capella S. Christofori de Saragotia, civibus Bononie testibus ad
predicta vocatis et rogatis, cognitis dictis partibus a predictis Iacobo, Iohanne et me notario infrascripto etc.

Nota et rogatio mei Rolandi Alberti de Castellanis notarii Bononie.

CCLXXV.

Busta n. 22/1628. Fogl. memb. di mm. 215 × 320. — Copia.

*Nomina di un curatore speciale ai minori Tano e Domenico Tarlati de
Capitani.*

Bologna, 1421, 22 novembre.

Branca Teuzi dottore di leggi, accogliendo l'istanza rivoltagli dai
fratelli Tano e Domenico Tarlati de Capitani figli del fu Giovanni

entrambi minori di 25 anni, deputa a loro curatore Gaspare Loiaui perchè, da esso assistiti, possano in unione alla loro madre costituire la dote a Giovanna loro sorella.

In Christi nomine amen. Anno nativitatis eiusdem millesimo quadringentesimo vigesimo quarto, indictione secunda, die vigesimo secundo mensis novembris. . . . .
existentes in presentia sapientis et egregii legum doctoris domini Branche de Theneis Bononie civis. . . . .

Actum Bononie, in ecclesia, nova sancti Petronii in capella sancte Crucis dicte ecclesie, presentibus Iacobo quondam Ieronimi de Papia sedagliolo, Iohachino quondam Andree de Hosbertis notario qui ambo dixerunt dictos adultos, dominum doctorem et curatorem cognoscere, Paulo filio Nicolai de Zambechariis, Maglioncino quondam Lamberti de Maglionibus notario et Matheo quondam Nicolai strazarolo capelle sancte Lutie testibus omnibus ad predicta adhibitis, vocatis et rogatis.

(L. S.) Ego Petrus quondam ser Paulini de Castro sancti Petri publicus imperiali ac comunis Bononie auctoritate notarius Bononie predicta omnia et singula suprascripta de mandato voluntate et consensu ser Nicolay quondam ser Fini de Lameriis notarii infrascripti de predictis omnibus rogati pro ut in rogationibus eiusdem inveni de verbo ad verbum fideliter sumpsi, autenticavi et scripsi.

CCLXXVI.

Busta n. 22 1628. Perg. di mm. 500 × 750. — Originale.

Testamento di Carlo Barna.

Bologna, 1424, 27 dicembre.

Fa diversi legati e vuole che a cura dei frati Eremitani gli siano celebrate mille messe coll'elemosina di lire 16, soldi 13 e denari 4 di bolognini. Elegge per sua sepoltura la chiesa di S. Stefano, disponendo siano fatti lavori di riattamento nella cappella ove trovasi il suo sepolcro e chiama quindi erede universale Giovanni di Paolo Malvezzi.

In Christi nomine amen. Anno nativitatis eiusdem millesimo quadringentesimo vigesimo quarto, indictione secunda, die vigesimo septimo mensis decembris. . . . .
Actum Bononie in capella sancti Donati in domo habitationis dicti Caroli testatoris, presentibus venerabilibus et religiosis viris

magistro Christoforo Pauli de Bononia sacre theologie professore ad presens provinciali ordinis Heremitarum commorante in ecclesia sancti Iacobi de Bononia, frate Bertolomeo de Mutina priore dictorum ordinis et conventus sancti Iacobi, frate Aprilo de Catelonia, fratre Andrea de Mediolano ambobus bachalariis in dictis ordine et conventu, fratre Francischo de Florentia, fratre Bitino de Bononia, fratre Leonardo de Scicilia, fratre Nicolao de Sancto Severino omnibus fratribus et religiosis ordinis Heremitarum monasterii, conventus et ecclesie sancti Iacobi de Bononia, qui omnes dixerunt et asseruerunt se dictum testatorem cognoscere eum sane mentis sensus et intellectus esse, ser Honofrio domini Iohannis de Senis socio milite presentis domini potestatis civitatis Bononie, omnibus testibus ad predicta omnia adhibitis, vocatis et proprio ore dicti testatoris rogatis.

(L. S.) Ego Petrus Paulini olim Iohannis de Castro Sancti Petri pubblicus imperiali ac comunis Bononie auctoritate notarius, predicta omnia suprascripta de mandato voluntate et consensu ser Arpinelli ser Nicolay de Folea notarii infrascripti de omnibus suprascriptis rogati pro ut in rogationibus eiusdem inveni de verbo ad verbum fideliter sumpsi et autenticavi.

CCLXXVII.

Busta n. 22/1628. Perg. di mm. 195 × 490. — Originale.

Vendita di terreni da Giovanni da Saliceto a Stefano fornaciaio.

Bologna, 1425, 10 marzo.

Giovanni da Saliceto figlio del defunto dottore Giovanni vende a Stefano fornaciaio, che accetta, una pezza di terra di 4 tornature circa posta in Spiso contado di Bologna con tutte le azioni ed i diritti relativi. Il prezzo in lire 13 di bolognini viene subito pagato, ed il venditore nell'accusarne ricevuta promette la difesa e l'osservanza del contratto sotto pena del doppio del prezzo stesso.

In Christi nomine amen. Anno nativitatis eiusdem millesimo quadringentesimo vigesimo quinto, indictione tercia, die decimo mensis marcii. . . . .

Iohannes quondam eximii utriusque iuris doctoris domini Bartolomei de Saliceto civis Bononie. . . . .

Actum Bononie in capella sancti Tome de mercato in domo habitationis mei Antonii notarii infrascripti, presentibus magistro

Iacobo quondam Pauli pictore capelle sancte Caterine de Saragotia et Batista Castelani de Castelanis notario qui dixi* et asseruit se dictas partes et contrahentes cognoscere et Guillielmo de Chensis de Funi comitatus Bononie testibus ad predicta vocatis et rogatis.

(L. S.) Ego Antonius ser Iacobi de Casolariis civis Bononie publicus imperiali et comunis Bononie auctoritate notarius predictis omnibus et singulis interfui eaque rogatus scribere publice scripsi.

CCLXXVIII.

Busta n. 22 1628. Perg. di mm. 290 × 780. — Originale.

Vendita di una casa da Catterina del fu Gerardo a Barufaldina Barbieri.

Bologna, 1427, 26 giugno.

Catterina del fu Gerardo da Carpi vende a Barufaldina Barbieri una casa sita in Bologna nella strada S. Donato pel prezzo di 150 lire di bolognini che le vien subito pagato. Si obbliga alla difesa ed osservanza del contratto, sotto pena del doppio del prezzo ricevuto, e dichiara di rinunciare a tutte quelle eccezioni che potesse eventualmente opporre in forza del Senatoconsulto Velleiano.

In Christi nomine amen. Anno nativitatis eiusdem millesimo quatringentesimo vigeximo septimo, indictione quinta, die vigeximo sexto mensis iunii. . . . .

Honesta domina domina Caterina filia quondam magistri Gerardi de Carpo et uxor olim egregii artium et medicine doctoris magistri Dominici Galaotti de Raygoxa vidua Bononie moram trahens. . . .

Actum Bononie in capella sancti Martini de Apoxa in domo habitationis dicte venditricis, presentibus Francischo ser Boni de Bonazolis notario Bononie qui dixit et asseruit se dictas partes et contrahentes cognoscere, Marcho filio domini Petri de Aldrovandis notario Bononie, magistro Christoforo de Bononia sacre pagine professore ordinis Heremitarum conventus sancti Iacobi strate sancti Donati de Bononia et magistro Iohanne Bertolomei de Gazzolo Bononie cive de capella sancti Martini de Apoxa, testibus omnibus ad predicta adhibitis vocatis et rogatis.

(L. S.) Ego Nicolaus quondam Iohannis de Variguana civis Bononie publicus imperiali et comunis Bononie auctoritate notarius predictis omnibus et singulis interfui et rogatus scribere predicta publice scripsi, subscripsi.

CCLXXIX.

Busta n. 22/1628. Fol. cart. di mm. 218 × 315. — Originale.

*Convenzione fra i fratelli e i nipoti di Nanne Gozzadini e Antonio e
Lodorico Monterenzoli circa la sospensione dei termini ad appellare
contro la sentenza proferita dal giudice incaricato dal legato pon-
ficio nella causa fra essi vertente.*

Bologna, 1428, 9 aprile.

Millesimo quadringentesimo vigesimo octavo, indictione sexta, die
nono mensis aprilis, tempore pontificatus sanctissimi in Christo patris
et domini nostri domini Martini divina providentia pape quinti.

Nobiles viri Castellanus et Iacobus fratres et filii quondam domini Nannis de Gozadinis militis, et egregius legum doctor dominus
Scipio quondam Gabioni olim dicti domini Nannis de Gozadinis, qui
primo et ante omnia in presentia testium et nostrorum notariorum
infrascriptorum iuravit corporaliter ad sancta Dei evangelia manu
tactis scripturis se fuisse et esse maiorem viginti quinque annis et
etatis perfecte, et quilibet eorum suis propriis et principalibus nominibus et vice et nomine Nicolai Tome et Alessandri fratrum dictorum Castellani et Iacobi et filiorum dicti quondam d. Nannis, nec
non Caroli fratris dicti domini Scipionis et filii dicti quondam Gabioni eorum nepotis pro quibus omnibus et quolibet eorum prefati
Castellanus, Iacobus et d. Scipio solemniter de rato et ratihabitione
promisserunt in omnem casum et eventum sub infrascripta pena et
obligatione omnium suorum et cuiuslibet eorum bonorum, ex parte
una et egregii viri dominus Anthonius filius quondam ser Iohannis Lodovici de Monterenzoli scolaris studens in iure civili, qui etiam in
presentia testium et nostrorum notariorum infrascriptorum iuravit
corporaliter ad sancta Dei evangelia manibus tactis scripturis se
fuisse et esse maiorem viginti quinque annis et etatis perfecte et
Lodovicus quondam Lodovici olim dicti ser Iohannis de Monterenzoli
ex parte altera, sponte et ex certa ipsorum scentia modis et nominibus
suprascriptis et omni modo iure et forma quibus melius potuerunt et
possunt suspenderunt et suspensas haberi voluerunt, consenserunt et
mandaverunt instantias et seu tempora instantiarum et fatalium qua-
rumcunque causarum appellationum pro parte dictorum Castellani
fratrum et nepotum de Gozadinis interpositarum a sententiis latis
per reverendum patrem d. episcopum Maurianensem comissarium et
iudicem delegatum reverendissimi domini nostri Legati Bononie et
contra dictos de Gozadinis in favorem dictorum d. Antonii et Lodovici de Monterenzoli de mense martii anni proxime elapsi et ro-

gatis et scriptis per Iacobum de Caldarinis notarium in curia romana pendentium per totum presentem mensem aprilis. Et subsequenter promiserunt partes predicte modis et nominibus suprascriptis sibi invicem et vicissim solemnibus stipulationibus hinc inde intervenientibus, durante dicta presente suspensione modo aliquo in iuditio sive extra non actitare nec actitari facere per se ipsos vel alium eorum vel alicuius eorum nominibus nec aliquid innovare in preiuditium presentis suspensionis et ipsa durante, sub pena quingentorum ducatorum auri per ipsas partes et utramque earum modis et nominibus suprascriptis per se et earum heredes sibi invicem et vicissim pro se et suis heredibus promissa. Que pena totiens comitatur et exigi possit per partem predicta omnia et singula a se ut supra promissa et conventa observantem a parte seu ab aliquo de dictis partibus contrafaciente quotiens in predictis vel aliquo predictorum contrafactum fuerit vel obmissum. Et insuper etiam partes predicte modis quibus supra et quilibet de dictis partibus sponte corporaliter iuraverunt ad sancta Dei evangelia eorum manibus tactis scripturis dictam suspensionem firmam et ratham habere et ipsa durante non actitare seu innovare aut actitari vel innovari consentire in causis predictis vel aliqua earum, et contra ea non facere vel venire, nec restitutionem aliquam, ius, beneficium, privillegium vel rescriptum aliquod impetrare, procurare vel consequi, aut impetratis uti pretextu vel occaxione damni modici vel enormis de iure comuni seu alia quacumque ratione vel causa de iure vel de facto in iuditio sive extra.

Actum Bononie in capella S. Tecle de porta Nova a latere scharanie et in appotecha rescidentie ser Stephani de Ghixilardis notarii, presentibus Melchione quondam egregii legum doctoris d. Nicolay de Azoguidis notario qui dixit et asseruit se partes et contrahentes predictos cognoscere, Carlino quondam Pini de Gozadinis, magistro Angelo quondam Lotti barberio capelle S. Tome de mercato et magistro Matheo quondam . . . . . de Foro Iulii studente Bononie testibus omnibus ad predicta omnia vocatis et rogatis.

Rogatio mei Bertolomei de Bonazolis notarii una et in solidum rogati cum Antonio Baxoti de Argile notario.

CCLXXX.

Busta n. 23/1629. Fol. membr. di mm. 215 × 302. — Copia.

Nomina di curatore speciale al minore Giovanni Benedetto Barbieri.

Bologna, 1432, 24 gennaio.

Branca Tenzi dottore di diritto civile deputa Tommaso Zanettini drappiere di Bologna quale curatore ad assistere il minore Giovanni

Benedetto Barbieri nell'atto di assoluzione, a cui questi intende procedere nei riguardi di Giovanni Maddalena già suo tutore.

In Christi nomine amen. Anno a nativitate domini nostri Iesu Christi millesimo quadringentesimo trigesimo secundo, indictione decima, die vigesimo quarto mensis iannarii. . . . .
in presentia sapientis et egregii iuris civilis doctoris domini Branche de Teucis civis Bononie. . . . .

Actum Bononie in hospitali sancte Marie de Vita de Bononia in loco ubi predicatur iuxta altare ibidem positum versus pischarias, presentibus Nicolao quondam Poete de Poetis merchatore sirici et cive Bononie de capella sancti Stephani, Iacobo quondam Iohannis, de Zanetinis draperio cive Bononie de capella sancte Lutie, Simone quondam Michaelis Verardi strazarolo cive Bononie de capella sancti Thome de Brayna et Dominico quondam Dominici de Oleo cive Bononie de capella sancti Iohannis in monte, qui omnes dixerunt et asseruerunt se dictos adultum, dominum Brancham doctorem et Thomam curatorem cognoscere, testibus omnibus ad predicta vocatis et rogatis.

(L. S.) Ego Anthonius quondam ser Iacobi de Cedroplano Bononie civis publicus imperiali et comunis Bononie auctoritate notarius predictis omnibus et singulis interfui eaque rogatus scribere publice scripsi.

CCLXXXI.

Busta n. 23/1629. Perg. di mm. 175 × 290. — Originale.

Testamento di Giacoma del fu Giovanni Diotacora redora di Bartolomeo Ghislardi.

Bologna, 1436, 21 luglio.

Lascia 5 soldi di bolognini pel mal tolto ed altri 30 soldi di bolognini per celebrazione di messe a suffragio dell'anima sua. Dispone diversi legati e da ultimo nomina erede universale suo fratello Filippo frate eremitano.

In Christi nomine amen. Anno nativitatis eiusdem millesimo quadringentesimo trigesimo sexto, indictione quarta decima, die vigesimo primo mensis iulii. . . . .
Item reliquit dicta testatrix iure legati magistro Nicolao quondam ser Didi de Arimino scolari studenti in artibus de dicta capella sancti Vitalis libras viginti quinque bononinorum. . . . .

Actum Bononie in capella sancti Vitalis in domo habitationis
diete testatricis, presentibus fratre Iohanne quondam Petri de Bononia, fratre Augustino Blaxii de Bononia, fratre Iohanne Leonardi
de Scarparia, fratre Petro de Buvalinis de Bononia omnibus fratribus Heremitanis ordinis sancti Augustini conventus monasterii ecclesie sancti Iacobi strate sancti Donati et religiosis viris qui pubblice habentur et reputantur viri religiosi et fratres in dieta capella
et contrata ubi habitat dieta testatrix et condens et magistro Nicolao quondam ser Petri Didi scolare studente in artibus, qui omnes
suprascripti fratres et dominus magister Nicolaus dixerunt et asseruerunt se dictam testatricem cognoscere et eam sane mentis et intellectus esse, et presentibus Francisco Iacobi pectenario de dieta
capella sancti Vitalis, Bertholomeo Perotti de Imola parolario de
dieta capella et Blaxio Antonii increspatore de dieta capella testibus omnibus ad predicta vocatis.

(L. S.) Ego Bonaventura quondam domini Laurentii de Paleottis
civis Bononie publicus imperiali et comunis Bononie auctoritate notarius predictis omnibus interfui et ea rogatus scribere publice scripsi,
subscripsi.

CCLXXXII.

Busta n. 23/1629. Fol. memb. di mm. 210 × 315.

Ratifica del testamento di Caterina del fu Giacomo Micheli.

Bologna, 1438, 21 gennaio.

Lorenzo Rossi notaio di Bologna, quale procuratore di Maddalena
Micheli sua moglie, ed Antonio Candeli dichiarano essere a loro co-
gnizione che Caterina del fu Giacomo Micheli con testamento delli
21 gennaio 1437 a rogito del notaio Antonio Lancia, nel mentre le-
gava l'usufrutto vitalizio di una possessione di 100 tornature circa
posta in Castenaso a favore della detta Maddalena Micheli, di esso
Antonio e di Zaccaria da Fiesso, dispose che la stessa possessione al
cessare dell'usufrutto passasse in proprietà dei frati Eremitani. Dichiarano pure che successivamente la predetta Caterina fece un altro testamento e diversi codicilli, coi quali il primitivo testamento veniva
modificato. Siccome però ad essi consta che fu sempre ferma inten-
zione della testatrice che l'indicata possessione avesse, al cessare
dell'usufrutto, a pervenire in piena ed assoluta proprietà dei frati
Eremitani, così, a richiesta ed accettazione di frate Cristoforo priore
dei frati predetti, dichiarano di ratificare e ritenere pienamente valido

ed operativo il testamento rogato dal notaio Lancia sopra citato e di considerare invece siccome nulli e di nessun valore il testamento e i codicilli posteriormente fatti dalla stessa Caterina. Il tutto sotto pena di 500 ducati d'oro oltre la rifazione dei danni e delle spese.

In Christi nomine amen. Anno nativitatis eiusdem millesimo quadringentesimo trigesimo octavo, indictione prima, die vigesimo primo mensis ianuarii. . . . .

. . . . . nec non coram eximio theologie magistro, magistro Cristoforo ordinis et conventus sancti Iacobi de Bononia. . . . .

Actum Bononie in capella sancti Bartholomei porte Ravenatis in domo habitationis dicti reverendissimi et domini domini Iohannis episcopi ut supra, in chamino superiori in quo dictus dominus episcopus ut supra suam audientiam prebet, presentibus Zacharia de Flesso merzario cive Bononie capelle sancti Michaelis de Leproseto, Antonio filio ser Bonfiglioli de Lanceis notario, Baptista quondam Iohannis de Malchiavellis notario et Thoma Nicholai Lippi Sancti lanarolo capelle sancti Thome de Brayna, qui dixit et asseruit se dictos magistrum Cristophorum, ser Laurentium et Antonium contrahentes predictos cognoscere, testibus omnibus ad predicta vocatis et rogatis.

(L. S.) Ego Carolus filius ser Bechadelli de Artimisiis civis Bononie publicus et comunis Bononie auctoritate notarius predictis omnibus interfui, eaque rogatus scribere publice scripsi. In quorum omnium fidem et testimonium hic me propria manu subscripsi signumque meum consuetum apposui.

CCLXXXIII.

Busta n. 23/1629. Perg. di mm. 320 × 420 — Originale.

Procura di Battista ed altri de' Correggi in Giacomo Musotti.

Ferrara, 1440, 20 novembre.

Battista ed Antonio Correggi del fu Giacomo, in unione a Ludovico, Giovanni e Gaspare fratelli Correggi del fu Bernardino, nominano Giacomo Musotti loro procuratore speciale perchè diffidi Tomaso Coreggi a non ingerirsi nei loro affari e segnatamente perchè non abbia ad esigere crediti ad essi spettanti; diffidi inoltre tutti gli inquilini, coloni e debitori di essi mandanti a non fare pagamento alcuno al predetto Tommaso. Lo autorizzano a valersi dell'opera di sostituti e promettono di pienamente ratificare il suo operato.

(L. S.) In Christi nomine amen. Anno eiusdem nativitatis millesimo quadringentesimo quadragesimo, indictione tertia, tempore pontificatus sanctissimi in Christo patris et domini d. Eugenii divina providentia pape quarti, die vigesimo mensis novembris, Ferrarie . . . .

Nobiles et egregii viri Baptista et Antonius fratres et filii quondam nobilis et egregii viri Iacobi de Corigiis cives Bononie et nobiles et egregii viri dominus Ludovicus in iure civilli peritissimus. Iohannes . . . . . fratres filii quondam nobilis et egregii viri Bernardini de Corigiis de Bononia . . . . .

(L. S.) Ego Libanorius filius quondam ser Iacobi de Carlo notarii, imperiali auctoritate notarius publicus Ferrarie suprascriptis omnibus et singulis presens fui, eaque rogatus scribere scripsi.

CCLXXXIV.

Busta n. 23 1629. Fol. cart. di mm. 220 × 220. — Copia semplice coll'escatocollo incompleto mancando la soscrizione del rogatario.

Nomina di Giovanni di Pietro da Mirandola a notaio imperiale.

Bologna, 1445, 19 giugno.

Simone Caldarini conte palatino, usando delle facoltà conferite con privilegio dell'imperatore Carlo IV al dottore Giovanni Caldarini ed ai discendenti di lui, crea Giovanni di Pietro da Mirandola notaio imperiale e gli deferisce il giuramento di rito.

In nomine altissimi domini nostri Ihesu Christi eiusque gloriose matris semper virginis beatissime Marie . . . . egregium ac famosissimum decretorum doctorem dominum Iohannem Caldarinum civem Bononie et suos legitime de stirpe Caldarina descendentes perpetuo spectabiles et nobiles comites palatinos constituit . . . .

Datum et actum Bononie in capella sancte Thecle de Lambertatiis in apotheca speciarie a spada magistri Iacobi quondam Thome de Pizolpassi, presentibus dicto magistro Iacobo, egregio ac nobili milite domino Razello quondam Boninsegne de Auro Bononie cive capelle sancti Silvestri et egregio decretorum doctore domino Bartolomeo de Lamassa habitatore Bononie qui dixit et asseruit dictos d. comitem et Iohannem notarium novellum constitutum predictum cognoscere, testibus omnibus ad predicta adhibitis et vocatis. Sub annis nativitate domini nostri Ihesu Christi millesimo quadringen tesimo quadragesimo quinto, indictione octava, die decimonono mensis iunii, tempore pontificatus sanctissimi in Christo patris et domini nostri domini Eugenii divina providentia pape quarti.

CCLXXXV.

Busta n. 23/1629. Perg. di mm. 550 × 410. — Copia.

Licenza del vicario generale di Bologna al canonico dottore Battista Manzoli per alienare immobili del suo beneficio.

Bologna. 1445. 4 luglio.

Iohannes de Podio utriusque iuris doctor, canonicus bononiensis reverendi in Christo patris et domini domini Tome de Serxana Dei et Apostolice Sedis gratia episcopi Bononie et principis in spiritualibus et temporalibus vicarius generalis. Dilecto nobis in Christo venerabili et egregio decretorum doctori domino Baptiste Manzolo canonico bononiensi, rectori ecclesie sine cura sancti Michaelis de Codevico de terra sancti Marini bononiensis diocesis salutem in Domino. Licet per sacros canones alienatio bonorum ecclesiasticorum interdicta existat, ubi tamen utilitas vel necessitas immineat alienatio bonorum predictorum permittitur. Nuper si quidem venerabili et eximio utriusque iuris doctori domino Ludovico de Garsis canonico bononiensi nostro in huiusmodi vicariatus officio precessori pro vestri parte petitio oblata extitit infrascripti tenoris videlicet: R. P. V. Exponitur humiliter pro parte eiusdem devotissimi oratoris ac decretorum doctoris domini Baptiste de Manzolis canonici catedralis ecclesie bononiensis rectoris ecclesie sine cura sancti Michaelis de Chodevigo site in terra sancti Marini Bononie diocesis, quod ipse tanquam rector predictus nomine dicte ecclesie et ipsa ecclesia habuit et habet ac possedit et possidet in dicta terra sancti Marini unam petiam terre treginta novem tornaturarum vel circa, cuius dimidia pars fuit et est buschiva et nemorosa, et alia dimidia pars est laboratoria, licet non continuo laboretur quia uno anno laboratur et alio non, positam in curia dicte terre sancti Marini comitatus Bononie in loco dicto « el campo dalbo », iuxta viam publicam, iuxta Franciscum de Bonazolis et fratres, iuxta Bixinum Bertolatii et iuxta alios suos confines. Ex qua dimidia parte sic laboratoria ipse supplicans habuit et habet corbes quinque furmenti solum eo anno quo laboratur et seminatur pro eius afflctu; ex residuo dicte petie terre buschive ipse supplicans actenus et de presenti non percipit nec habuit fructus aliquos nec habere sperat, propter quod ipse supplicans pro utilitate et bonoficatione dicte ecclesie deliberaverit et deliberare⁺ ipse supplicans totam dictam petiam terre cuius valor non transcendit nec transcendere creditur summam librarum centumquinqueginta bon. dare, tradere et permutare Francischo quondam Boni de Bonazolis notario de et pro alia re immobili sita in comitatu Bononie tuta et secura locata in emphiteosim perpetuam idoneo conductori pro affictu librarum novem bon. anno quolibet in perpetuum, cum pacto quod dictus conductor dicta talem rem liberare possit dando et assignando aliam rem immobilem tutam et securam locatam idoneo conductori in emphiteosim perpetuam ex qua in perpetuum habeantur libre novem et soldi decem bon. Et cum ad predicta idem supplicans devenire nequit nisi vestra interveniente licentia et auctoritate, ideo pro eius parte humiliter supplicatur quatenus attento quod dicta permutatio quam facere vult cum dicto Francisco de qua supra, cedit et rendit in evidentem utilitatem ipsius supplicantis et dicte eius ecclesie, dignemini per vestrum specialem privilegium et seu decretum, licentiam et auctoritatem eidem concedere et impartire dandi et permutandi per se et eius in perpetuum successores in rectoratu predicto, petiam terre suprascriptam dicto prenominato Francisco de et pro alia re ut supra in emphiteosim perpetuam locata sit idoneo conductori pro affictu anno singulo in perpetuum librarum novem bon.. cum pacto quod dictus conductor dictam talem rem liberare et francare possit cum dicto supplicante, seu cum quocumque eius et in dicto rectoratu et ecclesia futuro successore, meliorando ecclesiam et affictum predictum soldos decem bon. per publicum instrumentum validandum et roborandum quibuscumque pactis, promissionibus, penis, bonorum dicte ecclesie obbligationibus, renuntiationibus et clausulis oportunis et aliis in similibus apponi consuetis, rogandum et scribendum per unum ex publicis notariis civitatis Bononie in forma consueta et de iure valida, non ostantibus quod dicta petia terre aliter non sit secundum iuris ordinem subastata ac legibus, constitutionibus aut provisionibus quibuscumque contra vel preter aut aliter disponentibus, quibus omnibus et singulis ex certa scentia inteligatur et sit specialiter et expresse derogatum. In fine vero dicte supplicationis erant infrascripta verba videlicet: Comittimus domino Ludovico de Ludovisiis ut se informet et refferat. Ludovicus de Garsiis vicarius. Item erant alia verba de alterius mano scripta, videlicet: Datum Bononie die XVII februarii M.C.C.C.C.XLV. Qui d. vicarius volens de premissis cerciorari, ea ad informandum et refferendum venerabili viro d. Lodovico de Ludovisiis legum doctori canonico bononiensi comisit. Qui iuxta comissionem eandem de premissis se informans, nobis in huidsmodi vicariatus offitio succedens

relationem super premissis fecit per hec verba videlicet: R. P. V.
refert devote p. e. Lodovicus de Ludovisiis canonicus bononiensis
commissarius predictus, quod habita super deductis in dicta supplicatione plena informatione etiam per testes fidedignos, reperit prefatum d. Baptistam rectorem dicte ecclesie sancti Michaelis tenere
et possidere petiam terre in supplicatione descriptam, et ipsum d.
Baptistam et eius predecessores consuevisse percipere ex reddititus
dicte partis dicte petie terre dicte ecclesie aratorie posite in loco
dicto « el campo dalbo »in guardia sancti Marini eo anno tantum quo
ipsa petia terre seminatur, que seminatur singulo biennio corbes quinque furmenti duntaxat et non ultra, de alia vero dimidia dicte
petie terre que fuit et est buschiva nichil consuevisse nec consuetum
fuisse percipere. Et quod attento quod in dicta petia terre non sunt
vites aut alia ex quibus ipse rector possit percipere fructus, et quod
verisimiliter ex ipsa plures aut uberiores fructus haberi non possint
videtur ipsi commissario, attentis maxime dictis testium per ipsum
commissarium receptorum qui deponunt quod non darent nec assi-
gnarent ipsi rectori loco dicte petie terre rem ex qua perciperentur
libre novem bon. in anno in empiteosim perpetuam. Et etiam
actento quod quelibet tornatura dicte dimidie petie terre que fuit et
est buschiva fuit et est pretii valoris et extimationis librarum duarum
et soldorum decem bon. ad plus et non ultra, et quelibet tornatura dicte alterius dimidie partis dicte petie terre que singulo biennio
laboratur fuit et est precii, valoris et extimationis librarum quatuor
et soldorum decem bon ad plus et non ultra secundum informationem habitam per ipsum commissarium, ut utilitati dicte ecclesie provideatur, quod P. V. R. ipsi d. Baptiste licentia concedatur dictam
petiam terre permutandi cum dicto Francisco quondam Boni de Bonazolis notario pro alia re una vel pluribus immobilibus bene tutis sitis
in civitate, guardia vel comitatu Bononie ex qua percipiantur a bono
conductore libre undecim bon., dummodo fundus per ipsum ser Franciscum emendus et in emphiteosim perpetuam locandus, non locetur
nec locatus existat nisi ad rationem librarum sex bon. pro quolibet
centenario precii dicti fundi emendi et permutandi, etiam si dictus
fundus dicte ecclesie assignandus per dictum Franciscum esset locatus
in emphiteosim perpetuam pro libris undecim bon., cum pacto permutandi meliorando fundum in pretio et affictu in soldis decem bon.
in anno. Et ex hiis videtur ipsi commissario condictionem dicte ecclesie meliorem fieri; nichilominus P. V. in predictis provideat pro
ut placet. Nos itaque cognito per huiusmodi relationem narrata et
exposita per vos vera esse et veritate fulciri, volentes desideriis ac
votis vestris annuere, dandi, tradendi et iure proprio et in perpetuum
permutandi dictam petiam terre dicte ecclesie dicto ser Francisco

quondam Boni de Bonazolis notario pro alia re una vel pluribus imo-
bilibus bene tutis sitis in civitate, guardia vel comitatu Bononie ex
qua percipiantur a bono conductore libre undecim bon. dummodo
fundus dicte ecclesie assignandus per dictum Franciscum esset locatus
in emphiteosim perpetuam pro libris undecim bon. pacto permutandi
meliorando fundum in pretio et afflictu in soldis decem bon. in anno.
Et super hiis omne instrumentum inhiendum et perficiendum, validandum pactis, promissionibus penarum, adiectionibus bonorum dicte
ecclesie sancti Michaelis obligationibus et aliis clausulis usitatis, necessariis et oportunis auctoritate nostri vicariatus offitii et omni modo
via et forma quibus magis et melius de iure possumus vobis d. Baptiste predicto pro vobis et ut premittitur per vos petitam tenore presentium damus, concedimus et omnimodam facultatem, constitutionibus synodalibus et aliis in contrarium facientibus non obstantibus
quibuscumque. In quorum fidem et testimonium has fieri iussimus
nostrique consueti sigilli impressione muniri. Datum Bononie in episcopali palatio residentie nostre, sub die quarta mensis iulii, millesimo quadringentesimo quadragesimo quinto, indictione octava, pon-
tificatu sanctissimi in Christo patris et domini nostri domini Eugenii
divina providentia pape quarti anno quartodecimo.

CCLXXXVI.

Busta n. 24 | 1630. Perg. di mm. 265 × 540. — Originale.

Dichiarazione di Caterina Calzolari a favore dei frati di S. Giacomo.

Bologna, 1450, 13 marzo.

Riconosce che sull'eredità di Bartolomea moglie di maestro Laglio
medico, nella quale è compenetrata l'eredità del fu Gabriele nipote
ex filia della predetta Bartolomea, ad essa Caterina spetta unicamente
l'usufrutto vitalizio e che la proprietà spetta invece ai frati Eremitani, a norma del testamento della detta Bartolomea. Di conseguenza,
per quanto è in essa, dichiara di acconsentire a che appena seguita
la sua morte i frati Eremitani vadano in possesso di tutti i beni di
spettanza della detta eredità.

In Christi nomine amen. Anno nativitatis eiusdem millesimo quadringentesimo quinquagesimo, indictione tertiadecima, die tertio decimo mensis martii. . . .

Caterina filia quondam magistri Bernardi Calzolarii, vidua uxor olim Thome notarii filii quondam magistri Matei olim Petri de Laglio medici civis Bononie. . . . . existens in presentia venerabilium et religiosorum virorum magistri Iohannis de Bononia sacre pagine professoris prioris conventus fratrum Heremitarum. . . . .

Acta fuerunt predicta Bononie in ecclesia monasterii sancti Iacobi ordinis Heremitarum sancti Augustini, presentibus domino Francisco quondam Petri de Albertinis capellano beneficiato ecclesie cathedralis bononiensis studente in decretis, Bartolomeo Nicolai lanarolo capelle sancti Senisii qui dixit se prefatam dominam Caterinam cognoscere, fratre Martino quondam Christofori de Mutina et fratre Francisco Petri de Mutina ordinis Heremitarum predictorum, qui dixit et asseruit se dictos priorem, sindicum et alios fratres predictos cognoscere, testibus ad predicta vocatis et rogatis.

(L. S.). Ego Petrus quondam Francisci olim ser Petri de Botonibus publicus imperiali, comunis ac curie episcopalis Bononie auctoritate notarius predicta omnia et singula pro ut in notis et rogationibus ser Rolandi de Castellanis notarii infrascripti de predictis rogati inveni, ita fideliter de verbo ad verbum ac de eius consensu et mandato sumpsi, exemplavi et in hanc publicam formam redegi, nomenque meum ac signum in fidem premissorum apposui consuetum.

CCLXXXVII.

Busta n. 24/1630. Fasc. cart. di mm. 200 × 310. — Copia semplice.

Concessione enfiteutica di terreni dai frati di San Giacomo ad Antonio e Giovanni del fu Pietro Belliotti.

Bologna, 1454, 13 novembre.

I frati Eremitani del convento di S. Giacomo di Bologna radunati a capitolo d'ordine del priore riconoscono, causa il cattivo stato in cui attualmente si trova, l'opportunità e convenienza di concedere in enfiteusi la possessione posta nella guardia di Quarto di sotto, spettante ad essi in forza del testamento di Margherita de Maddalena nobile bolognese. E però, accogliendo le proposte avanzate da Antonio e Giovanni fratelli del fu Pietro Belliotti, deliberano di concedere loro la suddetta possessione in enfiteusi perpetua, con obbligo di rinnovarla ad ogni 29 anni. Il contratto avrà principio appena seguita la morte di Zanino da Pavia e di Lucia del fu Pietro; ai quali, pel citato testamento della Margherita de Maddalena, spetta l'usufrutto vitalizio della predetta possessione.

Fin d'ora è stabilito l'annuo canone di 20 lire di bolognini in moneta di quattrini da corrispondersi nella festa di S. Michele, ed è data facoltà ai concessionarii di rendersi acquirenti dei fondi conceduti in via di permuta. Nell'istrumento di concessione che a suo tempo verrà fatto, si porranno tutti quei patti e quelle condizioni che sono soliti ad inserirsi negli istromenti di simile natura.

In Christi nomine amen. Anno nativitatis eiusdem millesimo quadringentesimo quinquagesimo quarto, indictione 2ª, die 3° decimo mensis novembris. . . . . . .

Actum Bononie in capitulo dicti monasterii iuxta primum claustrum eiusdem monasterii, presentibus Dino Petri Zaffori de terra Montis Bellii comitatus Bononie, magistro Petronio quondam Rolandini camparis capelle sancti Vitalis et Agricule et magistro Thoma Alusii Cauchiolo magistro lignaminis capelle sancti Nicolai de Albaris testibus omnibus ad predicta vocatis et rogatis.

Ego Melchion quondam eximii legum doctoris domini Nicolai de Azzoguidis publicus imperiali et comunis Bononie auctoritate notarius Bononie civis predictis omnibus et singulis interfui eaque rogatus scripsi et in hanc publicam formam redegi, et in fidem premissorum omnium hic cum signo meo solito publice me subscripsi.

CCLXXXVIII.

Busta n. 24/1630. Fol. memb. di mm. 230 × 315. — Copia.

Locazione di terreni dei dottori Lodovico Muzzoli e Lianoro Leanori ad Antonio Regogliosi.

Bologna, 1455, 25 gennaio.

In Christi nomine amen. Anno nativitatis eiusdem millesimo quatringentesimo quinquagesimo quinto, indictione tertia, die vigesimo quinto mensis iannarii, tempore pontificatus sanctissimi in Christo patris et domini nostri domini Nicolai divina providentia pape quinti. Venerabiles viri dominus Ludovicus de Muzolis utriusque iuris doctor et dominus Lianorus de Lianoriis legum doctor ambo canonici ecclesie cathedralis sancti Petri Bononie, constituti in presentia venerabilis viri domini Christofori de Podio utriusque iuris doctoris Rmi in Christo patris et domini domini Philippi miseratione divina tituli sancti Laurentii in Lucina presbiteri cardinalis episcopi Bononie et principis in spiritualibus et temporalibus vicarii generalis, et cum ipsius domini vicarii presentia, auctoritate et decreto, sponte et ex certa ipsorum scentia animis deliberatis et non per errorem per se et eorum successores de bonis dictarum suarum prebendarum dictorum eorum canonicatuum, dederunt, concesserunt et locaverunt Paulo quondam Iohannis dicto di Regogliusi de terra Saletti presenti et vice et nomine Antonii eius fratris et filii dicti quondam Iohannis et eorum heredum pro quo idem Paulus de rato et rati habitione promisit sub infrascripta pena et obligatione omnium eius bonorum stipulanti, recipienti et conducenti ad terminum duodecim annorum proxime futurorum inchoatorum in kalendis presentis mensis ianuarii et ut sequitur finiendorum, unam petiam terre prative dictorum eorum canonicatuum et prebendarum sexaginta tornaturarum vel circa, ita quod quantacunque sit sive plus sive minus cedat et cedere debeat in presenti instrumento locationis et pro infrascripto affictu, positam in guardia terre Altedi comitatus Bononie in loco dicto « i pra da Saletto », iuxta Baldassarem de Tuniolis de Saleto, iuxta Petrum Cavallo de Saleto, iuxta viam publicam, iuxta bona presbiterorum consortii porte sancti Petri sive domnum Iohannem capellanum sancte Marie de Mascharella et iuxta alios suos plures aut veriores confines. Dantes, concedentes atque prestantes prefati dominus Ludovicus et dominus Lianorius locatores, dictis nominibus cum presentia, auctoritate et decreto predictis per se et eorum successores eidem Paulo conductori presenti et ut supra dictis nominibus stipulanti, licentiam atque pacientiam dictam rem locatam et quamlibet eius partem cum omni eius iure intrandi et eius possessionem corporalem aprehendendi ad omnimodam voluntatem ipsius conductoris dictis nominibus et eius heredum.

Promittentes prefati locatores per se et eorum successores cum presentia, auctoritate et decreto predictis prefato conductori presenti et ut supra dictis nominibus stipulanti, quod de dicta petia terre ut supra eidem Paulo locata vel aliqua eius parte nullam alicui alteri fecerunt nec in futurum facient venditionem, locationem, actum pactum vel contractum alicuius forme vel tenoris in preiudicium dicti Pauli conductoris dictis nominibus aut eorum heredum, vel quominus ipse conductor dictis nominibus aut sui heredes uti possent et valeant dicta re locata aut aliqua eius parte durante tempore presentis locationis et secundum formam presentis instrumenti, sed ipsam rem locatam et quamlibet eius partem cum omni suo iure ab omni persona, comuni, collegio et universitate legitime defendere, auctorizare et distrigare. Et hec omnia fecerunt, promiserunt atque convenerunt prefati locatores dictis nominibus quia ex adverso prefatus conductor dictis nominibus se suosque heredes et bona solemniter obligando promisit prefatis locatoribus dictis nominibus presentibus, et pro se et eorum successoribus stipulantibus, dicta re locata et qualibet eius parte uti et frui fideliter et bona fide arbitrio boni

viri, ipsamque rem locatam infra suos limites et confines manutenere
et conservare et non sinere ipsam rem locatam aut aliquam eius
partem devenire ad manus alterius persone contra voluntatem ipsorum locatorum aut eorum successorum culpa, negligentia vel defectu
ipsius conductoris dictis nominibus aut eorum heredum. Et pro affictu et nomine affictus dicte rei ut supra locate dare et solvere ac
numerare eisdem locatoribus et eius successoribus anno quolibet in
festo sancti Michaelis mensis septembris cuiuslibet anni libras viginti
bon. hoc incipiendo prima solutione in festo sancti Michaelis predicto proxime futuro hoc modo, videlicet: libras decem bon. singulo
ipsorum locatorum aut eorum successorum et unum par caponum
cuilibet ipsorum locatorum vel eorum successorum in festo nativitatis domini nostri Ihesu Christi cuiuslibet anni, specialiter in civitate
Bononie, Imole, Ferrarie, Florentie et generaliter alibi ubicumque
locorum et fori ubi pro parte dictorum locatorum aut eorum successorum fuerit postulatum. Quod si dictis loco et termino solutio et
integra satisfactio totius dicte quantitatis dietarum librarum viginti
bon. eisdem domino Ludovico et d. Lianoro locatoribus predictis aut
eorum successoribus facta non fuerit ut premittitur, promisit prefatus
Paulus conductor dictis nominibus pro se et eius heredes dare,
deferre, presentare et libere dimittere et relassare prefatis locatoribus dictis nominibus et eorum successoribus et domui eorum solite
habitationis tot et tanta pignora aurea vel argentea manualia que
bene valebunt dictam quantitatem librarum viginti bon. et seu illam
quantitatem in cuius solutione fuerit cessatum, infra tres dies elapso
dicto termino solutionis huiusmodi fiende, sub pena tantum quantum
fuerit in solutione cessatum, quam penam infra alios tres dies, dictos
tres immediate subsequentes per solemnem stipulationem solvere promisit. Item reficere et restituere promisit dictus conductor dictis
nominibus prefatis locatoribus, dictis nominibus et eorum successoribus, omnia et singula sua damna, sumptus, expensas et interesse
litis et extra. Acto et inter ipsas partes solemni stipulatione et
pacto convento, cum presentia et auctoritate predictis, quod ipse
conductor dictis nominibus teneantur et debeant per quatuor annos
ante finem presentis locationis dictas pecias terre ut supra locatas
amonire et extirpare et ipsas sic amenitas et integre exterpatas fecisse
adeo quod possint ubique seminare omnibus ipsius conductoris dictis
nominibus sumptibus et expensis. Et ultra predicta teneatur et debeat
prefatus conductor dictis nominibus ageres ipsius petie terre ut supra
locate manutere et conservare in eo statu in quo nunc sunt et meliori
si poterit, et in fine dicte locationis dictis locatoribus aut eorum
successoribus dimittere et relassare. Conveniemes etiam dicte partes
dictis modis et nominibus ad invicem quod si contingeret aliquas

expensas in dicta petia terre fieri pro cavamento et seu aliqua expensa
necessaria pro conductu vocato « la lorgana », quod tunc et eo casu ipsi
locatores aut eorum successores teneantur et debeant totam dictam
expensam solvere. Hoc etiam addito et inter ipsas partes dictis
modis et nominibus solemni stipulatione et pacto convento, quod si
esset guera aut tempestas universalis quod tunc et eo casu prefati
locatores dictis nominibus teneantur et debeant dicto conductori dictis
nominibus remissionem facere de dicto affictu pro ut de iure dispo-
situm est. In fine vero termini predicte locationis promisit dictus
conductor dictis nominibus per se et eius heredes dictis locatoribus
presentibus et ut supra stipulantibus dictam rem, sibi ut supra locatam, dimittere et relassare in eo statu in quo est et meliori si poterit,
quia sic de predictis omnibus et singulis partes ipse ad invicem
pacto expresso cum presentia et auctoritate predictis convenerunt.
Quam locationem et omnia et singula supra et infrascripta promiserunt dicte partes sibi invicem et vicissim modis et nominibus, ac
cum presentia et auctoritate quibus supra, perpetuo firma et rata
habere, tenere, attendere, observare et adimplere et in nullo predictorum contrafacere, dicere, opponere vel venire per se vel alium seu
alios aliqua ratione vel causa aut ingenio de iure vel de facto in
indicio sive extra. Sub pena librarum quinqueginta bon. sibi invicem
et vicissim modis et nominibus ac cum presentia et auctoritate quibus
supra solemniter stipulatione promissa, qua pena soluta vel non,
comissa et exacta vel non nichilominus predicta omnia et singula
perpetua firma perdurent. Item reficere et restituere promiserunt
dicte partes sibi invicem et vicissim, modis et nominibus ac cum
presentia et auctoritate predictis, omnia et singula eorum damna,
sumptus, expensas et interesse litis et extra. Pro quibus omnibus et
singulis firmiter observandis et efficaciter adimplendis obligaverunt
dicte partes sibi invicem et vicissim, videlicet prefati locatores per
se et eorum successores cum presentia, auctoritate et decreto quibus
supra dicto conductori dictis nominibus presenti et ut supra stipulanti omnia et singula dictorum eorum canonicatus et prebende bona
et iura mobilia et immobilia, et ipse Paulus conductor dictis nominibus prefatis locatoribus dictis nominibus presentibus et ut supra
stipulantibus omnia et singula sua et dicti sui fratris bona et iura
mobilia et immobilia, presentia et futura cuiuscumque conditionis
existentia et ubicumque posita et conservata. Renuntiantes dicte
partes modis et nominibus ac cum presentia et auctoritate quibus
supra in et super hiis omnibus et singulis expresse exceptioni doli
mali, quod metus causa, conditioni indebiti et sine causa aut ex
iniusta causa, in factum actioni, fori privillegio, feriis et diebus feriatis
inductis et inducendis et omni alii legum iuris et usus auxilio. Quibus

omnibus et singulis sic peractis prefatus dominus Christoforus vicarius suam et curie episcopalis bononiensis auctoricatem et decretum interposuit et prestavit. Et successive prefatus Paulus conductor dictis nominibus sponte constituit ser Laurentium de Pinu, Gratianum de Grassis notarios absentes tamquam presentes et ser Petrum de Botonibus notarium presentem et acceptantem et quemlibet eorum in solidum, suos veros et legitimos procuratores specialiter et expresse ad et ipsius constituentis dictis nominibus comparendum in iudicio coram quocumque iudice ecclesiastico vel seculari, et predicta omnia et singula dicendum et confitendum vera fuisse et esse, et ad recipiendum, procuratorio nomine predicto, preceptum de solvendo singulo anno infra terminum sibi per dictos iudices statuendum dictum afflictum dictarum librarum viginti bon., seu illam partem afflictus per ipsum ut supra debitam. Quibus suis procuratoribus prefatus constituens dictis nominibus dedit et concessit plenum, liberum, generale et speciale mandatum cum plena, libera, generali et absoluta administratione. Promittensque idem Paulus conductor dictis nominibus se quicquid per dictos eorum procuratores et quemlibet eorum in solidum factum fuerit sive gestum perpetuo firmum et ratum habiturum sub ippotheca et obligatione omnium eius et dicti sui fratris bonorum. Rogantes dicte partes me Baldassarem de Grassis notarium infrascriptum ut de predictis omnibus publicum conficiam instrumentum.

Actum Bononie in episcopali palatio in camera dicti domini vicarii, presentibus ser Iacobo de Grassis cive et notario Bononie capelle S. Thome de mercato, ser Petro quondam Francisci de Botonibus cive et notario Bononie qui dixit et asseruit se dictos contrahentes cognoscere et Peregrino de Lunghis alias de Podio strazarolo testibus omnibus ad predicta vocatis et rogatis.

(L. S.) Ego Baldasar filius ser Iacobi olim Bertolomei de Grassis civis Bononie publicus imperiali et comunis Bononie ac curie episcopalis bononiensis auctoritate notarius, predictis omnibus dum sic agerentur interfui, eaque rogatus scribere publice scripsi hic me subscripsi et signo meo solito signavi in fidem omnium premissorum.

CCLXXXIX.

Busta n. 24/1630 Fol. memb. di mm. 205 × 270 — Originale.

Testamento di Pietro del fu Giovanni Coloreto.

Bologna, 1455, 13 marzo.

Lascia al cappellano di S. Andrea degli Ansaldi lire 10 e 10 soldi di bolognini perchè li distribuisca a suffragio dell'anima sua a norma delle istruzioni che in segreto ebbe a dargli. Per soddisfare ad un'antica promessa vuole che un uomo sia mandato in devoto pellegrinaggio alle chiese di S. Antonio di Vienna, di S. Giacomo di Galizia e di S. Maria di Finisterra. Questi sarà provveduto in modo equo e conveniente, a spese delle sua eredità, di quanto sarà necessario al viaggio. Per lo stesso titolo, e sempre a sue spese, dispone che un altro uomo vada in pellegrinaggio alla chiesa di S. Maria di Firenze « cui vulgariter dicitur a la Nunziada da Firenza ». Fa quindi diversi altri legati e da ultimo istituisce erede universale Giovanni Benedetto Barbieri cittadino e mercante di Bologna.

In Christi nomine amen. Anno nativitatis eiusdem millesimo quadringentesimo quinquagesimo quinto, indictione tertia, die tertio decimo mensis martii . . . .

Actum Bononie in capella sancti Andree de Ausaldis in domo habitationis dicti Iohannis Benedicti de Barberiis, presentibus venerabili viro domino Baptista Harii de Carpo sacerdote et capellano seu suffraganeo pro rectore ecclesie sancti Andree de Ausaldis, venerabili viro fratre Iohanne quondam Leonardi de Barbancia etiam sacerdote ac religioso ecclesie et conventus sancti Dominici Bononie ordinis Predicatorum qui ambo publice habebantur et reputabantur sacerdotes seu presbiteri in capella et contrata in qua habitabat dictus testator, ser Iacobo quondam Gandulfi de Fantuciis cive et notario Bononie capelle sancti Damiani; qui ser Iacobus una cum dictis sacerdotibus dixerunt se dictum testatorem cognoscere et eum sane mentis et intellectus, fratre Toma domini Philippi de Ianua dicti ordinis sancti Dominici, magistro Baptista quondam Nicolai de Pisis medico, Bastiano Lazari de Pisis eius medici discipulo, magistro Petro quondam Dominici Senzamaneghe sartore de Bononia omnibus tribus de dicta capella sancti Andree, Iohanne quondam d. Nicolai de Herculanis mercatore ferri de capella sancte Marie de Carobio, Iohanne quondam magistri Petri de Peradello merzario Bononie capelle sancte Christine porte Sterii et Iohanne Baptista quondam Iacobi de Ioriis merzario capelle sancti Proculi testibus omnibus ad premissa adhibitis et vocatis et ore proprio dicti testatoris rogatis.

(L. S.) Ego Nicolaus quondam Tadei de Mamelinis civis Bononie publicus imperiali et comunis Bononie auctoritate notarius predictis omnibus presens fui eaque ore proprio dicti testatoris rogatus scripsi, et in eorum fidem hic me subscripsi.

CCXC.

Busta n. 24/1630. Fasc. cart. di 10 carte di mm. 210 × 320. — Originale.

Inventario dell'eredità di Pietro Coloreto.

Bologna, 1455, 28 aprile.

Giovanni Benedetto Barbieri erede universale del fu Pietro Coloreto, presente il giudice del podestà, citati i legatari, i debitori, i creditori e gli aventi interesse, coll'intervento di vicini e conoscenti del defunto, procede all'inventario dell'eredità dallo stesso lasciata.

Millesimo quadringentesimo quinquagesimo quinto, indictione tertia, die vigesimo octavo mensis aprilis . . . .

. . . . in ecclesia nova sancti Petronii in capella sancte Brigide et in contumatia citatorum et cridatorum non comparentium et usque in horam congruam expetatorum, presentibus egregio utriusque iuris doctore domino Bertolomeo de Lambertinis . . . . omnibus vicinis et de vicinia contrata et capella in qua dictus Petrus decessit, ac etiam presentibus egregio legum doctore domino Gerardo de Lambertinis . . . . omnibus vicinis et de vicinia et contracta in qua habitare consuevit dictus Petrus, omnibus notis dicti quondam Petri . . . .

Nota et rogatio mei Floriani de Mantechitis notarii.

CCXCI.

Busta n. 24/1630. Fasc. memb. di 4 carte di mm. 245 × 330. — Copia.

Nomina di curatore speciale al minorenne Carlo Antonio Fantuzzi.

Bologna, 1455, 22 maggio.

Il dottore Melchiorre da Muglio deputa Tomaso Mezzovillani a curatore speciale del minore Carlo Antonio Fantuzzi, perchè abbia ad assisterlo ed autorizzarlo nel contratto ed istrumento, col quale, in un cogli altri interessati, il detto minore intende cedere a Giovanni Benedetto Barbieri tutti i diritti e le azioni che gli competono sulla eredità di Ippolito Fantuzzi.

In Christi nomine amen. Anno nativitatis eiusdem millesimo quadringentesimo, quinquagesimo quinto, indictione tertia, die vigesimo
secundo may . . . .

. . . . personaliter in presentia eximii iuris utriusque doctoris
domini Melchionis de Muglio civis bononiensis . . . .

Actum Bononie in capella sanctorum Cervasii et Portasii in domo
habitationis dicti domini Melchionis de Muglio, presentibus egregio
viro Basoto quondam Gulielmini de Cazanemicis cive Bononie avunculo
dicti Carlantonii adulti et homine maiore viginti quinque sue etatis annis, qui predictis omnibus et singulis presens conscensit ac dixit et corporaliter ad sancta Dei evangelia manu tactis scripturis inravit se avun-
culum dicti Carlantonii adulti et maiorem vigintiquinque sue etatis annis, et se credere ea que aguntur et fiunt non fieri in fraudem, damnum
vel preiudicium dicti adulti et in omnibus et per omnia secundum
formam statutorum Bononie. Ac etiam presentibus egregio legum
doctore domino Baldassarre quondam ser Iacobi de Maltichitis cive
Bononie et Gregorio filio ser Matthei de Garzaria cive et lanarolo
Bononie, qui omnes dixerunt et asseruerunt se partes et contrahentes
predictos bene cognoscere, Angelo quondam Lodovici de la Serpe
cive Bononie de capella sancti Damiani de Ponteferri, Andrea Bertholomei ferracerii capelle sancti Vitalis et Ugolino quondam Guidonis de Saxolo de terra Sancte Agate comitatus Bononie testibus
omnibus bone opinionis, vite, condictionis et fame ad predicta vocatis, adhibitis et rogatis.

(L. S.) Ego Bartholomeus Cesaris quondam Bartholomei Panzachis
civis bononiensis publicus imperiali et comunis Bononie auctoritate
notarius predictis omnibus et singulis supraseriptis dum sic ut premittitur agerentur et fierent interfui eaque una pariter et in solidum
cum dicto fratre meo rogatus scribere scripsi et in hanc publicam
formam redegi signo et nomine meis appositis consuetis.

CCXCII.

Busta n. 24/1630. Fasc. memb. di 4 carte di mm. 245 × 360 — Copia.

*Vendita a Giovanni Benedetto Barbieri di ragioni ereditarie spettanti
ai poveri di Cristo.*

Bologna, 1455, 30 luglio.

Per la morte degli eredi primi chiamati e di tutti gli altri sostituiti, i beni componenti l'eredità del fu Giovanni Coloreto dovevano,

a norma della volontà del testatore, essere venduti a cura degli esecutori testamentari, ed il ricavato doveva distribuirsi ai poveri di Cristo. Giovanni Benedetto Barbieri offrì lire 682 di bolognini pel loro acquisto, e non essendosi presentati migliori offerenti ed essendo stata la sua proposta riconosciuta utile e vantaggiosa, venne accettata. E però, frate Petronio priore del convento di S. Martino d'Aposa e Giacomo Coltelini esecutori testamentari superstiti del ripetuto Giovanni Coloreto, in virtù delle facoltà ad essi demandate, vendono al nominato Giovanni Benedetto Barbieri pel prezzo di lire 682 di bolognini « ad rationem monete pichionorum » tutti i diritti ed azioni reali e personali che a' luoghi pii e poveri di Cristo potevano e possono competere sull'eredità di Giovanni Coloreto in forza del testamento di lui. La detta somma viene pagata, consenziente frate Petronio, per una metà a Giacomo Coltelini e per l'altra metà è trattenuta dallo stesso debitore. E siffatto denaro entrambi riterranno a titolo di deposito con obbligo di salvarlo da ogni e qualsiasi accidente fortuito od imprevisto a disposizione degli esecutori testamentari, perchè possano erogarlo a beneficio dei poveri, a norma delle istruzioni contenute nel testamento.

In Christi nomine amen. Anno nativitatis eiusdem millesimo quadringentesimo quinquagesimo quinto, indictione tertia, die trigesimo mensis iulii . . . . .

Actum Bononie in capella sancte Marie de Carobio in residentia domini iudicis mercatorum et consulum eiusdem ad banchum solitum iuris dicti domini iudicis, presentibus egregio utriusque iuris doctore domino Iohanne Zanni de Zanis capelle sancti Blasii et egregio legum doctore domino Baldassarre quondam ser Iacobi de Mantechitis, ser Baptista quondam Iohannis de Manchiavellis notario Bononie, Iohanne quondam domini Nicolai de Herculanis, Albizo Alberti de Dugliollo notario Bononie, Mino quondam Iacobi, Iacobo Bonifacii de Loiano notario Bononie, Guidone Iohannis de Guaraldis de Bononia capelle sancte Marie maioris filatugherio, qui omnes dixerunt et asseruerunt se dictos contrahentes cognoscere testibus omnibus ad predicta vocatis et rogatis.

(L. S.) Ego Florianus quondam ser Iacobi de Mantechitis Bononie civis publicus imperiali et comunis Bononie auctoritate notarius predictis omnibus et singulis interfui eaque rogatus scribere publice scripsi, et in eorum fidem hic me subscripsi, signumque meum apposui consuetum.

CCXCIII.

Busta n. 24/1630. Perg. di mm. 275 × 160. — Originale.

Concessione di frate Pietro Maioriti inquisitore di Bologna a Giovanni Fabbri da Cento di nominarsi un confessore pei casi riservati.

Bologna, 1455, 17 dicembre.

Frate Pietro Maioriti domenicano professore di sacra teologia, inquisitore di Bologna, quale delegato di frate Paolo eremitano di S. Agostino penitenziere minore nella basilica vaticana, concede a Giovanni del fu Domenico Fabbri da Cento di scegliersi un confessore con facoltà di proscioglierlo, udita la sua confessione, anche dai casi riservati alla Santa Sede. Tale facoltà vuole limitata al punto di morte e ad una sola volta durante la vita di esso Giovanni Fabbri. Perchè poi la fiducia della remissione non sia incentivo a commettere in futuro maggiori colpe, lo avverte che queste rimangono escluse dalla fatta concessione.

Frater Petrus de Maioritis sacre theologie professor ordinis predicatorum sancti Dominici, inquisitor Bononie etc. . . . . .

Datum Bononie in monasterio sancti Dominici, anno nativitatis domini nostri Iesu Christi millesimo quadringentesimo quinquagesimo quinto, indictione tertia, die decimoseptimo decembris, pontificatus prefati sanctissimi domini nostri d. Calisti tertii, anno primo.

CCXCIV.

Busta n. 24/1630. Fol. memb. di mm. 188 × 245. — Copia.

Assoluzione a favore di Domenico Benni da Budrio.

Bologna, 1456, 21 gennaio.

Il dottore Bartolomeo Lambertini, quale procuratore di Elena Lambertini moglie del nobile Giuliano Boschetti da Ferrara, riceve da Domenico del fu Checco Benni di Budrio lire 30 di bolognini « in pichionis » per prezzo di 15 corbe di frumento e 37 libbre e mezzo di lino che Domenico era tenuto a dare, per l'affitto dell'anno prossimo passato di una possessione di spettanza della detta Elena.

In relazione a questo pagamento assolve e libera Domenico da tutti gli obblighi derivanti dall'accennato affitto e promette di nulla più domandare al riguardo, sotto pena di 60 lire di bolognini.

In Christi nomine amen. Anno nativitatis eiusdem millesimo quadringentesimo quinquagesimo sexto, indictione quarta, die vigesimo primo mensis ianuarii.

. . . . egregius utriusque iuris doctor d. Bartolomeus quondam Alberti de Lambertinis Bononie civis . . . .

Actum Bononie in capella sancte Marie porte Ravennatis ad banchum tabule cambii spectabilis viri Virgilii de Malviciis et fratrum eius, presentibus Vezolo quondam Ludovici de Malviciis Bononie cive capelle sancti Donati qui dixit et asseruit se dictos contrahentes cognoscere, Iacobo quondam Mathei de Prato ortolano capelle sancti Egidii, Georgio quondam Francisci de la Scarparia de Coxiterio habitatore Bononie in capella sancte Marie maioris testibus ad predicta vocatis, adhibitis et rogatis.

(L. S.) Ego Nicolaus quondam Tadei de Mamelinis civis Bononie publicus imperiali et communis Bononie auctoritate notarius predictis presens fui eaque rogatus scripsi et in eorum fidem hic me subscripsi et signum meum apposui consuetum.

CCXCV.

Busta n. 24 1630 Fol. memb. di mm. 240 × 315. — Copia.

Transazione fra Antonio Fantuzzi e Giovanni Benedetto Barbieri.

Bologna, 1456, 13 ottobre.

Giovanni Benedetto Barbieri, erede con beneficio d'inventario del fu Pietro Coloreto, in via di transazione mediante il pagamento di complessive lire 143 di bolognini, tacita Antonia del fu Pasio Fantuzzi per tutte le pretese che la stessa accampava verso l'eredità del predetto Pietro Coloreto, sia per il legato di 200 lire di bolognini da questo a favore di lei disposto, sia per un credito di lire 60 di bolognini d'argento risultante da una lettera di cambio.

La Fantuzzi, nell'accusare ricevuta del denaro come sopra avuto, promette di nulla più pretendere dalla predetta eredità, in forza dei titoli dianzi citati, il tutto sotto pena di 200 ducati d'oro.

In Christi nomine amen. Anno nativitatis eiusdem millesimo quadringentesimo quinquagesimo sexto, indictione quarta, die decimo tertio mensis octubris.

Actum Bononie in capella sanctorum Cervasii et Portasii in logia domus habitationis ipsius domine Antonie, presentibus ser Dominico de Scardnis notario, domino Baldasare quondam ser Iacobi de Mantechitis legum doctore, qui dixerunt et asseruerunt se predictas partes et contrahentes cognoscere, Dominico Petri Berti Chodasini de Bargo et Peregrino Dinarelli capelle sancte Christine porte Sterii testibus omnibus ad predicta omnia adhibitis, vocatis et rogatis.

(L. S.) Ego Florianus quondam ser Iacobi de Mantechitis Bononie civis publicus imperiali et comunis Bononie auctoritate notarius predictis omnibus et singulis interfui eaque rogatus scribere publice scripsi et in eorum fidem hic me subscripsi, signumque meum apposui consuetum.

CCXCVI.

Busta n. 24/1630. Perg. di mm. 588 × 410. — Originale qua e là lacero e mutilo.

Dottorato in diritto civile di Bartolomeo di Giovanni de' Calderini.

Bologna, 1458, 14 giugno.

In Christi nomine amen. Scentiarum gloriosa mater atque toto veneranda orbe terrarum famosissima studii auctoritas concessa inclite civitati Bononie super generali in Italia omnium scientiarum Studio per sacratissimum d. Theodosium Romanorum imperatorem per intercessionem sancti Petronii tunc huiusmodi civitatis [episcopi] dignissimi anno dominice nativitatis quadringentesimo vigesimo tertio, illos duntaxat ad publicam et eminentem cathedram supremique doctoratus celeberrimam dignitatem extollit quos meritissime scand re promerentes laboriosis studiis, acutis ingeniis et continuis vigiliis gloriosam sapientie palmam consecutos, dignis laudum testimoniis perhibet comprobatos ita ut taliter promovendi, merito ceteris hominum generibus veniant singularibus privilegiis, honoribus, dignitatibus et laudibus preferendi. Cum itaque vir nobilis, prudens et modestus dominus Bartolomeus quondam famosissimi decretorum doctoris d. Iohannis de Caldarinis Bononie civis fuerit in iure civili presentatus eximio iuris utriusque doctori d. Bornio de Sala vicario hac in parte benemerito reverendissimi in Christo patris et domini d. Ludovici Iohannis miseratione divina tituli sanctorum Quatuor Coronatorum presbiteri cardinalis Segurbicensis Bononie etc. legati, nec non archidiaconi bononiensis dignissimi per egregios viros d. Scipionem de Gozadinis militem et comitem legumque doctorem, d. Bartolomeum de Lambertinis iuris utriusque professorem, et d.

Vicentium de Paliottis iuris civilis interpretem, ac d. Baldassarem de Maltechidis iuris utriusque doctorem omnes Bononie cives, examinandus et approbandus in iure civili; et ad hoc se subiecerit arduo, rigoroso, privato ac tremendo examini omnium doctorum venerandi collegii iuris civilis Bononie; in quo examine ipse d. Bartolomeus Caldarinus fuit in iure civili ab omnibus dicti collegii doctoribus unanimiter, concorditer, publice et laudabiliter ac nemine discrepante benemerito approbatus; moxque fuerit idem d. Bartolomeus per dictos dominos promotores dicto d. vicario etiam presentatus propter doctoratus gradum assumendum in iure civili, idcirco prelibatus d. Bornius de Sala vicarius antedictus, auctoritate eiusdem vicariatus officii sibi hac in parte concessa et attributa, de consilio etiam et consensu omnium dicti collegii doctorum ibidem astantium, eundem d. Bartolomeum dixit, pronuntiavit et declaravit iuris civilis doctorem, dans sibi potestatem in eodem iure de cetero legendi, glosandi, docendi, interpretandi, doctorandi, magistrandi, ceterosque actus doctoreos publice exercendi Bononie et ubique locorum plenam tenore presentium licentiam concessit et omnimodam potestatem. Et illico ut idem d. Bartolomeus possessionem huiusmodi doctoratus ab omnibus in posterum noscatur adeptus, prefatus d. Scipio de Gozadinis suo nomine et vice ac nomine dictorum d. Bartolomei de Lambertinis et d. Vincentii de Paliottis ac d. Baldassaris de Maltechidis, insignia ipsius doctoratus eidem d. Bartolomeo Caldarino ut petiit hac forma tradidit videlicet, nam librum iuris civilis clausum moxque apertum eidem prebuit, biretum sive diadema doctorale capiti suo imposuit, ipsumque anullo aureo nomine scentie civilis desponsavit sibi pacis osculum magistrali cum benedictione exhibendo, ut idem d. Bartolomeus sic insignitus coronetur in patria per eum qui t[er] et unus regnat Deus per infinita seculorum secula benedictus. Rogans dictus d. Bartolomeus Caldarinus legum doctor novellus me Nicolaum Mamelinum notarium infrascriptum ut publicum de predictis conficiam instrumentum muniendum sigilli reverendi d. archidiaconi bononiensis. Datum Bononie in ecclesia cathedrali sancti Petri Bononie, die quartodecimo iunii millesimo quadringentesimo quinquagesimo octavo, indictione sexta, pontificatus sanctissimi in Christo patris et domini nostri d. Calisti divina providentia pape tertii anno tertio. Presentibus nobili viro Iohanne quondam Bartolomei de Guidottis, Francisco Kravitta notario Bononie, Nicola quondam [Al]berti Marozo bidello universitatis dominorum scholarium ultramontanorum honorandi Studii bononiensis, et Iacobo Iohannis Picinini barberio Bononie, testibus ad hec vocatis et rogatis atque adhibitis.

(L. S.) Ego Nicolaus quondam Tadei de Mamelinis civis Bononie publicus apostolica et comunis Bononie auctoritate notarius et nunc

22

notarius officii archidiaconatus bononiensis substitutus a s[pectabili]
amato equite domino C[ristofo]ro de Caccianemicis Bononie cive,
notario primario dicti officii ex indulto apostolico, predictis presens
fui eaque rogatus scripsi, et in eorum fidem hic me cum signo
subscripsi consueto

CCXCVII.

Busta n 24/1630 Fol memb di mm 210 × 315 — Copia

*Assoluzione di Achille Malvezzi a favore di Giovanni Benedetto Bar-
bieri e di Giacomo Ingrati da responsabilità per deposito*

Bologna, 1459, 15 febbraio

Consta a frate Achille del fu nobile Gaspare Malvezzi precettore
della chiesa di S. Giovanni di Gerusalemme in Bologna volgarmente
detto « La masun », che nell'anno 1455 e nel giorno 5 ottobre il
suo procuratore vendette a Giovanni Benedetto Barbieri una pezza
di terra aratoria ed in parte vitata di 18 tornature circa posta in
Coloreto nel luogo detto « le terre de la masone » per L 126 di
bolognini, che furono consegnate in deposito a Giacomo Ingrati
perchè le custodisse fino a che si fosse potuto investirle in modo
utile e vantaggioso nell'acquisto di altro immobile. Che successivamente l'Ingrati, ad istanza di esso precettore, pagò la detta somma a
Giovanni Platisii in corrispettivo di una pezza di terra aratoria,
arborata e vitata di 12 tornature circa posta nella villa di Marca-
redo contado di Bologna, acquistata nell'interesse della precettoria.
Ciò premesso, ritenuto che tale acquisto è giudicato di evidente van-
taggio ed utilità per la precettoria, dichiara di assolvere e liberare da
ogni obbligo e responsabilità tanto Giacomo Ingrati quanto Giovanni
Benedetto Barbieri, e promette di nulla più pretendere da essi in
dipendenza dei predetti negozi, sotto pena di 200 lire di bolognini

In Christi nomine amen. Anno nativitatis eiusdem millesimo quadringentesimo quinquagesimo nono, indictione septima, die quinto
decimo mensis februarii

Actum Bononie in ecclesia fratrum Servorum striate maioris de
Bononia ante capellam sancti Hieronimi, presentibus egregio legum
doctore domino Petro quondam Antonii de Magnanis Bononie cive
capelle sancti Donati, nobili viro Virgilio quondam spectabilis viri
Gasparis de Malvicns Bononie cive capelle sancti Sigismondi. Bei

tholomeo quondam Laurentii de Cospis Bononie cive capelle sancti Stephani, Testa filio Castellanis de Gozadinis capelle sancti Thome de Braina et Antonio quondam Baptiste de Magnanis capelle sancti Thome predicti, qui omnes dixerunt et asseruerunt se dictas partes et contrahentes predictos cognoscere, testibus omnibus ad predicta vocatis, adhibitis et rogatis.

(L. S.) Ego Iohannes filius Mathei de Tuschetis Bononie civis publicus imperiali et comunis Bononie auctoritate notarius predicta omnia et singula pro ut in notis, rogationibus et scripturis infrascripti ser Christophori de Fabris notarii Bononie de predictis rogati inveni, ea omnia de ipsius consensu, voluntate et mandato sumpsi, scripsi et in hanc publicam formam redegi. In quorum omnium fidem hic me subscripsi signumque meum consuetum apposui.

CCXCVIII.

Busta n. 24/1630. Fol. memb. di mm. 260 × 395. — Copia.

Nomina di curatore speciale ai minori Giovanni e Francesco Fara.

Bologna, 1459, 3 luglio.

Il dottore Bartolomeo Lambertini nomina Lorenzo Sanvenanzi curatore speciale dei minori Giovanni e Francesco Fara, per assisterli nella vendita di una casa che intendono fare a Giovanni Benedetto Barbieri.

In Christi nomine amen. Anno nativitatis eiusdem millesimo quadringentesimo quinquagesimo nono, indictione septima, die tercio mensis iulii .... existentes in presentia .... egregii iuris utriusque doctoris d. Bertolomei de Lambertinis Bononie civis ....

Actum Bononie in capella sancte Iuste ad stationem residentie mei notarii infrascripti, presentibus Galeotto quondam Guillielmi de Faba draperio, Alberto Montis de Imola capelle sancti Blasii, Carolo quondam Becadelli notario qui dixit et asseruit se dictos adultos et alios predictos cognoscere, Alberto filio dicti d. Bertolomei de Lambertatiis, Tadeo filio Nicolay de Mamelinis notario, testibus omnibus ad predicta omnia vocatis et rogatis.

(L. S.) Ego Frigirinus quondam ser Comatii de Sancto Venantio civis Bononie publicus imperiali et comunis Bononie auctoritate notarius predictis omnibus interfui eaque rogatus scribere scripsi et ad fidem premissorum hic me subscripsi.

CCXCIX.

Busta n. 24 1630. Perg. di mm. 365 × 460. — Originale.

Transazione tra i padri di S. Domenico e gli Eremitani di S. Giacomo di Bologna.

Bologna, 1460, 16 gennaio.

I padri Predicatori di San Domenico sebbene siano proprietari, per legato del fu Carlo da Saliceto, della quarta parte pro indiviso di una pezza di terra di circa 32 tornature sita in Medicina detenuta dai frati Eremitani di San Giacomo proprietari delle restanti porzioni, nessun reddito hanno mai percepito. D'altra parte gli Eremitani di S. Giacomo non hanno mai ricevuto dai padri di S. Domenico le due corbe di vino per la celebrazione della messa, che debbono ogni anno ed in perpetuo avere dal raccolto di una vigna di 9 tornature posta nella curia di Borgo Panigale in forza del testamento del fu Brizio tiutore e della transazione già da tempo avvenuta tra i padri di S. Domenico e le monache di S. Agnese, a cui originariamente spettava l'onere predetto. Di più i padri di S. Domenico, quali eredi della fu Clara moglie di Baldassare Trentaquattro debbono per ragione di legato lire 9 di bolognini agli Eremitani di S. Giacomo. In questa condizione di cose, a sgravio di coscienza ed a prevenire qualsiasi lite divisarono i predetti conventi di regolare in modo definitivo ed in via di transazione i reciproci rapporti d'interesse sovra esposti. Pertanto i rappresentanti dell'uno e dell'altro debitamente autorizzati convengono quanto segue: Il convento di S. Domenico cede e trasferisce nei frati Eremitani ogni diritto di proprietà sulla quarta parte della pezza di terra sovra menzionata posta in Medicina e rimette agli stessi tutte le rate di frutti maturati e non pagate: a loro volta i frati di S. Giacomo, nel mentre accettano questa cessione assolvono i padri Predicatori dall'onere dell'annua somministrazione perpetua delle accennate 2 corbe di vino, li liberano dalla prestazione relativa alle annate decorse, e rinunciano alle 9 lire di bolognini ad essi spettanti pel testamento della predetta Clara Trentaquattro. Reciprocamente si promettono la perpetua osservanza del contratto, che vogliono redatto in duplice originale uno per ciascuno dei monasteri contraenti.

In nomine Domini amen. Anno nativitatis eiusdem millesimo quadringentesimo sexagesimo, indictione octava, die sextodecimo mensis ianuarii. . . . .

Nos magister Iohannes de Bononia sacre theologie professor, provintialis provincie Romandiole dicti ordinis Heremitarum et frater Bartholomeus de Bononia procurator dictorum fratrum sancti Iacobi de consensu magistri Simpliciani sacre theologie professoris prioris ad presens dicti monasterii. . . . . Et nos frater Iohannes de Galopia biblicus prior dicti monasterii sancti Dominici, magister Paulus de Bononia, magister Vercelinus de Vercelis sacre theologie professores . . . . . pro dicto monasterio sancti Dominici. . . . .

Ex alia parte convocati ad sonum campane in capitulo fratres monasterii sancti Iacobi suprascripti. . . . . in quo capitulo fuerunt presentes et consentientes magister Iohannes de Bononia reverendus provintialis suprascriptus, magister Simplicianus de Bononia prior, magister Paraclitus de Corneto, magister Lodovicus de Bononia, magister Iohannes Antonius de Immola sacre theologie professores. . .

Actum ut supra in duobus monasteriis, videlicet sancti Dominici de Bononia et ordinis Heremitarum suprascriptis, presentibus omnibus patribus et fratribus dictorum duorum conventuum suprascriptorum ac omnibus concorditer consentientibus ad laudem et honorem domini nostri Iesu Christi eiusque gloriosissime matris, beati Iacobi apostoli et beati Dominici sanctorum eius qui est benedictus in seculo. Amen.

CCC.

Busta n. 24/1630. Fasc. memb. di 6 carte di mm. 218 × 325. — Copia.

Vendita di terreni da Paolo Saliceti a Giovanni Benedetto Barbieri.

Bologna, 1460, 14 febbraio.

Paolo Saliceti vende a Giovanni Benedetto Barbieri che accetta diversi appezzamenti di terra vitata ed aratoria posti nella curia di Colloreto contado di Bologna per lire 500 di bolognini complessivamente « ad rationem monete pichionorum ». Detto prezzo gli è subito pagato, ed egli, nel mentre ne accusa ricevuta, promette la difesa e l'osservanza del contratto, sotto pena di 500 lire di bolognini.

In Christi nomine amen. Anno nativitatis eiusdem millesimo quadringentesimo sexagesimo, indictione octava die quarto decimo februarii . . . .

. . . . egregius vir Paulus filius quondam Iohannis olim bone memorie domini Bertholomei de Saliceto famosissimi legum doctoris civis Bononie. . . . .

Actum Bononie in capella sancti Iohannis in monte in domo habitationis ser Cesaris quondam Bartholomei de Panzachiis, presentibus Bartholomeo quondam Laurentii de Cospis cive Bononie de capella sancti . . . . . et Ludovico filio ser Cesaris de Panzachiis cive et notario Bononie, qui ambo dixerunt et asseruerunt se partes et contrahentes predictos bene cognoscere, Iohanne quondam Velturini de Cataneis de Casi comitatus Bononie, Marino Berthazolli olim Figheti de terra Guizani dicti comitatus testibus omnibus ad predicta vocatis, adhibitis et rogatis.

(L. S.) Ego Iacobus filius quondam Iohannis Iacobini de Manginis Bononie civis publicus imperiali et comunis Bononie auctoritate notarius predicta omnia et singula suprascripta pro ut in rogationibus et scripturis infrascripti ser Bartholomei de Panzachiis notarii de predictis una pariter et in solidum cum ser Cesare eius patre rogati inveni, ita ea omnia de ipsius licentia et mandato in hanc publicam formam redegi et signo meo signavi consueto.

CCCI.

Busta n. 24/1630. Fol. memb. di mm. 240 × 310. — Copia.

Testamento di Margherita del fu dottore Obizzo Grasandini.

Bologna, 1460, 5 dicembre.

Lascia al consorzio di porta Ravennate lire 10 di quattrini con obbligo di celebrare ogni anno in perpetuo una messa a suffragio dell'anima sua nella chiesa di S. Maria del Carrobbio, ed a questa stessa chiesa lega lire 25 di bolognini per l'acquisto di un messale. Lascia lire 25 parimente di bolognini ai frati Eremitani di S. Giacomo ed altrettante lire lega ai Minori Osservanti del convento di S. Paolo di monte con obbligo sì agli uni sì agli altri di celebrare ogni anno ed in perpetuo una messa a suffragio di essa testatrice. Da ultimo istituisce eredi universali Nicolosio, Gabriele, Giovanni Francesco ed Alessandro Poeti suoi figliuoli e vuole che questo testamento rimanga segreto e sia custodito nella sacristia dei frati di S. Giacomo.

In Christi nomine amen. Anno nativitatis eiusdem millesimo quadringentesimo sexagesimo, indictione octava, die quinto mensis decembris. . . . .

. . . . . honesta, prudens et comendabilis mulier domina Margarita filia quondam eximii legum doctoris domini Opizonis de Grasandinis vidua et olim uxor nobilis viri Baptiste de Poetis civis Bononie. . . .

Actum Bononie in ecclesia sancte Marie predicte de Carobio et in coro ipsius ecclesie, presentibus religiosis viris domino Thoma quondam Bonifatii de Liazariis presbitero et rectore ac capellano in dicta ecclesia sancte Marie porte Ravenatis de Carobio predicte et qui publice habetur tenetur et reputatur sacerdos in dicta ecclesia et contrata ipsius testatricis et ab omnibus ipsum cognoscentibus et noticiam de eo habentibus, domino Iacobo quondam domini Antonii de Predallorio presbitero bononiensi habitatore Bononie in capella sancti Salvatoris, domino Francisco quondam Iacobi Ursini de Castro sancti Petri presbitero et clerico bononiensi capelle sancti Ioseph, Hieronimo quondam Nardini venditore malvatici capelle sancti Blaxii. Antonio quondam Petri lardarolo Bononie cive capelle sancti Leonardi qui omnes dixerunt una cum dicto sacerdote, rectore et capellano et asseruerunt se et quemlibet ipsorum cognoscere dictam testatricem et eam sane mentis, sensus et intellectus esse ac corpore. Baldassare quondam Christophori de Imola et de presenti moram trahens Bononie in capella sancti Marci et in domo Ludovici de Ramondinis testibus omnibus et singulis ad predicta omnia et singula vocatis adhibitis et proprio hore dicte testatricis rogatis.

(L. S.) Ego Iacobus quondam ser Bertolomei de Francolinis Bononie civis publicus imperiali et communis Bononie auctoritate notarius predictis omnibus et singulis dum sic agerentur et fierent interfui eaque rogatus scribere publice scripsi et in signum, robur et testimonium omnium predictorum hic me subscripsi, signumque meum consuetum apposui et signavi.

CCCII.

Busta n. 24/1630. Fasc. membr. di 4 carte di mm. 220 × 310. — Copia.

Nomina di un curatore speciale a Giacoma del fu Giacomo Doria.

Bologna, 1462, 10 giugno.

Il dottore Baldassare Mantacheti, accogliendo l'istanza rivoltagli da Giacoma del fu Giacomo Doria, nomina a suo curatore speciale Cesare Panzacchi perchè l'assista ed autorizzi a riscuotere le somme che le sono dovute da Giovanni Benedetto Barbieri a norma della transazione tra essi stipulata con rogito del notaio Floriano Mantacheti, ed inoltre l'autorizzi a rilasciare le corrispondenti quitanze e liberazioni.

In Christi nomine amen. Anno nativitatis eiusdem millesimo quadringentesimo sexagesimo secundo, indictione decima, die decimo iunii. . . . .

Constituta personaliter in presentia eximii iuris utriusque doctoris domini Baldassaris de Mantichitis civis Bononie. . . . .

Actum Bononie in capella sancti Damiani de ponte ferri in domo habitationis dictarum mulierum, presentibus Antonio Iohannis de Tessutis capelle sancte Lutie cognato dicte adulte et homine maiore vigintiquinque sue etatis annis, qui predictis omnibus et singulis presens consensit et delato sibi sacramento 'per prefatum dominum Baldassarem doctorem antedictum corporaliter iuravit ad sancta Dei evangelia manibus tactis scripturis se esse cognatum dicte domine Iachobe adulte et se esse maiorem vigintiquinque sue etatis annis et se credere ea que aguntur et fiunt non fieri in damnum, fraudem vel preiudicium dicte adulte et in omnibus et per omnia secundum formam iuris et statutorum comunis Bononie; Francisco quondam Iachobi de Liazariis, Petro magistri Antonii Bondi de capella sancte Catherine de Saragotia fabro, Petro Antonii Sanchii capelle sancte Isaie garzolario, magistro Lazaro quondam Iacobi de Verona calzagliolo de capella sancti Damiani, qui magister Lazarus et Antonius cognatus dixerunt et asseruerunt se partes et contrahentes predictos bene cognoscere, magistro Zacharia quondam magistri Iohannis de Tobaleis de capella predicta et Ludovico Marchtesini de Oleo de capella predicta sancti Damiani, testibus omnibus bone opinionis, vite, condictionis et fame ad predicta vocatis, adhibitis et rogatis.

(L. S.) Ego Nicolaus quondam ser Bonifatii de Loiano civis Bononie publicus imperiali et comunis Bononie auctoritate notarius omnia et singula premissa pro ut in notis, scripturis et rogationibus infrascripti ser Bartholomei inveni, ita de eius mandato fideliter sumpsi et in hanc publicam formam redegi. In eorumque omnium fidem hic me subscripsi et signum meum consuetum iniunxi.

CCCIII.

Busta n. 24/1630 Fasc. memb. di 4 carte di mm. 210 × 310. — Copia.

Vendita di terreni dai fratelli Malvezzi al dottore Francesco Malvezzi canonico bolognese.

Bologna, 1465, 24 aprile.

Per procurarsi il denaro da pagare in conto della dote di Cassandra loro sorella, Antonio e Giovanni Battista Malvezzi, assistiti, perchè d'età minore, dagli speciali curatori a ciascuno d'essi depu tati dal dottore Bartolomeo Caldarini, vendono per lire 90 di bolognini d'argento al dottore Francesco Malvezzi canonico bolognese loro zio, la metà di una possessione sita nella curia di Vedrana che essi venditori posseggono pro indiviso con lui; e promettono l'osservanza del contratto, sotto pena del doppio del prezzo convenuto.

In Christi nomine amen. Anno nativitatis eiusdem millesimo quadringentesimo sexagesimo quinto, indictione tertia decima, die vigesimo quarto mensis aprilis.

. . . . . tenentes et possidentes hereditario nomine predicto comuniter et pro indiviso cum egregio iuris utriusque doctore domino Francisco quondam Ludovici de Malvitiis canonico bononiensi eorum patruo. . . . .

. . . . . omnes constituti in presentia egregii legum doctoris domini Bartholomei de Caldarinis civis et doctoris bononiensis. . . . .

Actum Bononie in capella sancti Donati in domo habitationis predictorum venditorum et emptoris in sala magna dicte domus, presentibus Aldrovandino quondam Zani de Malvitiis agnato dictorum adultorum qui ad delationem dicti domini doctoris sponte corporaliter iuravit ad sancta Dei evangelia manu tactis scripturis se fuisse et esse agnatum et propinquum dictorum adultorum et maiorem annis vigintiquinque et se credere ea que aguntur et fiunt non fieri nec facta esse in damnum, fraudem vel preindicium dictorum adultorum, Blasio Antonii de Mastellatiis capelle sancti Thome de mercato, Palmerio quondam Luce de Panolinis et Gaspare quondam Mini de Scardois capelle sancti Donati, omnibus hominibus bone oppinionis et fame qui dixerunt et asseruerunt contrahentes, curatores et doctorem cognoscere, testibus ad predicta adhibitis, vocatis et rogatis.

(L. S.). Ego Bonutius olim ser Francisci de Gomberutis filius Bononie civis publicus imperiali et comunis Bononie auctoritate notarius predicta omnia et singula de notis et rogationibus infrascripti ser Mathei de Curialtis notarii fideliter de verbo ad verbum sumpsi et in hanc formam redegi.

CCCIV.

Busta n. 25/1631. Perg. di mm. 480 × 345. — Originale.

Nomina del governatore generale e rettore dell'Archivio Pubblico di Bologna.

Bologna, 1466, 26 febbraio.

Iohannes de Venturellis de Amelia decretorum doctor, reverendissimi in Christo patris et domini domini Angeli Dei gratia tituli sancte Crucis in Ierusalem Sancte Romane Ecclesie presbiteri cardinalis Reatini, in civitate Bononie eiusque comitatu, teritorio et districtu, exarchatu ravennatensi ac provintia Romandiole etc. Apostolice Sedis legati locum tenens. Dilecto nobis in Christo spectatissimo et generoso viro Iohanni olim Bartolomei de Guidottis civi primario bononiensi salutem et prosperos ad vota successus. Quanti momenti, quanteque utilitatis sit Archivum publicum hoc est Camera actorum civitatis Bononie, nemo est civium qui ignoret propter publica et privata negotia ibidem annotata et descripta, quod Archivum si periret omnis ante acti evi rerumque gestarum et contractarum memoria similiter foret peritura, cuius Archivi gubernatio cum satis in deterius profluxa sit, indignum nobis visum est tantam rem tanti momenti adeo huic civitati perutilem et necessariam tam negligenter preteriri et propterea cogitantibus nobis in maxima frequentique civium bononiensium copia quem potissimum inter probatos et viros integerrimos deligeremus, cuius fidei summa rerum eius Archivi demandari merito posset, neminem sane tibi Iohanni comparandum inter omnes cives tuos in hac re presertim comperimus, qui, maiore fide, integritate, amore in rem publicam, voluntate optima ad res bene gerendas te videretur, cuius manus adeo semper munde fuerunt in quacumque re vel privata vel publica te exerceris, ut quibus Graecus apud populum senatumque Romanum verbis usus est, iis tu merito in civitate tua ad civesque tuos uti possit: Versatus sum in republica quomodo ex uso vestro existimabam esse, non quomodo conditioni mee conducere arbitrabar. Nulla apud me fuit propina, nemo posset dicere assem aut eo plus in muneribus me accepisse. Hinc de tua hac in patria pietate precipua confisi, te Iohannem, consulentibus assentientibusque ad hec prestantissimis viris Sedecim Reformatoribus status civitatis huius tuis collegiis, per presentes, auctoritate qua fungimur apostolica elligimus, decernimus, deputamus et constituimus in generalem Gubernatorem et Rectorem dicti Archivi et Camere actorum Bononie quoad vixeris, cum plenissima et amplissima facultate et arbitrio, ordines, mores et ritus veteres servandi et servari faciendi, reformandi, tollendi, alterandi, mutandi et novos inducendi, ac cetera omnia ordinandi, constituendi disponendique in dicta Camera actorum que futura cognoveris necessaria et opportuna et conducere ornamento utilitatique ipsius Archivi et Camere, et pro conservatione ac custodia scripturarum et rerum omnium que in eadem Camera sunt, ratum et firmum habituri quicquid per te factum, statutum, ordinatum et reformatum fuerit in predictis, circa predicta et quidlibet predictorum. Mandantes omnibus superstitibus, officialibus et notariis dicti Archivi et Camere actorum presentibus et qui pro tempore futuri sunt, omnibusque aliis ad quos spectat et in futurum spectabit, quatenus tibi in omnibus et quibuscumque rebus spectantibus ad ipsam Cameram et dependentibus ab ea non aliter quam nobis et omnibus regiminibus huius civitatis pareant, faveant et assistant. Nullamque notam, scripturam aut rem dicti Archivi et Camere quecumque ille fuerint et cuiusvis conditionis extra dicta Cameram quomodocumque dare debeant cuivis sine tui scitu, permissione et voluntate, atque etiam claves dicti Archivi et Camere actorum singula die et vice qua continget eam Cameram claudi, tibi a te custodiendas dare et assignare debeant et nulli alteri, pena cuicumque contra, preter aut aliter quam iusseris facienti in omnibus supradictis arbitrio tuo imponenda et auferenda, de qua, sine te gratia nequaquam fieri possit. Decernentes tamen auctoritate et tenore predictis quod per presentes non intendimus in reliquis partibus et membris derogare offitio, iuri et emolumentis superstitis, offitialium et notariorum Camere predicte pro tempore futuris. Quod si secus a quoquam in predictis omnibus vel earum parte factum fuerit, ex nunc irritum decernimus et inane, firmis tamen manentibus suprascriptis omnibus legibus communibus et municipalibus ac consuetudinibus dicte civitatis ac Camere actorum, nec non literis, decretis privatorum atque aliis, quibuscumque contra preter aut aliter facientibus non obstantibus, etiam si talia forent quod de eis hic esset facienda specialis mentio etiam de verbo ad verbum, quibus omnibus motu proprio et ex certa scentia, auctoritate et tenore predictis quoad predicta dumtaxat specialiter et expresse derogamus. In quorum fidem presentes fieri et sigilio prefati reverendissimi domini legati iussimus roborari. Datum Bononie in palatio nostre residentie, anno a nativitate domini nostri Iesu Christi MCCCCLXVI, indictione quarta decima, die vigesimo sexto mensis februarii, pontificatus sanctissimi in Christo patris et domini nostri domini Pauli divina providentia pape secundi anno secundo.

(L. S.) Que omnia processerunt de voluntate magnificorum dominorum Sedecim Reformatorum Status Libertatis civitatis Bononie. Datum ut supra. A. Parisius cancellarius mandato scripsi.

LUCHINUS TROTTUS
A. PARISIUS, <i>cancellarius.</i></div>

CCCV.

Busta n. 25 1631. Fogl. membr. di mm. 185 × 265. — Copia.

Vendita di terreni dal dottore Alessandro Tartagni a Giovanni Benedetto Barbieri.

Bologna, 1466, 27 giugno.

In Cristi nomine amen. Anno nativitatis iusdem millesimo quadringentesimo sexagesimo sesto, indictione XIII, die vigesimo se-

ptimo mensis iunii, tempore pontificatus sanctissimi in Christo patris
et domini nostri domini Pauli divina providentia pape secundi.

Eximius iuris utriusque doctor dominus Alesander de Tartaglia
de Imola habitator Bononie in capella S. Marie de Foscarariis, sponte
et ex certa eius scentia, animo deliberato et nullo iuris vel facti
ductus herore, per se et suos heredes in presentia et cum consensu
et voluntate Nascimbenis et Petroni quondam ser Dominici de Ma-
raninis et infrascripte venditioni consentientium, iure proprio et in
perpetuum dedit, vendidit et tradidit Iohanni Benedicto quondam
Benediti de Barberiis Bononie civi ibidem presenti et pro se et suis
heredibus recipienti et ementi partem unius petie terre prative posite in guardia Spixii comitatus Bononie unius tornature vel circa,
videlicet, per longum dicte petie terre perticarum viginti novem vel
circa, a sero et a mane et latitudinis in testa unius pertice, a meridie
et setentrione iuxta dictum emptorem a duobus lateribus, iuxta Ber
tolomeum dicto Bertocho laboratorem, iuxta viam publicam a latere
sero, iuxta dictum venditorem versus setemptrionem et iuxta alios
suos confines: ad habendum, tenendum et possidendum et quicquid
dicto emptori vel eius heredibus deinceps placuerit de dicta tornatura terre ut supra vendita perpetuo faciendum cum omnibus et singulis que infra predictos continentur confines, aut alios si qui in
predictis essent aut pro tempore apparerent plures vel veriores,
accessibus et egressibus suis usque in viam publicam, et etiam cum
omnibus et singulis que dicte tornature terre ut supra vendite insunt, eique debentur atque coherere et acedere possunt de iure,
consuetudine vel de facto, quorum omnium comodum et utilitas ad
dictum Iohannem Beneditum eiusque heredes spectet et pertineat ac
spectare et pertinere debeat de cetero pleno iure. Et hoc nominatim
pro pretio et nomine pretii dicte terre ut supra vendite librarum
decem bon. ad rationem tornature moneta argentea, augendo et min-
uendo pretium dicte peciole terre ad dictam rationem.

Et quod pretium dictus emptor dare et solvere promissit dicto
venditori ad omnem eius voluntatem, facta mensuratione predicta,
specialiter in civitate Bononie etc et generaliter etc. cum pacto presentationis pignorum etc. cum promissione de lite perpetuo non inferenda, et pacto constituti de possidendo etc. Que omnia et singula
supra et infrascripta promissa, prefatus venditor dicto emptori presenti perpetuo firma et rata habere, tenere, atendere, observare et
adimplere et in nullo contrafacere, dicere, opponere vel venire per
se vel alium seu alios aliqua ratione vel causa de iure vel de facto
in iudicio sive extra, sub pena dupli tocius dicti pretii per dictum
venditorem promissa dicto Iohanni Benedicto ibidem presenti, que
pena tociens comitatur ac peti et exigi possit quociens in predictis

vel aliquo predictorum contrafactum fuerit vel obmissum, et ipsa pena soluta vel non, comissa et exacta vel non nichilominus predicta omnia perpetuo firma perdurent. Item solemniter reficere et restituere promissit prefatus venditor dicto emptori presenti omnia et singula sua damna, expensas et interesse litis et extra. Pro quibus omnibus et singulis firmiter observandis et efficaciter adimplendis obligavit dictus venditor dicto emptori omnia eius bona mobilia et immobilia presentia et fuctura cuiuscumque conditionis. Renuntians insuper dictus venditor in et super hiis omnibus et singulis expresse exceptioni doli mali, quod metus causa, conditioni indebiti et sine causa aut ex iniusta causa, in factum actioni, fori privilegio, feriis et diebus feriatis inductis et inducendis et generaliter omni alii legum et iuris auxilio. Ac etiam dictus venditor iuravit ad sancta Dei evangelia manu tactis scripturis predicta omnia suprascripta vera fuisse et esse, ipsaque omnia perpetuo firma et rata habere, tenere et contra ea vel aliquid predictorum non dicere, facere, opponere vel venire nec restitutionem aliquam, ius, beneficium, privilegium vel rescriptum aliquod impetrare, procurare vel consequi aut impetratis uti pretestu vel occasione damni modici vel enormis de iure comuni seu alia quacumque ratione vel causa de iure vel de facto in iudicio sive extra.

Actum Bononie in capella S. Marie de Foscarariis in domo habitationis dicti domini Alesandri et in eius studio, presentibus Andrea et Thoma fratribus et filiis Baldaseris de Seta capelle S. Marie maioris qui ambo dixerunt et asseruerunt se dictas partes cognoscere, Bartolomeo Rolandini de Mafeis de Verona testibus ad predicta vocatis.

(L. S.) Ego Laurentius filius quondam ser Comatii de Sancto Venantio civis Bononie publicus imperiali et comunis Bononie auctoritate notarius predictis interfui et ad fidem predictorum hic me subscripsi.

CCCVI.

Busta n. 25 1631. Fol. cart. di m. 210 × 315 — Copia.

Procura dei fratelli Montini in Cristoforo Zanettini.

Ferrara, 1466, 23 settembre.

Battista, Taddeo e Carlo fratelli Montini, cittadini bolognesi residenti in Ferrara, fanno mandato in Cristoforo Zanettini nobile bolognese perchè in loro nome e vece venda ad Elisabetta del fu Francesco Carrara una casa ad essi spettante posta in Bologna nella cappella di S. Proculo e nella contrada di Mirasole; convenga il prezzo relativo al netto da spese e dalle tasse solite a pagarsi in occasione di vendite: ritiri il detto prezzo, ne rilasci quitanza e prometta la difesa e l'osservanza del contratto, con rinuncia a qualsiasi eccezione. Dal canto loro si obbligano a ratificare pienamente il suo operato.

In Christi nomine amen. Anno eiusdem nativitatis millesimo sexagesimo sexto, indictione quartadecima, die vigesimo tertio mensis septembris.

Ferarie in domo habitationis infrascriptorum Babtiste, Tadei et Caroli de Montinis posita in contrata sancti Michaelis, presentibus testibus vocatis ad hec specialiter et rogatis venerabili sacre theologie professore magistro Babtista de Pantis filio quondam Antonii Panti de Feraria ordinis fratrum sancte Marie de Charmello, fratre Nicodemo filio quondam Antonii de Tronbatis de Feraria ordinis predicti in civitate Ferarie nunc comorantibus in capella sancti Pauli, Bartolomeo Zanetino filio Thome Zanetini de Bononia et aliis. . . . .

Ego Evangelista Massa filius quondam magistri Francisci de Argenta publicus imperiali auctoritate notarius Ferrarie predictis omnibus et singulis interfui, eaque rogatus scripsi in meis publicis originalibus autentice et in fidem premissorum me subscripsi, signumque meum tabelionatus apposui consuetum.

CCCVII.

Busta n. 25/1631. Fol. membr. di mm. 195 × 273. — Copia.

Testamento di Margherita del fu Leonardo Castelli.

Bologna, 1466, 24 settembre.

Col presente testamento, che vuole resti segreto e come tale sia custodito nella sacristia della chiesa di San Giacomo, lascia 10 soldi di bolognini pel mal tolto e 30 soldi pure di bolognini per le messe di S. Gregorio a suffragio dell'anima sua, e lire 16, soldi 12 e denari 8 di bolognini ordina siano pagati ai frati Eremitani di S. Giacomo per la celebrazione di 1000 messe parimenti a suffragio dell'anima sua. Fa quindi alcuni legati ed istituisce erede universale Alberto di Giovanni Gabrielli suo marito. Nel caso che questi le premorisse, vuole siano suoi eredi i frati dell'Osservanza ai quali fra

diversi altri oneri impone di pagare 100 lire di bolognini ai frati
Eremitani di S. Giacomo.

In Christi nomine amen. Anno nativitatis eiusdem millesimo quadringentesimo sexagesimo sexto, indictione quarta decima, die vigesimo quarto mensis septembris. . . .

Actum Bononie in sacristia ecclesie sancti Iacobi ordinis sancti
Augustini, presentibus fratre Martino quondam Petri de Padua
sacre theologie professor[e] prior[e] conventus sancti Iacobi strate
sancti Donati, fratre Iohanne quondam Gerardi Fabii de Bononia qui
ambo dixerunt et asseruerunt dictam testatricem sane mentis et intellectus esse et eam cognoscere, fratre Ieronimo quondam Zampetri
de Padua, fratre Theofillo quondam Andree de Bononia, fratre Thoma filio Iohannis de Bononia, fratre Matheo quondam Iohannis de
Regio, fratre Francisco filio Petri de Regio testibus omnibus ad predicta vocatis et ore proprio ipsius testatricis rogatis.

(L. S.) Ego Ludovicus quondam Andree de Mezovilanis publicus
imperiali et comunis Bononie auctoritate notarius predictis interfui
et de eis rogatus scribere publice scripsi et in hanc publicam formam redegi cum signo meo consueto.

CCCVIII.

Busta n. 25 1631. Fol. membr. di mm. 255 × 315. — Copia.

Mutuo di danaro di Giovanni Benedetto Barbieri ai fratelli Grati.

Bologna, 1467, 19 gennaio.

Francesco ed Andrea fratelli Grati per sè, ed a nome e vece di
Alessandro e Carlo loro fratelli, confessano di aver avuto da Giovanni Benedetto Barbieri a titolo di mutuo « et causa mutui de
puro amore, vera sorte et gratia speciali » 500 ducati d'oro « lar-
gos ». Questa somma useranno ad estinguere diverse passività la-
sciate dal loro genitore, e siccome l'hanno integralmente ricevuta
rinunciano all'eccezione del non avuto e non numerato denaro. Promettono di restituirla nel termine di un anno, specialmente nelle
città di Bologna, Imola, Faenza, Forlì, Firenze, Modena, Reggio,
Parma, Ferrara, Venezia, ed in genere in quel qualunque altro luogo
ove venisse richiesta dal mutuante, da' suoi eredi o successori. Riconoscono che in tutti i luoghi sopra citati od in quegli altri che saranno designati dal creditore o suoi, essi debitori potranno essere
convenuti ed obbligati a pagare, come se ivi avessero il proprio domicilio ed ivi il presente contratto fosse stato concluso; di più di-

chiarano di assoggettarsi alla giurisdizione dei giudici del luogo che, come avanti e detto, venisse prescelto anche se incompetenti. Non pagando nei modi e termini anzidetti, i debitori dovranno dare, portare e liberamente rilasciare a mani del creditore o di chi per esso, ed al luogo di sua solita abitazione, entro tre giorni successivi alla scadenza, tanti pegni d'oro e d'argento « manualia » che equivalgano la somma mutuata, o quella parte di essa della quale fossero rimasti insolventi, sotto pena di altrettanta somma, saranno tenuti inoltre ai danni, interessi e spese giudiziali e stragiudiziali. A garantire il buon esito del contratto i mutuatari, in proprio ed i nome e vece dei predetti loro fratelli sottopongono a speciale pegno ed ipoteca a favore del creditore e suoi una possessione di circa 100 tornature ad essi spettante e posta nella guardia di Castel de' Britti. Il Barbieri, nel mentre accetta, dichiara che non intende « per hanc specialem obligationem sibi preiudicare in generali obligatione bonorum de Gratis nec per infrascriptam generalem huic speciali » Di più i debitori obbligano tutti i loro beni presenti e futuri, di qualsiasi genere e condizione, a favore del mutuante e ne trasferiscono in lui « omnem possessionem naturalem et civilem », ed il Barbieri a sua volta, aderendo alle istanze fattegli, concede loro di detenerli in nome suo ed a solo titolo precario « civili tamen possessione penes dictum Iohannem Benedictum et eius heredes retenta, et eidem integre reservata », così che contravvenendo i debitori a qualsiasi degli obblighi assunti, egli potrà impossessarsi dei beni stessi senza intervento di giudice alcuno, li potrà vendere, alienare, obbligare ad altri o ritenere per sè per giusto prezzo fino ad indennizzarsi completamente e del capitale mutuato e delle spese, danni ed interessi. Da ultimo rinunciano le parti ad ogni e qualsiasi eccezione ed i debitori giurano sui sacri vangeli la piena osservanza del contratto.

In Christi nomine amen. Anno nativitatis eiusdem millesimo quadringentesimo sexagesimo septimo, inditione quinta decima, die decimo nono mensis ianuarii.

Egregius legum doctor dominus Franciscus et Andreas fratres et filii quondam magnifici equitis et comitis domini Iacobi de Gratis civis Bononie, suis propriis et principalibus nominibus et vice et nominibus venerabilis decretorum doctoris domini Alexandri et Caroli suorum fratrum et filiorum eiusdem quondam domini Iacobi.

Actum Bononie in capella S. Vitis in fondaco dictorum de Gratis presentibus Gaspare quondam Iacobi de Argile qui dixit et asseruit se dictas partes et contrahentes predictos cognoscere, Orlando quondam Ture de Tederisis Bononie cive capelle sancti Felicis et Xi-

colao quondam Leonardi de Raigusia campsore Bononie cive capelle
sancti Georgii in Pozale testibus omnibus ad predicta vocatis, adhibitis et rogatis.

(L. S.) Ego Christophorus quondam ser Antonii de Fabris Bononie civis publicus imperiali et communis Bononie auctoritate notarius
predictis omnibus dum sic agerentur interfui et ea omnia rogatus
scribere fui, sed aliis impeditus, ideo per suprascriptum Boaterium
notarium Bononie a meis rogationibus et nota sumi, scribi et in hanc
publicam formam reddigi feci. Ideo in fidem premissorum hic publice
me subscripsi et signum meum consuetum apposui.

CCCIX.

Busta n. 25/1631. Fol. memb. di mm. 105 × 270. — Copia.

*Locazione di terreni dai canonici della cattedrale di Bologna a Giovanni
Benedetto Barbieri.*

Bologna, 1467, 27 febbraio.

Il sindaco dei canonici e del capitolo della cattedrale di Bologna,
autorizzato dal vicario della curia vescovile, dà in affitto a Giovanni
Benedetto Barbieri che accetta, diverse pezze di terra poste nella
villa di Spiso, curia di S. Giorgio di Piano. Il contratto avrà la durata
di nove anni a far tempo dal S. Michele prossimo venturo, ed ogni
anno nella festa della Madonna d'agosto, a titolo di canone, il conduttore dovrà a sue spese portare al granaio dei locatori 14 corbe
di frumento buono e mercantile. Qualora al tempo del pagamento
dell'affitto, il frumento valesse più di 25 soldi di bolognini la corba,
è data facoltà al conduttore di pagare in denaro anziché in natura,
ed in ragione però di 25 soldi di bolognini per ognuna delle corbe
di frumento dovute. Mancando al pagamento del canone in tutto od
in parte, dovrà, entro tre giorni, portare alla casa d'abitazione dei
locatori tanti pegni d'oro o d'argento che equivalgano il dovuto,
sotto pena di altrettanto dell'arretrato in caso di ritardo. Qualora
le intemperie delle stagioni o le guerre danneggiassero gravemente
i raccolti, saranno accordate al conduttore adeguate riduzioni sul
canone d'affitto. Per tutta la durata del contratto non si potrà senza
licenza dei locatori tagliare gli alberi dei fondi locati nè al piede
nè alla cima, ed allo spirare del termine fissato i fondi stessi si consegneranno ai locatori in equo stato di manutenzione ed anzi mi-
gliorati. Promettono da ultimo i contraenti l'esatta osservanza degli

obblighi rispettivamente assunti sotto pena di 100 lire di bolognini e la rifusione dei danni e delle spese.

In Christi nomine amen. Anno a nativitate eiusdem millesimo quadringentesimo sexagesimo septimo, indictione quintadecima, die vigesimo septimo februarii. . . .

Acta fuerunt predicta Bononie in capella sancti Nicolai de Albaris in domo residentie prefati reverendi patris domini Ludovici de Ludovisiis Apostolice Sedis prothonotarii, presentibus eximio iuris utriusque doctore domno Bartholomeo de Lambertinis cive Bononie honesto viro, domno Iacobo quondam Antonii presbitero bononiensi capellano prefati domini Ludovici de Muzolis et Bernardo filio Iacobi quondam Bernardi a Rege bambasarii cive Bononie capelle sancti Andree de Platisiis, qui omnes dixerunt et asseruerunt se dictas partes contrahentes cognoscere, testibus omnibus ad predicta vocatis, adhibitis et specialiter rogatis.

(L. S.). Ego Maionus quondam egregii artium et medicine doctoris magistri Nicolai de Saviis civis Bononie publicus imperiali communis Bononie ac curie episcopalis bononiensis auctoritate notarius suprascripta omnia et singula pro ut in notis et rogationibus ser Petri de Botonibus notarii infrascripti de ipsis rogati inveni, ita fideliter ac de verbo ad verbum de ipsius consensu et voluntate sumpsi, scripsi, exemplavi et in hanc publicam et autenticam formam [redegi], et ideo hic me subscripsi signumque meum consuetum apposui.

CCCX.

Busta n. 25 1681. Fasc. memb. di 6 carte di mm. 215 × 315. — Copia

Nomina di curatore speciale al minore Pier Francesco Poggi.

Bologna, 1469, 11 aprile.

Galeazzo Butrigari giudice e dottore deputa Carlo Marsigli a curatore speciale del minore Pier Francesco Poggi, con mandato di autorizzarlo ed assisterlo nella vendita della metà di una possessione sita in comune di Altedo, che Pier Franceso unitamente a Ludovico suo fratello intende fare a Giovanni Benedetto Barbieri per lire 1500 di bolognini. Il Marsigli dichiara di accettare l'incarico e giura sui vangeli di curare l'interesse del minore predetto, sotto obbligo ed ipoteca di tutti i suoi beni presenti e futuri.

In Christi nomine amen. Anno nativitatis eiusdem millesimo quadringentesimo sexagesimo nono, indictione secunda, die quarto decimo mensis aprilis. . . . .

. . . . dixit et exposuit egregio legum doctori domino Galeatio de Butrigariis Bononie civi et de collegio iudicum dicte civitatis. . . .

Actum Bononie in capella sancti Barbatiani, sub logia domus habitationis mei notarii infrascripti, presentibus Nicolao quondam Iohannis de Secadinariis becario Bononie cive capelle sancti Blaxii cognato dicti Petri Francisci adulti homine bone vite, condictionis et fame maiore viginti quinque annis, qui predictis omnibus et singulis consensit et ad delationem dicti domini doctoris dixit et corporaliter iuravit ad sancta Dei evangelia manibus tactis scripturis se fuisse et esse cognatum dicti adulti, maiorem viginti quinque annis sue etatis et se credere ea que aguntur et fiunt et que acta'sunt non fieri nec facta esse in damnum, fraudem vel preindicium dicti adulti, et dixit et iuravit in omnibus et per omnia pro ut requiritur et opus est ex forma statutorum Bononie, Iacobo Hieronimi de Bologninis capelle sancti Stephani, Carolo quondam Francisci a Bove capelle sancti Martini de Apposa, Iacobo quondam Iohannis a Peregrino notario, Francisco Laurentii de Gozadinis capelle sancti Michaelis de Leprosetto, qui omnes dixerunt et asseruerunt prefatos Petrum, Iohannem, Benedictum, Ludovicum, Petrum, Franciscum, Carolum et doctorem et cognatum bene cognovisse et cognoscere, Antonio Ioannis Placentini calzolario capelle sancti Prosperi testibus omnibus bone vite, condictionis et fame ad predicta omnia vocatis, rogatis et adhibitis.

(L. S.) Ego Antonius filius Bartholomei de Setta civis publicus imperiali et comunis Bononie auctoritate notarius predicta omnia et singula pro ut in notis, scripturis et rogationibus infrascripti egregii viri ser Alexandri de Butrigariis notarii et causidici Bononie de predictis rogati inveni, ita ea omnia et singula de ipsius comissione, voluntate et mandato sumpsi, scripsi et exemplavi et in hanc publicam formam redegi, et in premissorum fidem hic me cum signo et nomine consuetis subscripsi.

CCCXI.

Busta n. 25/1631. Fol. memb. di mm. 215 × 315. — Copia.

Testamento di Francesco del fu Bono detto il Piacevole.

Bologna, 1469, 20 luglio.

Pel mal tolto lascia a chi di diritto soldi 5 di bolognini e per suffragio dell'anima sua fa diverse pie disposizioni a favore della chiesa di S. Lucia sua parrocchia e dei frati dell'Osservanza. A Margherita Marini sua moglie lascia lire 250 di bolognini a tacitazione dei diritti dotali, nonchè i due scrigni che essa gli apportò in occasione del loro matrimonio. A Lucia e Minozia sue figlie costituisce a titolo di dote lire 100 di bolognini per ciascuna; di più vuole che ognuna di esse passando a nozze sia provveduta a spese della sua eredità di uno scrigno nuziale. Nomina quindi gli esecutori testamentari e da ultimo istituisce erede universale Bongiovanni suo figlinolo.

In Christi nomine amen. Anno nativitatis eiusdem millesimo quadringentesimo sexagesimo nono, indictione secunda, die vigesimo mensis iulii. . . .

Actum Bononie in capella sancte Lucie, in domo habitationis dicti testatoris, presentibus egregio artium doctore domino magistro Bartholomeo Francisci de Rotis rectore ecclesie sancte Lucie predicte, sacerdote qui publice cognoscitur rector et sacerdos predictus et specialis per totam parochiam et viciniam in qua dictus testator habitat, Cristophoro filio Luce de Quenzano lanarolo, magistro Antonio quondam Rainerii lanarolo, Ioanne quondam Iohannis de Ristoris lanarolo, Bartholomeo filio Franchi Texarii texutario, Andrea quondam Nanini de Laoneroso purgatorio omnibus de capella sancte Lucie, magistro Andrea quondam Antonii de Predis lanarolo capelle sancti Iohannis in monte, Luca quondam Ludovici Tinelli lanarolo capelle sancti Iohannis in monte, Iacobo filio Galeatii tintore capelle sancte Lucie, Benedicto quondam Bertholomei Perotti tintore capelle sancte Lucie, qui omnes dixerunt cum dicto sacerdote dictum testatorem cognoscere et eum sane mentis esse, testibus omnibus ad predicta vocatis et hore proprio dicti testatoris rogatis.

(L. S.) Ego Antonius filius Bartholomei de Setta civis Bononie publicus imperiali et comunis Bononie auctoritate notarius predicta omnia et singula pro ut in notis et rogationibus infrascripti ser Thome de Fagnano notarii inveni, ita ea omnia de ipsius consensu, voluntate et mandato sumpsi, scripsi et autentichavi et in hanc publicam formam redegi. In quorum fidem hic me cum signo meo subscripsi.

CCCXII.

Busta n. 25,1631. Fol. membr. di mm. 180 $\times$ 255. — Copia.

Vendita di parte di una casa da Carlo Marsigli a Giovanni Benedetto Barbieri.

Bologna, 1469, 12 agosto.

Carlo Marsigli vende a Giovanni Benedetto Barbieri i tre quinti che gli spettano di una casa con tegole, balchionata « cum stabulo, puteo et scorticatorio et claviga et aliis ad usum et pro usu macellarie » posta in Bologna nella cappella di S. Dalmazio de' Scannabicci nella contrada detta « la ruga di speciali sive le becharie » attualmente affittata a Nicola Seccadenari e soci per l'annuo canone di 50 lire di bolognini « monete pichionorum antiquorum ». Il prezzo si conviene in lire 300 di bolognini di moneta corrente ed è subito pagato in tante monete d'oro equivalenti la detta somma. Inoltre il venditore dichiara che al presente contratto ha ottenuto il consenso di Giacomo Arengheria proprietario dei restanti due quinti da esso appositamente interpellato e richiesto a norma degli statuti del Comune. A garanzia del pacifico possesso e per ogni caso di evizione è stabilita la penale di 300 lire di bolognini.

In Christi nomine amen. Anno nativitatis eiusdem millesimo quadringentesimo sexagesimo nono, indictione secunda, die duodecimo mensis augusti. . . .

Actum Bononie in capella sancti Andree de Ansaldis in domo habitationis mei notarii, presentibus Zanitino filio Thome de Zanitinis cive Bononie capelle sancte Lucie, Alberto filio egregii utrinsque iuris doctoris domini Bartholomei de Lambertinis, Antonio quondam Christophori de Mediolano et Alexandro filio meo omnibus capelle sancti Andree predicti, qui omnes dixerunt et asseruerunt partes et contrahentes predictos cognoscere, testibus ad predicta adhibitis, vocatis et rogatis.

(L. S.) Ego Hieronimus quondam ser Benedicti de Paliottis civis et notarius Bononie publicus imperiali et comunis Bononie auctoritate notarius, predicta omnia et singula pro ut in notis, rogationibus et scripturis infrascripti ser Mathei de Curialtis notarii de predictis rogati inveni, ita ea omnia de ipsius commissione, voluntate et mandato fideliter et bona fide sumpsi, scripsi, exemplavi et autenticavi et in hanc publicam et autenticam formam redegi. In quorum fidem hic me subscripsi et signum nomenque meum apposui consuetum.

CCCXIII.

Busta n. 25, 1631. Fol. memb. di mm, 237 × 338. Copia.

Vendita di terreni dai fratelli Maranini e da Lodorico Aroglio a Giovanni Benedetto Barbieri.

Bologna, 1469, 26 settembre.

Nascimbene e Petronio fratelli Maranini avevano avuto in affitto con patto di francare pel prezzo di lire 740, soldi 18 e denari 8 di bolognini « ad rationem monete quatrinorum » da Antonio Avoglio e dopo la morte di lui, da Ludovico suo figlio, una possessione di 61 tornature circa posta nella guardia di S. Maria in Duno, confinante colla via pubblica, col dottore Alessandro Tartagni da Imola e colle monache di S. Agnese. Valendosi della facoltà loro consentita ac-quistarono tanta parte della detta possessione fino a concorrenza di lire 340, soldi 18 e den. 8 di bolognini e la residua parte pel va-lore di lire 400 rimase in proprietà al predetto Ludovico Avoglio. Decisi a vendere la parte loro spettante, i fratelli Maranini interpellarono Ludovico Avoglio ed avendone riportato il consenso, alla presenza di lui cedono e vendono a Giovanni Benedetto Barbieri, che accetta, la quota di detta possessione di loro proprietà pel prezzo di lire 340.18.8 di bolognini, le quali il Barbieri per mandato del suddetto Petronio numera e paga al Nascinbene che a sua volta le riceve rimossa ogni ecce-zione. Successivamente Ludovico Avoglio vende a sua volta allo stesso Barbieri la residua quota di sua spettanza nella predetta pos-sessione per lire 400 di bolognini che a lui pure sono immediata-mente pagate. In seguito a ciò entrambe le parti venditrici garan-tiscono il pacifico possesso delle quote rispettivamente vendute e pel caso di evizione si assoggettano alla pena del doppio prezzo.

In Christi nomine amen. Anno nativitatis eiusdem millesimo qua-dringentesimo sexagesimo nono, indictione secunda, die vigesimo sexto septembris. . . .
. . . . confinatam. . . . iuxta dominum Alexandrum de Tartagnis de Imola legum doctorem. . . .
Actum Bononie in capella sancte Marie porte Ravennatis sive de Carobio in fundaco sete spectabilium virorum Virgilii et fratrum filiorum quondam Gasparis de Malviciis, presentibus eximio legum doctore domino Alexandro domini Antonii de Tartagnis de Imola, dicto Virgilio de Malvitiis, Iohanne quondam Francisci de Bologni-nis mercatore, ser Signorino quondam Bartholomei de Urso cive et notario Bononie, ser Matheo quondam Astorgii de Curialtis de Tau-signano cive et notario Bononie, Bernardino filio Mathei de Goza-dinis, et Zanitino filio Thome de Zanitinis omnibus civibus Bononie, qui omnes dixerunt et asseruerunt se partes et contrahentes predi-ctos bene cognoscere testibus omnibus ad predicta vocatis, adhibitis et rogatis.
(L. S.) Ego Nicolaus quondam ser Bonifatii de Loiano civis Bono-nie publicus imperiali ac comunis Bononie auctoritate notarius, su-prascriptum instrumentum rogatum per ser Bartolomeum de Panza-chiis una pariter et in solidum cum ser Cesare patre suo de eiusdem ser Bartholomei mandato, pro ut inveni ita fideliter mea propria manu

sumpsi et autenticavi ac in hanc publicam formam redegi. In quorum omnium fidem hic me subscripsi et signum meum consuetum apposui.

CCCXIV.

Busta n. 25/1631. Fogl. memb. di mm. 191 × 270. — Copia.

Confessione di debito del dottore Baldassare Mantacheti a favore di Andreuzza Barbieri sua moglie.

Bologna, 1470, 28 maggio.

In Christi nomine amen. Anno nativitatis eiusdem millesimo quadringentesimo septuagesimo, indictione tertia, die vigesimo octavo mensis mai, tempore pontificatus sanctissimi in Christo patris et domini nostri domini Pauli divina providentia pape secundi.

Egregius iuris utriusque doctor dominus Baldassar quondam . . . . de Mantechitis civis Bononie capelle sancti Andree de Ansaldis constitutus in presentia et ad petitionem et instantiam honeste et comendabilis mulieris domine Andreutie filie providi viri Iohannis Benedicti de Barberiis et uxoris ipsius domini Baldassaris presentis, stipulantis, recipientis et instantis sponte et ex certa eius scentia et nullo iuris vel facti errore ductus per se et suos heredes confessus fuit et publice recognovit se fore et esse debitorem ipsius domine Andreutie eius uxoris in quantitate et summa librarum trecentarum bon. monete currentis pro totidem ad eius manus perventis, et quas solemniter dixit ad manus eius usque in hodiernum diem pervenisse partim de et ex pretio nonnullorum bonorum parafrenalium dicte domine Andreutie per ipsum venditorem et in usus suos proprios et ad eius utilitatem converso, et partim in pecuniis per ipsum dominum Baldassarem a dicta domina Andrentia et a dicto eius patre post contractum matrimonium receptis usque in presentem diem. Et renunciavit solemniter exceptioni non habite non recepte et ad eius manus non pervente dicte quantitatis pecunie librarum trecentarum bon. monete predicte de et ex pretio bonorum predictorum pro parte et pro parte a dicto Iohanne Benedicto et dicta domina Andrentia modo et forma predictis. Quam quantitatem pecunie librarum trecentarum bon. monete predicte, dictus dominus Baldassar per se et suos heredes solemniter promisit dicte domine Andreutie presenti et pro se et suis heredibus stipulanti eidem domine Andreutie vel eius heredibus et seu successoribus reddere et restituere ad omnem ipsius domine Andreutie vel eius heredum seu sucessorum voluntatem, et cum et quando ipsa domina Andrentia vel eius heredes seu succes-

sores requisiverint vel interpellaverint super solutione et restitutione
dicte quantitatis pecunie librarum trecentarum bon., specialiter in
civitate Bononie, Imola, Faventie, Florentie, Regii, Parme etc., et
generaliter etc. Pacto presentationis pignorum in forma solemni etc.,
sub pena totidem etc. per dictum dominum Baldassarem dicte domine
Andreutie ut supra stipulanti per se et suos heredes solemniter promissa, totiens petenda, comittenda et exigenda ab ipso domino Baldassare vel eius heredibus per ipsam dominam Andreutiam vel eius
heredes quotiens in predictis vel aliquo predictorum contrafactum
fuerit, ventum vel omissum. Et ipsa pena soluta vel non, comissa
et exacta vel non nichilominus predicta omnia et singula perpetuo
firma perdurent. Item reficere et restituere solemniter promisit dictus dominus Baldassar per se et suos heredes dicte domine Andreutie ut supra stipulanti omnia et singula sua damna, sumptus,
expensas et interesse litis et extra. Pro quibus omnibus et singulis
firmiter observandis et efficaciter adimplendis obligavit solemniter
dictus dominus Baldassar per se et suos heredes dicte domine Andreutie ut supra stipulanti omnia et singula sua bona mobilia et immobilia ac iura presentia et futura cuiuscumque conditionis cum pacto precarii in forma solemni et valida, iuxta formam et tenorem
provisionis super predictis noviter edite. Insuper prefatus dominus
Baldassar sponte renunciavit in et super his omnibus et singulis expresse exceptioni doli mali, quod metus causa, condictioni indebiti et
sine causa aut ex iniusta causa, in factum actioni, fori privilegio,
feriis et diebus feriatis inductis et inducendis et generaliter omni
alii legum iuris et usus auxilio. Demum dictus dominus Baldassar
maior et etatis perfecte sponte corporaliter iuravit ad sancta Dei
evangelia manibus tactis scripturis predicta omnia et singula vera
fuisse et esse, eaque omnia perpetuo firma et rata habere et tenere
et contra predicta vel aliquid predictorum non facere vel venire,
nec restitutionem aliquam, ius, benefitium, privilegium vel rescriptum aliquod impetrare, procurare vel consequi, aut impetratis uti
pretextu vel occasione damni modici vel enormis de iure vel de
facto, in iudicio sive extra.

Actum Bononie in capella S. Andree de Ansaldis in domo habitationis dicti Iohannis Benedicti, presentibus Alberto et Nicolao
fratribus et filiis egregii iuris utriusque doctoris domini Bartholomei
de Lambertinis capelle predicte et Ludovico quondam Antoaii de
Avoleo capelle sancti Nicolai de Albaris, qui dixerunt et asseruerunt partes cognoscere, testibus ad predicta vocatis et rogatis.

(L. S.) Ego Hieronimus quondam ser Benedicti de Paliottis civis et notarii Bononie publicus imperiali et comunis Bononie auctoritate notarius predicta omnia et singula pro ut in notis, rogatio-

nibus et scripturis infrascripti ser Mathei de Curialtis notarii de
predictis rogati inveni, ita ea omnia de ipsius commissione, voluntate et mandato fideliter et bona fide sumpsi, scripsi, exemplavi et
in hanc publicam et autenticam formam redegi. In quorum fidem
hic me subscripsi et signum nomenque meum apposui consuetum.

CCCXV.

Busta n. 25 1631. Fol. membr. di mm. 190 × 272. — Copia

Vendita di terreni dai fratelli Baldi a Giovanni Benedetto Barbieri.

Bologna, 1470, 20 ottobre.

Giovanni e Bartolomeo fratelli Baldi vendono a Giovanni Benedetto Barbieri una pezza di terra di una tornatura e mezza sita
nella cappella di S. Egidio fuori di porta Mascarella. Il prezzo è
convenuto in ragione di lire 75 di bolognini, moneta corrente, la
tornatura, e così in complessive lire 112 e soldi 10, delle quali lire 74
sono dal Barbieri pagate in moneta corrente, ed il residuo di lire 38
e soldi 10 è pagato in moneta d'oro e di quattrini. A garanzia del
pacifico possesso e per ogni caso di evizione è comminata una penalità uguale all'ammontare del prezzo pagato.

In Christi nomine amen. Anno nativitatis eiusdem millesimo quadringentesimo septuagesimo, indictione tercia, die vigesimo mensis
octubris. . . .

Actum Bononie in ecclesia nova sancti Petronii, presentibus domino Iachobo filio Iohannis de Rotis de Buseto comitatus Cremone
studente Bononie in iure civili in capella sancti Blasii, qui dixit et
asseruit partes et contrahentes cognoscere, Andrea quondam Bartholomei ferazerio capelle sanctorum Vitalis et Agricule, magistro
Nicolao quondam Mathei Simi tintoris capelle sancte Lucie testibus
ad predicta vocatis et rogatis.

(L. S.) Ego Hieronimus quondam ser Benedicti de Paliottis
civis et notarii Bononie publicus imperiali et communis Bononie auctoritate notarius predicta omnia et singula pro ut in notis, rogationibus et scripturis infrascripti ser Mathei de Curialtis notarii de
predictis rogati inveni, ita ea omnia de ipsius comissione, voluntate
et mandato fideliter et bona fide sumpsi, scripsi, exemplavi et autenticavi et in hanc publicam et antenticam formam redegi. In quorum fidem hic me subscripsi et signum nomenque meum apposui
consuetum.

CCCXVI.

Busta n. 25/1631. Fasc. membr. di 4 carte di mm. 265 × 415. — Copia

Transunto dell'atto di conferma dei privilegi a favore della città e dello Studio di Bologna per parte di papa Bonifacio IX.

Bologna, 1471, 20 febbraio.

. . . .

Instrumentum omnium gratiarum contentarum in bullis.

In nomine Domini amen. Noverint universi presentes pariter et futuri huiusmodi instrumentum publice inspecturi, quod die vigesimo nono mensis octubris anno a nativitate Domini millesimo trecentesimo nonagesimo secundo, indictione quintadecima, pontificatus sanctissimi in Christo patris et domini nostri d. Bonifatii digna Dei providentia pape noni anno tertio, coram ipsius domini nostri pape sanctitate, in civitate Perusii et infra palatium apostolicum in camera paramenti etc.

Capitula concessa per summum pontificem d. Bonifacium p. p. VIIII, magnifice comunitati et populo Bononie etc.

. . . .

Item predicti sindici et procuratores, actores et negotiorum gestores nomine quo supra pecierunt humiliter: quod dictus dominus noster papa, confirmet omnes bullas et concessiones et omnia privillegia facta et concessa comuni et populo Bononie, Studio ac scolaribus Studii ipsius civitatis per dominos summos pontifices et romanos imperatores vel alter eorum seu alterius eorum auctoritate, etiam si forent quacumque ratione vel causa annullata vel revocata a iure vel per aliquem summum pontificem vel alium, nomine seu ad instantiam ipsius summi pontificis vel Sancte Romane Ecclesie, et maxime privillegium concessum per sancte recordationis Innocentium papam sextum, in quo inter alia concessit quod in civitate Bononie vigeret Studium generale in theologica facultate, cum omnibus contentis in dicto privillegio et bulla superinde confectis, quod privillegium olim . . . . . . revocavit: ac privillegium concessum civitati Bononie per felicis recordationis Theodosium romanorum imperatorem ut patet in registro communis Bononie ad cameram actorum ipsius communis posito. Que omnia prefatus dominus noster gratiose concessit. . . .

(L. S.). Ego Franciscus quondam Guasparis de Bentivolis civis et notarius Bononie et nunc notarius officio camere actorum comunis et populi Bononie, predicta omnia pro ut in dicto libro bullarum inveni, ita ea omnia fideliter scripsi, subscripsi et exemplavi sub anno Domini millesimo quadringentesimo septuagesimo primo, indictione quarta, die vigesimo mensis februarii, tempore pontificatus sancti in Christo patris et domini nostri domini Pauli divina providentia pape secundi. Et in fidem omnium premissorum hic publice me subscripsi signoque meo solito signavi.

CCCXVII.

Busta n. 25/1631 Fol. memb. di mm. 210 × 310. — Copia.

Cessione di credito dal dottore Bernardo da Sassuno ai fratelli Grati.

Bologna, 1474, 29 gennaio.

In Christi nomine amen. Anno nativitatis eiusdem millesimo quadringentesimo septuagesimo quarto, indictione septima, die vigesimo nono mensis iannarii, tempore pontificatus sanctissimi in Christo patris et domini nostri domini Sixti divina providentia pape quarti. Egregius iuris utriusque doctor dominus Bernardus quondam Petri de Sassuno civis Bononie ad quem spectabat et pertinebat et spectat et pertinet creditum librarum duarum mille centum septuaginta unius et sollidorum octo bon. de quantitate et summa librarum quinque millium octingentarum bon. scriptarum in creditum sub nomine magnifici millitis et egregii legum doctoris domini Francisci et fratrum olim magnifici viri et spectabilis militis et comitis domini Iacobi de Gratis super monte et cumulo salis civitatis Bononie, ex quibus libris duabus mille centum septuaginta una et sollidorum octo bon. licet sub nomine predictorum domini Francisci et fratrum de Gratis in dicta summa librarum quinque millium octingentarum descripte forent, nonnullos percipiebat annuos redditus vigore maxime cessionis et venditionis et seu concessionis de dicto credito librarum duarum mille centum septuaginta unius et sollidorum octo bon. et inrium eius facte ipsi domino Bernardo per dictos dominum Franciscum et fratres de Gratis pro ut Andreas dicti quondam domini Iacobi de Gratis in presentia mei notarii et testium infrascriptorum suo proprio et principali nomine et vice et nominibus domini Francisci et Caroli eius fratrum pro quibus omnibus de rato et rati habitione solemniter promisit et se facturum et curaturum

sub infrascripta pena et obbligatione bonorum quod presentem contractum et omnia et singula in eo contenta ratum habebunt. Et procuratorio nomine ipsorum ex instrumento sui mandati rogato et scripto per ser Christophorum de Fabris et etiam Franciscum Caravita
notarios, ad petitionem et instantiam dicti domini Bernardi presentis et instantis solemniter confessus fuit et publice recognovit predicta omnia et singula vera fuisse et esse, sponte et ex certa eius
scientia et nullo iuris vel facti errore ductus per se et suos heredes,
protestatione per ipsum dominum Bernardum premissa et in qualibet
parte presentis contractus et instrumenti repetita et quam repetitam
et quam pro repetita habere vult et intendit quod evictionem et de
evictione infrascriptorum iurium per eum cedendorum et crediti predicti librarum duarum mille centum septuaginta unius et sollidorum
octo bon. teneri non vult ac intendit, nec obligare se nec sua bona
in aliquem casum, nec ad restitutionem pretii casu quo evincentur
preterquam pro dato et facto ipsius domini Bernardi, titulo et ex
causa venditionis cessit, transtulit et mandavit dicto Andree de Gratis presenti et pro se et suis heredibus et successoribus et vice et
nominibus dictorum eius fratrum et eorum heredum et successorum
stipulanti, recipienti et acceptanti omnia et quecumque iura et actiones reales et personales, utiles, directas, ipotecarias, tacitas et ex-
pressas omneque edictum et interdictum iudicis officium et ex lege
conditionem eidem domino Bernardo spectantes et pertinentes ac spectantia et pertinentia in dicto credito librarum quinque millium octingentarum bon. respectu dicte quantitatis librarum duarum mille centum septuaginta unius et soldorum octo bon., pleno iure de cetero
spectare et pertinere et spectare et pertinere debere ad dictos Andream et fratres de Gratis eorumque heredes et sui successores, cum
iure habendi et percipiendi fructus, redditus et proventus pro futuris temporibus debitos et debendos, constituens dictus dominus Bernardus dictum Andream presentem et ut supra nominibus predictis
stipulantem et accipientem ac acceptantem procuratorem in rem suam
et ponens eum in locum suum iurium et actionum et aliorum predictorum ut supra cessorum, ita quod a modo et de cetero dictis
iuribus et actionibus et aliis ut supra cessis et dicto credito uti et
frui possint et fructus et redditus predictos percipere et de eo et eis
libere disponere velle suum tam agendo quam defendendo in inditio
et extra. Promittens dictus dominus Bernardus, protestatione salva
de qua supra, quod de dictis iuribus et actionibus et aliis ut supra
cessis et de credito antedicto librarum duarum mille centum septuaginta unius et soldorum octo bon. non fecit nec in futurum faciet alicui alteri venditionem, cessionem, actum, pactum vel contractum alicuius forme vel tenoris in preiuditium presentis cessionis et contractus

seu quominus dicti de Gratis eorumque heredes et sui successores
libere possint et valeant de dicto credito et eius fructibus, redditibus et proventibus predictis et de dictis iuribus et actionibus et aliis
ut supra cessis disponere velle suum. Et si secus factum fore apparebit. promissit solemniter dictus dominus Bernardus per se et suos
heredes, dicta protestatione semper salva, dictos de Gratis et dictum
Andream presentem et nominibus predictis ut supra stipulantem
indemnem et indemnes et penitus sine damno eximere et conservare.
Et hec nominatim pro pretio et nomine pretii ducatorum ducentorum quinquaginta octo auri cum dimidio largorum, quos dictus dominus Bernardus confessus fuit habuisse et recepisse convertendos
in causam presentem a dictis de Gratis et pro eis et eorum nominibus provido viro Iohanni Benedicto de Barberiis et de propriis
pecuniis dicti Iohannis Benedicti quantum est pro quantitate ducatorum ducentorum auri per manus et tabulam Antonii Gabrielis et
a dictis de Gratis quantum est pro quantitate ducatorum quinquaginta octo cum dimidio per manus et tabulam dicti Antonii. Et renunptiavit solemniter exceptioni non habite, non recepte et eidem
non solute dicte quantitatis pecunie ducatorum quinquaginta octo
cum dimidio a dictis de Gratis et dicto Iohanni Benedicto ut dictum est modo et forma predictis a dicta de causa. Qua propter, prefatus dominus Bernardus per se et suos heredes ex parte una, et
dictus Andreas de Gratis suo proprio nomine et vice nominibus
predictis se invicem et vicissim absolverunt et liberaverunt ab omnibus et singulis suprascriptis et maxime a duobus libris iuris, videlicet digesto veteri et codice et pretio eorum. Quod pretium dictus Andreas nominibus predictis confessus fuit habuisse a dicto
domino Bernardo, et renunptiavit exceptioni eiusdem non habiti et
non recepti et generaliter ab omni eo et toto quod inter se invicem
et vicissim petere, consequi et exigere possent occasione dicti crediti et emolumentorum eius et dictorum librorum et pretii predicti
et quacumque alia ratione vel causa. Que omnia et singula supra
et infrascripta et in presenti contractu et instromento apposita et
descripta promisserunt solemniter partes predicte modis et nominibus
predictis et per se et eorum heredes inter se invicem et vicissim
una queque videlicet, pro a se factis, promissis et conventis perpetuo firma et rata habere, tenere, attendere, observare et adimplere
et in nullo contrafacere, dicere, opponere vel venire per se vel al-
teram ipsarum vel alium seu alios aliqua ratione vel causa de iure
vel de facto in iudicio sive extra sub pena librarum octingentarum
bon. per dictas partes et utramque ipsarum, modis forma et nominibus predictis per unamquamque, videlicet pro a se factis, promissis et conventis inter se invicem et vicissim solemniter promissa,

tociens comittenda et per partem a se promissa servantem a parte
contrafaciente petenda et exigenda quotiens in predictis vel aliquo
predictorum contrafactum fuerit, ventum vel obmissam Et ipsa pena
soluta vel non, comissa et exacta vel non, nichilominus predicta om
nia et singula perpetuo firma perdurent Item inter se invicem et
vicissim modis, forma et nominibus predictis reficere et restituere
solemniter promisserunt omnia et singula damna, sumptus, expensas
et interesse litis et extra Pro quibus omnibus et singulis firmiter
observandis et efficaciter adimplendis obligaverunt solemniter partes
predicte et utraque ipsarum, modis forma et nominibus predictis per
se et earum nominibus predictis heredes una queque, videlicet pro
a se factis, promissis et conventis omnia et singula earum et utrius
que earum nominibus predictis bona mobilia et immobilia ac iura
presentia et futura cuiuscumque conditionis renuntiantes insuper
dicte partes inter se invicem et vicissim in et super his omnibus
et singulis expresse exceptioni doli mali quod metus causa, condi
tioni indebiti et sine causa aut ex iniusta causa, in factum actioni
fori privillegio, feriis et diebus feriatis inductis et inducendis et ge
neraliter omni alii legum iuris et usus auxilio Demum partes pre
dicte et utraque ipsarum maiores et etatum perfecte sponte corpo
raliter iuraverunt videlicet, dictus dominus Bernardus in animam
eius et dictus Andreas in animam eius et dictorum eius fratrum
corporaliter ad sancta Dei evangelia manibus eorum tactis scripturis
predicta omnia et singula videlicet unumquemque a se facta promissa
et conventa perpetuo firma et rata habere et tenere et contra pre
dicta vel aliquid predictorum non facere vel venire nec restitutionem
aliquam, ius, beneficium, privillegium vel rescriptum aliquod impetrare,
procurare vel consequi aut impetratis uti pretextu vel occasione
damni modici vel enormis seu enormissimi vel aliquavis ratione vel
causa de iure vel de facto in iuditio sive extra

Actum Bononie in palatio residentie dominorum anzianorum po
puli et comunis Bononie in camera quietis, presentibus Bonitatio
quondam Alamani de Blanchetis cive Bononie capelle sancti Donati
Zanetino filio Thome de Zanetinis capelle sancte Lucie, Ludovico
filio Iohannis olim domini Antonii de Montarenzoli capelle sancte
Cecilie et Iohanne quondam ser Petri de Bolognetis capelle sancte
Marie porte Ravennatis qui dixerunt et asseruerunt partes cognoscere, testibus ad predicta vocatis et rogatis

(L S) Ego Petronius filius ser Nicolai de Moneta civis Bononie
publicus imperiali et comunis Bononie auctoritate notarius, predicta
omnia et singula pro ut in notis scripturis et rogationibus ser Ma
thei de Curialtis notarii infrascripti inveni, ita ea omnia de eius comissione, licentia et mandato fideliter sumpsi exemplavi et in hanc

publicam et antenticam formam redegi. In quorum fidem, robur et testimonium hic me publice subscripsi, signumque meum apposui consuetum etc.

CCCXVIII.

Busta n. 25 1631. Fasc. membr. di 4 carte di mm. 219 × 317. Copia.

Nomina di curatore speciale ai minori Guido Antonio e Ludovico de Balli.

Bologna, 1474, 17 marzo.

I fratelli Guido Antonio e Ludovico de Balli, entrambi minori dei 25 anni, ottengono dal dottore Baldassare Mautacheti la nomina di Ludovico Avoglio a loro curatore speciale, per assisterli nel contratto di affrancazione di due pezze di terra ad essi spettanti, alla quale Giovanni Benedetto Barbieri intende procedere. L'Avoglio accetta il mandato e presta il giuramento di rito.

In Christi nomine amen. Anno nativitatis eiusdem millesimo quadringentesimo septuagesimo quarto, indictione septima, die decimo septimo mensis martii. . . .

. . . . dixerunt et exposuerunt eximio iuris utriusque doctori domino Baltasari de Maltechitis iudici et de collegio iudicum dicte civitatis. . . .

Actum Bononie in capella sancti Barbatiani in studio domus habitationis ser Alexandri de Butrigariis unius ex notariis infrascriptis, presentibus Carolo quondam Iohannis de Ballis capelle S. . . agnato dictorum adultorum . . ., ser Paulo quondam . . . . . de Schiapa notario qui dixit et asseruit se dictas partes et contrahentes, adultos, doctorem et curatorem bene cognovisse et cognoscere, Antonio quondam Christofori de Mediolano capelle sancti Andree de Ansaldis, Zanitino filio Thome de Zanitinis capelle sancte Lucie et Alexandro filio Bartholomei de Calcina capelle sancti Nicholai de Albaris et Iohanne quondam Petri de Bolognitis de Medicina, testibus omnibus bone vite, oppinionis, condictionis et fame ad predicta omnia vocatis adhibitis et rogatis.

(L. S.) Ego Alexander filius ser Mathei de Curialtis Bononie civis publicus imperiali et comunis Bononie auctoritate notarius predictis omnibus et singulis dum sic ut premittitur agerentur et fierent interfui, eaque rogatus scribere una et in solidum cum ser Alexandro quondam Christophori de Butrigariis cive et notario Bononie publice scripsi et scripsimus et in hanc publicam et autenticam formam redegi. In quorum fidem hic me subscripsi, meumque consuetum signum apposui.

CCCXIX.

Busta n. 22/1628. Fasc. memb. di 10 carte, di mm. 230 × 310. — Copia.

Transazione fra i padri Predicatori ed i frati Eremitani.

Bologna, 1475. 10 aprile.

I padri Predicatori di S. Domenico ed i frati Eremitani di San Giacomo addivengono a transazione circa le vertenze tra essi esistenti per l'esecuzione di diverse disposizioni che li riguardano contenute rispettivamente nei testamenti del fu Brizio, di Contessa moglie di Bitino Chiarissimi e di Castoria Galluzzi.

In Christi nomine amen. Anno nativitatis eiusdem millesimo quadringentesimo septuagesimo quinto, indictione octava, die decimo mensis aprilis. . . .

Et ea propter predicti fratres Heremitarum ordinis sancti Augustini dicti monasterii . . . . specialiter ob infrascriptam causam de mandato reverendi sacre theologie professoris magistri Laurentii quondam Laurentii de Bononia dignissimi prioris conventus fratrum ordinis et monasterii predictorum, in quorum congregatione interfuerunt omnes infrascripti, videlicet prefatus magister Laurentius de Bononia prior, magister Iacobus Iacobi de Bononia sacre theologie professor, magister Tomas Iohannis de Bononia sacre theologie professor. . . . .

Actum Bononie in primo claustro dicti monasterii sancti Iacobi ante et secus capitulum solite congregationis dictorum fratrum Heremitarum, presentibus egregio iuris utriusque doctore d. Sighinolpho d. Iohannis de Perusio habitatore Bononie in capella sancti Proculi, magistro Petro Marino quondam ser Antonii de Benedictis de Montenovo scolare studente in artibus et habitante Bononie in dicto monasterio sancti Iacobi, Natale quondam Iohannis de Baixio Regine diocesis negotiorum gestore dictorum fratrum Heremitarum habitatore Bononie in capella sancti Leonardi et Gulielmo Zambonini de Guinzanello diocesis brissiensis habitatore Bononie in dicto monasterio sancti Iacobi testibus omnibus ad predicta vocatis, adhibitis et rogatis.

(L. S.) Ego Albizus quondam ser Berti de Dugliolo civis Bononie publicus apostolica, imperiali et communis Bononie ac curie episcopalis bononiensis auctoritatibus notarius suprascriptis omnibus et singulis dum sic ut premittitur agerentur interfui, eaque rogatus scripsi, publicavi et in notam redegi.

CCCXX.

Busta n. 25 1631. Fasc. memb. di 4 carte di mm. 200 × 300.   Copia.

Confessione di debito di Pietro, Filippo, Ferrante e Galeazzo Micheli
   verso Giovanni Benedetto Barbieri, in dipendenza di un affitto di
   terreni.

Bologna, 1476, 16 maggio.

I fratelli Pietro, Filippo, Ferrante e Galeazzo Micheli dichiarano di essere debitori verso Giovanni Benedetto Barbieri della somma di lire 200 di bolognini in dipendenza dell'affitto di una possessione sita in territorio di S. Maria in Dono concesso da esso Barbieri a Tora loro madre e tutrice, e di volere continuare per altri due anni nell'affitto medesimo alle stesse condizioni e patti che attualmente lo governano. E però, Pietro e Filippo, dopo ottenuta per ragione della loro minore età, la nomina di Zanettino Zanettini a curatore speciale per quest'atto, dichiarano, insieme con Tora loro madre, che agisce quale tutrice di Ferrante e di Galeazzo tuttora in età pupillare, a richiesta del prefato Giovanni Benedetto Barbieri, di riconoscere formalmente il debito sopra accennato di lire 200 di bolognini e altro debito di lire 25 di bolognini per diversi rapporti tra essi interceduti, e promettono di pagare il tutto pel San Michele prossimo venturo, sotto pena di uguale somma qualora mancassero. Il Barbieri poi, accogliendo l'istanza fattagli, affitta ai detti fratelli la sopra citata possessione per altri due anni a far tempo dal prossimo S. Michele, sotto l'osservanza dei patti e condizioni e sotto comminatoria delle pene stesse contenute nel primitivo atto d'affitto al quale dichiarano di pienamente riferirsi.

In Christi nomine amen. Anno nativitatis eiusdem millesimo quadringentesimo septuagesimo sexto, indictione nona, die sextodecimo mensis may. . . .
. . . . constituti in presentia egregii iuris utriusque doctoris civis et doctoris Bononie et de collegio iudicum civum civitatis Bononie. . . .

24

Actum Bononie in capella sancti Stephani in domo habitationis dicte domine Thore et dictorum adultorum et pupillorum, presentibus Theodorico quondam egregii legum doctoris domini Iacobi de Saliceto capelle sancti Stephani, Michaele quondam Andree de Caxali capelle sancte Agate vicinis et de vicino loco et propter carentiam cognatorum et agnatorum adhibitis, qui predictis omnibus et singulis consenserunt et ad delationem dicti doctoris iuraverunt corporaliter ad sancta Dei evangelia manibus tactis scripturis se esse vicinos et de vicinis dictorum pupillorum et adultorum et esse maiores viginti quinque annis et se credere ea omnia que aguntur et fiunt et acta sunt non fieri nec facta esse in damnum, fraudem vel preiudicium dictorum pupillorum, et in omnibus et per omnia dixerunt et iuraverunt pro ut ex forma iuris et statutorum comunis Bononie tenebantur et debebant, Urbano quondam Hectoris de Monte Seta studente Bononie in iure canonico in capella sancti Stephani, Iacobo quondam domini Baldasaris de Luparis capelle sancti Stephani, Bonantonio quondam Becadelli de Alliotis capelle sancti Stephani, qui dixerunt et asseruerunt se dictas partes, dictos vicinos, doctorem et curatorem cognoscere, testibus omnibus hominibus bone opinionis et fame ad predicta vocatis et rogatis.

(L. S.) Ego Petronius quondam ser Nicolai olim ser Francisci a Moneta civis Bononie publicus imperiali et comunis Bononie auctoritate notarius predicta omnia et singula pro ut in notis, rogationibus et scripturis egregii viri ser Matthei de Curialtis notarii infrascripti de predictis rogati inveni, ita ea omnia de ipsius comissione, licentia et mandato fideliter sumpsi, scripsi, exemplavi et in hanc publicam et autenticam formam redegi. In quorum fidem, robur et testimonium omnium premissorum hic me publice subscripsi, signum nomenque meum apposui consuetum.

CCCXXI.

Busta n. 25/1631. Fasc. memb. di 4 carte di mm. 165 × 235. — Copia.

Vendita di una casa dalle monache di S. Lorenzo ai frati di S. Giacomo.

Bologna, 1478, 22 agosto.

Il procuratore delle monache di S. Lorenzo, ottenute le necessarie autorizzazioni, vende ai frati Eremitani di S. Giacomo, pei quali accetta maestro Lorenzo da Pagliarisio professore di sacra teologia, una casa con due cortili posta in Bologna nella contrada detta « al campo di S. Lucia » per il prezzo di lire 180 di bolognini moneta corrente. A garanzia del pacifico possesso e per ogni caso di evizione è comminata la pena del doppio del prezzo convenuto.

In Christi nomine amen. Anno nativitatis eiusdem millesimo quadringentesimo septuagesimo octavo, indictione undecima, die vigesimo secundo mensis augusti . . . .

. . . . dedit, vendidit et traddidit venerabili sacre theologie professori magistro Laurentio quondam alterius Laurentii de Pagliaritio professo et sindaco ac procuratori fratrum monasterii et conventus sancti Iacobi de Bononia . . . .

Actum Bononie in palatio dominorum antianorum civitatis Bononie in camera dicta « la camera del reposo », presentibus magistro Anthonio quondam Iohannis de Forbicibus Bononie cive capelle sancti Iohannis in monte, Bernardino quondam Iohannis de Testis Bononie cive capelle sancti Nicolai, qui dixit et asseruit se dictos contrahentes, sindicos et prenominatos omnes bene cognovisse et cognoscere, Cristophoro quondam ser Pauli de Saviolis sive de Ocha Bononie cive capelle sancti Archangeli, Peregrino quondam Nicolai Musini famulo domini corectoris et seu societatis notariorum Bononie capelle sancti Petri martiris, testibus omnibus ad predicta vocatis, adhibitis et rogatis.

(L. S.) Ego Paganellus quondam Baldassarris de Paganellis civis Bononie publicus imperiali et communis Bononie auctoritate notarius predicta omnia et singula pro ut in notis, scripturis et rogationibus infrascriptorum ser Bartholomei de Zanis et ser Alexandri de Butrigariis civium et notariorum Bononie de predictis omnibus in solidum rogatorum inveni, ita ea omnia de verbo ad verbum de eorum comissione, voluntate et mandato fideliter sumpsi, scripsi et exemplavi, et in hanc publicam et autenticam formam redegi: et in fidem premissorum hic me subscripsi, nomen signumque meum consuetum apposui, scripsi.

CCCXXII.

Busta n. 25,1631 Fasc. memb. di mm. 200 × 310. — Copia.

Testamento di Giovanni Benedetto Barbieri.

Bologna, 1478, 6 settembre.

Raccomandata l'anima a Dio, dispone che in rimedio dei suoi peccati siano erogati 20 soldi di bolognini pel mal tolto, 30 soldi per le messe di S. Gregorio e lire 16, soldi 12 e denari 4 pure di bolognini per la celebrazione di mille messe di suffragio. Per la fabbrica della chiesa di S. Andrea degli Ansaldi lascia lire 50 di bolognini, ciò a tacitazione anche delle decime eventualmente non pagate. Al monastero di S. Martino d'Aposa ed ai conventi di S. Clara e di S. Lorenzo lega 100 lire di bolognini per ciascuno e 25 lire di bolognini lascia pure al Monte di Pietà. Lire 100 di bolognini vuole siano date al monastero di S. Domenico per acquisto di pianete, camici, amitti e stole. Tacita Orsolina de Fabi sua moglie pei diritti dotali « et eam vestiri et velari voluit condecenter pannis lugubribus et velis per mortem ipsius testatoris ». A Dorotea sua figlia lascia 2000 lire di bolognini ed altrettanto lascia a quella qualunque altra figlia gli nascesse in seguito; se però morendo lasciasse più di due figlie in tal caso vuole che a ciascuna di esse spettino solo 1500 lire. Queste somme saranno pagate alle sue figlie in occasione di matrimonio o di vestizione religiosa: nel frattempo saranno, in un colla loro madre alimentate e vestite a spese della sua eredità; premorendo alcuna delle figlie la quota da questa relitta si accrescerà alla superstite per sole 1000 lire ed il residuo andrà a favore dell'eredità. Lascia inoltre alla predetta Dorotea, nonchè alle altre figlie che gli avessero a nascere da Orsolina sua moglie, un paio di scrigni ossia cofani con quegli altri mobili che la Orsolina crederà di dover dare. Vuole che Andreuzza altra sua figlia e moglie del dottore Baldassarre Mantachetti sia provvista, in occasione della morte di lui, di mantello da lutto e di veli a spese della sua eredità; assegna pure a costei, a tacitarla d'ogni diritto ereditario, 25 lire di bolognini.

Sempre a spese della sua eredità ed in occasione del suo decesso saranno provveduti di « mantello et caputio lugubri » Baldassarre Mantachetti suo genero ed Astorgio e Bartolomeo fratelli della Volta.

Nomina Orsolina sua moglie a tutrice ed amministratrice di Giovanni Franceso di lui figlio e di quegli altri figli che per avventura dovesse ancora avere, e la esonera dall'obbligo di compilare l'inventario, dal prestare cauzione e dal dar conto della sua gestione. Ad esecutori testamentari chiama la prefata Orsolina, Astorgio della Volta suo fratello uterino, Pietro Corvolini speziale e Baldassarre Mantachetti suo genero, ed agli stessi concede piena facoltà di vendere ed alienare i beni di spettanza della sua eredità a qualunque persona e pei prezzi che stimeranno convenienti, perchè col ricavato possano soddisfare i legati da lui disposti.

Istituisce erede universale Giovanni Francesco suo figlio legittimo e quegli altri figli maschi legittimi che gli dovessero nascere, in porzioni eguali tra loro, con sostituzione volgare, pupillare e fidecommissaria. Prima del venticinquesimo anno di età non potranno i suoi eredi alienare alcuno degli immobili ereditari, eccetto il caso di assoluto bisogno da riconoscersi e dichiararsi « arbitrio boni viri ». Qualora avesse a morire senza maschi, ovvero questi dopo il decesso di lui mancassero in età pupillare o senza lasciare discendenti maschi legittimi, vuole siano suoi eredi le monache di santa Clara, le monache di S. Lorenzo e l'ospedale dei Battuti della morte di Bologna, e ciascuno di questi istituti per una terza parte. Nella porzione che sarà eventualmente per pervenire all'ospedale dei Battuti vuole sia compresa una sua possessione di circa 316 tornature posta in Colloredo, e detto ospedale non potrà alienarla sotto pena di decadenza a favore dei frati di S. Domenico. Da ultimo annulla qualsiasi altra disposizione d'ultima volontà avesse anteriormente fatta.

In Dei nomine amen .... in libro registri instrumentorum signato n. 54 in camera actorum seu Archivo publico magnifice communitatis Bononie existente, inter alia instrumenta in eo registrata .... fol. 34 .... infrascriptum testamentum tenoris infrascripti videlicet:

In Christi nomine amen. Anno nativitatis eiusdem millesimo quadringentesimo septuagesimo octavo, indictione undecima, die sexto mensis septembris ....

Commissarios autem suos et huius testamenti et ultime voluntatis exequutores reliquit .... et d. Baldassarem de Mantechitis iuris utriusque doctorem eius generum ....

Actum Bononie in domibus ecclesie sancti Dominici de Bononia in claustro interiori sive secundo diete ecclesie et in capitulo studentium, presentibus venerabili et religioso viro magistro fratre Simone quondam Nicolai de Novaria professore in theologia, magistro Domenico filio Petri de Pirris de Gragnano professore in theologia, fratre Damiano quondam Francisci de Saraiono de Bononia, fratre Dionisio quondam Cristofori de Giorno diocesis pergamensis omnibus ordinis predicatorum sancti Dominici de Bononia, religiosis et sacerdotibus in dicto ordine et monasterio, qui publice habentur, tenentur sacerdotes in dicta ecclesia et circumstantiis eius et qui omnes dixerunt et asseruerunt dictum testatorem cognoscere et eum sanum et sane mentis et intellectus esse, fratre Paulo quondam Michaelis de Soncino, fratre Thoma quondam Mattei de Scotia, fratre Simone quondam Hieronimi de Donatis de Lama converso et fratre Dominico quondam Iohannis de Auro omnibus fratribus dicti ordinis et conventus in dicto ordine et monasterio sancti Dominici commorantibus, testibus ad predicta adhibitis et vocatis et ore proprio dicti testatoris rogatis.

Ego Melchion filius Nicolai quondam Ioannis olim ser Beldo de Panzachiis civis apostolica et imperiali ac comunis Bononie auctoritate notarius publicus Bononie suprascriptum testamentum rogatum per ser Matteum de Curialtis notarium infrascriptum de dicti ser Mattei aliis suis negotiis impediti comissione fideliter scripsi, sumpsi exemplavi et in hanc publicam et autenticam formam redegi, et in quorum fidem hic me subscripsi et signum meum consuetum apposui.

CCCXXIII.

Busta n. 25/1631. Fasc. memb. di mm. 180 × 290. — Copia.

Locazione di terreni con facoltà di francare da Antonio Grassi a Buongiovanni e Margherita sua madre.

Bologna, 1480, 15 novembre.

Gaspare Grassi quale procuratore di suo fratello Antonio canonico arciprete di Bologna e canonico prebendato della chiesa di S. Antonio di Savena concede in affitto a Bongiovanni del fu Francesco detto il Piacevole, che accetta per sè e per Margherita sua madre, una pezza di terra di 10 tornature circa posta in Borgo Panigale e di spettanza della prebenda canonicale del predetto Antonio.

L'affitto durerà 10 anni a far tempo da oggi, ed il conduttore dovrà frattanto curare il buono stato del terreno locato, difenderne i confini e possibilmente migliorarlo. A titolo di canone pagherà al locatore ogni anno, nella festa di S. Michele del mese di settembre, 10 lire di bolognini di moneta corrente, e nella festa di Natale gli darà un paio di capponi vivi ovvero il prezzo corrispondente. Rimanendo in arretrato per oltre 2 mesi nel pagamento del canone, l'affitto si intenderà ipso iure risolto, ed i beni, insieme coi miglioramenti, ritorneranno in possesso del locatore senza uopo d'intervento di giudice e senza necessità di citazioni o preavvisi di sorta. Per tutto il tempo della presente locazione è fatta facoltà al conduttore di affrancare ossia acquistare in proprietà il terreno locato, contro il corrispettivo di 170 lire di bolognini moneta corrente e al netto da qualsiasi tassa. In questo caso, dopo pagato il prezzo, il locatore addiverrà alla stipulazione per ministero di notaio del relativo contratto, garantendo per l'evizione coi beni della prebenda canonicale. Il prezzo stabilito nel modo predetto sarà impiegato nell'interesse della prebenda ad acquistare altro immobile di corrispondente valore posto nella città, guardia o contado di Bologna; le spese dei contratti relativi saranno a carico del conduttore e suoi.

Promettono i contraenti l'esatta osservanza degli obblighi rispettivamente assunti, sotto pena di 500 lire di bolognini e rinunciano ad ogni eccezione che potessero opporre.

In Christi nomine amen. Anno nativitatis eiusdem millesimo quadringentesimo octuagesimo, indictione tertia decima, die mercurii quintodecimo mensis novembris. . . .

. . . spectabilis miles et eximius legum doctor ac comes dominus Gaspar quondam ser Iacobi de Grassis civis Bononie.

Actum Bononie in capella sancti Thome de mercato in camera domus habitationis dicti locatoris, presentibus ibidem venerabili viro et eximio decretorum doctore domino Hieronimo de Grassis canonico bononiensi qui dixit et asseruit se partes et contrahentes predictos cognoscere, magistro Dominico filio Pauli de Feraria sartore, Iohanne alias Ianes de Alamania famulo magistri Nicolai de Grassis testibus omnibus ad predicta omnia vocatis, adhibitis et rogatis.

(L. S.) Ego Agamennon quondam egregii viri ser Baldasseris de Grassis civis Bononie publicus imperiali, comunis Bononie ac curie episcopalis bononiensis auctoritatibus notarius predictis omnibus et singulis dum sic ut premittitur agerentur et fierent presens interfui eaque rogatus scribere publice scripsi, publicavi, autenticavi et in hanc publicam et autenticam formam redegi, hic ideo me subscripsi, signum nomenque meum apposui consuetum in fidem et testimonium omnium et singulorum suprascriptorum.

CCCXXIV.

Busta n. 25 1631. Fasc. memb. di 4 carte di mm. 170 × 255. — Copia.

Nomina di curatore speciale al minore Diomede Grati.

Bologna, 1481, 19 febbraio.

Zanettino Zanettini è nominato curatore speciale del minore Diomede Grati per assisterlo ed autorizzarlo nella vendita d'una casa in Bologna nella contrada di S. Petronio vecchio, che lo stesso intende fare pel prezzo di lire 100 di bolognini a Giovanni Benedetto Barbieri.

In Christi nomine amen. Anno nativitatis eiusdem millesimo quadringentesimo octuagesimo primo, indictione quarta decima, die decimonono mensis februarii . . . . Constitutus in presentia egregii iuris utriusque doctoris domini Baldassaris de Mantechittis civis et doctoris Bononie et de collegio iudicum civitatis Bononie . . . . Diomedes quondam egregii legum doctoris et comitis et equitis domini Francisci quondam magnifici equitis domini Iacobi quondam magistri Peregrini de Gratis . . . .

Actum Bononie in capella sancte Marie de Templo in domo habitationis dicti venditoris, presentibus dicto Carolo agnato et propinquo dicti adulti, . . . ac etiam presentibus magistro Iacobo quondam Iohannis Taurenini alias de Balistis capelle sancte Catharine de Saragotia, Stephano filio magistri Andree de Malchiavellis speciario capelle SS. Simonis et Luce et Bartholomeo quondam Iacobi de Novellario capelle sancte Cristine de Fondatia muratore qui dixerunt et asserverunt adultum, curatorem, doctorem, emptorem et expromissores cognoscere, testibus omnibus bone oppinionis et fame ad predicta adhibitis vocatis et rogatis.

(L. S.) Ego Paganellus quondam Baldassaris de Paganellis civis Bononie publicus imperiali et comunis Bononie auctoritate notarius predicta omnia et singula pro ut in notis scripturis et rogationibus infrascripti ser Mathei quondam Astorgii de Curialtis notarii de predictis omnibus rogati inveni, ita ea omnia de verbo ad verbum de eius comissione, voluntate et mandato fideliter sumpsi, scripsi et exemplavi et in hanc publicam et autenticam formam redegi, et in fidem premissorum hic me subscripsi, nomen signumque meum consuetum apposui, scripsi.

CCCXXV.

Busta n. 25/1631. Fol. memb. di mm. 200 × 300. — Copia.

Cessione di diritti e di azioni ereditarie da Girolamo Sala a Giovanni Benedetto Barbieri.

Bologna, 1481, 2 maggio.

Gerolamo Sala cede e vende a Giovanni Benedetto Barbieri, che accetta, tutti i diritti e le azioni che gli competono verso l'eredità del fu Carlo Marsigli e contro la vedova di lui Cecilia Zanettini pel conseguimento di lire 242 e soldi 3 di bolognini, 200 delle quali in moneta d'argento. La cessione è fatta pel corrispettivo di altrettanta somma, ed in conto e a saldo della stessa il Barbieri dà e consegna al cedente fra l'altro, una *camura* ad uso di donna di cremisino senza maniche del valore di lire 73, soldi 2, denari 3 di bolognini di moneta corrente; un paio di scrigni nuziali valutati lire 35, nonchè diversi panni di lana a svariati colori stimati lire 100, soldi 14, denari 2. Le parti si promettono vicendevolmente la piena osservanza del contratto sotto pena di una somma uguale a quella convenuta.

In Christi nomine amen. Anno nativitatis eiusdem millesimo quadringentesimo octuagesimo primo, indictione quarta decima, die secundo

mensis mai . . . .
Spectabilis vir Hieronimus quondam egregii iuris utriusque doctoris
domini Bornii de Salla civis Bononie capelle sancti Nicolai . . . .

Actum Bononie in pallatio dominorum antianorum in camera vo-
cata « la camera dal cantone », presentibus magnifico viro domino Zanitino quondam Thome de Zanitinis ad presens de numero magni
ficorum dominorum antianorum et Bartholomeo eius fratre qui dixerunt
et asseruerunt partes cognoscere, magistro Iacobo quondam Antonii
de Ravarino magistro lignaminis capelle sancte Lucie et Laurentio
quondam Pauli de Parma testibus ad predicta vocatis et rogatis.

(L. S.) Ego Paganellus quondam Baldassaris de Paganellis civis
Bononie publicus imperiali et comunis Bononie auctoritate notarius,
predicta omnia et singula pro ut in notis, scripturis et rogationibus
infrascripti ser Mathei de Curialtis notarii de predictis omnibus rogati inveni, ita ea omnia de verbo ad verbum de eius comissione et
mandato fideliter sumpsi, scripsi et exemplavi et in hanc publicam
et autenticam formam redegi, et in fidem premissorum hic me subscripsi, nomen signumque meum consuetum apposui, scripsi.

CCCXXVI.

Busta n. 25 1632. Fasc. memb. di 4 carte di mm. 195 × 292. — Copia.

*Nomina di curatore speciale ai minori Giovanni Francesco e Giacomo
Guidoncelli.*

Bologna, 1481, 9 ottobre.

I fratelli Giovanni Francesco e Giacomo Guidoncelli, essendo d'età
minore ed intendendo vendere a Giovanni Benedetto Barbieri per
500 lire di bolognini una pezza di terra di 47 tornature circa posta
in Ganzanico, ottengono dal dottore Pietro Canonici la nomina di
Badino Ferretti a loro curatore speciale.

In Christi nomine amen. Anno nativitatis eiusdem millesimo quadringentesimo octuagesimo primo, indictione quarta decima, die nono
mensis octubris . . . .
. . . . constituti in presentia egregii legum doctoris domini Petri de
Canonicis civis et doctoris Bononie et de collegio iudicum civitatis
predicte . . . .
Actum Bononie ut infra et in loco de quo infra, et presentibus
Ludovico quondam Antonii de Avoleo capelle sancti Nicolai de Albaris, Hercule quondam Iacobi Pedrutii capelle sancti Sigismondi et

magistro Benedicto quondam Sancti tabro capelle sancte Marie de Baronzella, qui omnes dixerunt adultos curatorem et doctorem cognoscere, testibus ad predicta vocatis et rogatis.

(L. S.) Ego Matheus quondam Astorgii de Curialtis civis Bononie publicus imperiali et comunis Bononie auctoritate notarius predictis omnibus et singulis dum sic agerentur interfui eaque rogatus scripsi et in notam redegi.

CCCXXVII.

Busta n. 25/1631. Fol. memb. di mm. 175 × 260. — Copia.

Assoluzione dei poveri di Cristo eredi di Antonia Calzolari a favore di Giovanni Benedetto Barbieri.

Bologna, 1482, 10 gennaio.

Giovanni Benedetto Barbieri era debitore dei poveri di Cristo siccome eredi della fu Antonia Calzolari, a norma del testamento da costei fatto per rogito del notaio Francesco Bentivoglio, di lire 60 di bolognini, residuo prezzo di una possessione posta in Spiso da esso Barbieri acquistata dalla Calzolari. Tale credito, per errori di calcolo, era rimasto ignoto agli interessati, di conseguenza gli esecutori testamentari della Calzolari non avevano potuto distribuirne l'ammontare tra gli eredi prescelti. Trascorse così vario tempo e l'erogazione relativa divenne di pertinenza della curia vescovile e del sindaco dei poveri di Cristo, come il Barbieri ammette e riconosce. D'altra parte, Giacomo da Muglio sindaco e procuratore dei detti poveri di Cristo sa e riconosce che il Barbieri, per commissione e mandato suo, ebbe a dispensare tra i poveri stessi 15 corbe di frumento pel valore di 15 lire di bolognini e pagò, sempre dietro suo ordine le residue 45 lire alle monache di S. Matteo di Bologna da esso Giacomo designate siccome poveri di Cristo; e però, agendo nella qualità suddetta, ritenuta la regolarità delle erogazioni fatte dal Barbieri, lo assolve e libera da ogni obbligo derivante dal ripetuto debito e promette di nulla più chiedere o pretendere al riguardo, sotto pena di una somma uguale a quella già dovuta.

In Christi nomine amen. Anno nativitatis eiusdem millesimo quadringentesimo octuagesimo secundo, indictione quinta decima, die decimo mensis ianuarii. . . .

Actum Bononie in capella sancti Antonini de Portanova in domo habitationis prefati ser Iacobi, presentibus egregio iuris utriusque doctore d. Baldassarre de Mantechitis, qui dixit et asseruit prefatos sindicum, Iohannem Benedictum et Dominicum de la Stella cognoscere, Ventura quondam Gerardi laboratore dicte capelle, Antonio Georgii de Marano calzolario capelle sancti Blasii et Christoforo Iohannis de Regio magistro lignaminis capelle sancti Marini, testibus ad predicta vocatis et rogatis.

(L. S.) Ego Baptista quondam Vitalis de Bobus civis et apostolica imperiali et comunis Bononie auctoritate notarius publicus Bononie predicta omnia pro ut in notis, scripturis et rogationibus prudentis viri ser Mathei de Curialtis notarii Bononie infrascripti de premissis rogati inveni, ita de eius aliis arduis negotiis prepediti comissione et mandato sumpsi et in hanc publicam formam fideliter redegi, me hic subscribens et signum meum apponens consuetum in fidem premissorum.

CCCXXVIII.

Busta n. 25 1631. Fasc. memb. di 4 carte di mm. 195 × 295. — Copia.

Nomina di curatore speciale al minore Marsilio Marsili.

Bologna, 1482, 7 febbraio.

Bartolomeo Mazzapesci viene deputato quale curatore del minore Marsilio Marsili, per assisterlo nel contratto di dazione in soluto di una pezza di terra di 29 tornature circa sita in Bagnarola che in unione a sua madre intende fare a favore di Giovanni Benedetto Barbieri.

In Christi nomine amen. Anno nativitatis eiusdem millesimo quadringentesimo octuagesimo secundo, indictione quinta decima, die septimo mensis februarii. . . .

. . . . constitutus in presentia egregii iuris utriusque doctoris domini Hieronimi de Zanitis doctoris Bononie et de collegio iudicum civitatis Bononie.

Actum Bononie in capella sancte Lucie in domo habitationis dicti domini Hieronimi, presentibus Iohanne quondam Thome de Zanetinis cognato et propinquo dicti adulti. . . . nec non presentibus ser Francisco de Comitibus notario, Tadeo quondam Antonii Fucii de Pretis capelle sancti Proculi, qui dixerunt et asseruerunt prefatum adultum, curatorem et cognatum cognoscere et Francisco quondam Iohannis de Parma, testibus omnibus bone opinionis et fame ad predicta adhibitis et rogatis.

(L. S.) Ego Virgilius filius Iacobi olim ser Iohannis olim ser Beldo de Panzachiis civis Bononie publicus apostolica imperiali auctoritate notarius Bononie predicta omnia et singula suprascripta pro ut in notis, scripturis et rogationibus prudentis viri ser Mathei quondam Astorgii de Curialtis civis et notarii Bononie de predictis rogati inveni, ita ea omnia de ipsius ser Mathei comissione, voluntate et mandato sumpsi, autenticavi et in hanc publicam et autenticam formam redegi, signo et nomine meis appositis consuetis in fidem premissorum.

CCCXXIX.

Busta n. 26,1632. Fol. memb. di mm. 200 × 295. — Copia.

Vendita di parte di una casa da Bartolomeo dal Bue a Giovanni Benedetto Barbieri.

Bologna, 1483, 30 aprile.

Bartolomeo dal Bue vende e cede a Giovanni Benedetto Barbieri, che accetta per sè e suoi, la terza parte pro indiviso di una casa a tegoli, balchionata e con volte nella parte anteriore, posta in Bologna nella cappella di S. Maria di Castel de' Britti, pel prezzo di lire 330, soldi 6 e denari 8 di bolognini moneta corrente. Tale prezzo il Barbieri paga subito in moneta d'oro, d'argento e di quattrini, ed il venditore ne accusa ricevuta, rimossa ogni eccezione. A garantire la perfetta osservanza del contratto, è comminata la penale del doppio prezzo.

In Christi nomine amen. Anno nativitatis eiusdem millesimo quadringentesimo octuagesimo tertio, indictione prima, die ultimo mensis aprilis. . . .

Actum Bononie in capella S. Andree de Ansaldis in domo dicti emptoris, presentibus Ludovico quondam Antonii de Avoleo capelle sancti Nicolai de Albaris qui dixit et asseruit partes omnes cognoscere, Zanitino quondam Thome de Zanitinis capelle sancte Lucie, egregio legum doctore domino Hipolito quondam Caroli de Marsiliis capelle sancti Proculi et Alberto quondam domini Bartholomei de Lambertinis capelle sancti Andree de Ansaldis testibus ad predicta adhibitis, vocatis et rogatis.

(L. S.) Ego Melchion filius Nicolai quondam Iohannis olim ser Beldo de Panzachiis civis apostolica et imperiali ac comunis Bononie auctoritate notarius publicus Bononie, suprascriptum instrumentum rogatum per ser Matheum de Curialtis notarium infrascriptum, de dicti ser Mathei aliis suis negotiis impediti comissione fideliter scripsi, sumpsi, exemplavi et in hanc publicam et autenticam formam redegi et in horum fidem hic me subscripsi et signum meum consuetum apposui.

CCCXXX.

Busta n. 26/1632. Fasc. memb. di 4 carte di mm. 200 — 295. Copia.

Pagamento di legato da Orsolina Fava vedova di Giovanni Benedetto Barbieri a Gregorio ed altri degli Avoglio.

Bologna, 1484, 15 dicembre.

Orsolina Fava madre e tutrice di Giovanni Francesco Barbieri figlio ed erede universale del fu Giovanni Benedetto, consenziente Andreuzza Barbieri altra figlia di Giovanni Benedetto ed erede con beneficio d'inventario della fu Caterina Avoglio sua madre già moglie del nominato Giovanni Benedetto, dà e paga a Gregorio, Bartolomeo e Cosimo fratelli Avoglio, tutti di età minore assistiti dal loro curatore speciale Alessandro della Volta, nonchè ad Andrea Avoglio che accetta per sè e Giovanni suo fratello, la complessiva somma di lire 300 bolognini di moneta corrente. Ciò a saldo del legato a favore degli stessi Avoglio disposto dalla predetta Caterina, ed il cui pagamento incombeva a Giovanni Benedetto. In relazione a ciò i menzionati Avoglio, i minori coll'autorizzazione del curatore speciale, rinunciano all'eccezione del non avuto e non numerato denaro, e dichiarano di liberare l'eredità di Caterina Avoglio e quella di Giovanni Benedetto Barbieri da ogni obbligo relativo.

In Christi nomine amen. Anno nativitatis eiusdem millesimo quadringentesimo octuagesimo quarto, indictione secunda, die quinto decimo mensis decembris. . . .
. . . . coram egregio iuris utriusque doctore domino Iohanne de Arengeria Bononie cive et de colegio iudicum civium civitatis Bononie. . . .
Actum Bononie in capella sancti Andree de Ansaldis in domo habitationis dicte domine Ursine et Iohannis Francisci predicti in camino superiori dicte domus, presentibus Iohanne quondam ser Iohannis de Castello Bononie cive capelle sancte Lucie cognato dictorum adultorum. . . . et presentibus ser Zentile quondam domini Iohannis de Zanis cive et notario Bononie, Hieronimo quondam Biaxii de Arengeria capelle sancti Andree predicti, Iacobo Bartolomei de La Spada de Bononia capelle sancti Andree de Ansaldis, qui ser Zentilis

dixit et asseruit se dictum dominum doctorem, curatorem, adultos et contrahentes bene cognovisse et cognoscere, et domino Hieronimo quondam Leonardi de. . . . capelle sancte Marie maioris testibus omnibus bone vite, condictionis et fame ad predicta rogatis et vocatis.

(L. S.) Ego Ilioneus filius nobilis viri Alexandri quondam Zani de Malviciis Bononie civis publicus et comunis Bononie auctoritate notarius predictis omnibus et singulis dum sic ut premittitur agerentur et fierent interfui eaque rogatus una pariter et in solidum cum circumspecto viro ser Alexandro quondam Christophori de Butrigariis cive, notario et causidico Bononie publice scripsi et in hanc publicam formam redegi. In quorum omnium testimonium hic me subscripsi, signumque meum consuetum apposui.

CCCXXXI.

Busta n. 26.1632. Fol. memb. di mm. 240 × 340. — Copia.

Transazione fra Andreuzza Barbieri ed Orsolina Fava madre e tutrice di Giovanni Francesco Barbieri.

Bologna, 1485, 13 maggio.

Orsolina Fava madre e tutrice di Giovanni Francesco figlio del fu Giovanni Benedetto Barbieri, col consenso del dottore Battista Lambertini, paga in via di transazione ad Andreuzza Barbieri parimenti figlia di Giovanni Benedetto e vedova del dottore Baldassare Mantacheti, lire 511 di bolognini in tante monete d'oro e d'argento. Tale pagamento fa a tacitazione dei diritti dalla Andreuzza accampati per la restituzione della dote di sua madre Caterina Avoglio già moglie del predetto Giovanni Benedetto Barbieri.

In Christi nomine amen. Anno nativitatis eiusdem millesimo quadringentesimo quinto, indictione tertia, die vero tertio decimo mensis may. . . . . in presentia egregii legum doctoris domini Baptiste de Lambertinis doctoris Bononie. . . .

Actum Bononie in capella sancti Andree de Ansaldis in domo dicti pupilli, presentibus Hieronimo quondam Blaxii de Arengheria cognato dicti pupilli maiore et etatis perfecte. . . . . . nec non presentibus ser Francisco de Ghisilleriis notario, ser Alexandro de Butrigariis notario, ser Hercule de Pasiis notario, Agamennone quondam Caroli de Bargelinis, Alexandro Galeatii de Albertaciis, ser Matheo filio Philippi de Latesta notario et ser Andrea filio Francisci de Gigliis notario, qui omnes dixerunt et asseruerunt partes omnes cognoscere, testibus omnibus ad predicta adhibitis, vocatis et rogatis.

(L. S.) Ego Thomas filius Simonis de Malchiavellis civis Bononie publicus imperiali et comunis Bononie auctoritate notarius predicta omnia et singula pro ut in notis, rogationibus et scripturis infrascripti ser Mathei de Curialtis notarii de predictis rogati inveni, ita ea omnia de eius comissione et mandato fideliter sumpsi, scripsi et exemplavi et in hanc publicam et autenticam formam redegi. In quorum fidem omnium hic me subscripsi, signumque meum consuetum apposui.

CCCXXXII.

Busta n. 26 1632. Fol. memb. di mm. 290 × 290. — Copia.

Locazione di terreni dal vescovo Antonio Grassi a Bongiovanni detto il Piacevole.

Bologna, 1490, 18 novembre.

Gaspare Grassi procuratore generale di suo fratello Antonio vescovo di Tivoli e canonico prebendato nella chiesa di S. Antonio di Savena, concede nuovamente in affitto a Bongiovanni detto il Piacevole, che accetta, la pezza di terra di 10 tornature circa sita in Borgo Panigale di spettanza della prebenda canonicale della detta chiesa di S. Antonio, che già ebbe a locargli il 15 novembre 1480 con rogito del notaio Agamennone Grassi. Il contratto è stipulato sotto l'osservanza di tutti i patti, obblighi e penalità contenuti nel precedente, compresa la facoltà di affrancare a favore del conduttore.

In Christi nomine amen. Anno nativitatis eiusdem millesimo quadringentesimo nonagesimo, indictione octava, die vero iovis decimo octavo mensis novembris . . . . .

. . . . . spectabilis miles et eximius legum doctor dominus Gaspar quondam ser Iacobi de Grassis Bononie civis, frater et procurator generalis R. in Christo patris et domini d. Antonii de Grassis Dei et Apostolice Sedis gratia episcopi Tyburtini nec non canonici prebendati in ecclesia sancti Antonii de Sapina . . . .

Actum Bononie in capella S. Thome de merchato in camera habitationis dicti locatoris, presentibus ibidem venerabilibus viris domino Theseo de Grassis decretorum doctore et canonico bononiensi, domino Antonio quondam ser Caroli de Bechadellis archipresbitero plebis sancti Martini in Argile bononiensis diocesis et Cesare quodam ser

Iohannis Baptiste de Grassis cive Bononie dicte capelle sancti Thome qui omnes dixerunt et asseruerunt se partes predictas cognoscere, testibus omnibus ad predicta omnia vocatis, adhibitis et rogatis.

(L. S.) Ego Agamennon filius quondam egregii viri ser Baldassaris de Grassis Bononie civis publicus apostolica, imperiali, comunis Bononie ac curie episcopalis bononiensis auctoritatibus notarius predictis omnibus et singulis dum sic ut premittitur agerentur et fierent presens interfui eaque rogatus scribere publice scripsi, publicavi autenticavi et in hanc publicam et autenticam formam reddegi; hic ideo me subscripsi et signum meum consuetum apposui in fidem et testimonium omnium et singulorum suprascriptorum.

CCCXXXIII.

Busta n. 26 1632. Fasc. memb. di 6 carte di mm. 200 × 285. — Copia.

Nomina di curatore speciale a Giovanni Galeazzo Galluzzi.

Bologna, 1493, 27 marzo.

Luca Sangiorgi è nominato curatore speciale di Giovanni Galeazzo Galluzzi, per assisterlo all'atto di quitanza ed assoluzione, cui il Galluzzi deve addivenire a favore di Napoleone Malvasia.

In Christi nomine amen. Anno nativitatis eiusdem millesimo quadringentesimo nonagesimo tertio, indictione undecima, die vigesima septima mensis marci. . . . . .

. . . . in presentia magnifici viri et eximii legum doctoris domini Gasparis de Canonicis nunc de numero magnificorum dominorum antianorum civitatis Bononie bononiensis civis . . . .

Actum Bononie in palatio dominorum antianorum in camera dicta « la camera del triompho » residentie domini Sebastiani de Aldrovandis, presentibus Alexandro filio magnifici viri domini Ludovici de Cecha etiam de numero magnificorum dominorum antianorum cognato dicti adulti, homine maiore viginti quinque annis sue etatis, bone vite, condictionis oppinionis et fame, qui predictis omnibus et singulis consensit et iuravit corporaliter ad sancta Dei evangelia manu tactis scripturis se fuisse et esse maiorem et cognatum ut supra et se credere ea que ut supra aguntur et fiunt non fieri nec facta esse in dammum, frandem seu preindicium dicti adulti et qui consensit, dixit et iuravit in omnibus et per omnia secundum formam statutorum Bononie. Ac etiam presentibus ser Antonio quondam Nicolai de

Saviis cive et notario Bononie, qui dixit et asseruit se dictum adultum, dictum doctorem et curatorem bene cognovisse et cognoscere, Vicencio quondam Filipi de Latesta capelle sancti Damiani de Pontefero, ser Carolo filio ser Alexandri de Cimeriis notario Bononie, testibus omnibus bone vite, condictionis, oppinionis et fame ad predicta omnia et singula adhibitis vocatis et rogatis.

(L. S.) Ego Iulius quondam ser Francisci de Butrigariis Bononie civis publicus imperiali ac apostolica et comunis Bononie auctoritate notarius, predictis omnibus et singulis dum sic ut premittitur agerentur et fierent interfui, eaque rogatus scribere una et in solidum cum circumspecto viro ser Alexandro quondam Cristophori de Butrigariis cive, notario et causidico Bononie scripsi, et in hanc publicam et autenticam formam redegi. In quorum fidem hic me subscripsi, signum nomenque meum consuetum apposui.

CCCXXXIV.

Busta n. 26/1632. Fasc. memb. di 8 carte di mm. 235 × 330. — Copia.

Nomina di curatore speciale alla minore Gentile del fu Filippo Lupari.

Bologna, 1495, 26 giugno.

Il dottore Alessandro Manzolini, accogliendo l'istanza di Gentile del fu Filippo Lupari minore dei 25 anni di età, nomina a curatore di lei Giovanni Borghesani per assisterla ed autorizzarla all'atto di assoluzione a cui, in unione agli altri interessati, deve procedere in confronto di Vincenzo e Nestore Paleotti.

In Christi nomine amen. Anno nativitatis eiusdem millesimo quadringentesimo nomagesimo quinto, indictione tertia decima, die vigesimo sexto mensis iunii . . . . .

. . . . in presentia eximii legum doctoris domini Alexandri quondam ser Iohannis de Manzolino doctoris Bononie et unus ex doctoribus de collegio iudicum civitatis Bononie . . . .

. . . . prudenti viro Nestori filio excellentissimi iuris utriusque doctoris domini Vincentii de Paliottis Bononie civis . . . .

Actum Bononie in claustro primo ecclesie et seu monasterii fratrum sancti Iacobi de Bononia ordinis sancti Augustini ante et prope introitum capituli dictorum fratrum, presente ser Eugenio quondam Gabrielis de Luparis Bononie cive et notario agnato dicte Gentilis adulte. . . . et presentibus ser Nicolao quondam Aldrovandi de Malclavellis, ser Astorgio filio Iohannis de Borgovanis, sei Iohanne Baptista quondam alterius Iohannis Baptiste de Statutis, ser Andrea quondam Lambertini de Sassuno omnibus civibus et notariis Bononie, qui omnes dixerunt et asseruerunt se dictos omnes contrahentes cognovisse et cognoscere, testibus omnibus ad premissa omnia vocatis, adhibitis et rogatis, omnibusque hominibus bone vite, fame, oppinionis et condictionis

(L S) Ego Iohannes Camillus filius egregii viri ser Baptiste de Garzeria civis et notarius Bononie publicus appostolica, imperiali et comunis Bononie auctoritatibus notarius, predicta omnia et singula pro ut in notis, rogationibus et scripturis eximii in iure periti viri ser Melchionis filii Siverii de Zanettis civis, notarii et causidici Bononie de predictis rogati in sollidum cum ser Gaspare de Ponticellis notario inveni, ita ea omnia de eorum comissione et expresso mandato sumpsi, scripsi, exemplavi et in hanc publicam et autenti cham formam redegi In quorum fidem hic publice me subscripsi, signumque meum consuetum apposui

CCCXXXV

Busta n 26/1632 Fol memb di mm 190 × 285 — Copia

Vendita di terreni dal dottore Pietro Canonici a Giovanni Francesco Barbieri

Bologna, 1495, 5 novembre

In Christi nomine amen Anno nativitatis eiusdem millesimo quadringentesimo nonagesimo quinto, indictione tertia decima, die quinto mensis novembris, tempore pontificatus sanctissimi in Christo patris et domini nostri domini Alexandri divina providentia pape sexti

Eximius legum doctor dominus Petrus quondam magistri Ludovici de Canoneis Bononie civis capelle sancti Tome de mercato sponte et ex certa eius scientia, animo deliberato et nullo iuris vel facti errore ductus per se et suos heredes iure proprio et in perpetuum dedit, vendidit et tradidit Ieronimo quondam Blaxii de Rengheria Bononie civi capelle sancti Andree de Ansaldis ibidem presenti, recipienti et ementi vice et nomine Ioannis Francisci quondam Ioannis Benedicti de Barberiis Bononie civi[s] dicte capelle sancti Andree et pro eo et eius heredibus, unam petiam terre aratorie, arborate et vidate, prative et vineate tornaturarum quinquaginta vel circha ad tornaturam comunis Bononie, et quantacunque sit sive plus sive minus veniat in presenti venditione ad ratam infrascriptam, positam in guardia Medesani

guardie Ganzanichi de Medicina, confinatam iuxta viam publicam, iuxta
canale seu discorsurum Scleris, iuxta Cristoforum Masini et iuxta alia
bona dicti Ioannis Francisci et alios suos plures aut veriores confines, ad
habendum, tenendum et possidendum et quicquid dicto Ioanni Francisco
et eius heredibus de dicta re ut supra vendita vel aliqua eius parte vel
iure placuerit deinceps perpetuo faciendum, cum omnibus et singulis
que infra predictos continentur confines vel alios suos plures aut veriores, accessibus et egressibus suis usque in vias publicas et cum
omnibus et singulis, que dicte rei ut supra vendite insunt eidemque
debentur ac coherere et accedere possunt et debent de iure, usu,
consuetudine vel de facto, quorum omnium comodum et utilitas ad
ipsum Ioannem Franciscum et eius heredes spectet et pertineat ac
spectare et pertinere debeat de cetero pleno iure. Et hoc nominatim
pro pretio et nomine pretii de ipsarum partium comuni concordia et
voluntate librarum novem et sol. quatuor et den. septem bon. de argento, que ad rationem monete currentis capiunt libras decem bon.
monete currentis pro qualibet tornatura et ad rationem tornature comunis Bononie. Quod pretium ascendens in totum ad rationem dicti
numeri tornaturarum ad quantitatem librarum quadriugentarum sexaginta unius et sold. decem et den. novem de argento, quod redactum
ad monetam curentem capit libras quingentas, totum et integrum
prefatus Ieronimus de pecuniis propris, ut ipse dixit, prefati Ioannis
Francisci, presentibus testibus et nobis notariis infrascriptis, dedit,
solvit et numeravit prefato domino Petro presenti et recipienti in
pecunia numerata aurea et argentea et quatrinorum ad dictam sumam ascendente et sic confitenti illam pecunie quantitatem fuisse
et esse, eamque totam et integram habuisse et recepisse. Et renum-
ptiavit exceptioni sibi non date, non solute et non numerate dicte
quantitatis pecunie ex causis, respectibus predictis, cum pacto constituti de possidendo et cum promissione facta per ipsum dominum
Petrum venditorem et eius precibus, instantia et mandatis per Gabriellem filium dicti quondam magistri Ludovici fratrem ipsius domini Petri scientem se non teneri ad predicta et infrascripta sed
volentem teneri et se et sua bona in solidum obligare et per quemlibet eorum in solidum prefato Ieronimo et nobis notariis ut publicis
personis presentibus et stipulantibus pro dicto Ioanne Francisco et
eius heredibus de lite perpetuo non inferenda in et de dicta re ut
supra vendita et seu aliqua eius parte vel iure, et ad generalem et
legitimam defensionem dicte rei vendite et cuiuslibet eius partis et
iuris, cum pactis vacue possessionis et suscipiende litis et libelli et
de |e|victione in forma seu secundum formam provissionum comunis
Bononie de anno MCCCCLXVI existentium in camera actorum. Et
successive prefatus dominus Petrus per se et suos heredes promisit

prefato Gabrielli presenti et stipulanti pro se et suis heredibus cum et eius heredes conservare indemnes et penitus sine damno a predictis omnibus et singulis supra per cum promissis dicto Ieronimo et a quibuscumque damnis, expensis et interesse que ei, occasione predicta, occurrere possent. Que omnia et singula supra et infrascripta et in presenti instrumento inserta et descripta promisserunt prefati dominus Petrus venditor et Gabriel fideiussor et quilibet eorum in solidum per se et suos heredes prefato Ieronimo presenti et dictis nominibus stipulanti perpetuo firma et rata habere, tenere, atendere, observare et adimplere et in nullo contrafacere, dicere, oponere vel venire per se vel alium seu alios aliqua ratione vel causa de iure vel de facto in inditio vel extra sub pena dupli dicti pretii per ipsos dominum Petrum et Gabriellem et quemlibet eorum in solidum per se et suos heredes prefato Ieronimo et nobis notariis ut publicis personis stipulantibus pro dicto Ioanne Francisco et eius heredibus solenniter promissa totiens petenda, comitenda et exigenda quotiens in predictis vel eorum aliquo fuerit contrafactum, ventum vel obmissum. Et ipsa pena comissa vel non, soluta et exacta vel non, predicta et infrascripta nichilominus omnia et singula perpetuo firma perdurent. Item refficere et restituere promisserunt solenniter dictus dominus Petrus et Gabriel et quilibet eorum in solidum per se et suos heredes prefato Ieronimo et nobis notariis ut supra stipulantibus pro dicto Ioanne Francisco et eius heredibus omnia ipsius Ioannis Francisci et eius heredum damna, sumptus, expensas et interesse litis et extra, pro quibus omnibus et singulis firmiter observandis et efficaciter adimplendis obligaverunt prefati dominus Petrus et Gabriel et quilibet eorum in solidum per se et suos heredes prefato Ioanni Francisco et eius heredibus absenti et dicto Ieronimo et nobis notariis ut supra pro ipso Ioanni Francisco et eius heredibus stipulantibus omnia et singula sua bona mobilia et immobilia, presentia et futura cuiuscumque conditionis. Renumptiaveruntque etiam ipse dominus Petrus et Gabriel et quilibet eorum in solidum per se et suos heredes in et super hiis omnibus et singulis expresse exceptioni doli mali, quod metus causa, conditioni indebiti et sine causa aut ex iniusta causa, in factum actioni, fori privillegio, feriis et diebus feriatis inductis et inducendis et maxime benefitio senatus consulti de fideiussoribus et de pluribus reis debendi, et generaliter omni alii legum iuris et usus auxilio. Demum licet ipsi dominus Petrus et Gabriel et quilibet eorum esset maior viginti quinque annis sue etatis, sponte tamen corporaliter iuraverunt ad sancta Dei evangelia manu tactis scripturis predicta omnia et singula vera fuisse et esse eaque omnia et singula perpetuo firma et rata habere, tenere, attendere, observare et adimplere et in nullo contrafacere, dicere, opponere vel venire per se vel alium seu alios aliqua ratione vel causa, modo vel ingenio de iure vel de facto in inditio vel extra. Nec restitutionem aliquam, ius, beneffitium, privillegium vel rescriptum aliquod impetrare, procurare vel consequi aut impetratis quomodolibet uti pretextu vel occaxione damni modici vel enormis aut enormissimi de iure comuni et ex privillegio speciali seu ex alia quavis ratione vel causa de iure vel de facto in inditio vel extra.

Actum Bononie in capella sancti Michaellis de foro medii in studio ser Alexandri de Butrigariis, presentibus Cesare quondam Ieronimi a Nave, ser Antonio filio Mattei Bero omnibus civibus Bononie, Nicolao Alovisii, Ludovico quondam domini Bartolomei de Campegio Bononie cive capelle sancte Marie de Castro Britonum, qui dixerunt et asseruerunt se dictas partes et contrahentes predictos bene cognovisse et cognoscere, testibus omnibus ad predicta omnia adhibitis, vocatis et rogatis.

(L. S.) Ego Laurentius filius quondam ser Iacobi de Masimaticho Bononie civis publicus imperiali et comunis Bononie auctoritate notarius predicta omnia et singula pro ut in notis, rogationibus et scripturis egregii viri ser Francisci de Salinbenis civis et notarii Bononie de predictis una pariter et in solidum cum circumspecto viro ser Alexandro de Butrigariis notario, cive et causidico Bononie rogati, ita ea omnia de ipsius comissione et mandato sumpsi, scripsi et exemplavi et in hanc publicam et autenticam formam reddegi, ideo, hic me subscripsi et signum nomenque meum apposui.

CCCXXXVI.

Busta n. 26/1632. Fasc. memb. di 4 carte di mm. 190 × 285. — Copia.

Nomina di curatore speciale ai minori Vincenzo ed Ercole Borghi.

Bologna, 1497, 3 aprile.

Il dottore Bartolomeo Bolognini deputa Gerolamo Turchi a curatore speciale dei minori Vincenzo ed Ercole Borghi, perchè li assista ed autorizzi alla vendita di una pezza di terra posta nella guardia di Coloreto, che essi intendono fare a Giovanni Francesco Barbieri per lire 70 di bolognini.

In Christi nomine amen. Anno nativitatis eiusdem millesimo quadringentesimo nonagesimo septimo, indictione quintadecima, die tertio mensis aprillis . . . .

. . . . in presentia egregii legum doctoris domini Bartolomei de Bologninis Bononie civis iudicis et de collegio iudicum civium civitatis Bononie . . . .

Actum Bononie in capella sancte Marie de Carariis in studio mei Bartolomei de Zanis notarii infrascripti, presentibus ser Evandro quondam ser Palamidesii de Rubeis cive et notario Bononie cognato dictorum minorum maiore viginti quinque annis eius etatis. . . . , ser Thoma quondam Ansalonis de Libris cive et notario Bononie, Iulio quondam Antonii de Fantuciis Bononie cive capelle sancte Tecle, Ioanne quondam Silvestri de Erigatellis cive mutinensi, Gabrielle quondam Ioannis Palaresini Bononie cive capelle sancti Blasii, Prospero quondam Blasii de Bagno cive Bononie capelle sancti Thome de Braina, Nicolao quondam Petri Rigeti Bononie cive capelle sancte Marie maioris qui omnes dixerunt et asseruerunt se dictos contrahentes, doctorem, curatorem et cognatum bene cognovisse et cognoscere, hominibus bone vite, opinionis, condictionis et fame testibus omnibus ad predicta omnia vocatis, adhibitis et rogatis.

(L. S.) Ego Galeatius quondam Ioannis de Fossavechiis Bononie civis publicus imperiali et comunis Bononie auctoritate notarius predicta omnia et singula pro ut in notis, rogationibus et scripturis olim ser Bartolomei de Zanis notarii et causidici Bononie defuncti de predictis rogati inveni, ita ea omnia vigore comissionis michi facte per honorabiles dominum corectorem et consules almę universitatis notariorum Bononie de anno 1500 de mense augusti ex scriptura rogata per ser Ludovicum de Castellanis notarium, extendidi et autentichavi et in hanc publicam et autenticam formam redeggi. In quorum fidem et testimonium hic me subscripsi, signum nomenque meum apponens consuetum.

CCCXXXVII.

Busta n. 26/1632. Fol. memb. di mm. 210 × 275. — Copia.

Vendita di terreni da Bartolomeo Salvari a Giovanni e Paolo Vegetto.

Bologna, 1497, 19 agosto.

Giovanni Vegetto, in proprio e nell'interesse di Paolo suo fratello, compra da Bartolomeo Salvari una pezza di terra castagniva di due tornature circa posta nella guardia di Salvaro contado di Bologna. L'acquisto è fatto pel prezzo di lire 10 di bolognini al netto, restando per patto espresso a carico dei compratori il pagamento della gabella « datii carticellarum » dovuta a causa del presente contratto. Il detto prezzo è subito pagato al venditore che ne rilascia quitanza e promette la difesa e l'osservanza del contratto sotto pena del doppio del prezzo pattuito.

In Christi nomine amen. Anno nativitatis eiusdem millesimo quadringentesimo nonagesimo septimo, indictione quintadecima, die sabbati decimonono mensis augusti . . . .

Actum Bononie in episcopali palatio, in audientia causarum, presentibus ibidem egregio legum doctore domino Ioanne Gaspare quondam d. Bornii de Sala, ser Hieronimo de Belvisiis, ser Isidoro de Cancellariis et ser Hercule de Auro notariis omnibus civibus Bononie et Iohanne Baptista filio Selari et Alexandro Peregrini ambobus de Salvari terrarum laboratoribus habitatoribus dicte ville Salvari comitatus Bononie, qui ambo dixerunt et asseruerunt se partes et contrahentes predictos cognoscere, testibus omnibus ad predicta vocatis, adhibitis et rogatis.

(L. S.) Ego Paganellus quondam Balthassaris de Paganellis civis Bononie publicus imperiali et comunis Bononie auctoritate notarius predicta omnia et singula pro ut in notis, scripturis et rogationibus infrascripti egregii viri ser Nicolai quondam Iacobi de Fasaninis civis et notarii Bononie de predictis omnibus rogati inveni ita ea omnia de verbo ad verbum de eius comissione, voluntate et mandato fideliter sumpsi, scripsi et exemplavi et in hanc publicam et autenticam formam redegi, et in fidem premissorum hic me subscripsi, nomen signumque meum consuetum apposui et scripsi.

INDICE CRONOLOGICO

DEI DOCUMENTI

1159	ottobre	30	Concessione di immunità fatta da Gerardo vescovo di Bologna a una chiesa da fondarsi nel borgo di S. Isaia. CLVII. . . . . . . *pag.* 163
1189	dicembre	1	Lotario cremonese giura di non leggere che a Bologna. I 3
1195	. . . . . .	. . . .	I revisori dei conti del Comune di Bologna non approvano la spesa a favore di un Enrico scolare e di un altro scolare morto in battaglia. II 4
1198	luglio	18	I consoli e gli uomini di Monteveglio si sottomettono al Comune di Bologna. III 4
	agosto	16	Il podestà di Bologna Uberto Visconti prende possesso del Castello di Monteveglio e di Cucherla in nome del Comune di Bologna. IV . . 6
	»	16	Gli uomini di Monteveglio promettono al podestà di Bologna di osservare i patti giurati. V 7
	ottobre	31	Giovannino dottore di leggi giura in pieno consiglio del popolo di Bologna di non leggere in altre città. VI 8
	dicembre	30	Bandino Famigliato giura di osservare ciò che con giuramento promise Lotario dottore di leggi. VII. 9
1199	ottobre	11-12	Guglielmo da Porta di Piacenza, Cazzavillano e Ruffino giurano di non leggere che a Bologna. VIII. 9
1203	maggio	21	Concordia tra Bologna e Ferrara. IX 10
	settembre	13	Concordia tra Firenze e Bologna. X 11
	»	17	Vendita di casa al Comune di Bologna. XLVIII 45
	dicembre	2	L'abbate di S. Bartolomeo di Musiano concede

			in enfiteusi un appezzamento di terra al Comune di Bologna. XI . . . . *pag.*	12
1204	maggio	9	Compromesso tra Bologna e Modena sulla questione dei confini. XII	12
	agosto	18	Sentenza contro maestro Ugolino. XCIV . . .	107
1206	settembre	12	Pietro Bosio da Imola promette di non alienare i beni di Jolittina sua pupilla. XIII . . .	13
1208	maggio	30	Concordia tra il Comune di Bologna e gli interessati nel ramo o canale di Reno. XIV .	14
1209	maggio	30	Il podestà di Bologna rimette al re Ottone il possesso di Medicina e di altri luoghi nel territorio d'Imola, occupati dopo la morte dell'imperatore Enrico. XV	14
1211	maggio	20	Gli ambasciatori bolognesi fanno istanza al Legato del Papa perchè voglia astenersi dall'entrare in Bologna per evitare discordie. XVI	15
	settembre	19	Gli ambasciatori di Bologna fanno diverse richieste al comune di Modena. L	46
1213	ottobre	23-28	Guido di Boncambio, Giacomo di Balduino bolognesi, Oddo da Landriano milanese, Benintende bolognese, e Ponzio Catellano, tutti dottori di leggi, si obbligano a favore dello Studio di Bologna. XVII	16
	novembre	1	
1214	. . . . . .	. . . .	Stipendio di Ugo da Lucca medico. XIX . . .	19
	aprile	5	Vendita di terreni da Pietro e Domenico Pattuoli ai frati ed alle suore di S. Caterina di Quarto. CLVIII	164
	»	25	Concessione enfiteutica dei frati e delle monache del monastero di S. Caterina ad Ubaldino Volpi. CLIX	165
	ottobre	14	Ugo da Lucca medico si obbliga di dimorare in Bologna ad esercitare la medicina. XVIII	17
1216	ottobre	15	Ugo da Lucca medico conferma la promessa precedentemente fatta al Comune di Bologna. XX	20
	»	30	Guizzardino da Bologna giura a favore dello Studio di Bologna e di non leggere che a Bologna. XXI	21
1217	ottobre	15	Ugolino, Rainerio e Guglielmino Gisleri vendono alla loro madre l'acqua di un molino. XXII	21
1218	giugno	4	I Forlivesi promettono di ottemperare al lodo da pronunciarsi sulle liti tra loro e i Faentini. XXIII	22

1218	giugno	6	I Faentini promettono di ottemperare al lodo da pronunciarsi sulle liti fra loro ed i Forlivesi. XXIV . . . . *pag.*	23
	ottobre	1	Maestro Bene da Firenze giura a favore dello Studio di Bologna e di non leggere grammatica che a Bologna. XXV	23
1219	febbraio	18	Adriano ed Ugolino Cessabò promettono di custodire il denaro pei crociati dato dal Comune di Bologna. XXVI	24
	giugno	18	Graziolo fabbro vende al Comune di Bologna un appezzamento di terreno tra l'Aposa ed il borgo di Galliera. XXVII	25
	»	18	Buvalello di Pietro dell'Aposa vende al Comune di Bologna un appezzamento di terreno tra l'Aposa ed il borgo di Galliera. XXVIII . . .	25
	»	18	Giacomo Zamboni da Imola vende al Comune di Bologna un appezzamento di terreno tra l'Aposa e il borgo di Galliera. XXIX	26
	luglio	15	Il Comune di Bologna concede facoltà ai suoi procuratori di fare gli istrumenti e dare sicurtà agli uomini delle arti di Bologna per le compere di terreno fatte tra l'Aposa e la strada di Galliera. XXX	27
	settembre	25	Nomina di procuratori per udire la pronuncia del lodo arbitrale tra Pistoiesi e Bolognesi. LI	47
	ottobre	16	Concordia tra Bologna e Pistoia. XXXI	27
	dicembre	20	Oliviero di Castel San Paolo vende al Comune di Bologna un appezzamento di terreno nella cirela di Castel San Paolo. XXXII	29
	. . . . . .	. . .	Stipendio di Ugo da Lucca medico. XXXIII .	29
1220	febbraio	5	Lambertino di Azzone di Gardino promette con giuramento di non leggere che a Bologna. XXXIV	30
	aprile	7	Gli ambasciatori bolognesi chiedono al Comune di Pistoia che restituisca i beni confiscati agli uomini di Sambuca che parteggiarono pei Bolognesi. XXXV	30
	luglio	15	Il podestà nomina Domenico da Ferrara a sindaco di Bologna. XXXVI	31
	settembre	23	Bonifacio di Bonconsiglio giura di osservare gli statuti relativi allo Studio. XXXVII . . .	33
	dicembre	24	Il Comune di Bologna ottiene dal vescovo la liberazione dalla scomunica avuta per lesione di immunità ecclesiastica. XXXVIII . .	33
1221	ottobre	8	Benedetto beneventano, dottore di leggi, giura

			di osservare gli Statuti relativi allo Studio di Bologna. XXXIX. . . . . *pag.*	35
1230	agosto	23	Castellano Storlitti promette al Comune di Bologna di pagare lire 300 di bolognini entro sei mesi. XL.	36
	novembre	11	Gerardo arciprete di Pitigliano cede al Comune di Bologna i diritti giurisdizionali sopra Castel Leone. XLI.	36
1233	aprile	19	Compromesso fatto tra il Vescovo ed il Comune di Bologna. LII	48
	maggio	8	L'abate della chiesa di S. Maria di Ambiliano concede in enfiteusi al Comune di Bologna del terreno nelle vicinanze di Castelfranco. XLII	37
	novembre	13	Matteo di Pietro del Rosso da Narni scolaro rinuncia a qualunque rescritto papale in suo favore. XLIII	38
1235	marzo	22	Bando contro Oliviero da Treviso scolare e contro i suoi servi. XCV.	107
	aprile	6	Bando contro Simone di Scozia scolaro. XCVI.	108
	»	15	Bando contro Guglielmino da Lucca. XCVII. .	108
	giugno	21	Bando contro Galiano figlio di Paolo notaio. XCVIII	108
	ottobre	29	Sentenza del giudice Guinicello. XCIX.	109
1244	aprile	13	Sentenza di immunità a favore del Comune di Oliveto. LIII.	48
1245	aprile	13	Delle terre che hanno il privilegio indubitabile circa il pagamento delle « collette » e di quelle che non l'hanno. LIV	49
1248	febbraio	16	Patti fra il Comune di Bologna ed il conte Alessandro da Mangone. LV.	50
1249	giugno	11	Bando contro Andrea da Modena. C	109
	dicembre	15	Trattato di pace fra Bologna e Modena sotto gli auspici di Ottaviano diacono Cardinale di Santa Maria in via Lata. LVI.	52
	»	16	Concordia fra Bologna e i Frignanesi. LVII .	56
	»	20	Compromesso tra Bologna e Modena circa le terre del Frignano. LVIII.	56
1250	febbraio	28	Responso dei dottori Bonaparte e Giovanni. CI	110
	aprile	22	Bando contro Deutavena scolare. CII.	112
	luglio	19	Responso di Vitaliano Papazzoni giudice e di Tommaso dottore. CIII.	112
	ottobre	1	Responso di Pietro di Giacomo Pizzoli e di Tommaso dottore di leggi. CIV	113

	novembre	17	Bando contro Grazia marchesano scolaro. CV *pag.*	114
	dicembre	28	Bando contro Giacomo di Polonia scolaro. CVI	114
1251	febbraio	1	Responso di Alberico dottore di leggi e di Pietro di Giacomo Pizzoli. CVII	114
	»	24	Responso di Francesco dottore di leggi, di Napoleone Gozzadini, di Alberghetto di Ugo d'Alberico e di Pietro di Giacomo Pizzoli. CVIII	115
	marzo	9	Responso di Accursio dottore di leggi, di Pietro di Giacomo Pizzoli, di Alberghetto di Odorico e di Alberico dottori di leggi. CIX . . .	117
	»	10	Responso di Francesco dottore di leggi, di Guinizello di Magnano, di Guarino da Ulgiano e di Napoleone Gozzadini. CX	118
	aprile	22	Permuta di terreni tra le suore di S. Giovanni Battista e Zagno fornaro. CLX	166
	novembre	25	Responso di Francesco dottore di leggi e di Giuliano di Bongiovanni. CXI	119
1252	febbraio	10	Responso del giudice Egidio dalla Lobbia e di Arardo dottore di leggi. CXII	120
	marzo	16	Responso di Accursio e di Arardo dottore di leggi e di altri. CXIII	121
	luglio	16	Responso del dottore Senzanome di Pipino. CXIV	122
1253	giugno	11	Trattato di pace ed amicizia fra Bologna e Ravenna. LIX.	57
1254	giugno	19	Responso di Viviano di Iseppo dottore di leggi, di Filippo da Manzolino e di Bonagrazia di Troiano. CXV	123
	agosto	31	Responso di Palmerio Tarafogli e di Odofredo dottore di leggi. CXVI	124
	settembre	8	Concessione enfiteutica dei frati e delle monache di S. Caterina a Marsilio, a suo fratello ed a suo nipote. CLXI	167
	dicembre	16	Responso di Arimondo professore di leggi, di Guido Boattieri e di Uguccione Arienti. CXVII	125
1255	marzo	4	Responso di Odofredo dottore di leggi. CXVIII	126
	giugno	17	Responso di Tommaso Piperata dottore di leggi. CXIX	127
	ottobre	12	Condanna a multa contro Accursio. CXX . . .	128
1256	aprile	6	Il Comune di Faenza nomina un procuratore per rimettere alcune controversie alla decisione del Capitano del Popolo di Bologna. LX	59
	»	8	Conferma di riformagione circa l'arbitrato deferito dai Faentini al Capitano del Popolo di Bologna. LXI	60

1256	aprile	8	Il procuratore di Faenza elegge in arbitro il Capitano del Popolo di Bologna. LXII. *pag.*	61
	»	14	I delegati Faentini fuorusciti si rimettono al giudizio del Capitano del Popolo di Bologna LXIII	61
	luglio	4	I possessori di servi ed il Comune di Bologna eleggono quali arbitri il Podestà ed il Capitano del Popolo di Bologna. LXIV	62
1257	gennaio	24	Responso di Ugolino Zamboni e di Tommaso Piperata dottori di leggi. CXXI	129
	febbraio	17	Sentenza arbitrale di Bonaccursio da Soresina circa i rapporti tra Faenza e Bologna. LXV	64
	giugno	14	Responso di Sallatiele professore di Arte Notaria. CXXII	129
	dicembre	17	Responso di Guarino da Ulgiano, di Traversario Guarini e del dottore Tommaso Carrari. CXXIII	130
1258	febbraio	28	Responso di Tommaso dottore di leggi, di Nicolò Soldaderi e di Aliprando di Guido Bonfante. CXXIV	131
	giugno	26	Responso di Tommaso Carrari e Tommasino Ramponi dottori di leggi. CXXV	132
	»	26	Responso di Tommaso Carrari e Tommasino Ramponi dottori di leggi. CXXVI	133
	»	26	Responso di Tommaso Carrari e di Tommasino Ramponi dottori di leggi. CXXVII	135
	»	26	Responso di Tommaso Carrari e di Tommasino Ramponi dottori di legge. CXXVIII	136
	dicembre	13	Responso di Arimondo dottore di legge. CXXIX	137
1259	maggio	8	Il Comune di Bologna dà in appalto a Guidotto da Vignola il dazio sul vino. XLIV	39
	giugno	23	Il Comune di Cervia vende a quello di Bologna cinquantamila corbe di sale. XLV	39
	»	30	Responso di Giovanni di Ugo Albizzi e di Alberico dottore di leggi. CXXX	138
	. . . . . .	. . . .	Il Comune di Bologna dà in appalto il dazio del sale a Donideo ed altri. XLVI	40
1262	. . . . . .	. . . .	Responso di Lambertino di Mulnarolo e di Ribaldo Foscardi dottori di leggi. CXXXI	139
	agosto	29	Tedesco da Ascoli scolare condannato. CXXXII	140
	dicembre	31	Condanna a multa contro Cervotto di Accursio dottore di leggi, contro Petrizolo di Aimerico, Gerardo di Giacomino di Dotta e Guinicello di Guido Principi. CXXXIII	141
1263	dicembre	21	Responso dei dottori Ribaldo Foscardi e Spagnolo dell'Abate. CXXXIV	141

1264	gennaio	1	Responso di Ruffino Principi dottore e di Braiguerra di Armanno. CXXXV . . . . . . *pag.* 142	
	dicembre	31	Responso dei dottori Buonaventura da Savignano e Tommasino Ramponi. CXXXVI . . . 143	
1267	febbraio	8	Compromesso fra il monastero di S. Caterina di Quarto e Vittore ed altri della casata Donzelli. CLXII 168	
	luglio	9	Pillio scolaro è condannato al bando. CXXXVII 143	
	»	9	Maestro Giovanni da Vicenza ripetitore accusa certo Rinalduccio scrittore d'avergli rubato un libro. CXXXVIII 144	
	»	9	Uberto d'Asti scolaro accusa un Anselmo Aschieri di furto. CXXXIX 144	
	»	28	Responso del dottore Tommasino Ramponi. CXL 145	
	agosto	1	Guglielmino miniatore accusa sua moglie di adulterio con uno scolaro. CXLI 145	
	»	11	Responso del dottore Albertino Carrari. CXLII 146	
	ottobre	10	Responso del dottore Spagnolo dell'Abate. CXLIII 146	
	»	22	Responso di Giovanni di Alberico e di Tommasino Ramponi. CXLIV 147	
	novembre	27	Responso di Buonaventura da Savignano dottore di leggi. CXLV 150	
1268	gennaio	26	Responso di Ugolino dottore di leggi. CXLVI. 150	
	marzo	26	Responso del dottore Albertino Carrari. CXLVII 151	
	aprile	18	Responso di Spagnolo dottore di leggi. CXLVIII 152	
	»	18	Responso di Spagnolo dottore di leggi. CXLIX. 152	
	giugno	14	Responso di Buonaventura da Savignano dottore di leggi. CL 153	
1269	aprile	8	Vendita di terreni da Giacomino Crescenzi alle monache di S. Giovanni Battista. CLXIII. . 169	
	»	27	Responso dei dottori Rolandino Romanzi e Guglielmo Rombodevino. CLI. 154	
1271	gennaio	12	Vendita di una casa da Martino Cavalli ad Altabona del fu Guglielmo medico ai frati eremitani di S. Giacomo. CLXXXI. 193	
	febbraio	7	Responso di Bonrecupero di Alberto, di Tommaso Piperata, di Alberto Carrari, di Basacomare dei Basacomari dottori di leggi e di altri. CLII 155	
	marzo	19	Responso di Bonrecupero di Alberto, di Tommaso Piperata e di altri. CLIII. 156	
	maggio	4	Responso di Cervotto di Accursio dottore di leggi e di Alberto Pavanesi. CLIV. 157	
	dicembre	3	Responso di Basacomare Basacomari e di altri dottori di leggi. CLV. 158	

1272	dicembre	17	Responso di Guido Orsi e di Bonrecupero dottore di leggi CLVI . . . . *pag.* 158
1278	luglio	29	Il Comune di Bologna si sottomette al Papa. XLVII. 41
1287	settembre	20	Giuramento prestato da Giovanni di Guglielmo Moysiaco di non leggere che a Bologna. CLXXXII. 194
	novembre	19	Sentenza del Capitano del Popolo di Bologna. LXVI 65
1292	ottobre	24	Revoca d'interdetto. LXVII 66
1294	febbraio	10	Vendita di terreni dall'abate del monastero di Montepiano ad Andrea del fu Gennaro da Bologna. CLXXXIII. 195
1294	»	10	Promessa dell'abate del monastero di Montepiano di ottenere la ratifica per parte dell'abate maggiore di Vallombrosa al precedente contratto. CLXXXIV 196
1297	ottobre	3	Divisione tra Filippo e Benvenuto fratelli Grogni del fu Gabriele. CLXXX. 196
1302	ottobre	23	Lodo di Domenico cappellano di S. Pietro Maggiore di Bologna e di Ubaldino giudice nella vertenza tra i frati eremitani di Bologna e l'ospedale di « Ralta ». CLXXXVI 197
1302	novembre	12	Donazione di Alberto Galluzzi arciprete a favore degli Eremitani di S. Agostino. CLXXXVII. 199
1310	gennaio	25	Testamento di Tarsia Martelli del fu Nicola. CLXXXVIII 200
1311	novembre	5	Testamento di Napoleone Clarissimi. CLXXXIX 201
1312	gennaio	4	Vendita di una casa e parti d'altra casa dai fratelli Brici al convento di S. Giacomo di strada S. Donato di Bologna. CXC 201
1315	luglio	8 e 9	Elezione del rettore della chiesa di S. Lorenzo in Triario e conferma della stessa CLXIV 169
1317/ 1356	agosto	10	Lodo di Paolo de Liazari nella vertenza tra i frati eremitani di S. Giacomo e diversi parrochi di Bologna. CXCI 202
1318	dicembre	3	Locazione di terreni da maestro Tranchedo e Biagio Magnavacca a Gasparino del fu Gasparino. CXCII. 204
1319	gennaio	18	Donazione di terreni di maestro Tranchedo al convento dei frati eremitani di S. Giacomo di Bologna. CXCIII 205
	febbraio	17	Promessa di pagamento rilasciata da Bonaventura del fu Giacomino Fabbri e da Cecilia

già moglie del detto Giacomino a favore di
Alberto Conoscenti. CXCIV . . . . *pag.* 206

1319 luglio 6 — Donazione di una casa di Migliore del fu Pellegrino al convento dei frati eremitani di Bologna. CXCV 207

1322 luglio 30 — Autorizzazione alle monache del convento di S. Caterina di Quarto che dimorano nel convento di S. Maria Maddalena di Bologna a far risiedere sei o sette fra le più anziane tra esse nell'antico convento di S. Caterina di Quarto. CLXV. 170

1323 febbraio 28 — Transazione tra il comune di Castel de' Britti ed i frati eremitani di Bologna. CXCVI. . . 208

1327 marzo 21 — Vendita di terreni da Bartolomea Pasquali ad Avenante già moglie di Ardizone di Gerardo. CXCVII 209

agosto 13 — Testamento di Comaccino Formaglini. CXCVIII. 210

novembre 16 — Procura delle monache di S. Agnese in frate Domenico Benichi. CXCIX. 211

dicembre 28 — Testamento di Diletta del fu Enrico. CC. . . . 211

1328 agosto 20 — Vendita di terreni da Bertoluzzo Castaldi e Filippo Caprara a Nicola da Treviso. CCI. . . 212

1330 agosto 20 — Atti giudiziali e sentenza nella lite tra gli eredi di Soldano Galluzzi e gli eredi della moglie di lui. CCII. 213

1331 marzo 15 — Testamento del dottore Giacomo Belvisi. CCIII. 214

giugno 14 — Procura delle monache di S. Maria Maddalena e di S. Caterina di Quarto in Federico Cristiani ed altri. CLXVI 171

dicembre 16 — Compromesso di Soldano Galluzzi e delle eredi di Alberto Conoscenti nel dottore Rainerio da Forlì. CCIV. 221

1332 febbraio 12 — Lodo di Rainerio da Forlì dottore di leggi nella lite vertente tra Soldano Galluzzi e le eredi di Alberto Conoscenti. CCV 222

maggio 4 — Cessione di Soldano Galluzzi a Giovanni Tarasini delle ragioni contro le eredi di Alberto Conoscenti. CCVI 228

» 16 — Locazione di terreni dai frati di S. Giacomo a Giacomo ed Ugolino Mussolini e Nicola da Anzola. CCVII 229

luglio 15 — Sentenza del Vicario Generale di Bologna a favore di Bartolomeo e Francesco fratelli da Galliera contro le eredi di Alberto del fu Tomaso Conoscenti. CCVIII 230

1332	dicembre	30	Cessione del Comune e degli uomini di Funo a Soldano Galluzzi. CCIX . . . . *pag.* 232
1333	giugno	12	Contratto di soccida fra Enregitto da Bologna ed Andrea da Cremona scolare. CLXVII . . . 172
1334	agosto	29	Mandato ad lites delle monache di S. Caterina e S. Maria Maddalena a Tomaso del fu Cambio da Montemaggiore. CLXVIII 174
	ottobre	18	Dichiarazione di Taddeo Pepoli e Francesco Bentivogli nella vertenza tra Primerani e Fredenzoni. CCX. 233
	dicembre	20	Sentenza assolutoria a favore di Bartolomeo da Marano chierico. CCXI 235
1336	giugno	12	Testamento del dottore Pietro Cernitti. CCXII. 236
1338	febbraio	23	Testamento di Buvalello Sangiorgi. CCXIII . . 237
	marzo	1	Conferimento della prima tonsura a Paolo di Pietro Bergadelli. CCXIV 238
1339	febbraio	17	Sentenza nella lite fra il Comune e gli uomini di Funo ed Alberto Galuzzi e consorti. CCXV. 238
	agosto	11	Richiesta del procuratore delle monache di S. Maria Maddalena in Bologna e di S. Caterina di Quarto all'arciprete di Marano perchè confermi l'elezione del rettore della chiesa di S. Lorenzo in Triario. CLXVIIII 174
	»	16	Conferma da parte dell'arciprete di Marano dell'elezione del rettore della chiesa predetta. CLXX. 176
	»	23	Concessione del vicario generale capitolare di Bologna al rettore eletto della chiesa predetta di entrare nel possesso materiale della stessa. CLXXI 177
1340	giugno	14	Benedetto XII modifica alcuni patti della pace fatta con Bologna nel 1338 e toglie l'interdetto. LXVIII 67
	settembre	30	Compromesso di Michele Bentivogli e Vacchino Magnavacca in Bartolomeo da S. Alberto e Francesco Bentivogli. CCXVI 241
1343	luglio	14	Quitanza del dottore Giovanni d'Andrea a favore di Bonifacio Papazzoni. CCXVII 242
	dicembre	20	Cessione di ragioni dotali dai fratelli Belvisi a Bettino da Gargognano. CCXVIII 243
1348	luglio	31	Testamento di Francesco del fu Nicola Manelli notaio. CCXIX. 244
1352	luglio	12	Istanza di Lodovico Guastavillani per la nomina di un curatore speciale. CCXX. 245
	agosto	4	Compromesso dei frati eremitani di S. Giacomo

e del rettore della chiesa di S. Donato nel
dottore Giovanni da Legnano. CCXXI *pag.* 246

1353 febbraio 12 Vendita di una casa da Pocta Poeti e da Bencevenne da Saliceto ad Orsolina del fu Guido
medico. CCXXII 247

giugno 22 Procura dell'arciprete di Sala in Filippo maestro di grammatica. CCXXIII 248

1355 ottobre 16 Vendita di una casa da Guglielmo e Bernardo
padre e figlio Lamola a Neseia del fu Ni-
cola Cavagli. CLXXII. 177

1356 maggio 11 Transazione tra Margherita Bianchetti ed i frati
di S. Giacomo. CCXXIV 248

1359 marzo 15 Autorizzazione del Vescovo di Bologna ai frati
di S. Giacomo per riedificare la chiesa di
S. Cecilia. CCXXV. 249

ottobre 31 Lodo nella vertenza relativa all'eredità della
fu Margherita da Monferrato. CCXXVI . . . 250

1361 gennaio 3 Vendita di due case dagli esecutori testamentari del fu Martino Cospi ai frati eremitani
di S. Giacomo. CCXXVII. 251

febbraio 18 Vendita di una casa dalle sorelle Consolmini
al dottore Giovanni Calderini. CCXXVIII. . 252

maggio 11 Vendita di una casa da Masina ed Antonia
Sabbadini ai frati di S. Giacomo. CCXXIX. 256

1364 dicembre 10 Sentenza del Vicario Generale di Bologna nella
causa tra il vescovado di Bologna ed i frati
eremitani di S. Giacomo. CCXXX. 257

1365 aprile 17 Nomina di curatore a favore di Giovanna Bonsignori. CCXXXI. 259

dicembre 17 Testamento di Princivalle del fu Bonaparte
detto Riccio de' Sapori. CCXXXII. 260

1368 febbraio 19 Atti nella causa vertente tra Libertà Garfagnini
e le monache del monastero di S. Vitale ed
Agricola. CCXXXIII. 261

1369 gennaio 18 Transazione fra gli eredi di Giacomo Gozzadini
e quelli della fu Margherita da Monferrato.
CCXXXIV. 262

1370 agosto 12 Assoluzione pronunziata dal messo pontificio a
favore delle monache di S. Giovanni Battista
dalla prestazione di decime arretrate. CLXXIII. 178

ottobre 31 Compromesso dei frati eremitani di S. Giacomo,
di Bulgaro Negri ed altri nei dottori Giovanni Bonsignori e Francesco Guastavillani.
CCXXXV 263

1371 febbraio 11 Vendita di porzione d'una casa da Bulgaro

			Negri ai frati eremitani di S. Giacomo. CCXXXVI. . . . . *pag.* 264	
1374	marzo	6	Testamento di Carlo Basacomari. CCXXXVII . 265	
1377	luglio	4	Pace fra Bologna e Gregorio XI. LXIX. 68	
1378	luglio	15	Vendita della metà pro indiviso di una casa da Francesco Ferazeri a Michele Sartore. CCXXXVIII 266	
	»	19	Contratto livellario tra il Comune di Bologna ed il monastero di Santa Maria in Cosmedin di Ravenna. LXX 71	
	settembre	13	Permuta fra il Comune di Bologna e la società dei notai. LXXI 72	
	novembre	24	Vendita di terreni da Elisabetta del fu Michele Lanzalotti ai frati eremitani. CCXXXIX. 267	
1379	dicembre	24	Transazione fra il Comune di Bologna e le monache di S. Francesco. LXXII. 74	
1380	gennaio	29	Compromesso nel dottore Giovanni da Legnano. CCXL 267	
	febbraio	14	Sentenza arbitrale del dottore Giovanni da Legnano. CCXLI 268	
	aprile	14	Contratto di soccida fra Giovanni da Albinea scolare e Giovanni e Giacomo fratelli del fu Giovannino da Anzola. CLXXIV 179	
	maggio	7	Concessione di selve per parte del Comune di Bologna. LXXIII. 75	
	»	11	Appalto dei lavori dell'Idice. LXXIV. 77	
	giugno	15	Ratifica di concessioni fatte al conte Alberto in ordine all'acquisto del castello di Bruscolo. LXXV. 78	
	luglio	21	Vendita del castello di Bruscolo e di altri luoghi. LXXVI 79	
1381	gennaio	20	Nomina di curatore speciale a favore di Francesco e Giovanni Saliceti. CCXLII 271	
	febbraio	14	Locazione di Cento e Pieve al Comune di Bologna. LXXVII. 80	
	giugno	26	Vendita di terreni da Pietro e Dino del Zucco alle monache di S. Giovanni Battista. CLXXV. 181	
	ottobre	22	Aggregazione del monastero di S. Maria di Ponte Maggiore al monastero dei SS. Gervasio e Protasio di Bologna. CLXXVI 182	
1382	marzo	7	Confessione di debito del dottore Pietro Canetoli per lire 600 ammontare della dote di Vermeia Bentivogli moglie a Matteo suo figlio. CCXLIII. 272	
	settembre	2	Testamento di Giovanni di Alberto Dominici notaio. CCXLIV 274	

1382	novembre	11	Testamento di Paolo Bualini medico. CCXLV
			pag. 275
1383	novembre	28	Transazione fra Bologna, Sassonegro e Sasso-leone. LXXIX 82
1384	marzo	11	Vendita di terreni da Cristoforo Zuntini ad Andrea Nardi. CCXLVI 276
	ottobre	1	Vendita di terreni da Giovanni Barbieri a Berto Barbieri CCXLVII 277
1388	settembre	9	Testamento di Nannino di Pizzolo Pelacani mercante CCXLVIII 278
1390	maggio	29	Concessione enfiteutica di terreni dai Padri di S. Domenico e da altri a Paolo Letti. CCXLIX. 279
1392	aprile	2	Concessione enfiteutica di case dai frati di S. Giacomo a Tomaso Ghislieri e Tisia Cac-cianemici. CCL 280
	settembre	26	Sentenza dei Dieci di Balìa di Bologna e degli ambasciatori delle città collegate contro Riz-zardo degli Alidosi e suoi nepoti. LXXX . . 83
1394	maggio	4	Vendita di terreni da Giacoma Salimbeni a Dino Lanfredi. CCLI 282
	»	17	Mutuo di danaro e di frumento da Orsolina del fu Guido medico ad Antonio di maestro Ceccolino e a Giacoma del fu Bellino. CCLII. 283
	»	29	Dichiarazione del Collegio Teologico di Bolo-gna circa la reggenza della cattedra in detta facoltà. CCLIV 285
	giugno	30	Nomina di curatore speciale a favore di Fran-cesco Bianchetti. CCLIII 284
1395	marzo	17	Costituzione di dote in terreni e in danaro da Bartolomeo Castelli a Francesca figlia del pre-defunto fratel suo Leonardo e moglie di Fe-lice Raimondi. CCLV 286
	ottobre	25	Rinuncia dei fratelli da Polenta ai diritti già spettanti a Guido loro padre sopra due case in Bologna. CCLVI 287
1397	novembre	13	Ricognizione di salario al giudice dei mercanti e cambiatori. CCLVII 288
1398	ottobre	5	Testamento di Antonio Caselli. CCLVIII . . . 289
1399	ottobre	3	Testamento di Carlo da Saliceto. CCLIX. . . . 290
	»	12	Testamento di Andrea Fagnani. CCLX 291
1400	(circa)		Quitanza rilasciata da Melchiorre a Matteo di Francesco da Castel San Pietro. CCLXI . . . 292
1400	giugno	14	Sindacato contro Brancuzzo Elmi già podestà di Bologna. CCLXII 293
	dicembre	24	Testamento di Michele Pannolini notaio. CCLXIII. 294

1403	novembre	9	Il Comune di Bologna nomina Berto de' Salaroli suo procuratore. LXXXI . . . . . . *pag.*	84
1404	gennaio	25	Berto Salaroli nomina Bernardino da Muglio a suo procuratore e sostituto. LXXXII.	85
	novembre	4	Nomina di curatore speciale a favore di Bartolomeo Beccari. CCLXIV	295
1407	giugno	15	Professione di fede di frate Pietro Iuchi olivetano. CCLXV	296
1408	agosto	30	Donazione della metà di una casa e di terreni da Orsolina Prati a Giovanni Rossi frate eremitano. CCLXVI.	296
1409	febbraio	19	Testamento di Giovanni Curioni notaio. CCLXVII.	298
1411	aprile	9	Il Comune di Bologna vende il molino di Argile. LXXXIII	86
1412	maggio	16	Transazione tra Giovanni Coloredo e Trisio Cassoli studente nello Studio di Bologna. CCLXVIII.	299
1413	dicembre	29	Testamento di Lanzalotto del fu Bartolomeo Ludovisi. CCLXIX.	301
1417	febbraio	4	Domanda di concessione enfiteutica di Gregorio del fu Ghinuccio Avoleo cambiatore in Bologna al convento di S. Stefano. CLXXVII.	184
	giugno	9	Concessione enfiteutica del convento di S. Stefano a Gregorio del fu Ghinuccio Avoleo. CLXXVIII.	185
	luglio	2	Pagamento fatto dal Comune di Bologna al marchese Nicolò Estense e ad Uguccione Contrari pel ricupero di San Giovanni in Persiceto. CCLXX	302
1421	aprile	2	Lettere di ascrizione all' ordine agostiniano. CCLXXI.	303
1423	giugno	10	Testamento del dottore Nicolò Roverbella. CCLXXII	303
	dicembre	23	Dichiarazione di Tommaso Manzolini tutore dell'infante Oddone Calcina di adire in rappresentanza di questo l'eredità paterna. CCLXXIII.	308
1424	agosto	29	Procura del dottore Giovanni Tomari nel canonico Pietro Ramponi. CCLXXIV	309
	novembre	22	Nomina di un curatore speciale ai minori Tano e Domenico Tarlati de Capitani. CCLXXV .	310
	dicembre	27	Testamento di Carlo Barna. CCLXXVI. . . .	311
1425	marzo	10	Vendita di terreni da Giovanni da Saliceto a Stefano fornaciaio. CCLXXVII.	312
1426	ottobre	28	Transazione fra il Comune di Bologna e Pasio Magarotti. LXXXIV.	87
1427	giugno	26	Vendita di una casa da Catterina del fu Gerardo a Barufaldina Barbieri. CCLXXVIII .	313

1428 aprile 9 Convenzione fra i fratelli e i n'poti di Nanne Gozzadini e Antonio e Lodovico Monterenzoli, circa la sospensione dei termini ad appellare contro la sentenza proferita dal giudice incaricato dal legato pontificio nella causa fra essi vertente. CCLXXIX . . . . *pag.* 314

1432 gennaio 24 Nomina di curatore speciale al minore Giovanni Benedetto Barbieri. CCLXXX 315

1436 luglio 21 Testamento di Giacoma del fu Giovanni Diotacora vedova di Bartolomeo Ghislardi. CCLXXXI. 316

 dicembre 5 Eugenio IV incorpora il collegio Avignonese al collegio Gregoriano LXXXV 89

1437 aprile 4 Eugenio IV incorpora al collegio Gregoriano il patrimonio del collegio fondato da Guglielmo da Brescia arcidiacono di Bologna. LXXXVI. 92

1438 gennaio 21 Ratifica del testamento di Caterina del fu Giacomo Micheli. CCLXXXII 317

 aprile 1 Papa Eugenio IV nomina Egidio di Guido da Carpi amministratore del collegio Gregoriano e degli uniti collegi Bresciano ed Avignonese. LXXXVII 94

 maggio 28 Nicolò Piccinino nomina Egidio da Carpi perpetuo rettore ed amministratore del collegio Gregoriano e degli annessi collegi Bresciano ed Avignonese. LXXXVIII. 95

 novembre 15 Sentenza del giudice delegato dagli anziani nella controversia tra il rettore del collegio Gregoriano e degli annessi e Giovanni di Probo studente di diritto. LXXXIX 96

1440 marzo 18 Restaurazione della tesoreria del Comune di Bologna. XC 97

 novembre 20 Procura di Battista ed altri de' Correggi in Giacomo Musotti. CCLXXXIII. 318

1442 maggio 2 Il Comune di Bologna vende il diritto di comperare dagli acquirenti dei mulini già di sua spettanza la farina di frumento al prezzo di 20 soldi di bolognini la corba. XCI 98

1443 luglio 6 Trattato di alleanza fra Venezia, Firenze e Bologna. XCII. 100

1445 giugno 19 Nomina di Giovanni di Pietro da Mirandola a notaio imperiale. CCLXXXIV 319

 luglio 4 Licenza del vicario generale di Bologna al canonico dottore Battista Manzoli per alienare immobili del suo beneficio. CCLXXXV. . . 320

1447 agosto 24 Patti fra Bologna e Nicolò V. XCIII. 101

1450	marzo	13	Dichiarazione di Caterina Calzolari a favore dei frati di S. Giacomo. CCLXXXVI . . . . *pag.* 323
1454	novembre	13	Concessione enfiteutica di terreni dai frati di San Giacomo ad Antonio e Giovanni del fu Pietro Belliotti. CCLXXXVII 324
1455	gennaio	25	Locazione di terreni dai dottori Lodovico Muzzoli e Lianoro Leanori ad Antonio Regogliosi. CCLXXXVIII. 325
	marzo	13	Testamento di Pietro del fu Giovanni Coloreto. CCLXXXIX. 329
	aprile	28	Inventario dell'eredità di Pietro Coloreto. CCXC. 331
	maggio	22	Nomina di curatore speciale al minorenne Carlo Antonio Fantuzzi. CCXCI. 331
	luglio	30	Vendita a Giovanni Benedetto Barbieri di ragioni ereditarie spettanti ai poveri di Cristo CCXCII. 332
	dicembre	17	Concessione di frate Pietro Maioriti inquisitore di Bologna a Giovanni Fabbri da Cento di nominarsi un confessore pei casi riservati. CCXCIII. 334
1456	gennaio	21	Assoluzione a favore di Domenico Benni da Budrio. CCXCIV 334
	ottobre	13	Transazione fra Antonio Fantuzzi e Giovanni Benedetto Barbieri. CCXCV 335
1458	giugno	14	Dottorato in diritto civile di Bartolomeo di Giovanni de' Calderini. CCXCVI 336
1459	febbraio	15	Assoluzione di Achille Malvezzi a favore di Giovanni Benedetto Barbieri e Giacomo Ingrati da responsabilità per deposito. CCXCVII. . 338
	luglio	3	Nomina di curatore speciale ai minori Giovanni e Francesco Fava. CCXCVIII 339
1460	gennaio	16	Transazione tra i padri di S. Domenico e gli Eremitani di S. Giacomo di Bologna. CCXCIX. 340
	febbraio	14	Vendita di terreni da Paolo Saliceti a Giovanni Benedetto Barbieri. CCC 341
	dicembre	5	Testamento di Margherita del fu dottore Obizzo Grasandini. CCCI 342
1462	giugno	10	Nomina di un curatore speciale a Giacoma del fu Giacomo Doria. CCCII 343
1465	aprile	24	Vendita di terreni dai fratelli Malvezzi al dottore Francesco Malvezzi canonico bolognese. CCCIII 344
1466	febbraio	26	Nomina del governatore generale e rettore dell'Archivio Pubblico di Bologna. CCCIV . . . 345
	giugno	27	Vendita di terreni dal dottore Alessandro Tartagni a Giovanni Benedetto Barbieri. CCCV . 347

1466	settembre	23	Procura dei fratelli Montini in Cristoforo Zanettini. CCCVI. . . . . *pag.* 349	
	»	24	Testamento di Margherita del fu Leonardo Castelli. CCCVII 350	
1467	gennaio	19	Mutuo di danaro di Giovanni Benedetto Barbieri ai fratelli Grati. CCCVIII. 351	
	febbraio	27	Locazione di terreni dai canonici della cattedrale di Bologna a Giovanni Benedetto Barbieri. CCCIX. 353	
1469	aprile	14	Nomina di curatore speciale al minore Pier Francesco Poggi. CCCX. 354	
	luglio	20	Testamento di Francesco del fu Bono detto il Piacevole. CCCXI 355	
	agosto	12	Vendita di parte di una casa da Carlo Marsigli a Giovanni Benedetto Barbieri. CCCXII . . . 356	
	settembre	26	Vendita di terreni dai fratelli Maranini e da Lodovico Avoglio a Giovanni Benedetto Barbieri. CCCXIII 357	
1470	maggio	28	Confessione di debito dal dottore Baldassare Mantacheti a favore di Andreuzza Barbieri sua moglie. CCCXIV 359	
	ottobre	20	Vendita di terreni dai fratelli Baldi a Giovanni Benedetto Barbieri. CCCXV 361	
1471	febbraio	20	Transunto dell'atto di conferma dei privilegi a favore della città e dello Studio di Bologna per parte di papa Bonifacio IX. CCCXVI. 362	
1474	gennaio	29	Cessione di credito del dottore Bernardo da Sassuno ai fratelli Grati. CCCXVII. 363	
	marzo	17	Nomina di curatore speciale ai minori Guido Antonio e Ludovico de Balli. CCCXVIII . . 367	
1475	aprile	10	Transazione fra i padri Predicatori ed i frati eremitani. CCCXIX 368	
1476	maggio	16	Confessione di debito di Pietro, Filippo, Ferrante e Galeazzo Micheli verso Giovanni Benedetto Barbieri in dipendenza di un affitto di terreni. CCCXX 369	
1478	agosto	22	Vendita di una casa dalle monache di S. Lorenzo ai frati di S. Giacomo. CCCXXI . . . 370	
	settembre	6	Testamento di Giovanni Benedetto Barbieri. CCCXXII 371	
1480	novembre	15	Locazione di terreni con facoltà di francare da Antonio Grassi a Buongiovanni e Margherita sua madre. CCCXXIII. 374	
1481	febbraio	19	Nomina di curatore speciale al minore Diomede Grati. CCCXXIV 375	

1481	maggio	2	Cessione di diritti e di azioni creditarie da Girolamo Sala a Giovanni Benedetto Barbieri CCCXXV . . . . *pag.* 376	
	ottobre	9	Nomina di curatore speciale ai minori Giovanni Francesco e Giacomo Guidoncelli. CCCXXVI. 377	
1482	gennaio	10	Assoluzione dei poveri di Cristo eredi di Antonia Calzolari a favore di Giovanni Benedetto Barbieri. CCCXXVII 378	
	febbraio	7	Nomina di curatore speciale al minore Marsilio Marsili. CCCXXVIII. 379	
1483	aprile	30	Vendita di parte di una casa da Bartolomeo dal Bue a Giovanni Benedetto Barbieri. CCCXXIX. 380	
1484	dicembre	15	Pagamento di legato da Orsolina Fava vedova di Giovanni Benedetto Barbieri a Gregorio ed altri degli Avoglio. CCCXXX 381	
1485	maggio	13	Transazione fra Andreuzza Barbieri ed Orsolina Fava madre e tutrice di Giovanni Francesco Barbieri. CCCXXXI 382	
1490	novembre	18	Locazione di terreni dal vescovo Antonio Grassi a Bongiovanni detto il Piacevole. CCCXXXII. 383	
1492	luglio	1	Donazione universale mortis causa di Franceschina Salesini ad Ascanio Bentivoglio. CLXXVIIII. 187	
1493	marzo	27	Nomina di curatore speciale a Giovanni Galeazzo Galluzzi. CCCXXXIII 384	
1495	giugno	26	Nomina di curatore speciale alla minore Gentile del fu Filippo Lipari. CCCXXXIV. 385	
	novembre	5	Vendita di terreni dal dottore Pietro Canonici a Giovanni Francesco Barbieri. CCCXXXV . 386	
1497	aprile	3	Nomina di curatore speciale ai minori Vincenzo ed Ercole Borghi. CCCXXXVI. 389	
	agosto	19	Vendita di terreni da Bartolomeo Salvari a Giovanni Paolo Vegetto. CCCXXXVII 390	
1499	aprile	29	Donazione di Camilla Sabatini a Scipione Marescotti dei diritti e delle azioni che le spettano sopra una casa. CLXXX 188	

INDICE DEI NOTAI

Adami Bartolomeo di Michele 207.

Adami Michele di Bartolomeo 207.

Aguello 6, 8.

Albergati Simone di Ugolino 211.

Albergitto 164.

Albertuzzi Giacomo di Giovanni 242.

Albiroli Giovanni di Virgilio 268, 270.

Albizzo di ser Berto da Dugliolo 369.

Albizzo di Pietro da Sassuno 266.

Allegratutti Bonmartino di Bombologno 150.

Allisendi Riccio 38.

Amatore da Budrio 129.

Angelelli Giacomo di Pietro 228, 229.

Angelelli Giovanni di Angelino 73, 81, 82, 182.

Ansaldini Ansaldino di Alberto 145.

Ansaldino di Ugolino Pellegrino 211, 243.

Antonio da Melazzano 101.

Antonio di Amatore da Val d'Aposa 51.

Antonio di Bartolomeo da Setta 355, 356.

Antonio di Bassotto da Argile 315.

Antonio di Giacomo da Cedropiano 316.

Antonio di Vannuzzo da San Giorgio 84.

Argelata (da), v. Domenico.

Argile (da), v. Antonio di Bassotto; Isnardo di Gandolfo.

Arpinello di Nicolò da Folea 312.

Artemisii Carlo di Becadello 318.

Asola (da), v. Zilotto

Azzognidi Melchiorre di Nicolò 325.

Bagnarola (da), v. Bartolomeo di Tomasino.

Bambaglioli Bernardino di Uguccione 42.

Bambaglioli Uguccione di Lambertino 41.

Bargelini Andrea di Gaspare 184, 186.

Barrabani Bombologno di Lamberto 201, 202.

Bartolomeo 344.

Bartolomeo di Giacomo da Sassuno 249.

Bartolomeo di Pietro 66.

Bartolomeo di Tomasino da Bagnarola 173.

Bataglineci Alberto di Bataglinecio, 295.

Bedori Nicolò 99.

Bellotti Bellotto di Giacomino 197.

Belvisi Giovanni di Benvenuto 221.

Bencevenne di Giacomo da Saliceto 195.

Bonincasa di Amatolo da Faenza 60.

Bentivogli Andalò di Michele 246.

Bentivogli Francesco di Gaspare 363.

Bergami Michele 139.

Bernardo 14.

Boatterio 353.

Bologna (da), v. Petronio di Giuliano.

Bolognetto di Atto 131, 136, 137.

Bolognetto da Strada maggiore 36, 37, 48.

Bolognoli Pietro Pizolo 15, 24.

Bonacosa Bonacosa di Alberto 168.

Bonapresso di Tuderto 109.

Bonaventura 28.

Bonazzoli Bartolomeo, 315.

Bonfanti Bonfante di Giovanni 154.

Bongiovanni 25.

Bongiovanni di Rolandino 167.

Bongiovanni da Saragozza 127.

Bonifacio di Amatore 235.

Borgonovo (da), v. Oradino; Viviano.

Bottoni Pietro 324, 354.

Bottrigari Alessandro di Cristoforo 355, 367, 371, 382, 385, 389.

Bottrigari Giulio di Francesco 385.

Bruni Filippo 99.

Bucchi Gaspare 287.

Budrio (da), v. Amatore; Nicolò.

Buoi (de) Battista di Vitale 379.

Buoncambio 25, 26.

Buvalelli Azzone di Nicolò 79, 267, 279, 290.

Buvalelli Francesco di Marco 172.

Caccianemici Cristoforo, cavaliere aurato 338.

Cacciacervi Giovanni di Gerardo 112, 113.

Canonici Nicolò di Giacomo 179, 258.

Canova (da), v. Giovanni.

Cardano (da), v. Lorenzo di Prandolo

Carnelvari Bedore di Nicolò 78.

Casolari Antonio di Giacomo 313.

Castagnoli Bartolomeo di Antonio 89.

Castagnoli Giovanni di Bonifacio 292.

Castagnoli Giovanni di Domenico 278.

Castagnoli Prendiparte di Giovanni 275, 282.

Castagnolo (da), v. Francesco di Giovanni; Evangelista di Antonio; Giovanni di Ludovico.

Castel de' Britti (da), v. Giacomo.

Castel San Pietro (da), v. Pietro di ser Paolino.

Castellani Rolando di Alberto 296, 310 324.

Cavalli Bene di Bartolo 288.

Cavallini Bortoluzzo 89.

Cisti Mino di Lorenzo 297.

Codagnelli Gerardo 55.

Codagnelli Lodovico di Bartolomeo 274.

Colloredo (da), v. Pietro di Bernardino.

Cospi Paolo 286.

Cospi Paolo di Lenzio 184.

Curialti Alessandro di Matteo 367.

Curialti Matteo 345, 357, 361, 366, 367, 370, 374, 376, 377, 378, 379, 380, 383.

Curlo (da), v. Libanorio di Giacomo.

Diavolini Aigone di Ugolino 169.

Domenico da Argelata cancelliere del Comune di Bologna 303.

Domenico di Gigliolo da Sesso 15.

Donato 22.

Dugliolo (da), v. Albizzo di ser Berto.

Enrichetti Francesco di Giacomo 72, 74, 76, 77.

Enrico giudice, cancelliere del Comune di Firenze 12.

Enrico di Maze 194.

Evangelista di Antonio da Castagnolo 300.

Fabro 142, 143.

Fabbri Cristoforo 339, 353.

Faenza (da), v. Benincasa; Marchione di Giacomo.

Fagnano (da), v. Tomaso.

Fantalozzi Giovanni 159.

Fantuzzi Giacomo di Rolando 252.

Fantuzzi Riccardo di Giovanni 236.

Fasanini Nicolò di Giacomo 188, 391.

Fava Guido 29, 47.

Feliciano 22.

Ferranti Antonio 113.

Ferrara (da), v. Pieruccio.

Folea (da), v. Arpinello; Nicolò di Arpinello.

Fossavecchi Galeazzo di Giovanni 390.

Francesco di Giovanni da Castagnolo 213.

Francolini Giacomo di Bartolomeo 343.

Frigerino di Comazio da S. Venanzio 339.

Funo (da) v. Pietro.

Garzaria Giovanni Camillo di ser Battista 386.

Gatti Rolando di Giovanni 39, 40.

Gerardo 22, 23.

Giacomo 12.

Giacomo di Filippo 133, 135, 136.

Giacomo di ser Pietro 181.

Giacomo di Ribaldino 65.

Giacomo di Tomaso da Castel de' Britti 285.

Giovanni da Canova 14.

Giovanni di Alberto Domenico 260.

Giovanni di Ser Bertolino 272.

Giovanni di Domenico da Castagnolo, v. Castagnoli.

Giovanni di Ludovico da Castagnolo 278.

Giuliano di Leonardo 24.

Giustiniano 28, 31, 47.

Gombruti Bonuzzo di ser Francesco 345.

Grassi Agamennone di Baldassare 375, 384.

Grassi Baldassare di Giacomo 329.

Graziolo 120.

Grimaldo di Enrico 107.

Guglielmo 3, 9.

Guglielmo di Giovanni, v. Palmieri.

Guglielmo di Guizzardo da Pizano 247.

Guido 3.

Guido da San Giorgio 138.

Guido di Varegnana 49, 50.

Guidozagni Bartolomeo di Bernabò 277.

Imola (da), v. Ugolino.

Isco (da), v. Tomasino.

Isnardo di Gandolfo da Argile 251.

Isnardo da Montasico.

Laneri Nicolò di ser Fino 287, 311.

Lamola Bernardo di Guglielmo 263.

Lancia Bonfigliolo di Masolino 87.

Lancia Tomaso di Antonio 262.

Landino Dalfino 189.

Lastignano (da), v. Umberto.

Lenzi Bonmartino 39.

Lenzio di Paolo 170, 175, 176, 177.

Leone 165.

Letti Tomaso di Paolo 297.

Libanorio di Giacomo da Curlo 319.

Loiano (da), v. Nicolò di ser Bonifacio.

Lorenzo di ser Comazio da San Venanzio 349.

Lorenzo di Giacomo da Massumatico 389.

Lorenzo di Prandolo da Cardano 250.

Magnani Bartolomeo di Giacomo 230.

Malcalzati Gerardo di Lanfranco 298.

Malchiavelli Tomaso di Simone 383.

Malvezzi Ilioneo di Alessandro, 382.

Mamellini Nicolò di Taddeo 330, 335, 338.

Mangini Giacomo di Giovanni Giacomino 342.

Mantachetti Floriano 331, 333, 336.

Manzolino (da), v. Pellegrino di Giacomo.

Marchesino da Musiano 41.

Marchione di Giacomo da Faenza 284.

Maroni Giovanni Giacomo 280, 290.

Marsigli Filippo di Angelino 85, 86.

Martelli Giacomo di Alberto 174, 206, 238.

Martino da Urbino 33.

Mascaroni Giacomo di Domenico 170.

Massa Evangelista di Francesco 350.

Massari Alberto di Pietro 146.

Massumatico (da), v. Lorenzo di Giacomo.

Mazzarelli Antonio di Palmerio 101.

Melazzano (da), v. Antonio.

Merlini Bartolomeo di Giovanni 261.

Merolini Giacomino di Michele 38.

Merzari Michele di Francesco 238.

Mezzovillani Ludovico di Andrea 351.

Michelino di Zambonino 201.

Migliore di Matteo 222.

Miligotti Egidio 126.

Moneta Petronio di Nicolò 366, 370.

Montanari Azzolino di Pietro 198.

Montanaro di Bertolotto Guido 257.

Montasico (da), v. Isnardo.

Muletti Bernardino di Francesco 303.

Musiano (da), v. Marchesino.

Nicolò da Budrio 40.

Nicolò di Arpinello da Folca 295, 301.

Nicolò di Bonifacio da Loiano 344, 358.

Nicolò di Giovanni da Varegnana 313.

Nosseto (da), v. Pietro.

Ognibene Dianoro 158.

Oradino da Borgonovo 16, 47.

Ostesani Giovanni 98.

Pace Fabrino di Damiano 87.

Pace di Giacomo Zaccaria 208, 209.

Paganelli Guido di Francesco 308.

Paganelli Paganello di Baldassare 188, 371, 376, 377, 391.

Paleotti Bonaventura di Lorenzo 317.

Paleotti Gerolamo di Benedetto 357, 360, 361.

Palmerio di Ricobono 155, 156, 157.

Palmieri Guglielmo di Giovanni 273.

Panzacchi Bartolomeo di Beldo 82.

Panzacchi Bartolomeo di Cesare, 332, 342, 358.

Panzacchi Beldo di Francesco 82.

Panzacchi Cesare 342, 358.

Panzacchi Melchiorre di Nicolò 373, 380.

Panzacchi Virgilio di Giacomo 379.

Paolo da Rieti 42.

Papazzoni Giovanni di Andrea 98.

Parisio cancelliere 237.

Pasetto di Ferraresio 138.

Pasquale da Saragozza 32.

Pellegrino di Giacomo da Manzolino 309.

Perini Filippo di Giovanni 205.

Petrizandalo di Aldrovandino 151, 152, 153.

Petronio di Giuliano cancelliere del marchese di Ferrara 303.

Piantavigne Ostesano di Guidoncino 282.

Pieruccio di Rainerio da Ferrara 59.

Pietramala (da), v. Robaconte.

Pietro 19.

Pietro da Nosseto 103.

Pietro di Bernardino da Colloredo 295.

Pietro di Bitino Vincenzo 228.

Pietro di Bombologno 27, 29.

Pietro di Giovanni Deotefe 245.

Pietro di Michele da Funo 196.

Pietro di ser Paolino da Castel S. Pietro 311, 312.

Pighini Giacomo di Pietro 99.

Piletti Giovanni 9, 10, 13.

Pizano (da), v. Guglielmo di Gnizzardo.

Pizolpassi Rodolfo di Guido 244.

Plastelli Nicolò di Albertino 266.

Plevale di Plevale 178.

Ponticelli Gaspare 386.

Prendiparte Prividino di Tutto 282.

Rafaeani Giovanni 120, 121.

Riccardo 46.

Rieti (da), v. Paolo.

Robaconte di Benvenuto da Pietramala 146, 150.

Rocchi Galliano 127.

Rolandi Francesco di Pietro 97.

Rolandino 45.

Rovisii Alberto 130.

Rustigano di Martellino 200.

Sacchi Giacomo di Gregorio 293.

Salaticle di Martino Papa 166.

Saliceto (da), v. Bencevenne.

Salimbeni Francesco 389.

San Giorgio (da), v. Antonio di Vannuzzo; Guido.

San Venanzio (da), v. Frigirino di Comazio; Lorenzo di Comazio.

Saragozza (da), v. Bongiovanni; Pasquale.

Sassuno (da), v. Albizzo; Albizzo di Pietro; Bartolomeo di Giacomino.

Savi Maione di Nicolò 354.

Scappi Costantino 289.

Scardovi Giacomo 87.

Sclariti Corradino 115, 116, 117, 118.

Sega Francesco di Lorenzo 101.

Sesso (da), v. Domenico di Gigliolo.

Setta (da), v. Antonio di Bartolomeo.

Simone 17, 75.

Simone di Perino Gino 262.

Soleggi Giacomo 71.

Spalla Gerardo 21.

Spiapasti Vincenzo di Giacomo 171.

Strada maggiore (da), v. Bolognetto; Zaccaria.

Tamarazzi Lodovico di Giovanni 89.

Tano di Belletto 212.

Taraffi Guido di Lanzalotto 200.

Tavola (dalla) Albertuccio di Zambone 112.

Tettacapra 6.

Tomasino di Ottonello da Iseo 66.

Tomaso da Fagnano 356.

Toscani Petrizolo di Giovanni 122.

Toschetti Giovanni di Matteo 339.

Trentaquattro Bartolomeo 98, 99.

Ugolino 166.

Ugolino imolese 33.

Umberto da Lastignano 133.

Urbino (da), v. Martino.

Val d'Aposa (da), v. Antonio.

Vannuzzi Giacomo di Antonio 248, 264.

Vareguana (da) v. Guido; Nicolò di Giovanni.

Ventura 11.

Vimercate (da), v. Vitaliano.

Vinciguerra di Giacomo Zaccaria 209.

Vitaliano di Corrado da Vimercate 60, 61, 62.

Viviano da Borgonovo 123, 125, 141.

Zaccaria da Strada maggiore 30, 32, 35.

Zambeccari Pellegrino di Giovanni 81.

Zanetti Melchiorre di Siverio 386.

Zani Bartolomeo 371, 390.

Zarlotti Matteo 256.

Zenzanini Bartolomeo 231, 293.

Zilotto da Asola 55, 56, 57.

INDICE DEI NOMI E DELLE COSE

PERTINENTI ALLO STUDIO (*)

Abate (dell') Spagnolo dott. di leggi, responso (1263) CXXXIV, 141; id. (1267) CXLIII, 146. (vedi anche Spagnolo).

Accursio dott. di leggi, testimonio (1230) XL, 36; responso (1251) CIX, 117; id. (1252) CXIII, 121; condannato a multa (1255) CXX, 128; ric. (1262) CXXXIII, 141.

Agostino professore di teologia, priore generale degli Eremitani, rilascia lettere di ascrizione all'ordine (1421) CCLXXI, 303.

Agostino da Roma professore di teologia, gli è riconosciuto il diritto alla cattedra relativa nella facoltà teologica (1394) CCLIV, 285.

Albergati Antonio dottore d'ambe le leggi, anziano del com. di Bologna (1411) LXXXIII, 87.

Albergati Nicolò dott. d'ambe le leggi, responso (1339) CCXV, 240.

Alberico dottore di leggi, responso (1251) CVII, 115; id. (1251) CIX, 117; id. (1259) CXXX, 138.

Alberto pavese, dottore di leggi, membro del consiglio di Modena (1211) L, 47.

Alberto fisico, ric. (1380) CCXL, 268.

Alberto da Ulgiano dott. di decreti, vic. gen. del vescovo di Bologna (1407) CCLXV, 296.

Albinea (da), v. Giovanni.

Aldrovandi Pietro dottore d'ambe le leggi, testimonio (1426) LXXXIV, 89.

Alessandro da Manzolino dott. di leggi, nomina un curatore speciale a Gentile Lipari (1495) CCCXXXIV, 385.

Alessandro di Lapo giureperito, testimonio (1340) CCXVI, 242.

Amaneo da Bordeaux, maestro, testimonio (1159) CLVII, 164.

Amelia (da), v. Venturelli Giovanni.

Anagni (da), v. Giovanni.

Andalò (degli), v. Loderingo.

Andrea (d'), v. Giovanni.

Andrea da Milano baccelliere, testimonio (1424) CCLXXVI, 312.

Andrea da San Gerolamo vescovo, dott. di decreti, testimonio (1381) CLXXVI, 183.

Andrea da Soncino licenziato in diritto canonico, vic. gen. di Bologna, testimonio (1381) LXXVII, 81; id. (1381) CLXXVI, 183.

Andrea di Rainaldo stazionario di libri, testimonio (1332) CCIX, 232.

Angelelli Geremia dott. d'ambe le leggi, testimonio (1380) LXXVI, 79.

Antignano (da), v. Morenghi Tomaso.

Antolino da Manzolino dott. di leggi, sindaco del com. di Bologna (1278) XLVII, 41.

Antonio di Giovanni Lodovico da Monterenzoli studente di diritto civile, convenzioni (1428) CCLXXIX, 314.

Aprile da Catalogna eremitano, baccelliere, testimonio (1424) CCLXXVI, 312.

(*) N. B. - Il numero arabico racchiuso tra parentesi segna l'anno in cui il documento fu redatto; il numero romano corrisponde al numero d'ordine del documento; infine il numero arabico che vi tien dietro indica la pagina nella quale la persona o la cosa sono menzionate.

Arardo dott. di leggi, responso (1252) CXII, 120; id. (1252) CXIII, 121.

Arardo Preiti dott. di leggi, testimonio (1259) XLIV, 39; membro del consiglio generale e speciale di Bologna (1259) XLV, 40.

Archivio pubblico di Bologna, nomina del governatore generale e rettore (1466) CCCIV, 346.

Arengheria Gasparo dott. di leggi, proc. del com. di Bologna (1447) XCIII, 103.

Arengheria Giovanni dott. d'ambe le leggi, membro del collegio dei giudici di Bologna, presenzia ad atto di pagamento (1484) CCCXXX, 381.

Arezzo (da), v. Gambioni Angelo.

Arienti Uguccione dott. di leggi, testimonio (1251) CIX, 118; responso (1254) CXVII, 125.

Arimondo dott. e prof di leggi, responso (1254) CXVII, 125; id. (1258) CXXIX, 137.

Aristotile Francesco dottore d'arti e di medicina, anziano del com. di Bologna (1411) LXXXIII, 87.

Ascoli (da), v. Tedesco.

Asti (da), v. Uberto.

Avignonese collegio, è incorporato al collegio Gregoriano (1436) LXXXV, 89.

Azzoguidi Maccaguano dott. di leggi, ambasciatore del com. di Bologna (1310) LXVIII, 67.

Azzoguidi Nicolò dott. di leggi, ric. (1428) CCLXXIX, 315; id. (1454) CCLXXXVII, 325.

Azzone prof. di diritto e dott. di leggi, testimonio (1198) III, 6; id. (1203) IX, 10; id. (1204) XII, 13; stipula convenzioni col com. di Bologna (1208) XIV, 14; ambasciatore del com. di Bologna (1211) XVI, 15; testimonio (1216) XXI, 21; membro del consiglio di credenza (1220) XXXVI, 32.

Bagarotto dott. di leggi, ambasciatore del com. di Bologna (1219) XXXI, 28; id. (1220) XXXV, 30; membro del consiglio di credenza (1220) XXXVI, 31; id. (1220) XXXVIII, 34.

Bagarotto prof. di diritto, ric. (1219), LI, 47.

Bagarotto da Piacenza scolare, accusa Galiano di Arimano (1235) XCVIII, 108.

Bagno (da), v. Giovanni.

Baldini Tomasino prof. di diritto civile, ambasciatore del com. di Bologna (1278) XLVII, 42.

Balduini Giacomo dott. di leggi, si obbliga a favore dello Studio di Bologna (1213) XVII, 16; testimonio (1218) XXIII, 22; id. (1218) XXIV, 23; membro del consiglio di credenza (1220) XXXVI, 31; id. (1220) XXXVIII, 34; membro del consiglio del comune (1233) LII, 48; lettore ric. (1235) XCIX, 109.

Bandino dott. di leggi, proc. del com. di Bologna (1209) XV, 15.

Bandino Famigliato, giura di osservare ciò che con giuramento promise Lotario dott. di leggi (1198) VII, 9.

Baratti Roberto da Parma dott. di leggi, responso (1339) CCXV, 240.

Barbieri Filino dott. di decreti, testimonio (1332) CCVIII, 231.

Barbieri Francesco medico, testimonio (1381) CLXXV, 182; id. (1384) CCXLVII, 278.

Bargellini Francesco abate di S. Stefano, licenziato in diritto civile (1417) CLXXVII, 184.

Bartolomeo da Bologna eremitano, maestro di teologia, testimonio (1398) CCLVIII, 290.

Bartolomeo da Saliceto dott. di leggi, anziano del com. di Bologna (1378) LXXI, 73; ric. (1425) CCLXXVII, 312; rie. (1460) CCC, 341.

Bartolomeo da S. Alberto giureperito, nominato arbitro (1310) CCXVI, 242.

Bartolomeo da Strada maggiore prof. di teologia, provinciale degli Eremitani (1392) CCL, 281.

Basacomari Basacomare dott. di leggi, responso (1271) CLII, 155; id. (1271) CLIII, 156; id. (1271) CLV, 158.

Basacomari Carlo licenziato in diritto civile, suo testamento (1374) CCXXXVII, 265.

Basacomari Pietro dott. di leggi, membro del consiglio generale di Bologna (1340) LXVIII, 67.

Bastiano di Lazzaro da Pisa discepolo di Battista da Pisa medico, testimonio (1455) CCLXXXIX 330.

Battista da San Pietro dott. d'ambe le leggi, proc. del com. di Bologna (1443) XCII, 100.

Battista di Nicola da Pisa medico, testimonio (1455) CCLXXXIX, 330.

Bazolini Giovanni dott. di leggi, ambasciatore di Astorgio Manfredi da Faenza (1392) LXXX, 84.

Beltale giureperito, è nominato proc. del com. di Faenza (1256) LX, 59; gli sono conferiti speciali poteri (1256) LXI, 60; nomina ad arbitro il Capitano del popolo di Bologna (1256) LXII, 61.

Belvisi Giacomo dott. di leggi, suo testamento (1331) CCIII, 214.

Belvisi Rolandino dott. di decreti, testimonio (1302) CLXXXVII, 199.

Bene da Firenze giura a favore dello Studio di Bologna (1218) XXV, 23.

Benedetto da Benevento dott. di leggi, giura di osservare gli statuti relativi allo Studio di Bologna (1221) XXXIX, 35.

Benevento (da), v. Benedetto.

Benintende dott. di leggi, si obbliga a favore dello Studio di Bologna (1213) XVII, 16.

Bernardo da Sassuno dott. d'ambe le leggi, cede un credito ai fratelli Grati (1474) CCCXVII, 363.

Berretto dottorale (1458) CCXCVI, 337.

Bianchetti Giovanni dott. d'ambe le leggi, nomina un curatore speciale al minore Francesco Bianchetti (1394) CCLIII, 284.

Bizano (da), v. Guglielmo.

Boattieri Guido, responso (1254) CXVII, 125.

Bobbio (da), v. Brugnadelli Giacomo.

Boccali Giovan Maria precettore di grammatica, testimonio (1499) CLXXX, 189.

Boezio, libro (di) (1250) CV, 114.

Boiti Giovanni da Pisa dott. di leggi, vicario del podestà (1395) CCLV, 287.

Bologna, v. Archivio Pubblico.

Bologna (da), v. Bartolomeo; Cristoforo di Paolo; Giacomo di Giacomo; Giovanni; Guizardino; Lodovico; Lorenzo di Lorenzo; Michele; Paolo; Tomaso di Giovanni.

Bolognini Bartolomeo dott. di leggi, deputa un curatore speciale ai minori Borghi, (1197) CCCXXXVI, 390.

Bompetri Pietro dott. di leggi, ambasciatore del comune di Bologna (1310) LXVIII, 67.

Bonacatti Paolo giureperito, testimonio (1340) CCXVI, 242.

Bonacursio dott. di decreti, vic. gen. capitolare di Bologna (1315) CLXIV, 170; id. (1338) CCXIV, 238; responso (1339) CCXV, 240.

Bonacursio abate di S. Proculo, dott. di decreti, vic. gen. del vescovo di Bologna (1400 circa) CCLXI, 292.

Bonagrazia scrittore, accusa di furto Deutavena scolare (1250) CII, 112.

Bonandrea di Pietro Bonandrea dott. di decreti, testimonio (1332) CCVIII, 231.

Bonaparte dott. di leggi, responso (1250) CI, 110.

Bonaventura medico, promessa di pagamento a favore di Alberto Conoscenti (1319) CXCIV, 207.

Bonaventura da Savignano dott. di leggi, testimonio (1244) LIII, 49; id. (1245) LIV, 50; id. (1250) CIV, 113; id. (1257) LXV, 64; id. (1259) CXXX, 139; responso (1264) CXXXVI, 143; id. (1267) CXLV, 150; id. (1268) CL, 153.

Boncompagni Pietro dott. di leggi, testimonio (1382) CCXLIV, 274.

Bonconsigli Bonifacio, giura l'osservanza degli statuti relativi allo Studio di Bologna (1220) XXXVII, 33.

Bonfanti Aliprando, responso, (1238) CXXIV, 131.

Bonifacio dott. di leggi, testimonio (1230) XL, 36; id. (1230) XLI, 37.

Bonifacio IX papa, conferma i privilegi allo Studio di Bologna (1471) CCCXVI, 362.

Bonincontro dott. di decreti, testimonio (1294) CLXXXIII, 195; id. (1294) CLXXXIV, 196; id. (1332) CCV, 228; id. (1332) CCVI, 229.

Bonrecupero da Sora dott. di leggi, approva l'appalto del dazio del sale fatto dal com. di Bologna a Donideo ed altri (1259) XLVI, 46.

Bourecupero di Alberto dott. di leggi, responso (1271) CLII, 155; id. (1271) CLIII, 156; id. (1272) CLVI, 159.

Bonsignore medico, ric. (1312) CXC, 202.

Bonsiguori Bonsignore medico, ric. (1365) CCXXXI, 259.

Bonsignori Giacomo dott. di fisica ric. (1365) CCXXXI, 259.

Bonsignori Giovanni dott. di leggi, ricordato come arbitro (1368) CCXXXIII, 261; nominato arbitro (1370) CCXXXV, 263; testimonio (1371) CCXXXVI, 264; ric. (1380) CCXL, 268.

Bordeaux (da), v. Amaneo.

Bornio da Sala dott. d'ambe le leggi, vicario del Cardinale legato (1458) CCXCVI, 336; ric. (1481) CCCXXV, 377; id. (1497) CCCXXXVII, 391.

Bortolazzo medico, ric. (1327) CXCIX, 211.

Boselli Domenico dott. di decreti, testimonio (1368) CCXXXIII, 261.

Boselli Pietro giureperito, testimonio (1400 circa) CCLXI, 293.

Bottrigari Galeazzo dott. di leggi, nomina un curatore speciale al minore Pier Francesco Poggi (1469) CCCX, 355.

Bottrigari Lorenzo dott. di leggi, membro del consiglio generale del com. di Bologna (1340) LXVIII, 67.

Brescia (da), v. Guglielmo; Rainisino di Giovanni.

Bresciano, collegio, è incorporato al collegio Gregoriano (1437) LXXXVI, 92.

Brugnadelli Giacomo da Bobbio dott. di leggi, suo lodo (1359) CCXXVI, 251; ric. (1369) CCXXXIV, 262.

Brunori Francesco di Città di Castello scolare, studente in diritto civile, testimonio (1388) CCXLVIII, 279.

Bucinechi Cristoforo da Reggio studente di diritto civile, testimonio (1327) CCCVIII, 210.

Bualini Paolo prof. di fisica, suo testamento (1382) CCXLV, 275.

Buoi (de') Andrea dottore di leggi, approva il contratto di concessione di selve fatto dal com. di Bologna (1380) LXXIII, 76.

Buoi (de') Giacomo giureperito, dott. di leggi, testimonio (1334) CCXI, 236; id. (1370) CCXXXV, 263.

Buvalelli Buvalello dott. di leggi testimonio (1371) CCXXXVI, 264; ric. (1400) CCLXIII, 294.

Calderini Baldassare dott. di leggi ricupera case dai fratelli da Polenta (1395) CCLVI, 288.

Calderini Bartolomeo di Giovanni, è laureato in diritto civile (1458) CCXCVI, 336; dott. di leggi, autorizza i minori Malvezzi a vendere terreni (1465) CCCIII, 345.

Calderini Gaspare di Giovanni dott. di decreti, testimonio (1364) CCXXX, 258; ricupera case dai fratelli da Polenta (1395) CCLVI, 288.

Calderini Giovanni dott. di leggi, membro del consiglio generale di Bologna (1310) LXVIII, 67.

Calderini Giovanni di Rolando dott. di decreti, ric. come proprietario di casa (1332) CCIX, 232; acquista una casa dalle sorelle Consolmini (1361) CCXXVIII, 252; ric. (1395) CCLVI, 288; id. (1445) CCLXXXIV, 319.

Calderini Giovanni Andrea dott. di decreti, vicario capitolare di Bologna (1417) CLXXVIII, 186.

Calderini Giovanni dott. di decreti, ric. (1458) CCXCVI, 336.

Cambio medico, ric. (1311) CLXXXIX, 201.

Canetoli Giovanni dott. di leggi, membro del consiglio dei 60 di Bologna (1403) LXXXI, 85; testimonio (1404) LXXXII, 86.

Canetoli Lambertino dott. di leggi, testimonio (1382) CCXLIII, 273.

Canetoli Pietro cavaliere, dott. di leggi, confessione di debito (1382) CCXLIII, 272.

Canonici Gaspare, dott. di leggi, anziano del com. di Bologna, nomina un curatore speciale al minore Galluzzi (1493) CCCXXIII, 384.

Canonici Pietro dott. di leggi, nomina un curatore speciale ai minori Guidoncelli (1481) CCCXXVI, 377; vende terreni a Giovanni Francesco Barbieri (1495) CCCXXXV, 386.

Capelli Francesco dott. di leggi, uditore del cardinale legato (1370) CCXXXV, 263.

Capodilista Francesco padovano, dott. d'ambo le leggi, testimonio (1443) XCII, 101.

Carboni Giacomo da Recanati dottore di leggi, ambasciatore di Lodovico e Filippo Alidosi da Imola (1392) LXXX, 84.

Carpi (da), v. Egidio.

Carrari Albertino od Alberto dott. di leggi, responso (1267) CXLII, 146; id. (1268) CXLVII, 151; id. (1271) CLII, 155; id. (1271) CLIII, 156.

Carrari Tommaso dott. di leggi, responso (1257) CXXIII, 130; id. (1258) CXXV, 132; id. (1258) CXXVI, 133; id. (1258) CXXVII, 135; id. (1258) CXXVIII, 136; approva contratto per lavori da farsi nell'interesse del comune di Bologna (1259) XLVI, 41.

Caselli Rizzardo giureperito, suo lodo (1359) CCXXVI, 251; ric. (1369) CCXXXIV, 262.

Cassoli Trisio da Reggio studente in diritto civile, transige con Giovanni di Colloredo (1412) CCLXVIII, 300.

Castellano medico, testimonio (1323) CXCVI, 209.

Castelli Michele dott. di medicina ric. (1395) CCLV, 286.

Castelli Nicolò dott. di decreti, testimonio (1400 circa) CCLXI, 292.

Catalano ric. (1267) CXLIV, 148.

Catalogna (da), v. Aprile.

Cattaneo Luca da Reggio dott. di leggi, ambasciatore del marchese Estense (1392) LXXX, 83.

Cazzavillano dott. di leggi, giura di non leggere che a Bologna (1199) VIII, 9, 10.

Cernetti Pietro dott. di leggi, responso (1332) CCVIII, 231; id. (1334) CCXI, 235; fa testamento (1336) CCXII, 237.

Cervotto di Accursio dott. di leggi, condannato ad una multa (1362) CXXXIII, 141; responso (1271) CLIV, 157.

Cesena (da), v. Uberto.

Chierici, facoltà loro concessa di frequentare i corsi di diritto civile per un quinquennio (1447) XCIII, 103.

Cingoli (da), v. Superanzio.

Civioli Lorenzo scolare in arti, testimonio (1492) CLXXVIII, 187.

Cividale (da), v. Matteo.

Collegio, v. Avignonese, Bresciano, Gregoriano, Teologico.

Coreggi Lodovico peritissimo in diritto civile, mandato in Giacomo Musotti (1440) CCLXXXIII, 319.

Corneto (da), v. Paracleto.

Cremona (da), v. Germignasi Andrea; Zanasi Nicolò.

Crescenzi Pietro, testimonio (1269) CLXIII, 169.

Cristiani Lorenzo giureperito, testimonio (1331) CLXVI, 172.

Cristoforo da Bologna prof. di teologia, provinciale dei frati eremitani, testimonio (1424) CCLXXVII, 312; id. (1427) CCLXXVIII, 313; ric. (1438) CCLXXXII, 318.

Cristoforo da Poggio dott. d'ambo le leggi vic. del vesc. di Bologna (1455) CCLXXXVIII, 325.

Cristoforo da San Pietro dott. di leggi, presenzia ad atto di transazione (1412) CCLXVIII, 300.

Dainesi Sante dott. di leggi, menzionato come creditore (1365) CCXXXII, 260; ambasciatore del com. di Bologna (1377) LXIX, 70; testimonio (1378) LXX, 72.

Deutavena scolare, è bandito da Bologna (1150) CII, 112.

Digesto nuovo, v. Giovanni da Vicenza.

Egidio da Carpi dottore d'arti, è nominato amministratore del collegio Gregoriano ed annessi (1438) LXXXVII, 94; è confermato nella carica predetta (1438) LXXXVIII, 95; ric. (1438) LXXXIX, 96.

Enrico medico, ric. (1254) CXVI, 125.

Enrico scolare, non è approvata la spesa fatta a favore di lui, (1195) II, 4.

Enrico da Genova scolare, è assolto dal bando (1269) CLI, 154.

Facoltà Teologica, accenno alla sua erezione (1471) CCCXVI, 362.

Fantini Fredello dott. di leggi, giudice dei mercanti e cambiatori, suo salario, (1397) CCLVII, 288.

Fantuzzi Giovanni dott. di ambe le leggi, anziano del com. di Bologna (1380) LXXV, 78.

Fava Guido, testimonio (1219) XXX, 27; ric. (1219) XXXI, 29.

Ferrara (da), v. Pauti Battista.

Filippo di Giacomo maestro di grammatica, è nominato procuratore (1353) CCXXIII, 248.

Firenze (da), v. Bene; Pietro di Dante; Pillio; Zono.

Floriano da San Pietro dott. d'ambe le leggi, concorre al riscatto di S. Giovanni in Persiceto (1417) CCLXX, 302. consulente del com. di Bologna (1426) LXXXIV, 89; uno dei Sedici riformatori di Bologna (1440) XC, 97; ric. (1443) XCII, 100.

Foresi, v. Guiduccio di Ugolinello, Petrizolo di Benedetto, Ugolello di Uprando, Zunignani Bonora.

Forlì (da), v. Rainerio.

Formaglini Filippo studente di diritto civile, testimonio (1327) CXCVIII, 210.

Foscarari Egidio dott. di leggi, testimonio (1327) CXCVII, 209.

Foscarari Romeo cavaliere, dott. di leggi, testimonio (1426) LXXXIV, 89.

Foscardi Ribaldo dott. di leggi, responso (1262) CXXX, 139; id. (1263) CXXXII, 141.

Francesco dottore di leggi, responso (1251) CVIII, 115; id. (1251) CXI, 119; testimonio (1256) LXIV, 63; approva il contratto di vendita del sale dal com. di Cervia a quello di Bologna (1259) XLV, 40; ric. (1287) CLXXXII, 194.

Francesco medico, testimonio (1323) CXCVI, 209.

Gabriele di Giovanni da Bologna eremitano, maestro di teologia, testimonio (1413) CCLXIX, 301.

Galaotti Domenico da Ragusa, dott. d'arti e medicina, ric. (1427) CCLXXVIII, 313.

Galopia (da), v. Giovanni.

Galvano da Reggio dottore di grammatica, ric. (1327) CC, 212.

Gambioni Angelo da Arezzo dott. di leggi, consulente del com. di Bologna (1442) XCI, 99.

Ganetto di Guido da Zappolino dott. di leggi, testimonio (1352) CCXXI, 246.

Gemona (da), v. Martino.

Genova (da), v. Enrico; Simonetto.

Gerardo scolare, testimonio (1214) CLIX, 166.

Gerardo da Lucca scolare, ric. (1249) C, 109.

Gerardo medico, ric. (1302) CLXXXVI, 198.

Germignasi Andrea da Cremona studente in leggi, contratto di soccida (1333) CLXVII, 173.

Gesso (da), v. Matteo; Rolando.

Giacomino di Giacomo dott. di leggi, giudice del podestà di Bologna (1292) LXVII, 66.

Giacomino di Graziadio dott. di leggi, testimonio (1256) LXIV, 63.

Giacomo dott. di decreti, canonico bolognese, ric. (1267) CLXII, 168.

Giacomo medico, legatario ed esec. testamentario di Tarsia Martelli (1310) CLXXXVIII, 200.

Giacomo di Balduino, v. Balduini Giacomo.

Giacomo di Dotta dott. di leggi, membro del consiglio di Modena (1211) L, 47.

Giacomo di Giacomo da Bologna professore di teologia, eremitano, transazione coi padri Domenicani (1475) CCCXIX, 368.

Giacomo di Pasqualino da Poggio studente in diritto civile, testimonio (1408) CCLXVI, 297.

Giacomo di Polonia scolaro, è bandito (1250) CVI, 114.

Giacomo di Polonia scolaro, è ferito mortalmente dall'omonimo predetto (1250) CVI, 114.

Giacomo di Provenza studente in Bologna (1436) LXXXV, 91.

Giacomo da Saliceto dott. di leggi, approva il contratto di vendita del molino di Argile (1411) LXXIII, 87; ric. (1476) CCCXX, 370.

Giacomo da Sirano dott. di decreti, delegato di Papa Urbano V (1370) CLXXIII, 179.

Giacomo da Tuderano giureperito, testimonio (1395) CCLVI, 288.

Giacomo di Zaccaria, medico, ric. (1319) CXCIII, 206; id. (1323) CXCVI, 209) id. (1327) CXCVII, 209; id. (1332; CCVII, 230.

Gigliotto giudice e giureperito, compromesso nel capitano del popolo di Bologna (1256) LXIII, 61.

Giovanni dott. di leggi e di decreti, responso (1250) CI, 111.

Giovanni medico, ric. (1394) CCLI, 282.

Giovanni d'Andrea dott. di decreti, ric. (1332) CCV, 228; id. (1332) CCVI, 229; rilascia quitanza a Giovanni Papazzoni (1343) CCXVII, 242.

Giovanni da Albinea studente in diritto civile, contratto di soccida (1380) CLXXIV, 179.

Giovanni d'Anagni dott. d'ambo le leggi, giudica in merito alle pretese avanzate da Giovanni di Probo studente di diritto (1438) LXXXIX, 96.

Giovanni da Bagno medico, testimonio (1381) CLXXV, 182.

Giovanni da Bologna professore di teologia, priore degli Eremitani di Bologna, presenzia a dichiarazione (1450) CCLXXXVI, 324; provinciale degli Eremitani, addiviene a transazione (1460) CCXCIX, 341.

Giovanni di Dio spagnolo, maestro, testimonio (1254) CLXI, 167.

Giovanni da Galopia biblico, priore del monastero di S. Domenico di Bologna, addiviene a transazione (1460) CCXCIX, 341.

Giovanni Antonio da Imola profess. di teologia, testimonio (1460) CCXCIX, 341.

Giovanni da Legnano dott. d'ambo le leggi, nominato arbitro (1352) CCXXI, 246; ambasciatore del com. di Bologna (1377) LXIX, 70; nominato arbitro (1380) CCXL, 267; sua sentenza arbitrale (1380) CCXLI, 268; testimonio (1381) CLXXVI, 183.

Giovanni da Lovanio dott. di teologia, gli è riconosciuto il diritto alla cattedra relativa nella facoltà teologica (1394) CCLIV, 285.

Giovanni da Manzolino dott. di leggi, ric. (1394) CCCXXXIV, 385.

Giovanni da Montemagno dott. di leggi, ric. (1426) LXXXIV, 89.

Giovanni da Poggio dott. d'ambe le leggi, vic. del vesc. di Bologna (1445) CCLXXXV, 320.

Giovanni di Probo della diocesi di Liegi, maestro d'arti e studente di diritto, accampa pretese sui redditi del collegio Avignonese, (1438) LXXXIX, 96.

Giovanni Gaspare da Sala dott. di leggi testimonio (1497) CCCXXXVII, 391.

Giovanni di Ugo di Alberico giureperito, responso (1267) CXLIV, 148.

Giovanni da Vicenza accusa Rinalduccio scrittore del furto d'un digesto nuovo (1267) CXXXVIII, 144.

Giovannino dott. di leggi giura di non leggere che a Bologna (1198) VI, 8.

Giuramenti di lettori (1189) I, 3; (1198) VI, 8; (1198) VII, 9; (1213) XVII, 16; (1216) XXI, 21; (1218) XXV, 23; (1220) XXXIV, 30; (1220) XXXVII, 33; (1221) XXXIX, 35; (1287) CLXXXII, 191.

Gottifredo teutonico, accusa Guglielmino da Lucca (1235) XCVII, 108.

Gozzadini Napoleone, responso (1251) CVIII. 116.

Gozzadini Nicolò dott. di leggi, è chiamato a sindacare l'operato di Brancnzzo Elmi già podestà di Bologna (1400) CCLXII, 293.

Gozzadini Scipione cavaliere, conte e dott. di leggi, convenzioni (1428) CCLXXIX, 314; presenta al vicario del Cardinale legato Bartolomeo Caldarini laureando in diritto civile (1458) CCXCVI, 336.

Gragnano (da), v. Pirri Domenico.

Grasandini Obizzo dott. di leggi, ric. (1460) CCCI, 343.

Grassia di Giovanni di Spagna dott. d'ambe le leggi, testimonio (1417) CCLXX, 303.

Grassi Gaspare cavaliere, conte e dott. di leggi, proc. del fratello Gerolamo, affitta terreni (1480) CCCXXIII, 375; id. (1490) CCCXXXII, 383.

Grassi Gerolamo dott. di decreti, canonico bolognese, ric. (1480) CCCXXIII, 375.

Grassi Teseo dott. di decreti, canonico bolognese, testimonio (1490) CCCXXXII, 383.

Grati Alessandro dott. di decreti, mutuo da Giovanni Benedetto Barbieri (1467) CCCVIII, 352.

Grati Francesco dott. di leggi, mutuo da Giovanni Benedetto Barbieri (1467) CCCVIII, 352; acquista credito dal dott. Bernardo da Sassuno (1474) CCCXVII, 363; ric. (1481) CCCXXIV, 375.

Grazia dott. di decreti, testimonio (1211) XVI, 16.

Grazia marchesano scolaro, è bandito (1250) CV, 114.

Gregoriano collegio, gli viene incorporato il collegio Avignonese (1436) LXXXV, 89.

Gualenghi Zaccaria dott. di leggi, proc. del com. di Bologna (1233) XLII, 37.

Guantari Andrea giureperito, testimonio (1332) CCV, 228; responso (1339) CCXV, 240.

Guarini Traversario responso (1257) CXXIII, 130.

Guarino da Ulgiano responso (1257) CXXIII, 130.

Guastavillani Francesco dott. di leggi, è nominato arbitro (1370) CCXXXV 263.

Guglielmino da Lucca, abita cogli scolari ed è bandito da Bologna (1235) XCVII 108.

Guglielmino miniatore, accusa sua moglie di adulterio con Pietro provenzale scolare e con altri (1267) CXLI, 145.

Guglielmo medico, ric. (1271) CLXXXI, 193.

Guglielmo da Bizano giureperito, testimonio (1339) CLXXI, 177.

Guglielmo da Brescia arcidiacono di Bologna, fondatore del collegio Bresciano, ric. (1437) LXXXVI, 92.

Guglielmo Moysiaco dott. di leggi, giura di non leggere che a Bologna (1287) CLXXXII, 194.

Guglielmo da Porta di Piacenza, giura di non leggere che a Bologna (1199) VIII, 9.

Guido di Boncambio dott. di leggi, si obbliga a favore dello Studio di Bologna (1213) XVII, 16; testimonio (1219) XXXII, 29.

Guido medico, ric. (1353) CCXXII, 247; id. (1394) CCLII, 283.

Guido da Prato medico, ric. (1408) CCLXVI, 297.

Guido da Zappolino giureperito, testimonio (1340) CCXVI, 242.

Guidotti Giovanni di Bartolomeo, è nominato governatore generale e rettore del pubblico Archivio di Bologna (1466) CCCIV, 346.

Guiduccio di Ugolinello forese, è rimesso al bando (1267) CXLIV, 147.

Guizardino da Bologna, giura a favore dello Studio di Bologna (1216) XXI, 21; testimonio (1217) XXII, 22; id. (1219) XXVII, 25; id. XXVIII, 26; membro del consiglio di credenza (1220) XXXVI, 31; id. (1220) XXXVIII, 34.

Gusberti Giovanni dott. di leggi, membro del consiglio generale del com. di Bologna (1340) LXVIII, 67; vicario del podestà (1343) CCXVIII, 244.

Gusberti Paolo dott. di leggi, ric. (1331) CCIII, 217.

Insegne dottorali (1458) CCXCVI, 337.

Imola (da), v. Giovanni Antonio; Tartagni Alessandro.

Laglio Matteo medico, ric. (1450) CCLXXXVI, 324.

Lambertini Bartolomeo dott. d'ambe le leggi, testimonio (1455) CCXC, 331; rilascia quitanza a favore di Domenico Benni da Budrio (1456) CCCXCIV, 335; presenta al vicario del Cardinale legato Bartolomeo Calderini laureando in diritto civile (1458) CCXCVI, 337; nomina un curatore speciale (1459) CCXCVIII, 339; testimonio (1467) CCCIX, 354; ric. (1469) CCCXII, 357; id. (1470(CCCXIV, 360.

Lambertini Battista dott. di leggi, interviene ad un atto di transazione (1485) CCCXXXI, 382.

Lambertini Gerardo dott. di leggi, testimonio (1455) CCXC, 331.

Lambertino di Azzone di Gardino, promette di non leggere che a Bologna (1220) XXXIV, 30.

Lamola (de) Giovanni dott. d'ambe le leggi, canonico, proc. del capitolo cattedrale di Bologna (1381) CLXXVI, 183.

Landriano (da), v. Oddo.

Lanfranco di Gerardo medico, ric. (1361) CCXXVII, 252.

Lanzalotto medico, ric. (1378) CCXXXIX, 267.

Lapi (de') Giovanni dott. di leggi, testimonio (1390) CCXLIX, 280.

Laposta Francesco dott. di leggi, giudice (1334) CCXI, 235; vicario del podestà (1334) CCX, 234.

Legnano (da), v. Giovanni.

Lianori Lianaro dott. di leggi, canonico bolognese, affitta stabili del suo benefìcio (1455) CCLXXXVIII, 325.

Liazzari Paolo dott. di decreti, membro del consiglio generale ed ambasciatore del com. di Bologna (1340) LXVIII, 67; suo lodo (1317-1356) CXCI, 292.

Libreria dei frati eremitani, legato di di libri (1423) CCLXXII, 305.

Libri in leggi e decretali, sono legati dal dott. Nicolò Roverbella a suo figlio Gregorio (1423) CCLXXII, 305.

Libri, v. Boezio, Digesto, Prisciani.

Liegi, v. Giovanni di Probo.

Loderico di Andalò ric. (1252) CXIII, 121; id. (1267) CXLIV, 148.

Loderingo, v. Loderico.

Lodovico da Bologna profess. di teologia testimonio (1460) CCXCI, 341.

Lodovico da Pidigliano studente di diritto canonico, testimonio (1417) CLXXVIII, 186.

Lorenzo di Lorenzo da Bologna profess. di teologia, priore degli Eremitani, transazione coi Padri di S. Domenico (1475) CCCXIX, 368.

Lorenzo da Pagliariso profes. di teologia, proc. degli Eremitani, acquista una casa (1478) CCCXXI, 371.

Lotario cremonese giura di non leggere che a Bologna (1189) I, 3.

Lotario perito di leggi, testimonio (1198) VII, 9.

Lovanio (da), v. Giovanni.

Lucca (da), v. Gerardo; Guglielmino; Ugo.

Ludovisi Lodovico canonico, dott. di leggi, responso (1445) CCLXXXV, 320.

Lupari Giovanni dott. di leggi, nomina un curatore speciale al minore Bartolomeo Beccari (1404) CCXXIV, 295.

Macerata (da), v. Pagannecio.

Magnani Pietro dottore di leggi, testimonio (1442) XCI, 99; id. (1459) CCXCVII, 338.

Maioriti Pietro professore di teologia, inquisitore di Bologna (1465) CCXCIII, 334.

Malavolti Egidio dott. di leggi, ric. (1330) CCII, 214.

Malcalzati Lanfranco medico, ric. (1409) CCLXVII, 298.

Malvezzi Francesco canonico bolognese, dott. d'ambe le leggi, acquista terreni (1465) CCCIII, 345.

Mantachetti Baldassare dott. di leggi testimonio (1455) CCXCI; id. (1455) CCXCII, 333; id. (1456) CCXCVI, 336; dottore d'ambe le leggi esaminatore del laureando Calderini Bartolomeo (1458) CCXCVI, 337; nomina un curatore speciale alla minore Giacoma Doria (1462) CCCII, 343; si confessa debitore di Andreuzza Barbieri sua moglie (1470) CCCXIV, 359; deputa un curatore speciale ai minori Guido Antonio e Ludovico Balli (1474-CCCXVIII, 367; è nominato esecutore testamentario da Giovanni Benedetto Barbieri di lui suocero (1478) CCCXXII, 373; deputa un curatore speciale al minore Diomede Grati (1481) CCCXXIV, 375; testimonio (1482) CCCXXVII, 378; ric. (1485) CCCXXXI, 382.

Mantova (da), v. Nicolò di Giovanni.

Manzoli Battista, canonico, dottore di decreti, ottiene licenza di vendere stabili del suo benefìcio (1445) CCLXXXV, 320.

Manzolino (da), v. Alessandro; Antonio; Giovanni.

Marozo Nicola bidello dell'università degli scolari oltramontani, testimonio (1458) CCXCVI, 337.

Marsigli Giovanni, licenziato in diritto civile, testimonio (1426) LXXXIV, 89.

Marsigli Ippolito dott. di leggi, testimonio (1483) CCCXXIX, 380.

Martelli Bartolomeo dottore di decreti, testimonio (1355) CLXXII, 178.

Martelli Martello, giureperito, testimonio (1334) CXXVIII, 174.

Martignani Opizzo dott. di leggi, procur. del com. di Bologna (1442) XCI; 99.

Martino da Gemona arcidiacono d'Aquilea, licenziato in diritto canonico, testimonio (1381) CXXXVI, 183.

Martino di Pietro da Padova professore di teologia, priore del convento di S. Giacomo, testimonio (1466) CCCVII, 351.

Martino da Salva dottore di decreti, referendario apostolico (1377) LXIX, 71.

Matteo da Cividale studente, testimonio (1424) CCLXXV, 315.

Matteo da Gesso dottore di leggi, consulente del comune di Bologna (1426) LXXXIV, 89.

Matteo di Marco da Messina studente in arti e medicina, testimonio (1388) CCXLVIII, 279.

Melchiorre da Muglio dott. di leggi, nomina un curatore speciale al minore Carlo Antonio Fantuzzi (1455) CCXCI, 332.

Melnsci Bertoldo di Rodolfo mansionario di S. Petronio, studente in diritto canonico (1423) CCLXXII, 308.

Mercatante dottore di leggi, testimonio (1203) IX, 10.

Mercatore dott. di leggi, testimonio (1204) XCIV, 107.

Michele medico, ric. (1348) CCXIX, 245.

Michele da Bologna maestro di teologia, carmelitano (1399) CCLIX, 291.

Milano (da), v. Andrea.

Milesimo (da), v. Salomone di Peradino.

Modena (da), v. Presbiteri Egidio.

Montanari Giacomo dott. di decreti, legatario di fiducia di Antonio Caselli (1398) CCLVIII, 289.

Monterenzoli (da), v. Antonio di Giovanni Lodovico.

Montemagno (da), v. Giovanni.

Montenoro (da), v. Pietro Marino.

Morenghi Tomaso da Antignate dott. di decreti, testimonio (1492) CLXXVIIII, 187.

Muglio (da), v. Melchiorre.

Muluaroli Lambertino dott. di leggi, responso (1262) CXXXI, 139.

Muratori Siverio da Ravenna dott. di leggi, ambasciatore dei signori da Polenta (1392) LXXX, 84.

Muzzoli Lodovico dott. d'ambe le leggi, canonico bolognese, affitta stabili del suo beneficio (1155) CCLXXXVIII, 325.

Nannino di Zambone scrittore, testimonio (1378) LXXI, 73.

Narni (da), v. Rosso (del) Matteo.

Nicolò di ser Dido da Rimini studente in arti, ha un legato da Giacoma Diotacora (1436) CCLXXXI, 316.

Nicolò di Giovanni da Mantova studente in diritto civile, testimonio (1412) CCLXVIII, 300.

Nicolò di Spagna studente di diritto civile, è nominato legatario (1374) CCXXXVII, 265.

Nicolò da Treviso studente in diritto canonico, testimonio (1383) LXXVIII, 81.

Nicolò da Zappolino dott. di leggi, anziano del com. di Bologna (1377) LXIX, 68; id. (1380) LXXVI, 79; ric. (1381) CCXLII, 271; testimonio (1384) CCXLVI, 277.

Novara, (da), v. Simone di Nicolò.

Oddo da Landriano dott. di leggi, si obbliga a favore dello Studio di Bologna (1213) XVII, 16.

Oderico dott. di leggi, testimonio (1198) III, 6.

Odofredo dott. di leggi, riconosce il diritto di immunità al comune di Oliveto (1244) LIII, 48; responso (1245) LIV, 50; procuratore del com. di Bologna (1249) LVII, 55; testimonio (1249) LIX, 58; responso (1254) CXVI, 125; id. (1255) CXVIII, 127.

Ognyes (da', v. Pietro.

Oliviero da Treviso scolare, è bandito da Bologna (1235) XCV, 107.

Orso (dall') Andrea dottore di leggi, anziano del com. di Bologna (1411) LXXXIII, 87.

Paci Pace dottore e professore di diritto civile, ambasciatore del comune di Bologna (1278) XXVII, 12; responso (1287) LXVI, 65.

Padova (da), v. Martino di Pietro.

Pagannecio da Macerata dott. di leggi, giudice (1334) CCXI, 235.

Pagliariso (da), v. Lorenzo.

Paleotti Vincenzo interprete di diritto civile, esaminatore del laureando Bartolomeo Calderini (1458) CCXCVI, 336; dott. d'ambo le leggi, ric. (1495) CCCXXXIV, 385.

Palmerio causidico (1198), VI, 9.

Panti Battista da Ferrara carmelitano, professore di teologia, testimonio (1466) CCCVI, 350.

Paolo Andrea Dachi ragioniere del comune di Bologna (1111) LXXXIII, 87.

Paolo dott. di decreti ric. (1315) CLXIV, 170; (1339) CLIX, 175; id. (1339) CLXX, 176; id. (1339) CLXXI, 177.

Paolo giudice e giureperito, comprometto nel capitano del popolo di Bologna (1256) LXIII, 61.

Paolo da Bologna professore di teologia, addiviene a transazione (1460) CCXCIX, 341.

Paracleto da Corneto professore di teologia, testimonio (1460) CCXCIX, 341.

Parma (da), v. Baratti Roberto.

Pascipovero Federico testimonio (1219) XXVI, 25; id. (1219) XXIX, 26; membro del consiglio di credenza (1220) XXXVI, 32; id. (1220) XXXVIII, 34.

Pascipovero dottore di diritto civile e canonico, proc. del com. di Bologna (1249) LVI, 55; testimonio (1249) LVII, 56.

Paselli Pietro Antonio dottore di leggi, consulente del com. di Bologna (1442) XCI, 99.

Passageri Rolandino not. ric. (1267) CXLIV, 148.

Pepoli Romeo ric. (1332) CCV, 224.

Pepoli Romeo di Guido dott. di leggi, uno dei Sedici riformatori di Bologna (1440), XC, 97.

Pepoli Taddeo dott. di leggi, responso (1334) CCX, 233; ric. come conservatore e signore della città e contado di Bologna (1310) CCXVI, 212.

Perutti Giacomo dott. di decreti, testimonio (1364) CCXXX, 258.

Perugia (da), v. Rainerio; Sighinolfo di Giovanni.

Piacenza (da), v. Bagarotto.

Pidigliano (da), v. Lodovico.

Petrizolo di Benedetto forese, è rimesso al bando (1267) CXLIV, 147.

Pietro medico, ric. (1390) CCXXIX, 280.

Pietro di Giacomo Pizolo, responso (1251) CVIII, 115.

Pietro di Dante da Firenze studente in diritto civile, testimonio (1327) CXCVIII, 210.

Pietro Marino da Montenovo studente in arti, testimonio (1475) CCXIX, 368.

Pietro da Ognyes dott. di decreti, responso (1364) CCXXX, 258.

Pietro provenzale scolare, è accusato di adulterio (1267) CXLI, 115.

Pietro da Tossignano professore di arti e medicina, ric. (1381) CLXXV, 182.

Pillio da Firenze scolare è bandito per furto a maestro Orso de' Pavanesi (1267) CXXXVII, 143.

Pino (dal) Lorenzo dottore di decreti, vicario vescovile (1359) CCXXV, 250; testimonio (1364) CCXXX, 258; id. (1378) LXX, 72; id. (1378) LXXI, 73; approva il contratto di transazione tra il com. di Bologna e le monache di S. Francesco (1379) LXXII, 74; testimonio (1381) LXXVII, 51; id. (1383) LXXVIII, 81.

Piperata Tomaso dottore di leggi, responso (1255) CXIX, 127; id. (1257) CXXI, 129; sue scuole (1267) CXXXIX, 144; responso (1271) CLII, 155; id. (1271) CLIII, 156.

Pirri Domenico da Gragnano domenicano, prof. di teologia, testimonio (1478) CCCXXII, 373.

Pisa (da), v. Bastiano di Lazzaro; Battista di Nicolò; Boiti Giovanni.

Poeti Giovanni dott. di leggi, presenzia a dichiarazione di adizione d'eredità (1423) CCLXXIII, 308.

Poggio (da), v. Cristoforo; Giacomo di Pasqualino; Giovanni.

Polonia (di), v. Giacomo.

Ponzio Castellano dott. di leggi, si obbliga a favore dello Studio di Bologna (1213) XVII, 16.

Porta (da), v. Guglielmo.

Prato (da), v. Guido.

Presbiteri Antonio dott. di leggi, approva un contratto di transazione tra il com. di Bologna e le monache di S. Francesco (1379) LXXII, 74; approva una concessione di selve fatta dal com. di Bologna (1380) LXXIII, 76; approva l'appalto dei lavori dell'Idice (1380) LXXIV, 77.

Presbiteri Egidio da Modena dott. di decreti, testimonio (1380) CCXL, 268.

Presbiteri Ugolino dott. di leggi, testimonio (1203) XLVIII, 44; id. (1204) XII, 13; membro del consiglio di credenza (1220) XXXVIII, 34.

Principi Ruffino dott. di leggi, responso (1264) CXXXV, 142.

Prisciani (minore e maggiore), sono rubati da Pillio da Firenze a maestro Orso dei Pavanesi (1267) CXXXVII, 143.

Provenza (di), v. Giacomo.

Puglia (di), v. Raul.

Pupio (da), v. Tomaso.

Ragusa (da), v. Galaotti Domenico.

Rainerio da Forlì dott. di leggi, arbitro tra Soldano Galluzzi e le eredi di Alberto Conoscenti (1331) CCIV, 222; lodo (1332) CCV, 222; ric. (1332) CCVI, 228.

Rainerio da Perugia scolare, testimonio (1214) CLVIII, 165.

Rainuzio da Vezano scolare, accusa Grazia marchesano (1250) CV, 114.

Ramenghi Azzone dott. di decreti testimonio (1332), CCV, 228.

Ramponi Francesco dott. di leggi, ric. (1378) CCXXXVIII, 266; testimonio (1392) LXXX, 84.

Ramponi Tomaso dott. di leggi, responso (1258) CXXV, 132; id. (1258) CXXVI, 133; id. (1258) CXXVII, 135; id. (1258) CXXVIII, 136; id. (1264) CXXXVI, 113; id. (1267) CXL, 145; id. (1267) CXLIV, 148.

Ranisino di Giovanni da Brescia studente in diritto canonico, testimonio (1394) CCLIII, 285.

Rannzzi Battista dottore di arti e di medicina, ric. (1492) CLXXVIIII, 187.

Raul di Puglia scolare, accusato da Tedesco d'Ascoli scolare (1262) CXXXII, 140.

Ravenna (da), v. Muratori Siverio.

Recanati (da), v. Carboni Giacomo; Vanni Antonio.

Reggio (da), v. Buciacchi Cristoforo; Cassoli Trisio; Cattaneo Luca; Galvano.

Rimini (da), v. Nicolò di ser Dido.

Rinalduccio da Sant'Angelo della marca d'Ancona, scrittore accusato del furto di un digesto nuovo datogli da copiare (1267) CXXXVIII, 144.

Roberto da Cesena dott. di decreti. ric. (1359) CCXXV, 250.

Roberto da Saliceto cavaliere e dott. di leggi, ric. (1399) CCLIX, 291.

Rodolfo medico, ric. (1319) CXCV, 208.

Rolando da Gesso dott. di leggi, responso (1244) LIII, 48; id. (1245) LIV, 50; partecipa al consiglio di Bologna (1248) LV, 51.

Roma (da), v. Agostino.

Romanzi Pietro causidico (1198) VI, 9; membro del consiglio di credenza di Bologna (1220) XXXVI, 32.

Romanzi Rolandino dott. di leggi, responso (1269) CLI, 154.

Romanzi Rolando professore di diritto civile, ambasciatore del comune di Bologna, (1278) XLVII, 42.

Romboderino Guglielmo dott. di leggi, responso (1269) CLI, 154.

Rosselli Domenico giureperito, testimonio (1339) CLXXI, 177.

Rosso (del) Matteo da Narni scolare, rinuncia a qualunque rescritto papale in suo favore (1233) XLIII, 38.

Roti Bartolomeo dottore d'arti, rettore della chiesa di S. Lucia, testimonio (1469) CCCXI; 356.

Roti Giacomo di Giovanni da Busseto studente in diritto civile, testimonio (1470) CCCXV. 361.

Roverbella Nicolò dott. d'ambe le leggi, testimonio (1408) CCLXVI, 297; fa testamento (1423) CCLXXII, 303

Rubeo Rodolfo causidico (1198) VI, 9.

Ruffino, giura di non leggere che a Bologna (1199) VIII, 9-10.

Rustigani Rustigano dott. di leggi, marito di Giglia figlia del dottore Giacomo Belvisi (1331) CCIII, 216.

Sala (da), v. Bornio; Giovanni Gaspare.

Salatiele dott. e profes. d'arte notaria, proc. del com. di Bologna (1249) LVI, 55; testimonio (1249) LVIII, 57; notaio (1251) CLX, 166; responso (1257) CXXII, 129.

Saliceto (da), v. Bartolomeo; Giacomo; Giovanni.

Salomone di Peradino da Milesimo studente in diritto civile, testimonio (1361) CCXXVIII, 256.

Salva (da), v. Martino.

Sangiorgi Buvalello giureperito, fa testamento (1338) CCXIII, 237.

Sangiorgio (da), v. Simone di Ivano.

Sant'Alberto (da), v. Bartolomeo.

Sant'Angelo (da), v. Rinalduccio.

San Gerolamo (da), v. Andrea.

San Pietro (da), v. Battista; Floriano.

Sassuno (da), v. Bernardo.

Savi Nicolò dottore d'arti e medicina, ric. (1467) CCCIX, 354,

Savignano (da), v. Bonaventura.

Scannabecchi Alberico dott. e prof. di leggi, testimonio (1253) XLI, 58; (1256) LXIV, 63,

Scappi Ugolino dott. di leggi, testimonio (1381) LXXVII, 81.

Scolari, divieto di locare case agli scolari (1392) CCL, 281; privilegi loro concessi da Nicolò V (1447) XCIII, 103.

Scozia (di), v. Simone.

Scuole, ric. (1267) CXXXIX, 144; id. (1269) CLI, 154.

Seccadenari Michele baccelliere, è nominato esecutore testamentario (1374) CCXXXVII, 265.

Seccadenari Michele maestro in sacra pagina, testimonio (1399) CCLX, 292,

Sempliciano professore di teologia, priore degli Eremitani di Bologna (1460) CCXCIX, 341.

Senni Andrea, giureperito, testimonio (1339) CLXXI, 177.

Senzanome dott. di leggi, responso (1244) LIII, 49; id. (1215) LIV, 50; testimonio (1251) CIX, 118; responso (1252) CXIV, 122.

Sighicelli Stefano studente di diritto canonico (1423) CCLXXII, 308.

Sighinolfo di Giovanni da Perugia dott. d'ambe le leggi, testimonio (1475) CCCXIX, 368.

Simone di Ivano da San Giorgio dott. di leggi, proc. di Guidotto Guidotti (1352) CCXX, 246; testimonio (1356) CCXXIV, 249.

Simone di Nicolò da Novara domenicano, professore di teologia, testimonio (1478) CCCXXII, 373.

Simone di Scozia scolare, è bandito da Bologna (1235) XCVI, 108.

Simonetto da Genova scolare è assolto dal bando (1269) CLI, 154.

Sirano (da), v. Giacomo.

Società v. Toscani.

Soffredo dott. di leggi, testimonio (1220) XXXV, 31.

Soldaderi Nicolò, responso (1258) CXXIV, 131.

Soncino (da), v. Andrea.

Sora (da) v. Bourcompero,

Spagna (di), v. Grassia di Giovanni; Nicolò.

Spagnolo dott. di leggi, responso (1268) CXLVIII, 152; id. (1268) CXLIX, 153; v. Abate (dell').

Stazionari v. Andrea.

Stefano di Tolomeo giureperito, testimonio (1378) LXX, 72.

Superanzio da Cingoli dott. di decreti, testimonio (1322) CLXV, 171,

Tarafogoli Guglielmo, responso (1271) CLV, 158.

Tarafogoli Palmerio, responso (1254) CXVI, 124.

Tartagni Alessandro da Imola dott. d'ambe le leggi, vende stabili a Giovanni Benedetto Barbieri (1466) CCCV, 348; testimonio (1469) CCCXIII, 358.

Tedesco da Ascoli scolare, è condannato (1262) CXXXII, 110.

Tencarari Nicolò dott. di leggi, testimonio (1328) CCI, 213.

Teodosio imperatore, suo privilegio alla città di Bologna (1471) CCCXVI, 362.

Teologico collegio, reggenza della cattedra relativa (1394) CCLIV, 285.

Tosta Giuseppe dott. d'ambe le leggi, membro del consiglio dei 600 di Bologna (1403) LXXXI, 85.

Teuzi Branca dott. di leggi procede a nomina di curatore speciale (1424) CCLXXV, 310.

Tomari Giovanni dott. di decreti, procura nel canonico Pietro Ramponi (1424) CCLXXIV, 309.

Tomaso dott. di leggi, membro del consiglio di Modena (1211), L, 47; responso (1250) CIII, 112; id. (1250) CIV, 113; id. (1258) CXXIV, 131.

Tomaso di Giovanni da Bologna, professore di teologia, transazione coi padri Domenicani (1475) CCCXIX, 368.

Tomaso da Pupio licenziato in decreti, vic. gen. del vescovo di Bologna (1368) CCXXXIII, 261.

Toscani (1267) CXL, 145.

Tossignano (da), v. Pietro.

Treviso (da), v. Nicolò; Oliviero.

Tuderano (da), v. Giacomo.

Uberto dott. di decreti, vicario del vescovo di Bologna, sua sentenza (1332) CCVIII, 231.

Uberto d'Asti scolare, accusa Anselmo Aschieri (1267) CXXXIX, 144.

Uberto da Cesena canonico regolare di S. Maria in Porto di Ravenna dott. di decreti, testimonio (1322) CLXV, 171.

Ugo dottore di diritto, testimonio (1198) III, 6; id. (1198) IV e V, 7; id. (1203) XI, 12.

Ugo da Lucca medico, si obbliga a dimorare in Bologna ad esercitare la medicina (1214) XVIII, 17; suo stipendio (1214) XIX, 19; 1219 (XXXIII), 29; conferma le promesse fatte al comune di Bologna (1216) XX, 20.

Ugo inglese scolare, accusa Simone di Scozia (1235) XCVI, 108.

Ugolello di Uprando forese è rimesso al bando (1267) CXLIV, 147.

Ugolino cartolaio, ric. (1267) CLXII, 168.

Ugolino dott. di leggi, proc. del com. di Bologna (1203) X, 11; testimonio (1203) XLIX, 46; id. (1206) XIII, 13; proc. del com. di Bologna (1209) XV, 15; membro del consiglio di credenza (1220) XXXVI, 32; responso (1268) CXLVI, 150.

Ugolino di Zambone dott. di leggi, ric. (1256) LXIV, 63; responso (1257) CXXI, 129; approva il contratto di vendita del sale dal com. di Cervia a quello di Bologna (1259) XLV, 40.

Ulgiano (da), v. Alberto.

Urbano di Ettore da Monte Seta studente in diritto canonico, testimonio (1476) CCCXX, 370.

Vanni Antonio da Recanati dott. di leggi, giudice del podestà (1383) LXXIX, 82.

Venturelli Giovanni da Amelia, dottore di decreti, luogotenente del cardinale Angelo legato di Santa Sede per l'esarcato e la Romagna (1466) CCCIV, 345.

Vercelli (da), v. Vercellino.

Vercellino da Vercelli domenicano, professore di teologia, addiviene a transazione (1460) CXXXIX, 341.

Vezano (da), v. Rainuzio.

Vicenza (da), v. Giovanni.

Vignazzi Antonio eremitano, professore di teologia, testimonio (1408) CCLXVI, 297.

Viviano di Useppo dott. di leggi, responso (1254) CXV, 123; ric. (1256) LXIV, 63.

Zaccaro causidico testimonio (1198) III, 6.

Zambeccari Bernardino dott. d'ambe le leggi, approva il contratto di vendita del molino di Argile (1411) LXXXIII, 87.

Zambeccari Carlo dott. di leggi, altro dei dieci di Balia del Comune di Bologna (1392) LXXX, 83; ric. (1399) CCLIX, 291.

Zambeccari Federico medico, testimonio (1380) LXXVI, 79.

Zanasi Nicolò da Cremona dott. di decreti, vic. gen. del vescovo di Bologna (1368) CCXXXIII, 261.

Zancari Galvano medico, testimonio (1297) CLXXXV, 197.

Zanetti Gerolamo dott. d'ambe le leggi e membro del collegio dei giudici di Bologna nomina un curatore speciale al minore Marsigli (1482) CCCXXVIII, 379.

Zani Giovanni dott. d'ambe le leggi, testimonio (1455) CCXCII, 333.

Zappolino (da), v. Ganetto di Guido; Nicolo.

Zono da Firenze scolare, testimonio (1318) CXCII, 205; id. (1319) CXCIII, 206.

Zumignani Bonora forese, è rimesso al bando (1267) CXLIV, 147.

ERRATA-CORRIGE

pag.	riga	ERRATA	CORRIGE
48	23	dominus: frater	dominus frater
112	»	Papozzoni	Papazzoni
123	22	Asinelliset	Asinellis et
124	33	Tarafogli	Tarafogoli
131	6	Aymonni	Aymauni
151	14	XCLVII	CXLVII
164	15	1[4486	1[4485
179	15	sapienti	sapiente
180	37-58	scolari Bononie studenti	scolare Bononie studente
183	37	sapienti	sapiente
186	35	studenti	studente
201	11	5 novembre	5 novembre
204	10	Iuris	1 iuris
205	9	scolari	scolare
209	23	millesimo ducentesimo	millesimo trecentesimo
213	37	sapienti	sapiente
222	15	Arlendini	Aresendini
224	18	sapienti	sapiente
225	5	perpredictos	per predictos
232	9	viginti	viginti
237	37	Bhertolomeo	Bertholomeo
237	38	et Armato.	et Amato . . . .
242	38	cius	ei
255	42	iure	iuri
256	16	scholare studenti	scholare studente
258	31	Pechinitis	Perhinitis
263	4	CCCXXXV	CCXXXV
266	2	Paolo	Paulo
268	32	4 febbraio	14 febbraio
270	21	notarii predicti	notario predicto
271	8	21 gennaio	20 gennaio
283	16 e 20	depositari	minutari
285	12	1394, 26 ottobre	1394, 29 maggio
286	7	de Cossis	de Cospis
293	21	Sindecato	Sindacato
311	9	in ecclesia, nova	in ecclesia nova
312	24	dottore Giovanni	dottore Bartolomeo
316	11	Johannis de Zanetinis	Johannis de Zanetinis
337	27	magistrali	magistrale
346	16	comparundum	comparandum
354	9 e 10	Bononie honesto viro,	Bononie, honesto viro
360	3	Imola	Imola
382	27	quadrigentesimo quinto	quadringentesimo octuages

Lightning Source UK Ltd.
Milton Keynes UK
UKHW030901190619
344674UK00006B/387/P